U0894615

珍藏本
纪念版

汉译世界学术名著丛书

哲学和自然之镜

〔美〕理查德·罗蒂 著

李幼蒸 译

商务印书馆
SINCE 1897 The Commercial Press
2017年·北京

Richard Rorty
PHILOSOPHY AND THE MIRROR OF NATURE

Published by arrangement with Princeton University Press
in association with Arts & Licensing International, Inc.

汉译世界学术名著丛书
（120 年纪念版·珍藏本）
出 版 说 明

2017 年 2 月 11 日，商务印书馆迎来 120 岁的生日。120 年前，商务印书馆前贤怀揣文化救国的理想，抱持“昌明教育，开启民智”的使命，立足本土，放眼寰宇，以出版为津梁，沟通中西，为中国、为世界提供最富智慧的思想文化成果。无论世事白云苍狗，潮流左右激荡，甚至战火硝烟弥漫，始终践行学术报国之志，无改初心。

迻译世界各国学术名著，即其一端。早在 20 世纪初年便出版《原富》《天演论》等影响至今的代表性著作，1950 年代后更致力于外国哲学和社会科学经典的译介，及至 1980 年代，辑为“汉译世界学术名著丛书”，汇涓为流，蔚为大观。丛书自 1981 年开始出版，历时三十余年，迄今已推出七百种，是我国现代出版史上规模最大、最为重要的学术翻译工程。

丛书所选之书，立场观点不囿于一派，学科领域不限于一门，皆为文明开启以来，各时代、各国家、各民族的思想与文化精粹，代表着人类已经到达过的精神境界。丛书系统译介世界学术经典，引领时代思想，为本土原创学术的发展提供丰富的文化滋养，为推动中国现代学术和现代化进程做出了突出的贡献。

为纪念商务印书馆成立120周年，我们整体推出“汉译世界学术名著丛书”120年纪念版的珍藏本，寄望既利于文化积累，又便于研读查考，同时向长期支持丛书出版的译者、编者和读者致以敬意。

两甲子后的今天，商务印书馆又站在了一个新的历史时间节点上。我们不仅要铭记先辈的身影和足迹，更须让我们的步伐充满新的时代精神。这是商务人代代相传的事业，更是与国家和民族的命运始终紧密相连的事业。我们责无旁贷，必须做好我们这代人的传承与创造，让我们的努力和成果不仅凝聚成民族文化的记忆，还能成为后来人可以接续的事业。唯此，才能不负前贤，无愧来者。

商务印书馆编辑部

2017年10月

中文本译者再版前言

《哲学和自然之镜》一书初版于20年前。这是理查德·罗蒂迄今为止发表过的唯一一部系统性专著，其后发表的六七本书都只是论文结集。大约在本书中译本出版前后，罗蒂在其写作策略上作了重要改变，放弃了已宣布在进行中的有关海德格尔的专著写作（后来代之以一部主题大体相近的论文集），自此以后他就采取了以论文为单元的写作方式。实际上，罗蒂的新著大多是由一篇篇讲演稿编辑而成，这样他就把讲演、写作和出版有机地结合在一起了。写作策略上的转变，是与其自1982年以来在美国文化学术界采取的新哲学实践策略一致的。一方面，罗蒂自此永远脱离了哲学系而投入了一般文化评论和文学理论等在美更能发挥影响力的领域；另一方面他在哲学系之外仍然占据了针对主流哲学继续进行批评的有力位置。（目前罗蒂在任教的斯坦福大学比较文学系中的身份是：文学理论教授和哲学教授。）其效果也是双向的：既在美国和世界人文学术各领域内提升了他作为美国代表性哲学家和思想家的声誉，又积极参与了推动美国人文学术理论新潮的活动。目前罗蒂几乎被认为是美国实用主义哲学的首席代表，也是西方后现代主义思潮的主要理论家之一。在某种意义上，罗蒂今日已享有了美国数一数二思想家的地位。应该指出，自杜威以

后没有任何其他美国哲学家能够再拥有这样的身份。(今日法国对于译介罗蒂比译介杜威更为积极可为其证。)五十年代以来活跃在美国的“思想家”大多来自德法两国。罗蒂的出现一定程度上填补了美国的这一文化空白。所谓思想家毕竟还须来自哲学界,而当代美国成就卓著的哲学家们却又过于专门化和技术化了。反之,罗蒂却能把欧陆后现代主义理论与本土实用主义哲学相结合以形成一股得以影响大西洋两岸思想潮流的声势。当代美国重要文学批评家海罗德-布鲁姆甚至盛赞罗蒂为“今日世界上最令人感兴趣的一位哲学家”。罗蒂自访华(1985)和其书在中国出版(1987)以来国际声誉日增,这当然也是与后冷战时期西方社会文化的特殊发展境况密切相关的,对此我们无法在这里讨论了。

罗蒂接受的哲学训练是分析哲学和实用主义,却因后来转向现代欧陆哲学而离开了作为分析哲学重镇的普林斯顿大学哲学系。然而实际上他对现代欧陆哲学的关注是相当有选择性的,并未深入若干重要领域,如德国胡塞尔意识现象学和法国结构主义符号学。前者最终相通于主体、意识和意志等问题,后者最终相通于意义和价值问题。(本来罗蒂所关心的社会文化问题最终都与这些领域中的问题相关。)因此在他的心目中,今日世界上专业哲学理论的主流就是美国分析哲学,以至于他对后者的批评主要是针对与其有联系的西方古典形而上学和现代逻辑经验论传统的。他并据此批评立场来检讨整个西方哲学史,企图否定古往今来一切朝向知识真理(主、客观实在及其意义)追求的认识论研究方向。这样,罗蒂思想从一开始就把两件事混合在一起了:特殊知识理论主张(一些西方哲学流派)和一般知识理论问题(这还涉及其他学科和其他文化传统中的认识论问题)。他认为二者都涉及一个根本的认识论“偏见”,即真理问题。这样他也就不免简化了人类的求知情境,仅仅根据个人所把握的一时一地知识状况做出了普遍化结论,以至于被不少批评者称作“极端相对主义者”。但是另一方面,他的极端相对主义立场却能使其在后现代主义为主导的当代美国文化理论界大受欢迎;他对当前西方重要思想家著作的批评性读解更引起美国读者普遍的兴趣。结果,正是宏通的批评家罗蒂,而非是专业技术化的美国哲学家们,才能为青年人文知识分子提供一种精神引导。把美国传统实用主义与欧陆后现代主义理论结合在一起的这一新策略形象,使罗蒂成为“今日美国最有影响力的当代哲学家”(《纽约时报》语)。在美国,他通过实用主义读解欧陆思想;在欧洲,他通过后现代主义思想来读解美国实用主义;在世界范围内,罗蒂通过否定各种普遍性真理观来坚持一种反真理观的普遍性立场。

在思想界趋于消沉的西方后冷战和经济全球化时代,罗蒂努力为美国校园文化注入了新的思想活力。应当说,作为学术思想批评家的罗蒂仍然是比作为社会文化问题处方者的罗蒂更为人所称道。最近几年来,罗蒂越来越关心政治和社会道德问题,却反对对这类问题采取传统知识理性主义的态度。罗蒂一方面把“哲学修辞家”德里达尊奉为尼采之后世界上最重要的思想家;另一方面又告诫人们应放弃追求客观知识的幻想,于是这就相当于主张以主观“话语现实”取代客观社会现实来作为人们研究和思考的对象。罗蒂在其近著《哲学论文集:真理和进步》(1998)一书导言中的第一句话竟然就是:“不存在真理。”他习惯于把一些传统哲学字词,如真理、理性、现实、知识等等,看作字词与概念合一的固定思想单位，从而导致若干偏颇性论断。注意哲学语言问题的罗蒂应该想到，许多传统学术用语（由于其传统的实用性、直观性和自然性）已不宜于再充作现代精密思维的工具了。因此我们需要的不是简单化地用一套传统语言去取代另一套传统语言，以投合现行学术市场的"需求"，而应设法相对于已大大改变了的社会现实和极大改变了的学术现实去重新设定我们的思维和语言工具。这不正是我们在自然科学发展史上所看到过的趋向吗？我们有什么理由要在社会科学中拒绝在自然科学中已证明行之有效的方法呢？但是罗蒂并无兴趣思考这类符号学的和语义学的问题，更不会认识到人文学科制度本身也有改造的必要，这不反而表明哲学家罗蒂本人受到了西方传统哲学思维方式本身的限制吗？罗蒂和德里达共同具有的自相矛盾的倾向是，既要"颠覆"传统哲学学科，又要在现实思想运作中借助于传统哲学学科。德里达需要哲学基地来反对"人文科学"和"跨学科方法论"；罗蒂需要用一套哲学术语来替代另一套哲学术语。他们两人都和我们一样不满于哲学和人文科学的现状，却都反对追求哲学和人文科学重建的理性主义目标。译者对罗蒂批评西方哲学教条主义的精辟论断一向十分欣赏，却对其因忽略其他学科中的理论化进展以致反对人文学术科学化的态度难以苟同。但是毫无疑问，罗蒂思想，特别是本书，仍应被看作是考察今日西方人文思想演变的重要参考资料之一。

本书中译本出版以来，中外学术思想界都发生了很多变化。当时我们对历经六七十年的中美哲学交流史还保留着某种浪漫的记忆，早年杜威和罗素来华讲学的往事，似乎还被视作中国哲学现代化的一个重要起点。以当代杜威自诩的罗蒂，在其初访中国时也就自然会怀有某种相应的兴奋心情。十几年后的今日，罗蒂也会感觉到，已广泛进入世界学术环境的当代中国学界，与当时（主要通过日文）接触西学不过才十年光景的杜威来华时代，已不可同日而语了。结果正如我在1983年美国西部哲学大会（由罗蒂安排的）中西哲学对话史分组会发言中指出的，中国学人既然已在原非所长的数理化领域达到世界水准，中国学人必将在原本所长的文史哲领域中同样达到世界水准。而且，这不仅是一种能力的问题，也是一种义务的问题。有鉴于此，中国哲学界现在所需要的已不是“消极受教”，而是“积极对话”了。这就是说我们不能功利主义地以西方现有成就和方式当作固定的标准来规划和衡量我们的学术方向。然而中国学者为了更有效地参与今日世界哲学和学术理论对话，不可能仅以民族学术经典的独特性来实用主义地夸示于世，而须不断全面深入地了解世界学术思想的全局，以期在人类共同知识的基础上除旧布新、言所当言。罗蒂为今日美国最富代表性的学者和思想界代言人之一，《哲学和自然之镜》又为其哲学思想的奠基力著，自然应当继续受到中国学界和思想界的认真关注。因此译者非常高兴十几年后此书能够在商务印书馆重新出版。为了使读者了解20世纪80年代初以来中国哲学界与罗蒂学术交流过程的原貌，此书三联书店原中译本的版面内容未予变动。最后，感谢作者在百忙中为中译本再次撰写了序言；并感谢商务印书馆领导和责任编辑徐奕春先生热心安排了本书再版事宜。

李 幼 蒸

2001年8月于旧金山湾区

中译本贺麟教授序

美国弗吉尼亚大学凯南讲座教授理查德·罗蒂的名著《哲学和自然之镜》的中译本就要和我国读者见面了，作者曾来信邀我为中译本写一篇序言。对于一个早年曾在美国研习西方哲学的中国学者来说，能为一部当代美国哲学名著的中译本作序，自然备觉荣幸和欣慰。

1982年前，当罗蒂教授还在普林斯顿大学时，我们已有书信往还，不久后收到了他寄给我的这本书，读后颇有耳目一新之感。1985年夏，他应中国社会科学院哲学所邀请来京、沪讲学访问时，我们有过几次接触。罗蒂专长当代哲学问题，但对西方哲学史兴趣浓厚，因而彼此交谈十分融洽，互相增进了了解。记得去夏某晚罗蒂夫妇冒着倾盆大雨来我家做客，在书房里我们畅谈了过去六七十年间中美学术交流的历史，对今日两国哲学界交往日趋密切同感快慰。

关于这本书的重要性和它在今日世界各国的影响，过去几年间国内书刊陆续有所介绍，我国读者已有一些了解。值得注意的是，自本书出版以后的几年间，在美国几次哲学学会年会上罗蒂的讲演都成为大会瞩目的中心，特别是在1983年春旧金山的太平洋区分会年会上和同年十二月波士顿东区分会年会上，罗蒂的新实用主义思想曾引起热烈的讨论。罗蒂思想今日不仅成为美国哲学界中一个重要话题，而且已扩大成为美国文化界中的一个重要话题了。

罗蒂曾在分析哲学中心之一的普林斯顿大学哲学系任教二十余年，长期研究过分析哲学的各种问题，并有突出建树。六十年代末以来逐渐扩大关注范围，特别留心于现代欧洲大陆哲学思潮，因而扩大了视野，并从新的角度对当代美国主流哲学——分析哲学予以彻底反省。本书就是作者对西方传统主流哲学和当代美国主流哲学进行批判地再思考的产物，同时它还论及了哲学与文化关系这一涉及美国哲学前景的大课题。由于本书对逻辑经验主义的若干基本原则进行了剖析和批评，在以分析哲学为主导的美国哲学界引起了不小的震动。不难想象，罗蒂对一些分析哲学标准信条的挑战，不免会导致一些保守的哲学家的不满，于是在相对平静的美国哲学舞台上掀起了层层波澜。

谈到罗蒂的学说，首先会令人联想到杜威。对于杜威的哲学，我国哲学界其实是相当熟悉的。抗战以前的二十年间，在我国哲学界较具影响的现代西方哲学家也许首先应当一提的就是杜威、罗素和柏格森等。作为早先西方一代思想大家的罗素，既曾反对过柏格森的直觉主义，又曾对杜威及其门人的实用主义予以抨击（解放前我对他们各自的学术均有论述）。有趣的是，这两位学术上的对手二十年代初都曾来华访问讲学，并倾慕于中国传统文化的宁静趣致。杜威本人甚至延长了预定的访问时间，在华流连忘返，这已是哲学界一段熟知的轶事了。

其实，在现代西方哲学各家各派中，对旧中国思想界影响最大的应该首推杜威。这不仅是由于胡适先生的提倡，而且也由于他的哲学本身反对玄远，易于理解和便于应用。杜威和罗素尽管学术观点迥异，却都认为哲学应有益于社会和人生。两人都曾想通过教育运动来使哲学应用于社会和文化之改造。然而作为教育家的罗素却远不及杜威重要，杜威作为教育理论家的声望并不亚于其作为哲学家的声望。

罗蒂的新实用主义尽管有多方面的思想渊源，在我看来，他所受到的最主要的影响还是来自杜威和詹姆士。1947 年我在北大讲授现代西方哲学时，曾介绍过这两位美国哲学家。（参见拙著《现代西方哲学讲演集》，上海人民出版社，1984 年，第 40—67 页）在这两讲中我论述了他们有关真理、观念、理念、本质、意识、身心关系和社会协调作用等几方面的反传统观点。我指出，詹姆士说“世界上没有超越于人的真理”，并“提倡情感、信仰、意志，而贬抑抽象思想”；他认为“要观察人心，必须从它的功用、机能活动诸方面去认识……。观念不是静止的镜子（着重号为此刻引述时后加，以示与本书中“镜子”隐喻的关联），而是有用的武器，有一套观念就有一套武器来应付对象，这些都是心理的功能”。我又介绍说，詹姆士认为“真理不是柏拉图所说的理念或是亚里士多德所谓的范型，真理之是否确为真理必须看观念和它能引起的实际效果是否相合”，因此“真理就包括了‘观念的有效性’”，“效用就成了考验真理的标准”。这些观点与罗蒂在本书中提出的反柏拉图主义、反观念镜子说是一脉相承的。

在论述杜威时我侧重于他的真理社会观，于是所谓的“真理效验”就进而落实在社会“协合”（Coordination）观上了，这一点与本书中译本附录中收入的罗蒂在日讲演中宣称的“协同性”（Solidarity)原则，可谓如出一辙。1928年我曾在美国哲学年会上听到杜威宣读他的论文，其标题即为“社会作为一个哲学范畴”。记得当时听讲的孟泰格曾批评他把“社会”尊崇为黑格尔式的绝对者。我在北大讲演时也指出，杜威“想提出‘社会’作为认识论的一个范畴，作为批判哲学的一个标准”；并谈到“他反对把身心分开，也反对把心理现象分成知、情、意部门，心理学要研究的只是整个行为的调整协合、适应，也即行为的动态，而不再是旧式心理学家所瞩目的意识状态”；而他所谓的“协合”，则指“协合只是一种组织，一种使工具能够相互配合而达到某一目的的组织”，因此“协合就是一种适应”。这些说法与罗蒂在本书中花相当篇幅批评的西方传统认识论甚至在措辞上都十分接近。正是在杜威实用主义中，我们看到了对行为、效果、社会检验等罗蒂今日所重视的一些观念的强调，而反对传统心理学的心灵观和意识观，更为杜威和罗蒂共同坚持的立场。

在当时的讲演中我曾总结说，“杜威对于传统哲学的驳斥的确言之成理，但传统哲学在他所揭出的每一‘罪状’里面都依然保有从容答辩的余地”。这可以说是我当时对正在流行的旧实用主义的一般态度。当然，今日罗蒂新实用主义思想并非杜威旧实用主义的翻版，前者是后分析时代的哲学家，后者却基本上是前分析时代的哲学家。此外，关注当代西欧哲学思潮（主要是维特根施坦和海德格尔）的罗蒂，也与主要熟悉西欧哲学史的杜威（主要是柏拉图和黑格尔）具有着差距颇大的不同学术背景，这是时代演变的必然情形。我在和罗蒂交谈时曾提及二十年代末在美留学时听杜威和怀特海讲演的往事，而罗蒂亦谈到他曾是怀特海的高足哈茨霍恩的学生。时光荏苒，竟然已是半个世纪过去了。我对今日美国重新恢复了对杜威的重视很感兴趣，看来一位哲学家思想的影响，是随时代和环境的改变而起伏不定的。

《哲学和自然之镜》一书过去几年来引起了我国一些哲学工作者的很大兴趣，不时见到对此书的介绍和报道。而且这本书的部分章节也曾有人着手译过，如兰州大学中文系徐清辉同志（她于1981年到1982年间曾在普林斯顿大学哲学系进修美学，与罗蒂相熟）等；现在哲学所现代外国哲学研究室李幼蒸同志将全书翻译出来，并增译了罗蒂的另外四篇文章，作为中译本的附录。李幼蒸同志曾在普大哲学系做访问学者，罗蒂为其联系人，其后转至哥伦比亚大学哲学系，仍与罗蒂保持学术联系，对其思想做过系统研究，在此基础之上完成了本书的翻译。希望这个中译本能为我国读者提供一份有价值的参考资料。

贺　麟

1986年11月于北京

中译本译者前言

如果说第二次世界大战之后的二十年间，在美国哲学舞台上以逻辑经验主义为主的分析哲学占据着绝对支配地位的话，那么六十年代中期以后美国哲学活动的构成却开始发生了越来越明显的变化。一方面，分析哲学运动内部反正统力量（如科学哲学内部的反唯科学论潮流，语言哲学内部的反传统意义论潮流）已逐渐崛起；另一方面，欧洲大陆各哲学流派在美国得到了迅速扩展（在此以前它们在美国的影响极其微弱）。七十年代以来，美国哲学思想的分化更趋复杂，随着大量西欧哲学名著的陆续译介和各种哲学会议上的有关讨论，当代西欧哲学在美国校园和学术界的影响与日俱增，如东部西北大学、纽约大学石溪分校、芝加哥大学、霍布金斯大学等都已成为研究和介绍当代西欧哲学的中心，西部加州贝克莱大学、斯坦福大学等也已成为在分析哲学基础上研究西欧大陆哲学的重要基地。然而在大多数美国重点大学（如哈佛、普林斯顿、耶鲁、哥伦比亚等大学）哲学系中，分析哲学仍居绝对领先地位，因此谈到今日美国哲学时主要还是指分析哲学，这是从哲学专业角度来说的。然而一旦扩大到整个美国文化思想界来看，情况就比较复杂了，因为许多具有明显西欧哲学倾向的哲学研究如今正在大学文学院内哲学系以外的其他人文科系（如历史系、政治

系、文学系、宗教系、社会学与人类学系、艺术系等等）中扩大其影响，就是在上举一些重点大学中也不例外。这样我们就可以理解另一说法，即今日美国哲学舞台是由英美分析哲学传统和西欧大陆哲学传统共同组成的。对"哲学"的这种狭义理解和广义理解的不同，就涉及今日西方学者心目中"哲学"一词的适切含义问题了。这样一个问题由于关系到哲学活动的"边界"，必然成为一个文化整体内的问题。从某种意义上说，《哲学和自然之镜》一书就是对这个至关重要的文化和哲学的问题所做的深刻反省。

本书作者理查德·罗蒂在1982年夏以前的二十年间一直在分析哲学中心之一——普林斯顿大学任教，为该校哲学系和文学院内颇具影响的讲座教授。罗蒂擅长分析哲学派的语言哲学，对哲学史和当代欧陆哲学也素有研究，他在普林斯顿大学开设过的尼采和海德格尔课程，以及在弗吉尼亚大学开设的有关保罗·利科和弗洛伊德的课程都曾受到学生们的热烈欢迎。然而后来他却决意离开了使其功成名就的普林斯顿大学哲学系。译者抵美不久适巧赶上哲学系为他举办的告别会，印象殊深。

这本1979年出版的著作不仅是从哲学和文化的若干方面对分析哲学思潮及其后果进行全面检讨的一本书，也是对西方两千年来传统唯心主义哲学基本问题进行系统反省的一本书，眼界开阔，观点鲜明，持论颇为激进。本书出版后获得美国学界广泛关注，毁誉褒贬纷至沓来。不久作者又获麦克阿瑟图书奖，对于哲学家来说这是不同寻常的，从此罗蒂从专业哲学家而步入思想家之林，五六年来在美国人文学术界影响日增。因此在介绍今日美国哲学时，如不介绍在分析哲学和欧陆哲学之间另辟蹊径的罗蒂思想，那是不全面的，这是译者决定将此书译成中文的主要考虑之一。

作者在本书中集中提出了一种综合性的和批判性的哲学立场，以丰富的材料评述了欧美许多大哲学家的思想观点，尖锐批评了传统的唯理主义、唯科学主义和唯哲学主义，并展望一种无主导性哲学的“后哲学文化”。尽管作者的意图在于综观西方正统哲学文化全景，但诚如作者所说，本书思路的主干仍然是铺伸于古希腊哲学、近代哲学认识论和英美分析哲学之间的，作者在书中的主要对话者都是当今大多健在的美国著名分析哲学家。本书获得广泛影响的一个社会性原因恰在于，作者以深厚的分析哲学素养，对过去三十年间美国分析哲学教师培养出来的大批中青年人文学者，用分析哲学家熟悉的语言，指出了分析哲学当前发展中的症结所在，因而易于引起共鸣。因此这本书首先应看成是一本关于当代美国哲学思想的论著。作者所推崇的海德格尔后期哲学在本书中尚未详尽发挥(这是作者目前正在撰述的一部专著的主题)，而对现象学和结构主义的批评也只一提而过。至于作者在本书最后提出的一种准哲学活动——解释学，也并未涉及当代德、法解释学的广阔领域，而是从美国特有的哲学文化环境中做出的一种纲领式的展望。当然，本书的美国色彩最浓郁之处还在于返归已被美国学界冷落多年的杜威及其实用主义。十分明显，罗蒂根据分析时代认识论行为主义对实用主义进行的最新阐释，在学理上已比老实用主义更为精致，并更符合当代哲学辨析的水准了。

本书的影响之所以远远超出了哲学界，当然是因为它触及了当代西方社会文化性质这类大课题。如果像贺麟先生早先讲述杜威哲学时引用罗素的话时所说的那样，杜威代表着“美国工业社会

的哲学”，那么我们是否可以说罗蒂思想集中反映了“美国后工业社会的哲学”呢？社会、文化与哲学的关系，是任何专业哲学家都无法回避的大问题，因此第十七届蒙特利尔世界哲学大会以“文化”为中心主题就不是偶然的了（罗蒂曾被邀请担任本次大会主讲人之一，后因故未与会）。从这个角度看，罗蒂提出的各种问题的意义当然远远超出了美国范围，近年来欧、亚、非各国哲学界对罗蒂哲学观与文化观的探讨渐渐增加可为其证。

罗蒂在来华访问期间对他不甚了解的中国文化传统甚感兴趣。在他为本书中译本所写的序言中还提到了中美哲学文化交流的问题。依译者之见，所谓“中国哲学”必然只能意味着“当今中国人所从事的哲学”，这个哲学从内容到来源当然绝不限于“中国传统哲学”，而应涉及人类思想文化的一切领域，其中并无时间和界域之分，因此依据民族自豪感这种感情的而非理智的理由去“弘扬”祖辈的旧业，不仅不是尊重传统，反而有碍于民族文化传统之发展。因而学术上的“民族主义”适足成为阻碍民族文化创新的有效利器。不参照今日世界各地学术文化的重要发展是无法创建我们的新文化和新哲学的。希望本书的译介，有助于我国广大哲学爱好者了解当前西方哲学思想的最新动向，有助于我们批评的借鉴和进一步融合于世界哲学文化中去。

本书中译本收入了另外四篇文章作为附录。第一篇是作者与六位批评者的“对话”或辩论，可帮助中国读者进一步了解本书论述中的一些意蕴。此外还收入了作者在日本和中国所做的两次学术讲演，可看作作者与“东方”读者的对话。两次讲演的方式类似，均由一般思想阐述和专题发挥两部分组成。在南山大学的讲演中，罗蒂通过与普特南的论辩，辨析了相对主义问题，在中国的讲演则通过戴维森基本思想批评了“自我”和“意识”这一传统唯心主义的中心概念。自本书出版后，作者日益关注哲学与文学批评的关系问题，为了介绍罗蒂思想在这一方向上的发展，选译了作者论述后期海德格尔和德里达的一篇长文。需要声明的是，这四篇附录是译者自行加入的，虽然“事后”曾通知了作者。

考虑到排印的方便，中译本将本书原版中的脚注一律改成了各章尾注。（附录各篇中原件即采取尾注形式。）在完成本书翻译后，我曾向作者询问了书中一些疑难的英语字词和拉丁文词句的意思，承蒙作者给予了明确解释，然而由于联系不便，译者未能就书中许多关键性句段的确切含义一一向作者核实，误译之处责任完全在我本人，并希读者不吝指正，以备日后有机会时订正。

译　者

1986 年 11 月 11 日于北京

谨以此书献于

玛丽·V.罗蒂

目　　录

第二编　映现

第三编 哲学

中译本附录

中文本作者再版序

目前在西方哲学教授中流行着两种哲学概念。按照第一种哲学概念，存在着由亚里士多德、笛卡尔和康德之类哲人千百年来讨论着的哲学问题：哲学家们必定会继续努力讨论这些问题，并试图加以解决。按照第二种哲学概念，那些重要的和富于原创性的哲学家们的成就是治疗性的：他们思考事物的新方式在于对那些曾经困扰过前人的问题予以解消，而非予以解决。

那些坚持哲学概念在于“解决问题”的人，把哲学看作一系列在进行中的研究计划，承担者是受过高深训练的专业人士。这些人士，例如说，研究自由意志和决定论的问题，研究人类行为原则上的不可预测性（例如通过微观神经学的观察）如何以及是否可与人类自由地选择较优行为并拒绝较劣行为的观念协调一致。另一些人士则研究意识性质的问题，这种倾向为称作“蛇神”（zombies）的巫士所欠缺，他们看起来像正常人类一样能说会道和具有理性，但却不具有“内部空间”，对于什么是红颜色，什么是痛苦的感觉等等均无直接意识。

那些把哲学主要看作是治疗性活动的人士特别认为自由意志和决定论的问题早已为休谟所澄清。休谟说过，预测和性质归属是两种不可能互相妨碍的人类活动；在我们被神经层事件所决定的行为和我们是负责任的社会成员一事之间并非互不相容；作为社会成员的人应为坏行为受罚，为好行为受赏。而且他们通常认为“意识性质”一类问题是虚妄不实的。在他们看来，既然蛇神巫士和人类之间的区别绝不可能在行为层上获得反映，就人类实践而言，这种区别也就毫无意义。他们把“看见红色究竟是什么样子”之类的观念视为虚妄；这类问题无论在常识中还是在科学中均不起作用，它们只不过是用来使哲学教授有事可为而已。

本书即为对待哲学的第二种态度——治疗性态度的一个例证。其主要角色——杜威、维特根施坦和海德格尔——都是一些企图通过解消哲学问题以使哲学非职业化的思想家，而哲学教授们却自以为在从事着对此类问题的研究。他们三人都对把哲学视为准科学性的学科（如化学、古典语言学）持怀疑态度。他们每人的研究都与企图通过消解那样一类概念框架以改变思想环境的做法有关，在此类框架内，先前的哲学家们设定着自以为有待解决的问题。他们希望改变哲学教授的自我形象，并希望哲学家们把自己看作文化的批评家，而非看作明确问题的解答者。

《哲学和自然之镜》并未提出原创性观念，而是企图将这三位哲人（以及重要性稍逊一筹的人物，如美国哲学家奎因和塞拉斯等）说过的一些问题汇集起来，并指出他们的研究所蕴涵的教益。这本书曾被广泛地读解为一部“反哲学”之作，因为它曾宣称哲学已然过时，并已被人们处理完毕。此书曾经遭到广泛批评，其原因在于，正如一位批评家所说的，“哲学永远掩埋其从业者”。

这本书在我的哲学教授同事间特别不受欢迎，他们认为本书是对本应大受尊敬的一门学科所进行的轻浮而放肆的攻击。但它在其他学科的教授中间却曾颇受欢迎，特别是那些思想史家和文学研究者们。因为他们倾向于同情黑格尔的如下观点："哲学即其在思想中延存的一刻"；而非同情康德的如下观点：某些哲学问题是——跨越文化地、非历史地——内嵌于人类存在结构之中的。他们曾初步倾向于认同如下的看法：哲学应与宗教、文学连通，而非相当于一系列研究规划。

本书出版二十多年以来，情况变化不大。西方的哲学教授们仍可划分为三种类型：(1)分析哲学家：他们自以为在解决问题，认为这些问题不仅仅是文化变迁的暂时产物，而且还具有更深的根源；(2)哲学史家：他们对已故大哲学家们的作品提出新的解释，从柏拉图到康德，从黑格尔到海德格尔；(3)像我一类的人：他们企图说服同事采取黑格尔的而不是康德的有关哲学家在社会中应有何种作用的观念。上述第一类哲学家习惯于将第三类哲学家(人数也最少)形容为"轻浮的后现代派相对主义者"。第二类哲学家通常将第三类哲学家所进行的哲学史讨论形容为非专业化的和片面的；认为后者缺乏耐心去悟解那些只是随意过目的论著。

我本人过去二十年的研究工作一直遵循着今日统称为"后现代相对主义"的观点，这正是20世纪初叶由詹姆士和杜威以"实用主义"名称提出的同一类观点。一般而言，这两个人对传统哲学问题所采取的予以消解的态度，可以被概述为主张哲学问题的语汇是被创造出来服务于社会需要的；当这些问题不能再用旧语汇来表达时，就应采取新的语汇，以便更好地服务于社会。《哲学和自然之镜》与美国实用主义一致采取的基本观点是：我们使用的语言不是用来代表现实的，不能按其代表现实的优劣加以评价，语言起源于不时改变语言以适应社会实践的需要。

我在晚近的著作中企图如此来表达这个观点：实用主义者和尼采都认为，追求真理与追求人类较大幸福之间并无不同。这一主张再次被一些人指责为“轻率”和“相对主义”。但是这一主张实为本书对“现实代表论”进行批评的中心所在。依我看来，“轻率”的指责源自这样的信念：如果人类不再认为应对被称作“真理”之“实在”的伟大事物负责（这个伟大事物实际上与人的需要和愿望不是一回事），他们似乎就不再是社会中严肃负责的成员了。

在我看来，这种信念就像陀思妥耶夫斯基所说的“上帝不在，诸事可为”一样，误导世人。我认为“现实”（实在）和“真理”仅只是人们认为应予敬畏的一种权力之俗世称谓而已。而按照我现在提出的观点，除了人类想象的产物，我们什么也无须敬畏。实际上，不应把思想和道德的进步视作尽可能精确地去再现这类可敬畏的存在，而应将其视作为了增进人类幸福而去发现更富想象力的方式方法。

我认为人们关于“相对主义”的指责源于混淆了两件不同的事。一件是如下事实：证明是相对于受者的（例如，能使一位古希腊人信服的政治的或科学的论证，或许既不能使一位古代中国人也不能使一位现代希腊人信服）；另一件是既违反直观又无意义的如下主张：真理和证明一样是相对于受者的。没有任何人，包括最极端的“后现代主义者”，会赞成后一种说法。对于治疗性目的而言，他们所须做到的一切仅在于使受者相信如下情况：不存在“诉诸理性”、“诉诸事实”或“诉诸真理”

这类事，如果所诉诸者不是相对于在给定的社会实践系列内的一批特定受者的话，后者所具有的充分证明的观念也是在同一实践系列中产生出来的。

按此观点，思想进步不过相当于发展新的说话方式，这种新的说话方式将被新的社会实践所使用，并有助于发展将为更多的人民带来更大自由和幸福的新社会实践。对进步的这种理解方式与那种认为“想象”（而非“理性”）乃进步之工具的观点一致，也与那种认为哲学家的社会作用在于治疗的概念一致。

在实用主义者看来，说一种观点比另一种观点更合理，只相当于说它对于那些充分自由而又知识丰富的受者来说更易证明为正确而已。于是为了使人的行为更合理，不是说要使其更具有能力去进行论辩，而是说要使其知晓越来越多的可替代方式；也就是说使其思想不局限于若干狭窄的、局部性的思考方式。如此增强的合理性，不应看作是一种自然机能的显示，而应看作是人们由此获得了若干更全面的、更多彩多姿的选择方案。

对于这样一种有关思想变迁的宏通观点，哲学是永远不可能使其“终结”的。的确，“哲学”将永远会掩埋其从业者。这是因为“哲学”不仅是一门学科的名称，而且也是一种想象性努力的名称，后者以不断思考社会实践为方向，以用新实践取代旧实践来增进社会福祉为方向。正如我在本书最后一页上所说的，某些特定哲学传统，不论多么古老（例如柏拉图主义、儒学或笛卡尔主义），其结束并不意味着“哲学的终结”，而只不过意味着人们抛弃了一套旧的语言和制度，以促使那些看起来可激发想象力和促进人类自由的替代性语言和制度得以出现。

最后，让我对老友李幼蒸表示感谢。他再一次协助我的著作与中国读者见面。自从本书中文版首次发表以来，我们之间一次又一次的富于启示性的谈话使我受益匪浅。

理查德·罗蒂

2001年3月12日

中译本作者序

自希腊时代以来，西方思想家们一直在寻求一套统一的观念，这种想法似乎是合情合理的；这套观念可被用于证明或批评个人行为和生活以及社会习俗和制度，还可为人们提供一个进行个人道德思考和社会政治思考的框架。“哲学”（“爱智”）就是希腊人赋予这样一套映现现实结构的观念的名称。

然而在古代世界，“哲学”并不是一门学科，一门学术科目或一门思想专业的名称。相反，这个词指的是由受人尊重的个人——智者所持的意见总和。这些意见有关于今日或许会被称作“科学的”问题（例如物理的、化学的或天文的主题），以及有关于我们应称作“道德的”或“政治的”问题。当时并不存在一门巴门尼德、柏拉图、伊壁鸠鲁、塞内卡等等曾为之做出“贡献”的“哲学”科目。

古代世界的各种哲学流派（各类智者的追随者们），随着时间的推移，让位于基督教文明。作为西方思想生活框架的基督教，从教父时代直到十七世纪为人类话语设定了基本轴系。在这一历史时期，“哲学”一词指的是将古代智者（尤其是柏拉图和亚里士多德）的思想用于拓广和发展基督教的思想构架。因而在这一时期中，“哲学”仍然不是一门独立自主科目的名称，而是宗教文化的一个方面。

可是到了十七、十八世纪，自然科学取代宗教成了思想生活的中心。由于思想生活俗世化了，一门称作"哲学"的俗世学科的观念开始居于显赫地位，这门学科以自然科学为楷模，却能够为道德和政治思考设定条件。康德的研究对于这种思想的形成至关重要，而且自康德时代以来，他的研究一直被看作是一种范式，"哲学"这词是参照这种范式被定义的。康德提出的各种问题，他的术语体系，他划分学科的方式，都被人们奉为典范。康德以后，哲学成了一门学术专业，具有它自己内在的辩证法，而不同于全体文化领域。就其对这样一门哲学学科的必要性提出疑问的意义上而言，本书是反康德的。就它对希腊人纳入西方词汇内的那些区分观念提出质疑而言，本书也是反希腊的——正是这些区分观念似乎使发展这样一门学科必不可免了。

对于康德构想的怀疑，因此也是对于康德研究所尊崇和发展了的希腊人构想的怀疑，当然不是什么新的东西。一俟康德完成了他的工作，自然科学的支配作用——它们在思想生活中的支配地位——就被提出质疑。康德的学术活动与法国大革命和文学浪漫主义运动大约处于同一时期。这两种相互关联的发展意味着，政治和艺术是世俗文化的中心，科学和宗教却不是。于是一旦"哲学"指的是某种超级科学(这是康德为哲学所设想的地位，而且他本人的例证有助于使其成为可能)，这样一门科学的功用何在就成了问题。

康德时代以来——即过去两百年以来——哲学在欧美思想生活中起着一种暧昧不明的作用。一方面，康德的如下思想继续存在，即存在有(或应当有)一门学科，它将给予我们希腊智者希望获得而未能获得的东西——不只是意见的总和，而且是知识，关于具有根本重要性的东西的知识。人们仍然空谈这样的思想，即我们需要哲学作为一门基本学科，这门学科为证明或批评生活方式和社会改造纲领提供着基础；那些把自然科学当作合理性典范的知识分子，则偏爱一种为科学知识大厦加冕的“科学哲学”。然而，另一方面，很多知识分子使哲学与政治、艺术或二者令人可厌地对立起来。这些知识分子们把文化和社会看作是历史地发展着的，看成是不断产生新的道德思考和政治思考的词汇的，他们把希腊人和康德的观念——我们需要找到一种永恒秩序，一种长存的人类思想中性框架——看作一种妄想。马克思对康德和黑格尔的反动（“迄今为止哲学家们都在企图认识世界；然而重要的却在于改造世界”）是那些持前一种选择的人所特有的。尼采对康德和黑格尔的反动则是那样一些人所特有的，他们想用文艺（而且尤其是文学）来取代科学作为文化的中心，正如科学早先取代宗教作为文化的中心一样。

按照很多把政治看作文化的中心的知识分子的观点，“政治的哲学基础”这种需要并不明确。他们所强调的重点宁可说在于面对各特殊社会的各种具体问题，于是他们就不再强调伟大的理论在阐述这些问题时的重要作用。例如，杜威使政治（特别是二十世纪美国的社会民主政治）成为他的哲学思想的中心，但他并未要求建立一个哲学体系。反之，他作为一位实用主义者，却想要帮助知识分子们摆脱将他们的道德和政治改革纲领置于一种宏伟的非历史性理论中去的需要。

但从那些追随尼采把文学当作文化中心的知识分子观点来看，那些代表着人类超越自身和重新创造自身的人是诗人，而不是教士、科学家、哲学家或政治家。譬如说，海德格尔就是一位没有政治意识或知识的哲人（他与希特勒主义的灾难性的结合可证明这一点）。但他和杜威一样都怀抱下述信念：西方文化今日需要以其先前使自身非神学化的同样方式来使自身非科学化。他曾为实用主义哀叹，因为他错误地把它看作是科学主义的一种退化形式，但他和杜威两人都曾认为西方文化是过于理论化了。他们都认为，希腊人的“智慧”追求为人类一大错误，这种智慧的意义是，一种凌驾一切之上的知识系统可一劳永逸地为道德和政治思考设定条件。

* * *

本书是企图贯彻杜威和海德格尔某些共同的思想路线的一次努力，并将他们对作为一种非历史性的基础学科的哲学观与分析哲学的内在辩证法加以比较，这一哲学流派是从弗雷格将康德的认识论构想“语言学化”的企图中发展而来的。本书大部分内容都是重述和发展由一些分析哲学家所提出的论点，如W. 塞拉斯、W. V. O. 奎因、D. 戴维森、H. 普特南、G. 赖尔，以及特别是维特根施坦。这些哲学家们虽然都在一种康德式的环境——学院哲学的环境中进行研究，但都对哲学本身这个观念，对一门希腊人设想过的、康德曾认为已经给予我们了的那种学科的可能性，抱有怀疑。

在这些思想家以及马克思、尼采、杜威和海德格尔之后，人们再也难以认真看待这种观念了，即存在有一门超级科学或一门主学科，它关心的是具有根本重要性的问题。那种认为人能无论如何将发生于道德和政治思考中的以及在这类思考与艺术实践的相互作用中的一切问题置于“第一原理”（而哲学家的职责正在于陈述或阐明这些原理)之下的整个想法,开始显得荒诞不经了。认为有独立于历史和社会变化的“永恒哲学问题”的观念似乎极其可疑了。在本书结尾部分,我试图提出不根据这类非历史性永恒模型去进行思考的文化前景推测,这种文化应是彻头彻尾历史主义的。在此我试图提出,分析哲学中最近的发展如何能与最近非分析哲学(例如像 J. 德里达、M. 福科和 H. 伽达默尔这类后海德格尔思想家)的发展进行有益的比较。将这些思想运动会聚在一起的目的不是去创造一种宏伟的综合,而只是指出,大多数当代西方哲学家共同的一点就是对是否存在有一种称作“哲学”的自然人类活动的怀疑。

然而这些怀疑不应被认为是“非理性主义的”。按照我所建议的观点、合理性与非理性之间的区别,应被自由开放的探讨和屈从于在自身之外发生的限制(例如政治的或宗教的限制)的探讨二者之间的区别所取代。这类怀疑也不应被认为是意味着不再有必要研究往昔哲学家的著作了。反之,桑塔亚那这句常被引用的名言——“凡不研究过去者注定要重复过去”仍然是极其正确的。

在我看来,我们不应问科学家、政治家、诗人或哲学家是否高人一等。我们应当按照杜威实用主义精神不再去探求一个精神生活类型的等级系统。我们应当把科学看作适用于某些目的,把政治、诗歌和哲学(不被看作一门超级学科,而是看作根据过去的知识对目前思想倾向的一种明达的批评活动)都看作是各有其目的。我们应当摈弃西方特有的那种将万物万事归结为第一原理或在人类活动中寻求一种自然等级秩序的诱惑。

*　　*　　*

如果在这方面西方应当不再是西方，如果它的思想生活和文化生活应变得更灵活、更切于实用（如杜威所说，更具“实验性”），那么它与世界其他地区的关系也许就会大为不同了。在西方知识分子和世界其他地区的知识分子之间改善关系的一个障碍乃是下述这样一种西方观念：西方在自然科学发展中的领先地位表明了它具有优越的“合理性”。这类看法的前提是，通过发现对物质的微观结构描述进行预测和控制的方法的发展，在某方面比起（例如）风景画，政治改革或《圣经》经义注释，是一种更具“合理性”的活动。或者再准确些说，所假定的是，存在有某种被称作“理性”中心的人的机能——这种机能的发展是人类生存的要义——而且自然科学表明比任何其他人类活动更善于使用这种机能。自然科学的这种神化作用，是当代西方哲学逐渐在使自己摆脱的若干观念之一。希腊传统性区分法的消除是杜威、海德格尔和维特根施坦的共同主题，它将使西方摆脱现成的老框框（如“合理性”与“非理性”的对立，“科学的”与“神秘的”对立），这些老框框阻碍了我们对非西方文化的理解。

在一种甚至不再在口头上奢谈我们需要应用“科学方法”和具有“坚实哲学基础”一类观念的文化中，希腊人在理论和实践、永恒秩序和纯历史偶然等等之间的传统区分也就不再起作用了。认为艺术仅只是“装饰的”和可有可无的，文学从某方面讲是在“现实生活”的边缘上的一类观念也就不起作用了。人们将代之以承认，道德和政治的进步有待于艺术家、诗人和小说家，一如其有待于科学家和哲学家。在艺术和科学之间、美学和道德之间，政治责任和个人自我发展之间的传统区分，也就不如以往那样显得坚实可信了。

传统上互相区分得一清二楚的文化领域和专业学科，就会相互融合和渗透。这种“诸样式间分界含混”（借用一位美国重要的人类学家Cl. 吉尔兹的话说）也会有助于促进西方文化传统和世界上其他伟大文化传统之间的相互融合和渗透。

本世纪间，西方知识分子比以往任何时期都怀有对非西方文化的更强烈的好奇心和开放态度。这不仅因为在世界各个地区晚近政治和社会的变化使各民族更趋于独立，更关注彼此的需要。同时也由于西方意识的内部发展，这种发展在过去两百年间已导致它逐渐远离了本身的希腊源头和海德格尔所谓的“本体神学传统”。在一切非西方的文化间，中国的文化无疑是最古老、最具影响力，也是最丰富多彩的。人们或许因此而可以希望，在西方理解自身过程中最近发生的变化，将有助于西方知识分子从中国方面多多获益。

然而遗憾的是，西方对中国文化的认识还远远比不上中国对西方文化的认识。另一方面，西方，特别是美国，一直对中国文化怀有高度的尊敬，这种尊敬之心随着中西文化交流的逐渐加强而与日俱增。我欣然期望本书的翻译可在促进中西知识分子的交流方面略尽绵薄。本书是继续探讨约翰·杜威二十年代初访问中国时提出的某些观念的尝试，企图以某种方式促进人们对这些观念的关注。因为我相信，以杜威为其主要倡导者的实用主义传统，是美国对人类精神生活所做出的最杰出贡献。

拙著受到了中国学术界的关注，并认为值得译成中文，对此我深感荣幸。李幼蒸先生极其耐心和认真地完成了这一费时而辛劳的工作，感谢他对翻译过程中遇到的诸多问题进行了细心处理。

贺麟教授惠赐的序言，使本书中译本获得了非常良好的引介，而溢美之言却远远超出了我所应得的称誉。

理查德·罗蒂

1986年10月20日于西柏林

原　　序

差不多在我一开始研究哲学起，我就对哲学问题出现、消失或改变形态的方式具有强烈的印象——它们都是一些新的假定或新的词汇出现的结果。从理查·麦基翁和罗伯特·布鲁姆包那里，我学会了把哲学史不是看作对一些相同问题所作的一系列交替出现的回答，而是看作一套套十分不同的问题。从鲁道夫·卡尔纳普和卡尔·汉培尔那里我了解到，虚假的问题如何可通过以形式的言语重新陈述它们而予以揭露。从查理·哈茨霍恩和保罗·维斯那里我了解到，如何可通过把这些假问题迻译为怀特海或黑格尔的词语而加以揭示。我很幸运能以这些哲学家为师，但是不论如何，我把他们都当作是在表示着同样的意思：一个“哲学问题”是不知不觉采用了那些被包含在用以陈述该问题的词汇中的假定的产物；在认真地看待该问题之前，应当先对那些假定进行质疑。

稍后我开始阅读维尔弗里得·塞拉斯的著作。塞拉斯对有关“所与”(the Given)神话的严厉批评，在我看来似乎使大多数近代哲学背后的假定成为可疑了。再往后，我开始认真考虑奎因对语言-事实的区别所持的怀疑态度，并试图把奎因的观点与塞拉斯的观点结合起来。从此以后我一直企图将近代哲学问题背后更多的假定抽离出来，希望能使塞拉斯和奎因对传统经验论的批评普遍化和扩大化。我相信，返回这些假定并阐明它们都是仅供选择的东西，这种做法或许是具有“治疗性的”，其意义正如卡尔纳普最初解除那些标准教科书问题的做法具有“治疗性”一样。本书就是这一企图的结果。

本书的撰写历时长久。普林斯顿大学极其慷慨地提供研究时间和研究年假，当我表白以下事实时并不减少我对普大的感激，这就是，如果没有美国学会理事会和古根海姆基金会的进一步支持，也许我将永远无法完成本书的写作。当我于1969年到1970年获得美国学会理事会的研究资助时已开始构思本书大纲，而在1973年到1974年获得一笔古根海姆研究资助时，才着手撰写了本书初稿的大部分。对上述三个机构给予我的支持，在此谨致最深的谢意。

许多人（普林斯顿大学和其他一些大学的学生，在各个会议上听我宣读论文的听众、同事和朋友等等）都读过或听过本书各章节的各种原稿。由于他们的批评反驳，我在内容和风格上做过很多修正，对此深为感谢。十分遗憾，我甚至记不起那些最重要的帮助来自何处了，但我希望读者会随处看出他们的评论带给我的有益结果。然而我希望对密歇尔·威廉姆斯和理查德·伯恩斯坦两人特别致谢，他们对全书二校样给予了有益的评论，正如普林斯顿大学出版社一位不知姓名的校对者所做的那样。我同样感谢雷蒙·高斯、大维·霍伊和杰弗里·斯托特，他们抽出时间帮助我澄清了对本书末尾一章的最后一刻的怀疑。

最后，我想感谢劳拉·贝尔、皮尔·凯沃脑、李·雷丁斯、凯洛尔·罗恩、散福·撒切尔、珍妮·托尔和大维·威勒曼，他们曾耐心地将打印的草稿转为印刷完毕的成书。

*　　　　*　　　　*

第四章的一部分曾发表于德文《新哲学杂志》第 14 期（1978 年）。第五章的一部分曾发表于《身、心和方法：V. C. 阿尔德里希纪念文集》，D. F. 古斯塔夫森和 B. L. 塔泊斯考特（编）（多尔得莱西特，1979 年）。该章其余部分曾发表于《哲学研究》第 31 期（1977 年）。第七章的一部分曾发表于《芬兰哲学学刊》，1979 年。感谢这些书刊的编者和出版者允许重印这些材料。

3
导　　论

哲学家们常常把他们的学科看成是讨论某些经久不变的永恒性问题的领域——这些问题是人们一思索就会涌现出来的。其中，有些问题关乎人类存在物和其他存在物之间的区别，并被综括为那些考虑心与身关系的问题。另一些问题则关乎认知要求的合法性，并被综括为有关知识“基础”的问题。去发现这些基础，就是去发现有关心的什么东西，反之亦然。因此，作为一门学科的哲学，把自己看成是对由科学、道德、艺术或宗教所提出的知识主张加以认可或揭穿的企图。它企图根据它对知识和心灵的性质的特殊理解来完成这一工作。哲学相对于文化的其他领域而言能够是基本性的，因为文化就是各种知识主张的总和，而哲学则为这些主张进行辩护。它能够这样做，因为它理解知识的各种基础，而且它在对作为认知者的人、“精神过程”或使知识成为可能的“再现活动”的研究中发现了这些基础。去认知，就是去准确地再现心以外的事物；因而去理解知识的可能性和性质，就是去理解心灵在其中得以构成这些再现表象的方式。哲学的主要关切对象是一门有关再现表象的一般理论，这门理论将把文化划分为较好地再现现实的诸领域，较差地再现现实的诸领域，以及根本不再现现实的诸领域（尽管它们自以为再现了现实）。

我们把以理解“心的过程”为基础的“知识论”概念归之于十七世纪，特别是洛克其人；把作为一种在其中有“过程”发生的、作为 4
分离的实体的“心”的概念归之于同一时期，特别是归之于笛卡尔；把作为纯粹理性法庭的哲学的观念，不论它是维护或否认文化中其他领域的权利，归之于十八世纪，特别是归之于康德，但是这种康德的观念却以对洛克的心的过程观念和笛卡尔的心的实体观念的普遍承认为前提。在十九世纪，作为一种为知识主张“奠定基础”的基本学科的哲学观，会聚在新康德主义者的著作中了。对这种需要“基础”的文化观以及对要求一门知识论来履行这一任务的主张的偶尔出现的异议（例如在尼采和詹姆士的著作中），一般来说未被理睬。对知识分子而言，“哲学”变成了宗教的代用品。它成为这样一个文化领域，在这里人们可以脚踏根基，在这里人们可以找到用以说明和辩护他**作为**一名知识分子的活动的语汇和信念，从而可以发现其生命的意义。

在本世纪初，这种主张又被这样一些哲学家（尤其是罗素和胡塞尔）重新肯定，他们热衷于保持哲学的“严格性”和“科学性”。但是在他们的声音里包含着绝望的声调，因为此时世俗观念对宗教主张的胜利已无处不在了。因此，哲学家不能把自己再看作处于思想前卫的地位，也不能认为自己在保护人们免遭迷信力量的侵害。[①]此外，在十九世纪期间，一种新形式的文化出现了，这就是文学家们的文化，他们是这样一类知识分子：写作诗歌、小说和政论，并批评其他人的诗歌、小说和政论。在笛卡尔、洛克和康德进行写作的时代中，文化的世俗化是由于自然科学的成功而得以逐渐形成的；但是 5
到了二十世纪初，科学家们正像神学家们一样远远离开了大多数知

识分子。诗人和小说家取代了牧师和哲学家，成为青年的道德导师。结果，哲学越成为“科学的”和“严格的”，它与文化的其他领域的关系就越少，而它所坚持的传统主张就显得更为荒谬。分析哲学家和现象学者的这种对此“奠定基础”、对彼“进行批判”的企图，遭到那些其活动被提供了基础或受到了批评的人的藐视。整个哲学则遭到那些渴望一种意识形态或一种自我形象的人的藐视。

在这一背景下，我们可以来看一下本世纪三位最重要的哲学家的工作，他们是：维特根施坦、海德格尔和杜威。他们每一个人早先都曾试图找到一条使哲学成为“基本的”新路，一条拟定最终思想语境的新路。维特根施坦曾企图建立一种与心灵主义毫无关涉的新表象（再现）论；海德格尔曾企图建立一套与科学、认识论或笛卡尔的确定性寻求毫无关涉的新哲学范畴；而杜威曾企图建立一种自然化了的黑格尔式的历史观。他们每一个人都把自己早先的努力看成是自我欺骗性的，看成是在那些用以掩饰欺骗的概念（如十七世纪的知识观和心的概念）被抛弃以后去维持某种哲学欺骗的企图。他们三人中的每一位在自己后期的研究中都摆脱了那种把哲学看成是基本性的康德式观点，并不断告诫我们抵制那些他们自己早先曾屈从过的诱惑。因此，他们后期的研究是治疗性的，而非建设性的，是教化性的而非系统性的，目的在于使读者对
6 自己哲学思维的动机质疑，而非在于为读者提供一套新的哲学纲领。

维特根施坦、海德格尔和杜威一致同意，必须放弃作为准确再现结果的知识观，这种知识是经由特殊的心的过程而成立的，并由于某种有关再现作用的一般理论而成为可理解的。对他们三位来

说，“知识基础”的观念和以笛卡尔回答认识论的怀疑论者的企图为中心的哲学观念，都被抛弃了。此外，他们也抛弃了笛卡尔、洛克和康德共同具有的“心”的观念，即把“心”当作一种专门的研究课题，当作存于内在的领域，包含着使知识得以成立的一些成分或过程这种观念。但这并不是说他们拥有某些**替代的**“知识论”或“心的哲学”。他们干脆放弃了作为可能学科的认识论和形而上学本身。我用了“放弃”而非“反驳”这样的字眼，因为他们对待传统性问题的态度有如十七世纪哲学家对待经院哲学问题的态度。他们并不致力于在前人的著作中去发现虚假的命题或糟糕的论证（虽然他们偶尔也这么做）。反之，他们瞥见了某种理智生活的可能形式，在其中，得自十七世纪哲学思考的语汇之不得要领，似乎正如对启蒙时代而言十三世纪哲学语汇之不得要领一样。断定一种后康德文化的可能性，在这种文化中不存在一门为其他学科进行论证或奠定基础的无所不包的学科，并不一定是反驳任何具体的康德学说，它只不过是瞥见了这样一种文化的可能性，在其中宗教或者不存在，或者与科学和政治没有任何联系，然而它一定是反驳阿奎那的如下主张：神的存在可被天然理性证明。维特根施坦、海德格尔和杜威通过引入一幅幅新的地域（即人类活动全景）区划 7
图而把我们带到了一个“革命的”哲学（按库恩的“革命的”科学的意义来理解）的时代，这些新地图干脆没有包括那些以前似乎具有支配作用的特征。

本书是根据我刚才描述的那种反笛卡尔和反康德的革命观点，对哲学，特别是分析哲学的某些最近发展所做的概观。本书的

目的在于摧毁读者对“心”的信任，即把心当作某种人们应对其具有“哲学”观的东西这种信念；摧毁读者对“知识”的信任，即把知识当作是某种应当具有一种“理论”和具有“基础”的东西这种信念；摧毁读者对康德以来人们所设想的“哲学”的信任。因此，寻求有关任何被讨论主题的新理论的读者将会失望。虽然我讨论“对心身问题的解决”，但不是为了提出一种新的解答，而是为了说明何以我认为并不存在这样一个问题。同样，虽然我讨论“指称理论”(theories of reference)，但我并没提出这样一种理论，而只是提出一种意见，表明追求这样一种理论何以是误入歧途的。本书正像我最尊重的那些哲学家的著作一样，是治疗性的而非建设性的。然而这里提供的治疗却是寄存于分析哲学家本身建设性的努力之上的，对于这些人的思想构架，我正试图加以质疑。因此，我对传统提出的大多数具体批评，都是借取自塞拉斯、奎因、戴维森、赖尔、麦尔柯姆、库恩和普特南这类系统哲学家的。

我感谢这些哲学家为我提供了我所使用的手段，正像我感谢维特根施坦、海德格尔和杜威为我提供了这些手段所针对的目的一样深切。我希望使读者确信，分析哲学内部的这种辩证关系需要再继续向前发展，它已使心的哲学从布洛德发展到斯马特，使语言哲学从弗雷格发展到戴维森，使认识论从罗素发展到塞拉斯，并
8 使科学哲学从卡尔纳普发展到库恩。我想，这些新的发展阶段使我们有可能批评“分析哲学”概念，甚至批评自康德时代以来所理解的“哲学”本身。

的确，根据我现在采取的观点，在“分析的”哲学和其他各种哲学之间的区别，相对来说不甚重要了，这是风格和传统方面的区

别，而不是有关“方法”或“第一原理”的区别。至于何以本书主要以当代分析哲学的语汇写出并针对着分析哲学文献中讨论的问题，这只是一个个人经历的问题。这些词汇和文献是我最熟悉的，而且我是根据它们来把握哲学争端的。如果我同样熟悉当代其他写作哲学的方式，本书就会更为完善和更有用处，虽然篇幅会甚至更长一些。按照我的理解，发端于罗素和弗雷格的那种哲学，和经典的胡塞尔现象学一样，只是使哲学占据康德曾希望它去占据的那个位置的另一次企图，这就是根据它对文化中其他领域的“基础”的专门知识来评判这些领域。“分析的”哲学是另一种康德哲学，这种哲学的主要标志是，把再现关系看成是语言的而非心理的，思考语言哲学而非思考“先验批判”，也不思考作为一门显示“知识基础”的学科的心理学。我将在第四章和第六章论证，对语言的这种强调，基本上未曾改变笛卡尔-康德的问题体系，因此并未真地赋予哲学一种新的自我形象。因为分析哲学仍然致力于为探求、从而也是为一切文化建立一种永恒的、中立的构架。

这种看法认为，人类活动(以及探求，尤其是知识的追求)发生于一种理论构架之内，这个理论构架在探求的结论(一组可先验地发现的前提条件)得出之前可被抽离出来，它使当代哲学与笛卡
尔-洛克-康德的传统联系在一起。因为，认为存在着这样一种理 9
论构架的看法要想说得通，只有当我们把这个构架看成是由认知主体的天性、由他的机能的天性或由他在其中进行活动的媒介的性质所加予的才成。“哲学”不同于“科学”这种观念本身，如若没有笛卡尔和康德的如下主张，就很难获得理解，前者认为反身向内就可发现必然真理，后者认为这一真理对经验性探求的可能结果

施加了限制。认为可能存在有“知识基础”(一切知识,在过去、现在、将来的每一领域中的知识)或“再现理论”(一切再现观,在熟悉的语汇中的和尚未梦想出来的再现观)的看法,依存于如下假定:存在有某种先验的制约因素。如果我们接受杜威的知识观,并被证明有理由信奉它,那么我们将不会认为对于可称作知识的东西存在着持久的限制因素,因为我们将把“证明”(justification)看作一种社会现象,而不看作“认知主体”和“现实”之间的一种事务。如果我们接受维特根施坦的看法,把语言当作一种工具而不当作一面镜子,我们就不会去寻求语言再现作用可能性的必要条件了。如果我们接受海德格尔的哲学观,我们就会把使认知主体的天性成为必然真理的一种根源的企图看成是另一次自我欺骗,它要用一种“技术的”和明确的问题取代那种向生疏世界敞开的态度,而最初正是后一种态度诱使我们去开始思索的。

理解分析哲学如何切合传统的笛卡尔-康德模式的一种方法是,把传统哲学看成是一种逃避历史的企图,这是一种去发现任何可能的历史发展的非历史性条件的企图。按照这一观点,维特根施坦、杜威和海德格尔的共同旨意具有一种历史主义的性质。三位哲学家中的每一位都提醒我们注意,对知识、道德、语言、社会的
10 基础所作的研究可能仅只是类似于教义辩护的东西,它们企图使某种当代的语言游戏、社会实践或自我形象永恒化。本书的精神也是历史主义的,书中包括的三大部分目的在于使“心”、“知识”和“哲学”等观念分别置于历史的视野之内。第一部分讨论心的哲学,在第一章中我试图指出,存于笛卡尔二元论背后的所谓直觉,

其实具有一种历史的根源。在第二章中我试图指出，如果有关预测和控制的生理学方法取代了心理学方法之后，这类直觉就会发生变化。

第二部分讨论认识论和晚近寻找认识论的“接替课题”的企图。第三章论述了十七世纪“认识论”的产生过程以及它与第一章中讨论的笛卡尔“心”的概念间的联系。应该指出，“知识论”的看法乃是由于把知识主张的证明和这些主张的因果性说明加以混淆所致，概略而言，这是一种在社会实践和假定中的心理过程之间的混淆。第四章是本书的中心部分，在这一章中提出了导致撰写本书的那些想法。这些想法也就是塞拉斯和奎因的想法，在该章中我把塞拉斯对“所与性”的批评和奎因对“必然性”的批评解释成为摧毁“知识论”可能性的关键性步骤。这两位哲学家共同持有的整体观和实用主义（这也是他们与后期维特根施坦共同信奉的），属于我本人希望加以拓广的那些分析哲学内的思想路线。我主张，这些思想路线在以某种方式被拓广之后，就会使我们把真理看作——用詹姆士的话来说——“更宜于我们去相信的某种东西”，而不是“现实的准确再现”。或者用不那么具有挑激性的话来说，这些思想路线向我们证明，“准确再现”观仅只是对那些成功地帮助我们去完成我们想要完成的事务的信念所添加的无意识的和空洞的赞词而已。在第五章和第六章我将讨论和批评那种我认为是 11
反动的企图，即把经验心理学或语言哲学看作是认识论的“接替课题”这种企图。我论证说，只有作为“再现准确性”的知识观才劝说我们相信，对心理过程或对语言（它作为再现的手段）的研究可以完成认识论未能加以完成的事。整个第二部分的精神在于，作为

各种准确再现观念集合的知识观，是具有可予选择的特性的，它可以被一种实用主义的知识观所取代，后者消除了希腊哲学在沉思和行动、再现世界和应付世界之间所设置的对立。我提出，由希腊人的视觉性隐喻支配的一个历史时期可能让位于另一个历史时期，在这个时期中把这些视觉性隐喻结合在一起的哲学词汇，会显得像前古典时代中泛灵论的词汇一样地离奇怪诞。

在第三部分中我着手更明确地讨论“哲学”的观念。第七章把对“客观知识”的追求和其他较少具有特权的人类活动领域之间的传统区别，仅只解释作在“正常话语”和“反常话语”之间的区别。正常的话语（对库恩的“正常科学”概念的一种普遍化）是任何这样一种话语（如科学的、政治的、神学的或任何其他的话语），它体现着共同商定的达致协议的标准；反常话语是任何欠缺这类标准的话语。我论证说，那种根据准确再现的条件来阐明“合理性”和“客观性”的企图（传统哲学以此为特征），是一种使当代正常话语外在化的自我欺骗式的努力；而且自希腊时代以来，哲学的自我形象一直被这一企图所支配。在第八章中我运用取自伽达默尔和萨特的思想来发展一种在“系统的”哲学和“教化的”哲学之间的对比观，并指出，那些不符合传统的笛卡尔-康德模式的“非常态”哲学是怎
12 样与“常态”哲学发生关联的。我把维特根施坦、海德格尔和杜威描绘为其目的在于进行教化的哲学家，就是说在于帮助读者或全体社会摆脱陈旧过时的词汇和态度，而不在于为现代人的直觉和约定惯习提供“根基”。

我希望以上所谈可以说明为什么我选择“哲学和自然之镜”作

为书名。决定着我们大部分哲学信念的是图画而非命题，是隐喻而非陈述。俘获住传统哲学的图画是作为一面巨镜的心的图画，它包含着各种各样的表象（其中有些准确，有些不准确），并可借助纯粹的、非经验的方法加以研究。如果没有类似于镜子的心的观念，作为准确再现的知识观念就不会出现。没有后一种观念，笛卡尔和康德共同采用的研究策略——即通过审视、修理和磨光这面镜子以获得更准确的表象——就不会讲得通了。如果心灵中不怀有这种研究策略，认为哲学可由“概念分析”、“现象学分析”、“意义阐释”、检验“我们语言的逻辑”或检验“意识构成活动的结构”等晚近的主张就不可理解了。维特根施坦在《哲学研究》中嘲笑的就是这一类主张，而且正是在维特根施坦引导下，分析哲学趋向了它目前占据的“后实证主义的”立场。但是维特根施坦去瓦解具有迷惑力的图画的见识，必须补充以历史的认识（即对一切这类镜子形象根源的认识），而在我看来，海德格尔的最大贡献正在于此。海德格尔重新论述哲学史的方式使我们理解了笛卡尔的这个形象肇始于希腊时代，而在过去的三个世纪中出现了这一形象的各种变形。这样一来他就使我们与传统有了“间距”。然而不论是海德格尔还是维特根施坦都未使我们从社会角度理解镜子形象的历史现象，13
这就是由视觉隐喻支配西方思想的历史。他们两位都关心极其受偏爱的个人而非关心社会，关心使自己脱离一个没落传统最后时期所特有的那种平庸无谓的自我欺骗。与此相反，杜威虽然既不具有维特根施坦那种辩证的敏识，又不具有海德格尔的历史修养，却能根据一种新型的社会观写下自己对传统的镜子形象的反驳。在他的理想社会中，文化不再由客观认识的理想而是由美学升华

的理想所支配。如他所说，在这种文化中艺术和科学将成为“自由自在的生命花朵”。我希望我们现在已有可能把人们曾经加予杜威的“相对主义”和“非理性主义”的指责，仅只看作他批评过的哲学传统的不自觉的自卫反射。如果我们认真看待杜威、维特根施坦和海德格尔对镜子形象所作的批评，这类指责就不值一驳了。关于他们三人对传统哲学的批评，本书无所增益，然而我希望本书论述这些批评的方式会有助于穿透哲学惯习的硬壳，杜威曾想粉碎这个外壳，但惜未成功。

注　解

①　全书中出现的“himself”（他自己）、“men”（男人们）一类词，应看作是“himself or herself”（他自己或她自己）、“men or women”（男人们或女人们）的简称。

第一编

我们的镜式本质

第一章　心的发明 17

1. 心理现象的标准

有关心的哲学的讨论往往以如下假定开始，即每个人都总知道怎样把世界分为心的部分和物的部分，这一区分是常识性的和直观性的，即使物质的和非物质的这两类“材料”的区分是哲学性的和令人困惑的。于是当赖尔提议说，谈论心的实体就是谈论行为的倾向(dispositions)*时，或者当斯马特提议说，谈论心的实体就是谈论神经状态时，他们面对着两种攻击。因为，如果行为主义或唯物主义一类主张正确，何以会有这类直观性的区分呢？

似乎无可置疑的是，痛苦、情绪、心象、“在心中闪现”的语句、梦境、幻觉、信念、态度、欲望和意图等等，都被看作是“心理的”现

---

* 赖尔在《心的概念》一书中提出“倾向”(或性向)概念，以反对笛卡尔的意识概念。这个术语后来在分析哲学内有了广泛应用，它不限于指心的种种意向行为，也用来描述外界事物。奎因指出，一个客体的倾向即由强(或虚拟)假定词规定的东西。如“X在水中是能溶解的”意即：如果X在水中，它就会(would)溶解。奎因屡次表示，“倾向”这个模糊而有用的词有时可示敬而无用(如智慧的倾向)，有时虽含义不确却必要。他认为倾向类似于一种微妙的结构的条件，表示了对象的一种性质。从字形上看，倾向词(如soluble)的词根表示“倾向性”，而词干表示该倾向的性质。——中译者

象，而造成疼痛的胃收缩，伴随着它的神经过程以及任何其他可在体内找到某一确定位置的东西，都被看作是非心理的。我们这种毫无踌躇的分类表明，我们对什么是“心理性”不仅有明晰的直观，而且心理性还与非空间性及下述看法有关：即使身体被消灭了，心的实体或状态仍会以某种方式延存。即使我们抛弃了“心素(mindstuff)”观念，即使我们抛弃了作为述谓(predication)主体的**思想物**(res cogitans)观念，我们似乎仍然能够区分心灵与身体，并且是以某种笛卡尔的方式进行这种区分的。

人们所主张的这类直观有助于使笛卡尔二元论这样的观点保持活力。反对行为主义和唯物主义的后维特根施坦时期的哲学家
18 们，倾向于赞向维特根施坦和斯特劳森的下述主张：在某种意义上只存在着人类机体，而且我们应当放弃这样的看法：把人类机体当成与一些**广延物**(res extensa)非空间地相联系着的一些**思想物**所构成的。但是他们说，笛卡尔的直观仍然存在着，这种直观指，心与物的区分不可能用经验手段弥合，心理状态与其说像是一种倾向，不如说像是一种神经细胞，而且科学发现不可能揭示一种心物同一性。在他们看来，这一直观足以构成一种无法弥合的裂隙。但是这些新二元论哲学家们仍为他们自己的结论感到困惑，因为虽然他们的形而上学直观似乎是笛卡尔式的，他们却并不明了自己是否有权**拥有**这些作为“形而上学直观”的东西。对于认知在经验科学之前的世界和经验科学无法触及的世界这样一种认知方法的观念，往往使他们十分不安。

在这种处境中，二元论者倾向于走语言学的道路，开始谈论“不同的语汇”或“替代性的描述”。这个专门术语的意思是，所讨

论的二元论的直观仅只是谈论同一现象的不同方式之一，因而似
乎使某种二元论变成了斯宾诺莎的两面论一类的东西。但是对
“*什么东西*的两种描述？”这个问题使其成为一种颇难坚持的立场。
直到我们提出下面两个问题之前，要回答“对有机体的两种描述”
似乎并无不妥，这两个问题是：“有机体是物理性的吗？”和“有机
体，甚至人类有机体，是否包含着比它们的组成部分的实际的和可
能的配置更多的东西？”新二元论者往往乐于将大量的心理状态归
附于赖尔的理论，并且说，信念、欲望、态度和意图（不必说技巧、德
性和情绪）仅只是谈论有机体及其组成部分，以及这些组成部分的
实际的和可能的运动的各种方式而已。（但他们可能会继布伦塔
诺和齐思霍姆之后坚持说，不可能提供赖尔式的充要条件。）但当
谈到疼痛、内心形象和闪现的思想（这类短暂的心理状态可以说像
是类似于事件而非类似于倾向的东西），他们却犹豫不决了。他们 19
自然理应如此。因为，如果他们说，描述在疼痛中的有机体仅只是
谈论有机体组成部分的一种方式，那么二元论与唯物论之间的区
别也就消失了。要记住，这些组成部分必定是*物的*部分，因为一旦
我们使笛卡尔康德化或斯特劳森化了，“心的部分”的观念甚至就
将不再具有意义了。心物同一性赞成者所能要求的，除了承认有
关人如何*感觉*的谈论不过是有关人体相应组成部分（也许是神经
细胞）*是*如何如何的一种替代说法以外，还能是什么别的呢？

于是我们遇到了下述两难困境：或者新二元论者必须提出一种有关我们如何先验地知道各种实体必须被纳入两类互相不可还原的范畴的认识论；或者他们必须找到某种表达他们的二元论的方式，这种二元论既不依赖于“本体论裂隙”的概念，又不依赖于

"替代性描述"的观念。但是在设法找到解决这一困境的方法之前，我们应当更仔细地审视一下"本体论范畴"或"本体论裂隙"的概念。这究竟是怎样一种概念呢？我们是否有任何其他的本体论裂隙的例证呢？是否有任何其他的例子可使我们先验地知道不存在任何使两类实体等同的经验性研究呢？我们也许知道，不存在可使具有不同位置的两种时空实体等同的经验研究，但是这样的了解似乎太无足轻重了。是否存在着其他例子可使我们先验地了解自然本体论的种类呢？我所能想出的唯一例子是有关有限和无限、人与神以及个别和普遍之间的区分。我们直观到任何事物都不可能跨越这些区分线。但是这类例证似乎没有多大用处。我们往往会说，我们并不知道某种无限东西的存在是什么意思。如果我们企图阐明正统的"神性"观，我们似乎或者仅只获得一种否定性的概念，或者获得一种按照"无限性"和"非物质性"来说明的概
20 念。由于求助于无限性等于用更加含混不明的概念去说明含混不明的概念，我们就只剩下非物质性了。我们模模糊糊地相信，如果无限性能够存在，它将像普遍性一样只能由非物质性来说明。如果谈论普遍性的存在要想有任何意义，似乎它们必须以非物质性的方式存在，而且这正是何以绝不能把它们等同于时空特殊存在物的缘故。但"非物质性"的意思是什么呢？它与"心性"一样吗？即使"物理性"概念并不比"物质性"或"时空性"更可理解，人们仍然不敢说"心性"与"非物质性"是同义语。如果二者是同义的，那么像在概念论者和实在论者之间有关普遍概念地位这类争论，就会显得比前者更愚蠢。然而，"心性"的对立面是"物性"，而"非物质性"的对立面是"物质性"。"物性"和"物质性"似乎是同义语。

两种不同的概念如何能有同义的对立面呢？

在这一点上我们可能会倾向于诉诸康德，并说明心理事物具有时间性却无空间性，而非物质性事物——即超越感官限度的神秘性——既不具空间性又不具时间性。于是我们似乎有了十分明确的三重区分法：物（理）性事物是时空性的；心理事物是时间性而非空间性的；形而上学事物是既非空间性又非时间性的。因此我们可以把“物性”与“物质性”的表面上的同义性解释为一种在“非心理性”与“非形而上学性”之间的混淆。唯一的麻烦是，康德和斯特劳森对下述主张提出了令人信服的论证，即我们只能把心的状态等同于在空间上被定位的人的状态。[①] 既然我们放弃了“心素”观，就不得不认真地看待这些论证。这就使我们几乎陷于循环论证了，因为现在我们想知道，说空间性实体的某些状态是空间性的，某些不是空间性的，究竟是什么意思呢？我们被告知说这些状 21
态是该实体的**功能性**状态，这是用处不大的，因为某人的美貌、体格、名气和健康是功能性的状态，但直观却告诉我们它们也不是心的状态。为了阐明我们的直观，我们必须确定我们的痛苦和信念共同具有的，而我们的美貌或健康并不共同具有的特征。把心的事物看作可在身体死后或消灭后继续延存的东西并无助于说明，因为人的美貌可在死后延存，人的名气也可在身体消灭后延存下去。如果我们说，人的美貌或名气只是相对于他人的目光和意见而存在，并非是独立的状态，那么我们就面临着如何区分人的纯关系性质与其内在状态这样的尴尬问题。我们也面临着有关人的无意识信念这样的尴尬问题，这类信念可以只在其死后由心理传记家发现，但是这类信念或许既可被当作他的心的状态，又被当作他

自己生前意识到的那类信念。可能有办法说明为什么某人的美貌是一种非内在的、关系的属性，而他的无意识的偏执狂则是一种非关系性的、内在的状态；但这似乎是在用更含混不明的东西来说明含混不明的东西了。

我的结论是，我们不可能用非空间性作为心的状态的判准，这只是因为“状态”概念如此之含混，以至于不论是空间状态一词还是非空间状态一词似乎都没什么用处。作为非空间性的心的实体概念和作为空间性的物的实体概念，如果具有任何意义的话，只是对个体才有意义，对述谓主体而非对这些主体拥有的属性有意义。我们可以对物和心素的概念进行某种模糊的前康德的说明，但却不可能对空间特殊事物的空间状态和非空间状态做出任何后康德的说明。当我们被告知人体移动是由于体内藏有魂灵时，我们获
22 得了某种模糊的说明力观念，但当我们被告之人具有非空间的状态时，却一无所获。

我希望以上说明足以指出，我们并无正当理由去开始谈论心身问题或谈论心态与物态之间可能的同一性或必然的非同一性的问题，如果我们不首先问一下“心的”一词究竟是什么意思的话。我希望能进而引起如下的怀疑，即我们对心的事物的所谓的直观，可能仅只是我们赞同某种专门哲学的语言游戏的倾向而已。实际上这正是我想为之辩护的观点。我认为，这种所谓的直观不过是支配某种技术性词汇的能力，这种词汇在哲学书籍之外一无用处，而且不会在日常生活、经验科学、道德或宗教中导致任何结果。在本章以下各节中我将描绘一下这种技术性词汇的历史发展，但在进行历史描述之前，我将旁涉一些邻近领域。这就是根据“意向性”概念和

"现象"概念来确定"心"的概念的各种可能性，所谓"现象的"东西就是一种特有的显相，一种在某种程度上穷尽了现实领域的显相。

2. 功能性、现象性和非物质性

对把心理现象定义为意向性现象的明显反驳是，痛苦不是意向性的，它既不再现什么，也不与任何东西有关。对把心理现象定义为"现象性"事物（the phenomenal）的明显反驳是，信念并不像是任何东西，信念不具有现象的属性，而且某人的实在信念并不总是它显现出来的那样。把痛苦和信念硬结合在一起的企图似乎只是为了特定的目的，因为二者似乎并无任何共同之处，除了我们都拒绝称它们为"物性的"这一点以外。当然，我们可以故意捏合，使痛苦成为获得一种认为某人的一根肌肉纤维受损伤的信念，把痛苦的报道解释成如皮奇尔和阿姆斯特朗解释知觉性报道那样。[2]但是这样一种方法仍然留给 23
了我们某种类似于二元论直观的东西，这种直观说，意识到一种痛苦或一种红的感觉，要比倾向于获得认为存在着纤维损伤或存在着身边的红色物体的信念有"更多的东西"。我们也可以另一种方式进行故意的捏合，把"心的"这个词局限于确实具有现象属性的东西，而把信念和欲望留给阿姆斯特朗去将其等同于"物的"东西。但是这种方法又遇到了这样的直观，即不论心身问题是什么，它绝不会是感觉—神经细胞的问题。如果我们从心的概念中驱除掉再现观念和意向性状态，留给我们的就是某种类似于生命与非生命之间关系的问题，而非心身关

系的问题了。

还有另一种方法或许干脆把“心的”定义作“或者是现象的或者是意向性的”。这种建议仍然使我们毫不明了这个简述的选言表达是如何牢固地形成于语言之中，或至少形成于哲学术语之中的。它仍然导致我们注意这样的可能性，即各种“心的”事项通过家族类似性而聚合在一起。如果我们考虑思想——通过特殊字词在心前闪现的思想——或心象，那么我们似乎就获得了某种东西，它多少有些像具有现象性的痛苦和有些像具有意向性的信念。字词使思想成为现象的，而颜色和形态使心象成为现象的，但二者在所需的意向意义上都是有关于某物的。如果我突然自言自语说：“天哪，我把皮夹落在那家维也纳的咖啡馆桌子上了”，或者我有一种皮夹在桌子上的心象，那么我就是在再现着维也纳、皮夹、桌子等等，所有这些都是意向性事物。* 这样，也许我应当把思想和心象看作范例性
24 的心的实体。于是我们可以说，痛苦和信念由于与这些范例类似而被划分为心的事项，即使这种相似性表现为两种极其不同的方面。在各种心性备选者之间的关系于是可以用下表来说明：

* 意向和意向性概念是分析哲学和现象学共同具有的基本概念，两派均取自十九世纪心理学逻辑学家布伦塔诺的“心理态度”概念，简言之，即一切涉及“命题态度”的动词式状态如想、猜测、期望等等均被称作“意向”。在分析哲学中意向性问题与指称论和行为主义密切相关，如齐思霍姆在“意向性行为和记号理论”一文中指出，意向性一词不限于心理态度，还可涉及关系比较词、倾向词、潜存词、目的词、模态词等。意向性于是成为当代分析哲学指称论和意义论中的重要概念。——中译者

	具有现象属性	不具有现象属性
意向性的和再现性的	闪现的思想，心象	信念、欲望、意图
非意向性的和非再现性的	感觉，如疼痛和婴儿见到有色物体时的感觉	“纯物理性的”东西

假定我们暂时安于对如下问题所做的这种“家族类似性”的解答，即“使心理事项成其为心理的那个东西是什么?”这个问题，就是说这是对范例性的心理事项的某种家族类似性，那么现在让我们返回最初的问题，并询问一下使我们以“纯物理性事项”来填充第四栏的东西是什么。“物理的”一词仅只意味着“不适于填充另外三栏的东西”吗？它是否是一个完全寄存于“心”概念上的概念呢？还是说它以某种方式与“物质性”和“空间性”联系在一起，而且这种联系究竟如何呢?

为了对此加以回答，我们必须先问两个从属性的问题：“意向性的事物为什么是非物质性的?”以及“现象性的事物为什么是非物质性的?”第一个问题似乎会有一个直截了当的回答。如果我们把“物质的”当作“神经的”，那就可以说，对大脑进行的任何观察都不会揭示在那里看到的图画和文字记录的意向特性。假定所有人都**用下述那些英文词**产生了“我把皮夹落在维也纳一家咖啡馆的桌子上”的思想，并且都产生了一系列相同的神经事件来伴随着这
一思想，这似乎是一个可能成立的(虽然或许是假的)假设。但是 25
不成立的是，所有获得他们把皮夹落在维也纳咖啡馆桌子上这类信念的人会拥有这一事件系列，因为他们可以用完全不同的字词或用完全不同的语言表述他们的信念。如果一个日本人的思想和一个英国人的思想会有相同的神经相关物，那倒是奇怪的事了。

同样可能成立的是，所有那些用其心的目光突然看到在远处同一桌子上遗失的同一皮夹的人会共同具有第二个神经事件系列，虽然这个系列完全不同于与以英文语句表示的该思想相关联的系列。甚至这种清楚的相伴而生的现象也不会诱使我们把该思想或心象的意向属性和神经属性“等同”起来，有如我们把文字纸页上见到的“我把皮夹落在维也纳一家咖啡馆的桌子上了”这句话的记符图形式属性和意向性属性等同起来一样。再者，在一幅维也纳背景前的咖啡桌上皮夹的图画与纸张和画布表面上某些性质的同时存在，并不使“有关维也纳”的意向性质与颜料的空间配置相等。这样我们可以理解为什么能够说意向的性质不是物理的性质。但是另一方面，在神经学性质和图形性质之间的比较指出，关于意向性并不存在什么有趣的问题。没有人想对以下事实进行过多的哲学考虑，这个事实就是，你不可能仅仅从一个句子的外表说出它意味着什么，或者是这样的事实：你不可能把一幅有关 X 的图画识认作 X 的图画，除非你熟悉有关的图画规则。至少自维特根施坦和塞拉斯以来似乎十分清楚的是，图形记符的“意义”不是一种这些记符具有的附加的“非物质的”性质，而只是语言游戏中和生活形式中它们在由周围事件组成的语境中所占的位置。这对于大脑记符也适用。我们说我们不能通过观看大脑来观察意向性质，犹
26 如说，我们在观看一套玛雅人密码时不可能看到一个陈述句。此时我们干脆不知道自己寻求的是什么，因为我们还不知道如何使我们看到的东西与一个符号系统联系起来。在一套记符（纸上的，以及如果有假定的伴生现象，大脑中的）和它的意义之间的关系，并不比一个人的机能状态（如美貌、健康）和其身体各部分间的关

系更不可思议。这正是在某一语境中被看到的那些部分。

于是，对“为什么意向性是非物质的？”这个问题的回答是，“因为任何机能状态（任何通过把所观察的东西与一个较大的语境联系起来才能被理解的状态）在通俗意义上都是非物质的。”问题在于企图把“非物质的”这个通俗概念（其意义仅仅是像某种“并非对一切看的人都直接显现的东西”）与富于哲学意义的“非物质性”联系起来。换一个说法，为什么我们应对莱布尼兹的观点感到困惑呢？当他说，如果我们膨胀到一个工厂的大小以至于可在其内漫步时，我们也不会看到思想。如果我们对神经对应关系了解充分，就肯定会看到思想；意思是，我们的视觉将向我们揭示，大脑的所有者有着什么思想。如果我们不知道这种对应关系，就不会看到思想，但另一方面，如果我们在任何工厂内漫步，但不首先知道它的各个部分和它们彼此间的关系，就不会看到工厂里的情况。此外，即使我们不能发现这类神经相互对应关系，即使思想的大脑定位全不可能，为什么我们想说，一个人的思想或心象是非物质的，仅仅因为我们不能根据他的各部分来论述它们？举普特南的一个例子来说明一下，我们不可能根据构成木钉和钉孔的基本粒子来说明为什么方的木钉与圆的钉孔不相合，但是无人会感觉到宏观结构与微观结构之间的这种令人困惑的本体论分裂。

我想我们可以只通过重新引用洛克关于意义如何与记符相联
系的观点（对此观点维特根施坦和塞拉斯都曾加以攻击），把“非物 27
质”的通俗意义与“非物质”的深刻意义联结起来。对洛克来说，一个记符的意义性（意向特性）是一个观念产生的或编码的结果。反过来，一个观念是“人思想时心中浮现的东西”。因此把意向的现象看成非物质的现象就是说，无论大脑中的一组过程还是纸上的一些墨水，都不代表任何东西，除非一个观念充满着它，我们意识到该观念的方式是与意识到痛苦时的方式同样的直接。按洛克的观点，当我们穿过莱布尼兹的工厂时没有看到思想，不是像维特根施坦所说，我们还不能译解大脑书写物，而是因为我们不可能看到那些不可见的(因为是非空间的)实体，它们以意向性充实着可见的实体。对维特根施坦来说，使事物成为再现性的或意向性的东西，是事物在一较大的语境中，即在与大量其他可见事物的相互作用中所起的作用。对洛克而言，使事物成为再现性(代表性)的是一种特殊的原因刺激，齐思霍姆把它描述为从思想中引出意向性的语句现象，正如月亮从太阳取得其光辉一样。[3]

于是，我们对“我们如何能使自己相信意向性现象一定是非物质性的?”这个问题的回答是，“首先我们必须遵照洛克和齐思霍姆并且**先于**维特根施坦和塞拉斯使自己相信，意向性只有在现象的事项中，即直接出现于心前的事件中，才是内在的”。然而，如果我们采取了那个回答，我们仍然不过是部分地解决了这个问题。因为既然我们在费力解决的这个问题正是一直被信念并不具有现象的性质这一事实所造成的，那么现在我们必须问，洛克在笛卡尔之后怎能把痛苦和信念合并在**观念**这个共同的词之下呢；他怎能使
28 自己相信一个信念就是某种“在心前”的东西，就如某一心象在心前一样呢；他怎能使用同一个视觉形象比喻来表示心象与判断呢?下面我还将讨论笛卡尔与洛克使用**观念**一词的根源。但是我暂时放下这个问题，先进而讨论“为什么心理的现象应被看成是非物质的现象”这个问题中的**第二**小部分；这就是，为什么**现象的事项**应

被看成是非物质的？为什么一些新二元论哲学家说，对某事物的感觉，即它似乎像是的样子，不能等同于任何物理性质，或者至少是任何我们对其有所了解的物理性质？

对此问题的通俗回答或许是，我们能够知道关于某事物物理性质的一切，但不知道怎样感觉它，特别当我们不可能与它谈话时。请考虑这样的主张：婴儿、蝙蝠、火星人和上帝以及泛心论者眼中的岩石都可能占据有与我们所占据的不同的现象“性质空间”。[4]它们可能是这样，但这与非物理性有什么关系呢？或许那些说现象性事项是非物理性的人并非在抱怨说，人们被告知了蝙 29
蝠大脑原子结构一事并无助于使他感觉像是一头蝙蝠。理解有关痛苦的生理学也无助于使我们感觉痛苦，但是为什么我们应当对它如此期待呢？理解空气动力学也将无助于我们飞行。我们怎能从确定无疑的如下事实——知道怎样使用一个生理学的词（例如“对G纤维丛的刺激”）将不必定有助于我们使用一个现象的词（例如“痛”）——达到这两个词的所指物之间的本体论裂隙？我们怎能从如下事实——知道火星人生理学无助于我们翻译火星人的肌肉被损坏时所说的话——达到这样的断言，即他具有某种我们不具有的非物质性的东西？重要的是，我们怎能知道什么时候我们有谈论同一事物（一个人或他的大脑）的两种方式而不是对两种不同事物的描述呢？而且为什么新二元论者如此确信感觉和神经细胞是属于后一种情况呢？

我想，这类哲学家必定会提供的一个回答是指出，对现象性质而言不存在显相和现实的区别。这相当于把一个物理性质定义作任何人都可能将其错误地归于某物的那种性质，而把现象的性质

定义作某个个别人不可能将其弄错的性质。(例如,感到痛苦的人不可能把如何感觉痛苦搞错。)假定这个定义成立,通常的情况是,现象的性质不可能是物理的性质。但是,为什么这种**认识论**的区分应该反映一种**本体论**的区分呢?为什么我们大家都有的关于事物向我们显示的样子是不可改变的那种认识论特权,* 应当反映一种在两个存在领域间的区别呢?

回答大概应是这样:感觉正**是**显相。感觉的实际界域穷尽于它们显现出来的状态。它们是纯外观。凡不是一种显相的东西(暂时不考虑意向性)就只是物理的东西,意思是,它是某种可显现
30 而非存在的东西。世界于是分为两类事物,一类事物的性质完全如它们显现的那样,另一类事物的性质则不然。但是如果一个哲学家这样回答,他就冒着从一种新二元论变为素朴的老式笛卡尔二元论的危险:"心素"和其他一切。因为现在他不再把痛苦说成是人的状态或人具有的性质,而开始把痛苦说成是个别项目,一种特殊的个别项目,其性质只包含一种单一属性。除了心素以外,这样一个个别事物还能由什么来构成呢?或者换一种方式说,心素如果不是这样一种东西又能是什么呢,这种东西可构成这类稀疏、模糊和半透明的东西?只要痛感是某人或大脑纤维的一种性质,似乎就没有理由在有关对事物如何感觉的报道和有关任何其他东

* 分析哲学家往往沿用卡尔纳普的说法,把命题分为两类,一类有关于"物质事物"(material things),它们是经验上可验证的;另一类有关于"感觉材料",它们被称作观察语句。奥斯丁在《感觉和可感觉者》一书中曾指出,第一类命题不是最终可验证的,而第二类命题实际上是"不可改变的"。即按其定义,感觉材料的所与性实即不可改变性,不可改变性成为批评所与性的具体问题,本书作者对此讨论甚详。——中译者

西的报道之间作出认识论的区别，以便去产生一种本体论裂隙。但是只要存在着一种本体论裂隙，我们就不再谈论状态或性质，而是谈论不同的个别项，不同的述谓主题。新二元论者把一种痛苦等同于在痛苦中感觉如何，就是把一种性质（痛苦性）具体化为一种特殊的个别项，这种特殊的个别项的存在即被感知，而且它的现实领域即穷尽于我们对它最初的了解。新二元论者不再谈论人们如何感觉，而是谈论作为细小的自足存在项的感觉，它游离开人，恰如普遍项游离开具体事项。实际上他们以普遍项为模型来理解痛苦。于是无须惊异，他们可以“直觉”出，痛苦可离开身体而存在，因为这种直觉就是认为普遍项可独立于个别项的那种直觉。有关其显现即是其实在（现象的痛苦）的那种特殊的述谓主题，结果干脆变成了从具有痛苦的人身上抽离的痛苦的痛苦性。简言之，这就是普遍的痛苦性本身。用矛盾修辞法来说，心理的个别项与人的心理状态不同，它变成了普遍项。

于是这就是我想对下列问题给予的回答：为什么我们把现象性看成非物质性？正如赖尔说的，我们这样认为，因为我们坚持用视觉性隐喻来思考具有痛苦一事，有如在心的目光之前思考具有一种奇怪的个别项。这个个别项结果成了一个普遍项，即一种体现在某一述谓主题中的性质。因此当新二元论者说如何感觉痛苦对痛苦是什么来说极为重要，并批评斯马特认为某些神经细胞的因果作用对痛苦是什么极为重要的看法，他们是在改变主题了。斯马特是在谈论对在痛苦中的人什么是重要的，而克里普克一类新二元论者则是在谈论，对是一种痛苦的某事物什么是重要的。新二元论者不担心这样的问题：“你断言了解什么是痛苦的基本性 31

质，这一断言的认识论基础是什么？”因为他们如此安排事物，以至于痛苦只具有**一**种内在的性质（即感觉痛苦），而且选择什么样的被他们认为是基本的性质也是明显的。

现在让我把本节的结论总括一下。我说，使意向性与非物质性相联系的唯一方式是把它等同于现象性，而且使现象性等同于非物质性的唯一方式是使普遍项具体化，并把它看作个别项，而不是看作个别项的抽象，因此赋予它一种非时空的寄存所。换言之，结果，普遍与个别的区别是我们具有的**唯一**的形而上学区别，这种唯一的区别把一切事物都推到空间之外，更不必说时空之外。于是心理与物理的区别是寄附于普遍与个别的区别之上，而不是相反。再者，痛苦和信念由之构成的心素概念，其意义大致和“普遍项由其构成的那种概念”类似。因此，在实在论和概念论之间关于普遍项性质的斗争是空洞的，因为我们不知道心是什么，除了它是
32 由构成普遍项的东西来构成的以外。我们在构造一种洛克的观念和一种柏拉图的形式时，正是通过了同一个过程，我们从某种事物中直接提出一种单个的性质（关于红、痛苦和善的性质），并把它看成本身似乎就是一个述谓的主词，而且或许也是一个原因效验的场所。柏拉图的形式仅只是在孤立中考虑的性质，并被看成能承担因果关系。一种现象的实体正好也是这样。

3. 各种各样的心身问题

谈到这里，我们或许想说，我们已经消除了心身关系的问题。因为大致来说，发现这个问题是不可理解的全部理由在于我们应

当是唯名论者，因此坚决拒绝使个别的性质实体化。因此我们不受这样的概念愚弄，即存在着称作痛苦的实体，因为它是现象的，故不能是物理的。按照维特根施坦，我们将把无“令人误解的痛苦显相”这类东西的事实，不当作有关某种被称作心理事项的特殊本体类，而只当作有关一种语言游戏的论述，这种论述是，我们有使人的字词表示他所感觉的东西的规约。根据这种“语言游戏”观点，一个人感觉到任何他认为他感觉到的东西一事，并不比如下事实具有更多的本体论意义，即宪法是最高法院认为它所是的那样，或某个球犯规了，如果裁判员认为它犯规了的话。再根据维特根施坦的思想，我们将把意向性仅只当作一种功能性的亚类，并把功能性仅当作那样一种性质，其属性依赖于人们对语境的知识，而不是可观察的独立存在。我们将把意向性看作与现象性无联系，而把现象性看作一个我们怎样谈话的问题。现在我们可以说，心身问题仅只是洛克关于语言如何取得意义的不幸错误的结果，再加 33
上洛克和柏拉图糊涂地企图把形容词当作名词来谈论。

当各种哲学问题迅速消除时，这个问题有其自身的重要性。但是如果认为我们在得出这一结论时解决了任何问题，那是荒谬的。这就好像一个精神病学家要对其患者解释，他的不幸来自他错误地相信母亲想阉割他，以及糊里糊涂地企图把自己看作等同于他的父亲。这位患者所需要的不是一份有关其错误和混乱的清单，而是理解他怎样犯了这些错误并卷入这些混乱之中。如果我们打算摆脱心身问题，我们必须能够回答下述问题：

> 有关痛苦和神经细胞可能同这一类相当含混的琐细问题，如何与人是否与兽属“不同类”的问题，即人是否有尊严而

> 非仅有价值的问题，混淆在一起？
>
> 假定远在洛克和柏拉图开始犯特殊的哲学混乱之前，人们就认为人在身体消灭之后依然存在，那么当我们把心只当成现象的和意向的状态集合时是否也遗漏了什么呢？
>
> 在我们掌握知识的能力和我们拥有心灵之间，是否有什么联系呢，而且这是否可单纯援引人像书写物一样有意向的性质这一事实来说明呢？

这些问题都提得很好，而且我到现在为止所谈的一切都无助于回答它们。我想，对于回答这些问题，除了观念的历史之外其他均无用处。正如病人需要重温过去来回答他的问题，哲学也需要重温它的过去以便回答它的问题。到现在为止，按照研究心灵的当代哲学家的通常方式，我一直围绕着“现象的”、“功能的”、“意向
34 的”、“空间的”等等词讨论，似乎它们形成了可用以讨论这个主题的明显可用的词汇。但是当然，那些创造了表示我们心身问题语言的哲学家，并未使用这套词汇或任何与其接近的词汇。如果我们要理解我们如何获得了那类使我们认为在身边**某处必定**存在一种**真实的**、不能消除的哲学问题的直观，我们必须把我们至今使用的专门术语抛在一边，并按照那些其书籍赋予了我们那些直观的哲学家词汇的方式去思考。我采用维特根施坦的观点，一种直观只不过是对一种语言游戏的熟悉性，因此去发现我们直观的根源，就是去重温我们在从事的哲学语言游戏的历史。

我刚刚“解消”的“心身问题”只与一些概念有关，这些概念出现在思想史上的不同时期，但它们缠结在一起产生了一个由相互有关的诸问题组成的乱团。像“意识的意向性状态如何与神经状

态相关联？”的问题和“痛苦这类现象的性质如何与神经学的性质相关联？”的问题，就是我将称作“意识问题”的部分。这种问题不同于有关人的特性的那类前哲学的问题，如“我真的只是这堆肉和骨头吗？”而且也不同于那类有关知识的希腊哲学问题，如“我们怎能肯定变化呢？”“知识怎能是不变的呢？”以及“不变怎能由于被认识而内在于我们呢？”让我们把“人的特性问题”称作人除了肉身以外还是什么的问题。这个问题的一种形式存在于前哲学时代对不朽的渴望中，而其另一种形式存在于康德和浪漫主义对人类尊严的强调中；但是这两种渴望非常不同于有关意识和有关知识的问题。这两种愿望是表达我们自认为十分不同于会死的野兽的方式。让我们把“理性的问题”看作是怎样详细说明希腊人的下述主张：人与兽的重要区别是我们能**认知**，是我们不只认知单个的事 35
实，而且认知普遍真理、数、本质和永恒。这个问题在亚里士多德根据形式与质料原则对认知的论述中，在斯宾诺莎的唯理主义论述中，以及康德的先验论述中各具有不同的形式。但是这些问题既不同于有关两种事物（空间性事物和非空间性事物）之间相互关系的问题，又不同于有关不朽和道德尊严的问题。意识的问题围绕着大脑、纯感觉和身体运动。理性的问题围绕着知识、语言和智能这些我们的“高级能力”的论题。人的特性的问题围绕着自由和道德责任的属性。

为了清理这三种问题间的一些关系，我将提出一个表列，它表示抽离拥有心灵的存在物的各种方式，这些存在物与下列事物形成对照：“纯物理事物”、“身体”、“物质”，中枢神经系统、“自然”或“实证科学的主题”。哲学家们在这一时期或那一时期把表中的一

些(虽然不是全部)特性看作是心理事项的标志：

1. 不可改变地认识自身的能力(“特殊通道”)。

2. 离开身体去存在的能力。

3. 非空间性(具有一个非空间的部分或“成分”)。

4. 把握普遍项的能力。

5. 维持与非存在者关系的能力。

6. 使用语言的能力。

7. 自由行动的能力。

8. 构成我们社会集团的部分的能力，成为“我们中间之一”的能力。

9. 不能被等同于“世界中”任何对象的能力。

这是一份长表，而且不难继续加长。[5]但是重要的是，仔细考
36 察这些有关什么是具有一个心灵的各种建议，因为其中每一个建议都帮助哲学家去坚持一个心与身之间无法沟通的二元论。哲学家们不断抓住人类生活中的一些特征，以便赋予我们有关人类独一无二性的直观以“坚实的哲学基础”。因为这些坚实的基础种类繁多，自然主义和唯物主义，当未作为毫无希望的跳越宽广的本体论(认识论或语言学)鸿沟的企图被摆脱时，往往就被当作表面上真实而实则毫无意义。人们解释说，它们之所以是无意义的，因为我们的独一无二性与自然主义者想方设法去填实的任何深渊都没有任何关系，但却与某种一直在他背后张裂开来的其他深渊极有关系。特别是人们往往论证说，即使我们解决了一切有关痛苦和神经细胞之间关系的问题以及产生于不可改变性的类似问题(上表中的“1”)，我们仍然至多只能讨论心的其他标志中的“2”和“3”。

我们会仍然使与理性有关的每个问题（尤其是“4”、“5”、“6”）以及与人的特性有关的每个问题（特别是“7”、“8”、“9”）像以往一样含混不明。

我认为这个论点是十分正确的，进一步说，如果人们早些理解它的话，意识问题就不会像它在近代哲学中那样显得如此重要了。在具有痛苦和神经细胞的意义上，我们与很多的（如果不是所有的）动物一致，而我们或许既不与动物共有理性，也不与他们共有人的特性。只有当我们假定具有任何非物理的内部状态，以某种方式通过“3”与“4”或“5”联结起来，我们才能认为投射到纯感觉上的光亮会反映再现性的心理状态，从而阐明了我们反映周围世界的能力。此外，只有假定生命本身（甚至胎儿、大脑受损的人、蝙蝠或毛虫的生命）具有类似于人的特性的特殊尊严，才会使我们相信，理解了感觉会有助于我们理解我们的道德责任。然而往往同 37
时作出两种假定。要明白为什么作这些假定要求理解思想史，而不是理解有关项目的意义或分析它们意指的概念。我希望通过稍微描绘一下论述心的历史来指出，如果不回到没有人真地希望恢复的那种认识论观点，是不可能陈述理性的问题的。此外，我想为我稍后将展开的一种建议提供某种基础；这就是，人的特性的问题不是一个“问题”，而是对人类状况的一种描述，它不是一个供哲学“解决”的问题，而是一种将人引入歧途的劝导，即强调传统哲学与文化的其他部门没有关联。

然而，在本章我将不讨论上述表列上的全部项目，而只讨论“2”、“3”、“4”，即身体的分离性，非空间性和对普遍项的把握。对于其他项目我将在其他章节论述。下一章讨论“1”（特有的认识通

道）。在第四章和第六章讨论“5”和“6”（意向性和使用语言的能力）。而与人的特性有关的项目（“7”、“8”、“9”）将不分开讨论，我将概述我认为合适的处理方式，人的特性概念将在第四章第四节、第七章第四节，以及第八章第三节讨论。在本章中我将尽可能详细地坚持问这样一个问题：为什么意识似乎应当与理性或与人的特性有关？通过集中于有关把握普遍性、与身体分离性和非空间性这三个论题，我将达到我的结论：如果我们区分开这最后三个在历史上不同的概念，那我们将不再受这样的观念所吸引，即知识是由于一种特殊的镜式本质而成立的，而镜式本质使人类能够反映自然。因此我们将不会倾向于认为，具有一种内在的生活，一种意
38 识流，是与理性有关系的。一旦意识和理性被这样区分开来，那么人的特性可被看作我主张的那种东西，即一种有关决定而非有关知识的问题，一种有关接受另一人加入团体而非承认一种共同的本质的问题。

4. 作为普遍项把握者的心

如果人类使自己限于指出个别的事态，如警告悬崖在前和下雨，庆祝个人的诞生与去世，那么有关理性性质的问题或许就不会被想到了。但是诗歌述说人、生、死本身，而数学以忽略个别细节自诩。当诗歌和数学达到了自我意识（当伊翁和泰阿泰德这些人能够使他们自己等同于他们的主语时），就到了谈论一般事物、谈论普遍项知识的时代。哲学于是考察这样一些区别，即在认识存在有向西的平行山脊和认识无限延长的平行线永不相交二者间的

区别，或在认识苏格拉底是善的和认识善是什么之间的区别。问
题从而产生；在认识山脉和认识直线之间，在认识苏格拉底和认识
善之间有什么类似性呢？当人们根据身体的眼睛和心的眼睛的区
别来回答这个问题时，γοῦs“努斯”——（思想、理智、见识）被看成
是区别人与兽的东西。我们现代人可能会由于事后认识的不满足
而说，没有特殊的理由说明为什么这种视觉隐喻俘获住了西方思
想奠定者的想象力。但事实的确如此，当代哲学家们仍然在沿用
着其结果，分析着它所创造的问题，并询问道它是否可能根本没有
什么重要意义。有关“沉思”，即有关作为 θεωρία 的普遍概念或真 39
理的概念，使心的眼睛成为较完美知识的不可逃避的模型。但是，
去询问希腊语言、希腊经济条件或某些前苏格拉底无名哲人的无
根据想象，是否应当对把这种知识当作看某种东西（而不是说去碰
触它，把它在脚下踩碎，或和它性交）负责，是徒劳无益的。[6]

假定接受这个模式及其心目观，那么心应该是什么呢？或
许它是某种不同于身体的东西，正如不可见的平行性不同于可
见的山脊一样。这类情况随处可见，因为诗歌和宗教都暗示
说，具有人的特点的东西在人死时离开躯体，并自行游离。[7]平
行性可以被看成是平行线的灵魂，当山脉看不见了时，山的影 40
子留了下来。心越模糊，越适合瞥见这些作为平行性的不可见
的实体。这样，甚至一生都在向其前人漫无节制的形而上学大
泼冷水的亚里士多德都提出，这样的观念也许有某种重要性，
即理智是“可分离的”，即使灵魂的其他部分都不可分离。赖
尔和杜威都称赞亚里士多德抵制了二元论，把“灵魂”不看成
在本体论上不同于人的身体，正如蛙捕捉飞蝇和蛇虫的能力与

蛙的躯体在本体论上没有什么不同一样。但是这种“自然主义的”灵魂观并未阻止亚里士多德论证说，既然理智有能力接受（例如）蛙性（froghood）这种形式（从明确了解的个别蛙中撇出来普遍因素）并将其看作独立存在而又并不因此成为一只蛙，理智（努斯）必定是某种极特殊的东西。它必定是某种非物质的东西，即使不需假定有这种奇怪的准实体来说明大多数人的活动，也不须有此假定来说明蛙的活动。⑧

41　哲学家们往往希望亚里士多德从未赞同过柏拉图关于“共相”的谈论以及他的观看知识论，或者希望他的哲学发展长到足以把《论灵魂》III，5 和《形而上学》XII，这些篇章作为未成熟之作删除掉。⑨但是人们仍然没有理由企图去责备亚里士多德或他的解释者。通过把普遍项内在化来认知普遍真理的隐喻，正如身体的眼睛通过把个别项的颜色和形态内在化来认识个别项一样，一旦被提了出来，就会足够有力地成为农夫相信影中有生命的思想替代物。灵魂有着各种各样的形式，从新柏拉图主义把知识看成与神性有直接的联系（看成来自神性，对神性的反思），到回到现实的新亚里士多德派对抽象进行的形质二元论的（hylomorphic）论述等等，灵魂作者作为“因能思考共相而是非物质”的东西，始终是西方哲学家两千年来对“为什么人是独一无二的”这个问题的回答。

因此，在我们生存的两端形成了张力，它在伊莎贝拉“猿猴和
42 本质”的一段谈话中被通俗地表示出来：

> ……可是骄傲的世人掌握到暂时的权力，却会忘记了自己琉璃易碎的本来面目，像一头盛怒的狮子一样，装扮出丑恶

的怪相，使天上的神明因为怜悯他们的痴愚而流泪；其实诸神的脾气如果和我们一样，他们笑也会笑死的。[10] *

我们的镜式本质（经院学者的“理智的灵魂”）也就是培根的“人之心”，它“远远不是一面明净平匀的镜子，在其中事物的光线应按其实际的入射角来反射……，而是像一面中了魔的镜子，满布着迷信和欺骗，如果它没有被解除魔法和被复原的话。”[11] 这些十七世纪早期的奇异设想表现出在人的内部的一种区分，对此早在“新科学”之前很久人们已感觉到了，这就是笛卡尔对思维和广延实体的区分，观念的纱幕和“近代哲学”。我们的镜式本质不是一种哲学学说，而是一幅图画，会读写的人发现他们读过的每一页文 43
字都以这幅图画为前提。说它是镜式的（像镜子的），有两点理由。首先，它具有未被改变的各种新形式，但这是理智的各种形式，而不是像物质的镜子那样具有感性的形式。其次，镜子由一种实体组成，这种实体较纯净，纹理较细腻，较精致，而且比大多数其他实体更为灵敏。[12] 我们的脾与其他同样粗糙可见的器官结合起来可说明我们的大部分行为，与此不同，我们的镜式本质是某种我们与天使共有之物，即使他们为了我们不识其性质而哭泣。对十六世纪的知识分子而言，超自然世界是以柏拉图的理念世界为蓝本的，正如我们和它的接触是以柏拉图的视觉隐喻为蓝本一样。

今日已很少有人相信柏拉图的理念观，甚至也没有多少人去区别感性灵魂和理智灵魂。然而我们的镜式本质形象仍然存在，

---

* 录自朱生豪的译文《一报还一报》第二幕第二场；原文中“glassy essence”的glassy被译成“琉璃易碎的”，按本书作者解释应译为“像镜子般的”。——中译者

有如伊莎贝拉所叹，我们不能掌握它。一种道德失败感与这样一种悲伤感相混合，即哲学（极其关心“高级事物”的一门学科）并未使我们更为了然自身的性质。人们仍然感觉到，这种性质使其特点在某种知识中最清楚地被感觉到，这就是有关最高级最纯粹的事物的知识：数学、哲学本身、理论物理、任何思考普遍事物的东西。提出不存在普遍项（它们是子虚乌有），就会危及我们的独一
44 无二性。提出心是大脑，就是提出我们分泌出定理和交响乐，犹如我们的脾分泌出忧郁的心情。专业哲学家避开这些“粗糙的图画”，因为他们拥有其他的图画（被认为是较不粗糙的图画），它们被绘制于十七世纪后期。但是有关理性的性质是一个“永恒的问题”以及任何人如果怀疑我们的独特性都应研究数学这类看法始终存在着。激发荷马英雄的 θυμός，圣保罗的 πνεῦμα（魂灵），和阿奎那的能动理智都是极不同的概念。但对当前目的而言，我们可像伊莎贝拉所做的那样把它们凝结在*镜式本质*这个短语内。它们都是死尸所不具有的东西，是典型人类的东西。阿基里斯表现的力量不是泰阿泰德、耶稣使徒或圣·托马斯的力量，但是经院学者的“理智本质”继承了在荷马和阿那克萨哥拉之间逐渐形成的二元论概念，它被柏拉图赋予了典型的型式，却为亚里士多德所贬低，之后又（在圣·保罗处）与一种新的、坚定的来世宗教崇拜缠结在
45 一起。[13] 在文艺复兴时期人文主义者的“镜子”形象中，荷马和奥古斯丁，普罗提诺和托马斯之间的区别被抹平，以产生一种模糊但有力的二元论（猿猴和本质），这种二元论是人人都知道而哲学家们也应当知道的，即使很少有人能猜到对于二元论他们可能希望去说的是什么。近代研究心的哲学家倾向于把这种模糊的结合物

（人的镜式本质）与后笛卡尔的“意识”或“认识”概念联系在一起。在下一节我试图指出它们彼此之间有多么不同。

5. 独立于身体去存在的能力

在前一节中唯一介入争论的一点是在提到从形质二元论知识概念推导出托马斯的（可能还有亚里士多德的）“可分离的”、非物质的努斯的特性时；按照这种形质二元论概念，知识不是具有对象的准确表象，而是主体成为与对象同一。为了看出这一论点和种种笛卡尔的和现代的二元论论点间的区别，我们必须理解这两种认识论是如何地南辕北辙。二者都有助于一种自然之镜的比喻。但是在亚里士多德的理解中，理智不是一面由内在的眼睛注视的镜子，它是镜子和眼睛合为一体的东西。视网膜像本身就是“成为万物的理智”的模型，而在笛卡尔的模型中，理智审视以视网膜像为模型的实体。“蛙性”和“星性”的实质形式直接进入了亚里士多德的理智，而且以它们存在于蛙和星星中的同样方式而不是以蛙和星星在镜中被反映的方式，存于理智中。按照笛卡尔的理解（它成为“近代”认识论的基础），是表象存在于“心”中。内在的眼睛监视这些表象，希望发现某些迹象可证明表象的忠实性。而古代世 46
界的怀疑论则与一种道德态度，一种生活风格，对当时思想风气主张的一种反应有关，[14]笛卡尔《沉思录第一篇》式的怀疑论是一个极其确定、精密、“专业化的”问题：我们怎样知道，凡是心的东西都再现着任何不是心的东西？我们怎样知道，心的眼睛所见的东西究竟是一面镜子（哪怕是一面变了形的镜子，一面中了魔的镜子）

还是一块纱幕？作为内在表象的知识概念对我们来说已如此自然，亚里士多德的模型反倒似乎很奇特，而且笛卡尔的怀疑论（与比罗的“实践的怀疑论”相对）似乎如此充分地成为什么是“进行哲学思考”的一部分，我们就惊诧地觉得柏拉图和亚里士多德从来未曾直接地面对这个问题。但是如果我们看到形质二元的和再现的这两种模型都是可予选择的，或许我们就能理解从每一模型中引向心身二元论的推导也同样是可予选择的。

在一篇称作《为什么心身问题不是古代的问题？》[15]的文章中，
47 W. 麦特松指出了在看待心身分离问题上希腊哲学与十七世纪哲学间的主要不同之点：

> 希腊人并不欠缺一种心的概念，甚至不欠缺可与身体分离的心的概念。但是从荷马到亚里士多德，心身分界线如果划出了的话，其方式是感性知觉过程被划在身体一边。这是希腊人没有心身问题的一个理由。另一个理由是，很难或几乎不可能把“感觉与心（或灵魂）的关系是什么？”这样的句子转译成希腊文。困难在于找到“感觉”的希腊文对应词，如果按哲学家赋予它的意义来理解的话。……“感觉”被引入哲学正是为了使人们能够谈论一种意识状态，而无须涉及外来刺激的性质甚或其存在。[16]

我们可以把麦特松的两个论点总结如下：在希腊哲学中不可能把“有意识的状态”或“意识状态”（内部生活事件）与“外部世界”中的事件加以区分。另一方面，笛卡尔使用“思想”一词来包括怀疑、理解、肯定、否定、意愿、拒绝、想象和感觉，并且说，即使我梦见
48 我看到了光，“严格说来在我身内的这个东西被叫作感觉，而且正

是在与思想完全相同的意义上使用这个词的。”[17]一旦笛卡尔确立了这种谈论方式，洛克就有可能以希腊人完全没有的方式用“观念”来表示“人在思想时成为理解对象的任何东西”，或表示“在思想中心的每一种直接对象”。[18]如坎尼所说，观念一词的近代用法 49
是经由洛克引自笛卡尔的，“而且笛卡尔有意识地赋予它一种新意义……这是系统地用它来表示人心的内容的新出发点。”[19]更重要的是，在希腊和中世纪传统中没有一个词，哪怕是哲学性的词，在用法上与笛卡尔和洛克对“观念”一词的用法相符合。也没有一种 50
作为内在空间的人心概念，在其中痛苦和明晰的观念二者都在一个单独的内在眼睛前受检验。当然有进行默思和 foro interno（在内心）形成决心等想法。[20]新颖之处是有关一个单独的内在空间概念，在这个空间里，身体的和知觉的感觉（用笛卡尔的话说，“感觉和想象的混合观念”），数学真理、道德规则、神的观念、忧伤情绪以及一切其他我们现在称作“心的”东西，都成为准观察的对象。这样一个具有其内在观察者的内在舞台，在古代和中世纪思想的各个时期都被提出过，然而它从未足够长久地被认真对待以形成一个问题的基础。[21]但是十七世纪人们极其严肃地对待了它，以致容许它提出了观念纱幕的问题，这个问题遂使认识论成为哲学的中 51
心。

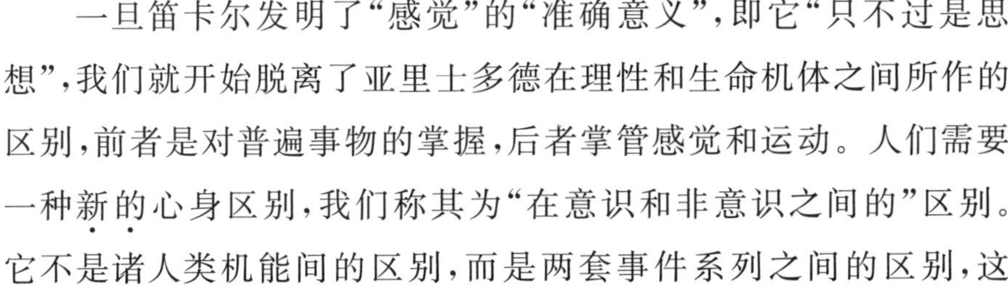

一旦笛卡尔发明了“感觉”的“准确意义”，即它“只不过是思想”，我们就开始脱离了亚里士多德在理性和生命机体之间所作的区别，前者是对普遍事物的掌握，后者掌管感觉和运动。人们需要一种新的心身区别，我们称其为“在意识和非意识之间的”区别。它不是诸人类机能间的区别，而是两套事件系列之间的区别，这

样，在一个系列中的很多事件与另一个系列中的很多事件具有很
52 多共同的特征，虽然极其不同，因为一个是有广延的实体，另一个
是无广延的实体。它更像是两个世界之间的区别，而不大像是人
的两端，甚至两个部分之间的区别。像罗伊斯一类哲学家的“观念
世界”继承了文艺复兴时期镜式本质的威严和神秘，但它在某种方
式上是独立自足的，而人的一部分却绝不可能独立自存。[22]证明心
离开了身体是可以想象的，因此完全不同于在源自亚里士多德的
那种传统中所看到的思想路线。对亚里士多德来说，接受普遍项
而非将其体现于物质中的机能是“可分离的”，而且很难说（不求助
于某些哲学以外的考虑，如基督教）究竟应当把它看作身体具有的
一种特殊能力，附着于成熟人体的某种独立实体，还是一种单独的
实体，这种实体以某种方式为碰巧存在的众多人类和天使所共有。
亚里士多德在第一种和第二种选择中摇摆，而第二种则具有普遍
53 的吸引力，这是由于它提供了克服死亡的可能性。中世纪哲学在
第二种和第三种之间摇摆。但在所有这些争论中，分歧不在于“意
识”延存的问题，而在于**理性**的不可消灭性问题。[23]一旦心不再与
54 理性同义了，某种不同于我们把握普遍真理的东西必将被当作心
的标志。

如果我们在笛卡尔学说中寻找一个共同的因素，它为痛苦、梦、记忆心象、真实知觉、虚幻知觉以及有关神的概念（和判断）、数和物质最终成分的概念所共有，就找不到一种有关的明晰学说。笛卡尔告诉我们，我们清楚地理解广延性与非广延性间的区别，而且的确如此（在同一通俗的意义上），即我们可能按此声称清楚地理解有限性和无限性，但这将无助于解决模棱两可的情况（对个体

的感官性把握），其实这才是问题的核心。因为正是“感觉和想象的混合观念”的性质在作为理性的心和作为意识的心之间造成了区别。

对于“笛卡尔发现了什么共同的因素”这个问题，我想提出的回答是“不可怀疑性”，即痛苦这类事实就像思想和大多数信念一样，主体不可能怀疑他拥有它们，而对于物理事物却有可能怀疑。如果我们给出了这个回答，那么我们就可以把罗伊斯所谓的笛卡尔的“内在生命再发现”看作是意识真实本质的发现，这就是在显相和实在之间没有区别，而在任何其他地方都有区别。然而提出 55
这个回答的麻烦是，笛卡尔本人从未明确地提出过。为了证实这个回答我所能做的至多是说，需要某种东西来说明笛卡尔重新组合了被亚里士多德和阿奎那区分开的各种项目，而且似乎没有其他东西可做此说明，同时，不可怀疑性如此接近《沉思录第一篇》作者的思想核心，以至于它似乎就是笛卡尔概念革命的自然动机。

M. 威尔逊指出，我们可以在笛卡尔著作中找到一种心身二元论的论证（这种二元论是沿着我一直描述的修正路线提出的），这就是一种简单的“怀疑论证”。这种论证说，按照莱布尼兹法则，我们可怀疑其存在的东西不可能等同于我们不能怀疑其存在的东西。如威尔逊所说，这一论点“被公认为谬误的”。[24]它的谬误在于，即使没有别的理由，莱布尼兹法则也不适用于意向的性质。但威尔逊继续说，在《沉思录第六篇》中的二元论论点不是上述谬误的论点。反之，它是针对“完全物”概念的（它似乎与“实体”概念在这个词的下述意义上同一，即笛卡尔只承认三种实体：思想、广延和上帝）。重要的前提是：“我能够明确清楚地理解某物可以是完全物，如果它有 X（心理性质），即使它欠缺 ϕ（物理性质）”（第 14 页）。

我想威尔逊的分析是对的；当她说这整个论点“不比明晰知觉和‘纯’知觉的区别更好”时也是对的，关于这一点她怀疑“近代本质论者”诉诸直觉是否更有根据（第 14 页）。然而在我看来，她的
56 分析所提出的主要问题是，笛卡尔怎样设法使自己相信，包含痛苦和数学知识二者的某种东西是“完全物”而非两件事物。结果问题就归结为，他怎能给予“penser”（思想）扩大了的“意识”的意义，而又仍然把它看作一个分离实体的名字，其方式正如努斯和 intellectus 作为不同实体的名字为人熟知一样。我已说过，在我看来，“本质主义的直观”和“明晰的知觉”永远诉诸由我们的前人在语言中确立的语言习惯。于是，需要说明的是，笛卡尔怎能使自己相信他的重新组合是“直观的”呢。

假定说“怀疑论证”没有价值，我想它仍旧是“为我们凭本能相信的东西找到坏的理由”这类情况之一，这个理由可用作对实际上形成确信的本能的提示。我想，这种直觉预感是，不可怀疑的数学真理（一旦他们的证明被逐渐完成了，使它们通过“现象的”生动性和非推论性被明晰地感觉到）和不可怀疑的瞬间的意识状态有某
57 种共同的东西，这种东西可将它们塞入一种实体之内。因此笛卡尔说：

> 谈到观念的问题时，如果我们只考虑它们本身而不使它们与自身以外的其他事物相关联，严格说来它们就不可能是假的；因为不管我想象的是一头羊还是一头怪兽，始终真确的是，我想象的是其中之一而非其他。[25]

他在谈到画家创造的想象物时说，即使

> 他们的作品再现了一个纯虚构和绝对假的东西，仍然可以肯定，构成这个东西的颜色是必然实在的。同理，虽然这些一般性事物(generalia)，如眼、头、手等等，可能是想象的，然而必然正确的是，这些一般性事物是由某些更简单和更普遍的东西组成的，正如一切形象事物(rerum imagines)是由颜色组成的一样，不管是真是假，它们都是在我们的思想中(quae in cogitatione nostra sunt)被完成的。[26]

在这段话中，我想笛卡尔是模糊地想象着在我们于数学物理中知道的“简单性质”(在这里可能是所谈的简单东西和普遍东西)和颜色本身之间存在着类似性。按照他的正统的、伽利略式的形而上学观点，颜色是第二性质，它有待于被分析为简单元素，但是从认识论上看它们像痛苦一样似乎具有与简单性质相同的天然不可避免性。如果他不涉足洛克的经验主义，他就不能澄清这种类 58
比。但是他也不可能放弃这一类比而不陷入亚里士多德在感觉灵魂和理智灵魂之间的老的区分。这就会召回他想去避免的一切前伽利略的形而上学，更不要谈与伽利略力学的说明能力殊难调和的形质二元认识论了。[27]我想，在这种困难的处境下，他使“心”概念得以改变的大部分工作悄悄完成了，但不是经过清楚的论证，而只是借助语言技巧在每一段出现心身区别的段落上轻轻地，并稍微以不同方式地重新洗了一下牌而已。[28]

如果我的设想是正确的话，即笛卡尔以坏的论证提出的预见使他能把痛苦和思想看作某单一实体的两种样式，这种预感认为不可怀疑性是思想与一切非物理性的东西共同具有的公

因子，那么我们就可以把他的努力看作通向这样一种观点，即不可怀疑性不再是永恒性的标志，而是某种希腊人并无其名称的东西的标志，这就是意识。虽然先前的哲学家多多少少追随着柏拉图认为，只有永恒的东西才被明确认知，笛卡尔却以“明晰知觉”（即一种明确的知识，它是通过一种分析过程得到的）代替了作为永恒真理标志的“不可怀疑性”。**这就使不可怀疑性解脱出来被用作心理事物的一个判准**。因为虽然“我在痛苦中”的思想没有被看作一种明晰知觉，它也像“我存在”的思想一样不能被成功地加以怀疑。而柏拉图和传统却使含混和清晰之间、可怀疑性和不可怀疑性之间以及心和身之间的界线相互一致。结果笛卡尔把它们重新加以安排了。其结果是，
59 自笛卡尔以后我们必须在有关我们对内部状态确定性的特殊形而上学根据（“没有什么比心本身更接近心的了”）和作为我们有关其他事物的确定性根据的各种认识论理由之间加以区别了。因此，一旦这种区别被清楚地划出，一旦笛卡尔在某物存在的确定性和某物性质的确定性之间的混乱被驱散，经验论就开始取代了唯理论。因为我们关于我们的“痛苦”或“蓝色”意味着某种真实东西的这种确定性，取代了我们关于像“本质”、“思想”和“运动”这类简单性质具有明晰知觉的确定性。自洛克的经验主义开始，基础主义的认识论于是作为哲学的标准形式出现了。[29]

笛卡尔本人总是企图用一只手抓住标准的柏拉图的和经院哲学的各种区分，而用另一只手又将它们摧毁。因此我们看
60 到，他在受到霍布斯的挑战时[30]，运用松果线重新引入了感觉

灵魂和理智灵魂的区分，并又运用它重新创造了在《论灵魂的感情》一书中感情和肉体之间保罗式的标准联系。但是这种伪饰曾被（例如）斯宾诺莎嘲笑为不屑一顾。斯宾诺莎清楚地看到，一种混乱的纯心理的观念可以做动物灵魂或“身体的幻觉”可做的任何事。[31]一当那些第二代的笛卡尔主义者把笛卡尔本人看作仍然一只脚插在经院哲学的泥淖里，因此将笛卡尔学说纯化和“正常化”之后，我们就看到了完全成熟的“‘观念’的观念”，它使得贝克莱有可能把广延实体看作我们并不需要的一种假设。这种思想绝不可能出现于在与肉体斗争而非与理智混乱斗争的那些笛卡尔以前的大主教心中。由于这种充分发展了的“‘观念’的观念”的出现，才有了产生这样一种哲学学科的可能性，它首先以认识论为中心，而不是以上帝和道德为中心。[32]甚至对笛卡尔本人而言，身体与灵魂关系的问题也并不是哲学的问题。哲学可以说超出了古代哲人追求的那 61
种实践智慧而成为专业性的研究，其专业性几乎类似于数学，后者的主题象征了心灵特有的不可怀疑性。“只有在日常生活和普通谈话中，只有在离开思考和研究那些刺激想象的问题时，人们才学会去领悟（concevoir）身体和灵魂的统一……，这种统一性是任何人不需哲学思考即可经验到的。”[33]从作为理性的心转向作为内在世界的心的笛卡尔转变，如其说是摆脱了经院哲学枷锁的骄傲的个人主体的胜利，不如说是确定性寻求对智慧寻求的胜利。从那时以后，敞开了哲学家去达到数学家或数学物理学家严格性，或者达到这些领域严格性外表的大道，而不是敞开了帮助人们获得心灵平和的大道。科学，而非

生活，成为哲学的主题，而认识论则成为其中心部分。

6. 二元论和“心素”

我可以用下述说法总括前一节的结论，“心身分离”在笛卡尔
62 之前和之后意味着不同的东西，并被不同的哲学论点所证明。形质二元认识论把把握普遍项看作在人的理智中例示性地说明蛙在其肉体中例示性地说明的东西，这种认识论由于数学物理学的兴起逐渐被一种法则一事件构架所取代，按此构架蛙性被解释成可能仅只是一个“名目”上的本质。于是理性作为把握普遍性机能的概念，在证明心与身的区别性的前提中就不再适用了。那种可定义什么可能“具有一个与身体不同的存在”的概念，也就是在胃痉挛和在心中与胃痉挛相联系的感觉之间划一分界线的概念。

我曾建议说，能划出这一分界线的唯一判准即不可怀疑性，即对内在眼睛的靠近性，这使笛卡尔能够说（所使用的句子或许会吓住伊莎贝拉和古代人）“没有什么比心本身更易为心所认识了”。[34]但是这可能显得奇怪，因为笛卡尔对这一心的标志的明显备选者似乎是非空间性。笛卡尔一再强调说，我们能使心与“广延的实体”分离，从而把它看作非广延的实体。此外，对于那些提出痛苦可能与大脑过程同一的现代哲学家来说，首先和最常识性的反驳是直接来自笛卡尔的：即“在”截肢“中”的痛苦是非空间性的；其论证是，如果痛苦有任何空间位置，它就会在胳臂中，但是既然不存在胳臂，痛苦必定具有极其不同的本体论性质。哲学家仍然坚持
63 说，“使某一思想的出现置于体内某处是**毫无意义可言的**”[35]，而且

他们往往把这一看法归诸于笛卡尔。但是正如我在前面第二节所说，我们很难把一种思想或一次痛苦看作不可能有位置的一个**事物**（一个不同于某人的个别项，而非某人的一个状态），除非我们已有了一个非广延实体的概念，而此事物是该实体的一个部分。没有任何认为痛苦和思想是非空间性的直观，是前于笛卡尔把心看作一不同实体（一非空间的实体）的概念的，或可为其提供论证基础。然而关于“非空间实体”概念，因此也就是关于“心素”的概念是怎样进入哲学的问题，还有许多应该讨论之处，因此关于现代的心的哲学为什么发现自己在谈论**痛苦**和**信念**而非谈论**人有**痛苦和信念的问题，也还有许多应该讨论之处。我希望，进一步详细考察这类材料将更加澄清笛卡尔二元论与现代哲学讨论中的“二元论”是如何的不同。

我们必须记住，康德和斯特劳森斥为欠缺一致性的非空间性实体概念，是一个十七世纪的概念，而且人人皆知，在思想史上正是在那个世纪中“实体”概念发生了奇怪的变化。对于亚里士多德以及尤其对圣·托马斯来说，一个实体的典型例子是一个人或一只蛙。人或蛙的分离部分，正像草束或装满的水桶一样，都属可疑的两可情况；在某种意义上它们“能够分离地存在”（空间分离），但 64
它们不具有真正实体应当有的那种功能的统一性或“性质”。当亚里士多德为这类情况缠绕时，他习惯于把它们作为“纯潜在因素”舍弃掉，既不当作像蛙的颜色一类偶然因素，也不当作像活蹦乱跳的蛙那样的真正实在事物。[36]笛卡尔声称，他是在“能够分离存在”这样的标准意义上使用“不同实体”的，但他既未表明空间的分离性又未表明功能的统一性。[37]他意指这样的东西，它“能够使其他

万物消失(或者'在思想中失去')而本身仍然存在"。[38]这个"分离存在能力"的定义适用于"一"和柏拉图的理念及亚里士多德的不动的推动者,但此外几乎没有其他东西了。假定承认这个定义,无须惊奇,结果应当至多只有三种实体:神、心和物质。同样无须惊奇,马勒布朗士和贝克莱应当开始怀疑第三种备选者,而斯宾诺莎应怀疑第三种和第二种备选者。亚里士多德也不会想到蛙、星星和人只是一个大实体的许多偶然事件,这仅只因为,如果我们想象
65 世界上一切其他物体(如地球和空气)都被消灭了,蛙和人很难还被想象成继续存在。但是正是这种一个大实体的概念为提供一个伽利略力学的"哲学基础"所必需,因为它对传统的形质二元式说明极其轻视。[39]当作为一切被聚集的原子(或旋转粒子)取代了作为潜在性的物质以后,它就被晋升为实体一级(将一切亚里士多德的非人的旧实体吸收到它本身之内),并只留下了亚里士多德的"纯现实性"(努斯是不动的推动者,而且可能并非不同于个人的"可分离的"努斯)作为该级上可能的竞争者。[40]

我们这些继承笛卡尔心物区分论的现代哲学家们已失去了与按十七世纪定义理解的"实体"概念的联系。存在 a se(自身)的概念对于普通人从来是无法理解的,而康德成功地使它成为甚至对专业哲学家来说也是不可理解的了。因此当我们同意那种主张,即在可存在于空间的事物范畴和不能存在于空间的另一种事物范畴间具有明显的区别,我们并非在同意笛卡尔的如下主张:心与物是不同实体,"它们的存在不依赖于任何其他事物"。很多当代哲
66 学家都同意,谈论一次痛苦和一次思想的位置是无意义的,然而由于笛卡尔之故而坚持说,没有一个身体的意识流是不可想象的。

这些哲学家情愿把心理实体想成是人的诸状态而非“一些灵魂元素”，并使“无位置可能性”成为状态的形容词性的标志，而非某些个别项的特殊性质的标志。既然一个人的体格、人格、重量、欢笑或魅力不可能在空间定位，为什么他的信念和欲望应当可以呢？于是似乎有可能说，笛卡尔的观点仅只是承认在人的部分或部分的诸状态（如胃痉挛）与整个人的诸状态之间的区别，这一区别却以讹用的经院哲学词汇令人误解地表述为一种“实体”的区别。

对于说心是非空间性的究为何意这一说明，提供了方便的手段以便同时既陈述又解消一个心身问题。因为很少有人会为名词意指什么和形容词意指什么这二者之间的本体论裂隙担忧。然而正像对心身问题的大多数行为主义式的解决一样，这种解决在处理作为与倾向相对的事件的思想和感觉时遇到了困难。不难把信念、欲望和情绪（用赖尔的话说）看作“理智和性格的特点”，它们不需要非物质的介质作为基础，而只需人本身。很难这样来看待感觉、心象和思想。[41]他们提出，一种非物质的意识流不可见、不可触 67
地穿涌过大脑中的间隙，或许因为，似乎十分自然的是把它们看作事物而非事物的状态。于是现代哲学家们返回了一种亚里士多德的和通俗的“事物”概念，以代替笛卡尔的深奥玄远的“本体”概念，他们倾向于把亚里士多德和笛卡尔之间的区别分裂开来。这就是说，他们认为亚里士多德忽略了某些个别项（如痛苦和感觉），而笛卡尔空洞地把这类个别项当作是一个非广延的大实体的偶然事件，正如他把蛙和原子当作是一个被称作物质的广延性大实体的偶然形态一样。这就使现代哲学家能够承认无灵魂的心理实体，并因此显得未被宗教信仰的不可见和不可触的人所缠绕（这种概

念是他们通过自己的理解加予笛卡尔的，虽然并非未从笛卡尔本人处获得启发）。

这种二元论是以“与身体分离的存在”（第四种二元论）为基础的，它极不同于人与其鬼魂之间的二元论，人与其亚里士多德被动理智之间的二元论，或 res cogitans（思想物）与 res extensa（广延物）之间的二元论。但它也是一种部分的二元论，其不完全性在一切方面都与古代的二元论一样。虽然古代哲学家只把笛卡尔的非广延性实体中把握普遍项的部分看作“分离的存在”，而现代二元论者（如赖尔把信念、欲望等等看作谈论倾向的方式）只把类似于事件的心态的备选项当作“分离的存在”。虽然（譬如说）托马斯主义者责备笛卡尔无意义地赋予感觉以理性所特有的非物质性，现代二元论者却责备他无意义地赋予数学知识和行为决定以非物质的事物性（thinghood），后者属于痛苦、余象（after-image）和偶然发生的思想。对古代人来说，心极其明显地能够有分离的存在，因为它思索不变的事物，而且本身就是不变的。对于现代人来说，心极其明显地能够有分离的存在，因为它是一团丰满、频繁流动的感
68 觉集合。[42]不管谁正确，明显的是，古代人和现代人都未接受笛卡尔有关他堆积在“思想”之下的一切项目的可分离性的“明晰知觉”。

笛卡尔对荷马的不可见和不可触的人的概念所进行的唯一改善，是剥去了这个闯入者的拟人形式。由于这样一来使诸身体之间可能的闯入者更不容易被识别，从而就使它们更加哲学化了。这些闯入者更具有哲学性，因为正如亚里士多德的“努斯”和伊莎贝拉的镜式本质一样，它们不是隐蔽的侏儒，而是基本上不可描绘

的实体。因为关心哲学问题就等于是关心眼睛不能看、耳朵也不能听的问题，十七世纪的非广延实体和现代的不可定位的思想与感觉，都被认为是比宗教信仰者为其祈祷安宁的鬼魂在哲学上更值得尊重。但是使笛卡尔现代化了的现代哲学家可以是二元论者，而他们的二元论对任何人类利益或关切均无丝毫重要性，既不牵涉到科学，又不给予宗教任何帮助。因为就二元论被归结为单纯坚持说痛苦和思想均无空间地位而言，没有任何重要事物依赖于心身的区别。

现在让我提醒读者注意我在本章中所遵循的路线。在第一节和第二节中我论证说，我们不可能弄懂作为一不同的本体类的“心的实体”概念而不涉及痛苦一类“现象实体”概念，这类实体的存在充满着单一的(例如)痛苦性的性质。我主张，真正的问题不是公然摈弃这类被实体化了的普遍项，而是去说明为什么人人都认真 69
看待它，以及它们怎样达到似乎与人的性质和理性的讨论有关系。我希望从第三节到第六节已大致说明了我如何认为这些历史问题是能够加以回答的(虽然我十分遗憾地认识到我讲述的历史中颇有缺漏)。我对“为什么我们倾向于把意向性事物和现象性事物共同堆集为‘心的事物’?”这个问题的回答是，笛卡尔用“不可改变地被认知”的概念在二者之间沟通裂隙。于是我现在需要更充分地详述我自己对于“我们进入心理事物的特殊通道”的性质所持的反笛卡尔的、维特根施坦式的观点。因此在下一章我搁下人的特性和理性的问题，专门来讨论一下意识问题。我企图指出，所谓形而上学的“意识问题”不多不少正好是认识论的“特殊通道的问题”，并指出，一旦明了这一点，与唯物主义相对的二元论的问题就失去

了吸引力。

第一章注解

① 参见康德的“对唯心论的反驳”，载于《纯粹理性批判》B 274 页以下和 P. F. 斯特劳森的《个体》(1959 年伦敦版)第二章和他的《感觉的限制》(1966 年伦敦版)第 162 页以下。

② 参见 G. 皮奇尔:《知觉理论》(普林斯顿，1971 年)；D. M. 阿姆斯特朗:《知觉和物理世界》(伦敦和纽约，1961 年)和《关于心的一种唯物主义的理论》(伦敦和纽约，1968 年)。

③ R. 齐思霍姆:“意向性和心理因素”，载《明尼苏达科学哲学研究》1958 年第 2 期，第 533 页。

④ 这一主张由托马斯·内格尔在“做一个蝙蝠会是什么样子?”一文中非常有力地提出，该文载于《哲学评论》第 83 期(1974 年)，第 435—450 页。我从内格尔有关心的哲学中获益甚多，虽然我在几乎每一个论点上都与他完全不同。我认为，我们之间看法的分歧可归结为(由维特根施坦十分尖锐地提出的)这样的问题，即“哲学直观”是否不只是语言实践的沉积，但我不知道这个问题应当怎样来讨论。内格尔的直观是，“有关成为一个 X 会是什么样子的事实是很独特的”(第 437 页)，而我认为，只有当我们按照内格尔和笛卡尔传统去主张“如果物理主义要被维护，现象的特征本身必须被赋以一种物理的说明”(第 437 页)，这时它们才显得独特。在本章的后几节我企图回顾一下这个主张所根据的哲学语言游戏观的历史。由于我在后面第四章第四节提出的戴维森式的理由，我不认为物理主义须受这样一种限制。我在该节论证说，物理主义或许是真的(但毫无意思)，如果它被解释作在某种描述下可对每一时空区的每一事件加以预测的话，但如果它被解释作断言每件事都是真的，就显然错误了。

⑤ 参见费格尔:《“心”和“物”》(明尼苏达，1967 年)，该书载有一份类

似的表列，并对各个项目之间的关系作了富于启发的评论。

⑥　杜威把心的眼睛的隐喻看成是那种认为知识必定不可改变的先前观念的结果：

“认知理论是以在视觉行动中什么应当发生为模式的。物体折射光并被人看见；这对于眼睛和具有光学机制的人是不同的，但对于被看见的东西没有什么不同。真实的物体是这样被固定在庄严的隔离状态中的物体，它对于任何可能注视着它的心都是一个国王。其必然结果就是一种观看者的知识论。”（《确定性的寻求》，纽约，1960 年，第 23 页）很难知道视觉隐喻是否决定了这样的看法，即真实知识的对象必定是永恒的、不变的，反之亦然，但这两种看法似乎互相支持。试比较 A. O. 拉夫乔伊的《存在的巨链》（麻省剑桥，1936 年第二章）。然而一旦不变性和永恒性的概念被放弃了，确定性的寻求和视觉隐喻仍持续存在。例如 C. D. 布洛德关于感觉材料的论证的根据是：“如果在我心间不存在任何椭圆形东西，就很难理解为什么一个便士硬币看起来像椭圆形的，而不是其他什么形状的。”（《科学思想》，伦敦，1923 年，第 240 页）

⑦　关于 ψυχή（灵魂）、影子和气息之间的联系，参见 C. A. 凡·佩尔森（Peursen）的《身体、灵魂、精神》，牛津，1966 年，第 88 页和第七章各处，以及凡·佩尔森提及的 B. 斯奈尔的《心的发现》（麻省剑桥，1953 年）和 R. B. 奥尼恩斯的《欧洲思想起源》（麻省剑桥，1951 年）中的段落。奥尼恩斯对 θυμός（精神）和 ψυχή 之间关系的讨论（第 93 页以下）清楚阐明，这两种观念都与认知绝少联系，而与战斗、性和一般运动有甚多联系。关于这两种观念在前哲学时期与努斯的关系，参见斯奈尔书第一章，这一章中引述了柏拉图把努斯描述为“灵魂的眼睛”，并参照把努斯当作对形象把握的古老用法加以说明。对我们的目的来说，重要的是，只有当有关知识的非物质的和不可见的对象的看法（如在几何学的认知中）出现了，在凡·佩尔森所说的“内在世界和外在世界”之间的明确区别才获得发展。参见凡·佩尔森著作，第 87、90 页。

⑧　我不认为亚里士多德曾明确地为如下主张提出这个论点，即理智是可分离的（而且在《论灵魂》第三章第四节中有关积极理智和消极理智之间关系的困难，使人几乎不可能了解他是否曾企图这样做）。但是他的追随者却假定这就是导致他撰写《论灵魂》（第408b，第19—20页和第413b，第25页以下）的证据，对此我没有更好的看法。参见M.阿德勒：《人的区别和其造成的区别》，纽约，1967年，第220页。他引述该书第429a、18—b23节从对抽象进行形质二分式说明中来概述标准的托马斯的论点。对于杜威把“可分离性”说明为一种“柏拉图的野种”，可参见J.H.兰达尔的《亚里士多德》（纽约，1960年）以及兰达尔提到的W.雅格尔的论述。同时参见M.格雷恩：《亚里士多德肖像》，伦敦，1963年，第243页以下。在这个问题上我也怀有格雷恩的困惑。

⑨　对于一个有趣的相反观点，参见T.H.格林的“亚里士多德哲学”（收入《选集》，第三卷，第52—91页，伦敦，1885年）。格林把《论灵魂》Ⅲ，5当作柏拉图和《后分析篇》朝向发现整体论和具体共相的前进。顺便提一下，格林还赞许亚里士多德（在第81页）理解“感觉和对感觉的理智意识”之间的区别，而洛克则对此完全不了解。下面我按照坎尼的想法提出，洛克的错误是笛卡尔转换了心的观念的结果。

⑩　莎士比亚：《一报还一报》，第二幕第二场，第117—123页。参见J.V.坎宁安的“‘本质’、长生鸟和海龟”，载《英国文学史》第19卷，第266页，他主张，在这里“镜式本质”是“理智的灵魂”，它像“镜子一样，因为它反映上帝”。牛津大词典没有列出“glassy”的这个意义，但是坎宁安的解释是有说服力的，而且获得《阿登版莎士比亚》编辑们的赞同（我从这本书得悉坎宁安的解释）。在此书中莎士比亚似乎是创始者，而不是使用了现成的比喻，他似乎并未暗指圣·保罗的“晦镜”一段或任何其他标准的概念。有关灵魂和镜子之间类比的历史，参见H.格拉贝斯《铜镜、镜子、玻璃镜》，第92页以下，图宾根，1973年（“作为镜子的精神——灵魂”）。在哲学中“人的镜式本质”这句

话首次为皮尔士引用,1892 年他在以这句短语为标题的论文中论述了“细胞质的分子理论”,他奇怪地认为这个理论对于确认“人只是与一般观念有关的符号”和证实“团体心”的存在很重要。(参见 C. 哈茨霍恩和 P. 维斯编的皮尔士《选集》,第六卷,第 270—271 页,麻省剑桥,1935 年)

⑪　培根:《知识的进步》,全集第二卷,J. 斯派丁和 R. 艾利斯编,第六卷,第 276 页,波士顿,1861 年。

⑫　参见同一书第 242 页上培根的主张:“灵魂是一切实体中最简单的”。他援引维吉尔书中载录的卢克维修的一段话来证明:purumque reliquit/aethereum sensum atque auraï simplicis ignem(抛弃纯粹部分/精微的意义和纯空气中的火焰)。认为灵魂必定由某种很特殊的精细材料构成以便能够获得知识的这种观念,可上溯至阿那克萨哥。古代人在作为完全非肉体的努斯和作为由极其特殊、极其纯粹的物质组成的努斯之间摇摆。这种摇摆是不可避免的,因为非时空物是不可想象的,以及由于认为理性必定类似于它所把握的非时空形式或真理这种看法。

⑬　笛卡尔提出的模糊的身体与灵魂的常识二元论,是用本国语言翻译《圣经》和其他书籍的词汇的产物。因此为了理解笛卡尔的区分法产生得多么晚和具有地域性,值得注意的是,《圣经》作者与笛卡尔在心中的“意识”和“无感觉的物质”之间作的对比绝无共同之处。有关犹太人的概念和它们对圣·保罗的影响,参见奥尼恩斯的《欧洲思想根源》,第 480 页以下。关于圣·保罗本人,注意到这样一点是有用的,他与近代有关心的哲学作者不同,并未把身体(σῶμα)与死后被掩埋的东西等同。后者是 σάρξ(肉体),而按照 J. A. T. 罗宾逊,“σῶμα 是与我们使用的‘人格’一词最相近的词”(《身体:保罗神学研究》,第 28 页,伦敦,1952 年;比较 K. 坎贝尔的《身与心》,第 2 页,纽约,1970 年:“假定你知道你是谁,不难说你的身体是什么:它是埋葬人在埋你时所掩埋的东西”)。如罗宾逊所说(第 31 页注),σάρξ 和 σῶμα 并不是人的不同**部分**,而是“被不同看待的整个的人”。被分成诸部分的人的概念,甚

至在柏拉图之后也未自然地为非哲学家所理解；参见凡·佩尔森：《身体、灵魂、精神》，第六章。有关保罗使用 σῶμα、σάρξ、ψυχή 和 πνεῦμα（魂灵）的非笛卡尔方式的例子，参见新约《哥林多前书》第 15：35—54 节。

⑭　参见 P.哈里把希腊怀疑论看作"幸福论的、实践智慧的哲学"的论述，他认为他们的"怀疑不是一种去除感觉经验纱幕的工具，而是一种消除赘疣的手段，这些赘疣玷污了人的生活，并引诱他与同伴进行无休无止的残酷斗争。"（《怀疑论、人和神》，第 7 页，米德尔顿，1964 年）我们还不清楚，观念纱幕概念在古代怀疑论中起了什么作用，但这种作用似乎是次要的，不像在洛克—贝克莱—康德传统中那样占有中心位置。C.斯托（《希腊怀疑论》，第 24 页，贝克莱，1969 年）把比罗描述为把 τὸ φαινόμενον（显相）看作"在主体和对象之间的一块纱幕，把真实世界遮蔽在他的目光之外"。无论如何还不清楚，τὸ φαινόμενον 几乎像是一个洛克的观念，它不可改变地存在于心间，是纯心理的，只因为它是不可改变地被知道的。古代思想中似乎最接近这类不可改变地可认知的心理实体的概念，是斯多葛派的 καταληπτικὴ φαντασία（强制想象）学说（参见斯托书第 38—40 页），但它被定义作一种精确符合其对象的，因此使人不得不同意的表象，这与洛克的概念绝不相同。同时参见 J.B.果尔德："在早期斯多葛主义和一些其他希腊哲学家中的存在、世界和显相理论"，载《形而上学评论》，1974 年第 27 卷，第 261—288 页，特别是第 277 页以下。

⑮　W.麦特松："为什么心身问题不是古代的问题？"，载于《心、物和方法：纪念费格尔的哲学和科学文集》，P.费耶阿本德和 G.麦克恩威尔编，第 92—102 页，明尼苏达，1966 年。

⑯　麦特松："心身问题"，第 101 页。他进而争论说，无论是 αἴσθησις 还是 αἴσθημα 都不是"感觉"的相应词。φάντασμα（幽灵）是一种有吸引力的可能性，但是甚至把亚里士多德对它的用法译成"心像"也仍然可疑，而且我们

不可能把一种痛苦称作一种 φάντασμα。关于解释阿奎那的 phantasma(幻象)概念,参见 A. 坎尼的"圣·托马斯学说中的理智和想象",载《批评文选》,坎尼编,第 293—294 页,纽约花园城,1969 年。麦特松在这段引文的最后一句中的论证以 T. 莱伊德对"感觉"一词的说明为依据。参见他的《论人的思想能力》,第 249 页和同书中第二篇文章,麻省剑桥,1969 年。

⑰ 在《沉思录》第二篇中笛卡尔一开始把一种"思想的东西"定义作"一个心或灵魂,或一种理解力,或一种理性"(res cogitans,id est,mens,sive animus,sive intellectus,sive ratio)并且很快进而论述"什么是一个思想的东西呢?它是一个会怀疑、理解、肯定、否定、意愿、拒绝,而且也想象和感觉"(着重号后加;"Nempe dubitans,intelligens,affirmans,negans,volens,nolens,imaginans quoque,et sentiens")。然后他继续上引第二段(hoc est proprie quod in me sentire appelatur;atque hoc praecise sic sumptum nihil aliud est quam cogitare)。这三段文字引自阿尔基所编《哲学著作集》第二卷,第 184—186 页(在哈尔丹和罗斯译本第一卷,第 152—153 页)。同时参见《第一原理》第九节:"我把思想这个词理解作我们意识到在我们心中起作用的一切。(tout ce qui se fait en nous de telle sorte que nous l'apercevons immédiatement par nous-mêmes)。因此不只是理解、意愿、想象,而且连感觉(sentir)在此也与思想是同一种东西"(《哲学著作集》第三卷,第 95 页;哈尔丹和罗斯译本第一卷,第 222 页)。关于把 res cogitans 译作"意识",参见 R. 麦克雷:"笛卡尔的思想定义",载《笛卡尔研究》,R. J. 巴特勒编,第 55—70 页,牛津,1972 年。

⑱ 第一段引文录自《人类理解论》(第一卷,第一章,第 8 页),第二段录自"致沃色斯特主教的第二封信"。直接性作为心理事物的特征(直接性的判准是不可改变性),由于这些段落而成为未经质疑的前提。正如哲学中常见的,新造词的使用成为理解"哲学特有"主题和问题的标志。因此我们看到休谟说:"……在此标题下的由常识所形成的一切结论,都直接与哲学肯定的结

论相反。因为哲学告诉我们，每一种出现在心中的东西只不过是一种知觉，而且是被截断的，并依存于心；而常识却把知觉和对象混淆了，并赋予我们感觉和看到的每一种东西以明显连续的存在。”(《人性论》，第一卷，第四章，第二节)J. 贝奈特指出：“洛克的思想由他企图单义地使用‘观念’一词支配，这个词被当成他对知觉和意义的论述中的关键词；或者简言之，他用‘观念’兼指感觉材料和概念”。他又说，这就“显示了他与贝克莱、休谟和经验主义传统中的其他人共同具有的实质性错误，即使感性因素过于密切地接近理性因素”(贝奈特：《洛克、贝克莱、休谟：中心问题》，第 25 页，牛津，1971 年)。不过，这个错误可上溯至笛卡尔，它也同样体现在唯理主义的传统中。它是 W. 塞拉斯称作“所与的构架”的一部分，为两个传统所共有，而且一直成为受黑格尔影响的那些人的批评目标。参见塞拉斯：《知觉的现实》，第 127 页和第 155—156 页，伦敦—纽约，1963 年。塞拉斯和贝奈特的抱怨已为 H. L. 普里查德以及更早一些被 T. H. 格林预先说过，我将在第三章第二节对此稍加论述。

⑲　A. 坎尼：“笛卡尔论观念”，载于《笛卡尔：批评文选》，W. 董尼编，第 226 页(纽约花园城，1967 年)。参见笛卡尔为“pensée”(思想)下的定义：“tout ce qui est tellement en nous, que nous en sommes immédiatement connaissants”*，“idée”(观念)则被定义作“cette forme de chacune de nos pensées, par la perception immédiate de laquelle nous avons connaissance de ses mêmes pensées”**(《对第二种反驳的答复》，阿尔基版，第二卷，第 586 页)。然而 J. 约尔通却与坎尼相争论(并与阿尔基和其他持传统观点——我在此接受这个传统观点——的评注家争论说，笛卡尔的再现性知觉学说是与持直接实在论的经院哲学传统的断然的，甚或是灾难性的分裂)。在其“十七

---

*　法文，意为：在我们心中所有那些总之可直接认识的东西。——中译者

**　法文，意为：我们思想中的这样一种形式，按照对它的直接知觉我们认识到与它同一的思想。——中译者

世纪哲学中的观念和知识"(《哲学史杂志》,1975 年第 13 期,第 145—165 页)一文中他引用笛卡尔《沉思录》第三篇把"观念"刻画为"une manière ou façon de penser"(一种思想的样式或方式)来证明说,笛卡尔持有一种"行动"的观念理论,它与经验哲学的直接实在论相容。约尔通在这里以及在其他著作中提出,通常认为(E. 吉尔松和 J. H. 兰达尔)认识论的怀疑主义产生自笛卡尔和洛克创造的再现性知觉理论,这未免太天真了。B. 奥尼尔在《笛卡尔哲学中的认识论的直接实在论》(第 96—97 页,阿尔伯柯克,N. M. ,1974 年)中说:"笛卡尔的长期斗争在于努力保持 esse objectivum(客观存在)和简单性质学说,并使二者联系起来。"奥尼尔同意 J. 华尔说,笛卡尔"ait exprimé les deux conceptions fondamentales et antinomiques du réalisme"*,一种根据于类似托马斯主义的思想,另一种根据于类似观念纱幕的东西,其中一些观念保证了它们本身作为表象的精确性。如果约尔通对洛克和笛卡尔的修正主义的理解正确,那么我们就必须在历史中寻找现在被看作是笛卡尔创造的认识论问题的起源。不过在这里我继续追随坎尼的更为人熟悉的论述。

⑳　例如参见柏拉图的《智者篇》,263E。

㉑　阿德勒(《人的区别》,第 217—218 页)同意麦特松的看法,"在亚里士多德形而上学和心理学的框架内不可能有心身问题",但主张"例如,柏拉图或许会比亚里士多德更好地理解笛卡尔,特别是笛卡尔把心与身份离为不同的存在实体,以及笛卡尔的心独立于身的观点。"然而我怀疑,在这一点上柏拉图和亚里士多德之间是否有真正的区别;麦特松的问题对两人都完全适用。另一方面,我必须承认,吉尔松的看法有重要意义,他认为笛卡尔正好恢复了奥古斯丁传统中的那样一些因素,即托马斯依据亚里士多德去批评的因素。于是柯勒律治在柏拉图和亚里士多德之间的选择似乎是恰当的。此外,奥古斯丁著作中有些节段明显接近于通常从笛卡尔著作中引述的节段,它们

* 法文,意为:表达了实在论的两种基本的而且矛盾的概念。——中译者

显示了他的包括感觉和理智的“思想”概念的根源。G. 马修斯(在其文章“意识和生命”,载《哲学》1977 年第 52 期,第 13—26 页)从《驳学园派》第三卷,第二部分,第 26 章引述了一个引人注意的例子,并评论道:“作为具有……‘内部’和‘外部’的人的图画如此普通,如此(在我们看来)合乎常识,以至于我们觉得很难理解它如何明显地是近代的观念。但为理解其近代性,只须寻找早于笛卡尔的有关证言。在奥古斯丁著作中的确找到了对于这一观念的有趣的预见,但再早就没有了,在奥古斯丁时代和笛卡尔时代之间也没有过。”(第 25 页)在我看来,马修斯的观点像麦特松的观点一样是对下列主张的有用的纠正,这种主张认为,赖尔在攻击机器幽灵观念时是在攻击一种基本的人类直观,而不只是攻击一种笛卡尔特有的倾向。例如 S. 罕姆波舍尔就提出过这类主张(“对《心的概念》的批评研究”,载于《心》1950 年第 59 期,第 237—255 页,特别是第二部分)。另一方面,罕姆波舍尔的批评为这样一种建议所加强(这是 M. 弗莱德在谈话中向我提出的),即有关再现性知觉和人的“内在空间”这种笛卡尔学说中明显的创新性会有所减退,如果人们研读希腊人文主义哲学并理解斯多葛派在文艺复兴思想中的作用的话。如果弗莱德正确,特别是如果约尔通在前注⑲中讨论的问题上也正确,那么在对这些问题进行哲学讨论的历史上就会有比我目前讲述的历史所容许的更多的连续性,我所讲述的历史取自吉尔松——兰达尔的历史学传统。

㉒ 参见罗伊斯把笛卡尔的主观主义描述为“对内在生活的再发现”(他的《近代哲学的精神》第三章的标题,纽约,1892 年)和开辟了通向理解真实世界必定是“心的”世界之路(在第十一章他洋洋自得地得出了这个结论)。同时参见拉夫乔伊的《对二元论的反叛》(拉萨尔,1930 年)的第一章,在这里他针对那些想贬低笛卡尔的人说,观念的纱幕是这样一个问题,它对所有这类人都存在,他持有“对人的原初的和最普遍的信念,他的不可动摇的实在论,他的双重信仰,即一方面他处于现实之中,这个现实不是他本人,也不仅仅是他本人亦步亦趋的影子,它是一个超越了他本人短暂生存的狭隘局限的

世界；而另一方面他本人有办法超出这种局限，并把这些外部的存在导入他本人生存的范围，然而又不消除外部存在的超越性。”（第 14 页）对亚里士多德、阿奎那、杜威或奥斯丁来说，这种“实在论”似乎就像罗伊斯的唯心论一样地矫揉造作和牵强附会。

㉓ 因此奥古斯丁以他认为是一切论据中最简单、最有决定性的一个来开始他的“论灵魂的不朽性”研究：灵魂是不朽的，因为它是科学的主体（即所在），而科学是不朽的。例如在第二章中他说，“人体是可变的而理性是不可变的。因为一切并不永远存在于同一方式中的东西是可变的，而 2 加 2 等于 4 永远以同一方式存在……于是这种推理是不可变的。因此理性是不可变的”。（《关于导师》和《论灵魂的不朽性》，G. 莱基译，第 61 页，纽约，1938 年）从柏拉图的《斐多篇》到十七世纪，对不朽性的典型哲学论证总是围绕着我们做动物不能做的事物的能力进行的，即认识不变的真理而非只认识个别事实。笛卡尔虽然开启了对心身区别全新理解的闸门，然而连他也倾向于返回标准的立场，并且说，身体应对我们与动物共有的一切行为负责，例如，惊逃。因此在《第四回答》中他说，反射行为的发生“无须心灵之助”，同样不足为奇的是，“在羊眼中从狼的身躯处反射来的光应当能够刺激一种逃跑行动。”（《哲学著作集》，阿尔基编，第二卷，第 671 页；哈尔丹和罗斯版，第二卷，第 104 页）但是他把感觉处理作一种思想，似乎迫使他采取一种矛盾的主张（对此亚里士多德和奥古斯丁都无任何理由去采取），即恐惧感伴随着我们的逃跑，在羊身上则无类似现象。参见在致亨利·摩尔一封信中的论点（1649 年，2 月 5 日），载于阿尔基版第三卷，第 885 页。在这一段中，在“推理”和“意识”之间的“思想”的含混性已极为明显。笛卡尔需要前一种意义去避免矛盾并维持与传统的联系，又需要后一种意义去建立一种广延性实体和非广延性实体的二元论。关于对笛卡尔有关论述的一个评论以及对笛卡尔观点对后来哲学影响的充分说明，请参见 N. 麦尔柯姆的“无思想的兽类”，载于《美国哲学协会会议文献》，1973 年，第 46 期，第 5—20 页。然而麦尔柯姆认

为，有关笛卡尔为什么重新整理痛苦和思想以便把它们都纳入同一实体中的问题，可回答如下：想象、意愿、感觉、感情等等共同的地方是，在它们全体之中"都有一个意识的对象"。（麦尔柯姆："笛卡尔对他的本质即思想的证明"，载于《批评文选》，W. 董尼编，第 317 页注）换言之，麦尔柯姆认为，意向性足以把笛卡尔想在 cogatitio（思考）和 pensée（思想）名下统一起来的一切统一起来。我不认为这也适用于痛苦。无论如何，它把语言表象的真意向性与感觉的（塞拉斯所谓的）伪意向性混在一起了，而阿奎那是把它们分开的。需待说明的正是笛卡尔所做的这种结合。或者换一种方式说，需待说明的正是短语"意识的对象"中"意识"（awareness）概念的根源。关于真伪意向性的区别，参见塞拉斯："存在和被认知的存在"，载《科学、知觉和实在》。

㉔　参见 M. 威尔逊："笛卡尔：心身区别的认识论证明"，载《努斯》，1976 年第 10 期，第 7—8 页。我非常感谢威尔逊对本章稿件提出了仔细和有用的评论。

㉕　《沉思录第三篇》，阿尔基版，第二卷，第 193 页。

㉖　《沉思录第一篇》，阿尔基版，第二卷，第 179 页。

㉗　因此 A. G. A. 巴尔兹评论说："我想笛卡尔会想说，只有理智是思想的东西，是非广延、非物质的灵魂实体，它赋予身体以想象、感觉和感情。但是如果由刀子造成的痛苦，不是作为一种物质集合的刀子的性质，它也不能是人体这种物质集合的性质。于是不可避免地，痛苦和一切其他的直接经验必定被倾入灵魂实体之中。"（"关于托马斯和笛卡尔的二元论：回答摩朗教授"，载《哲学杂志》1957 年，第 54 期，第 387 页）

㉘　由禀赋笛卡尔大胆想象的人们所实行的这种无意识的戏法，应当令人感激而不是非难。任何伟大的哲学家都不能避免这样做，没有这种戏法任何思想革命也不会成功。按照库恩的术语，任何使用与旧词汇协同一致的词汇的革命都不可能成功，因此一种革命也不会成功，如果它运用的论证明确地利用了与传统智慧共同具有的术语的话。这样，对杰出的直觉预见的坏论

证,必然在体现这种预见的新词汇获得正常化之前。假定出现了这种新词汇,较好的论证就会成立,虽然这些论证在革命的牺牲者看来将永远是使用了未经证明的前提。

㉙　一种经验论的基础主义可能性的发现与哈金在《或然性的出现》(剑桥大学出版社,1975 年)一书中描述为近代意义上“证据”概念的发明的东西有联系,这个概念是基础主义探讨的前提条件,更是经验论的前提条件。这个发明以及经验论的最终胜利与高级科学和低级科学的划分有联系(参见哈金书,第 35 页,以及 T. S. 库恩:《基本张力》,第三章,芝加哥,1978 年)。有关这些笛卡尔思想转变的较充分的论述可把这些问题结合在一起。

㉚　参见他声言霍布斯把真正的观念与“由于身体幻觉而绘制的物质对象形象”混淆起来,后者是松果线,《对第三反对的答复》,阿尔基版,第二卷,第 611 页。M. 威尔逊在“笛卡尔的二元论”一文(载于《笛卡尔:批评和解释文集》,M. 胡克尔编,巴尔的摩,1978 年)中根据这些段落提出,在把“我们离开任何物理状态和事件明晰地知觉到我们的感觉”这一观点归于笛卡尔时应当慎重。当然需要慎重,但这并非说有可能使笛卡尔对这一主张的否认与《沉思录》中更标准的二元论段落一致。(威尔逊这篇文章也提出一个有用的观点,认为笛卡尔本人与伽桑迪、霍布斯和斯宾诺莎不同,他不相信心理—物理平行论,因此接受这样的观点,即非物理的力量在心中起作用,这使得从生理上预测思想不可能。)

㉛　参见斯宾诺莎《伦理学》,第三部分第一段和最后一段,以及第五部分序言中动物灵魂的讨论。

㉜　这种充分发展的“‘观念’的观念”(由休谟在前注⑱的引文中不明显地预先假定过),对此莱伊德曾轻蔑地加以反对。对他的这次反对而言,在前有阿诺尔德,继后有以后几世纪中的 T. H. 格林和 J. 奥斯丁。J. 约尔通曾在阿诺尔德的《真伪观念》一书(《作品集》第 38 卷,第 190 页,巴黎和洛桑,1780 年)中向我指出过一段,它引入了镜子比喻(上溯至柏拉图:《理想国》第 510a

节)，我认为这个比喻是认识论的“原罪”。“因为一切人最初都是幼儿，而且因为其后他们就只与他们的身体和他们的感觉接触的东西打交道，这样他们度过了漫长时日而不知道物质事物以外的任何其他视象(vue)，他们遂把物质事物归因于他们的眼睛。他们不可避免地注意到两种事实。第一种是，如果我们要看一个物体，它必然在我们眼前。这就被他们称作出现(presénce)，并使他们认为物体必然是为观看而出现的。第二种事实是，我们有时在镜中，或在水中，或在其他再现事物的东西内看到可见物。因此他们错误地相信，他们并未看到事物本身，而只是看到它们的影像。”试比较奥斯丁论“哲学家对‘直接知觉’的用法”(《感觉和被感觉者》，第 19 页，牛津，1962 年)和论镜像(同书第 31、35 页)的部分。有关笛卡尔以后对笛卡尔用“观念”意指什么的论述的一份有价值的概述(包括阿诺尔德按照布伦塔诺、胡塞尔和 G. E. 摩尔的方式坚持企图把观念当作行为)，参见 R. 麦克雷：“‘观念’作为十七世纪一个哲学术语”，载于《思想史杂志》，1965 年，第 175—190 页。

㉝　致伊丽莎白女王的信，1643 年 6 月 28 日(阿尔基版第三卷，第 45 页)，在凡·佩尔森的《身体、灵魂、精神》第 25 页被引用。

㉞　这一段出现在《沉思录第二篇》中紧接在蜡块的例子之后的一个显著的直接推论里：因为甚至连身体“严格说来”也不是为感觉或想象所认知，而只是被理智所认知，显然，nihil facilius aut evidentius mea mente posse a mepercipi(对我来说没有什么比认识我的心更容易了)。(阿尔基版第二卷，第 192 页；哈尔丹与罗斯版第一卷，第 157 页。)这个论点产生于把作为我的存在之证明的 cogito(我思)与作为我的本质之抽离的 cogito 混淆之故。

㉟　J. 沙富尔：《心的哲学》，第 48 页，因格伍德·克里夫斯，新泽西，1968 年；参见 N. 麦尔柯姆：“科学唯物主义和同一性理论”，载《对话》，1964 年第 3 期，第 115—125 页。

㊱　参见《形而上学》，1040b，论“堆集”。我在“作为物质的类”一文中讨论了亚里士多德有关成为一个实体的两个判准——“独立存在”和“统一

性”——之间的张力，载于《注释和论证：纪念乔治·夫拉斯托斯的希腊哲学论集》，N.李等编，多尔德莱特，1973年。

㊲　笛卡尔认为一只人手不管脱离人体与否，都是实体的极好例子。参见《第四回答》(阿尔基版，第二卷，第663页；哈尔丹和罗斯版，第二卷，第99页)，他在此说，一只手是一“不完全实体”究为何意并不重要，其意义仅只是一个“不构成一个不同于每个其他东西的整体”的问题(en un autre sens on les peut appeler incomplètes，non qu'elles aient rien d'incomplet en tant qu'elles sont des substances，mais seulement en tant qu'elles se rapportent à quelqu' autre substance avec laquelle elles composent un tout par soi et distinct de tout autre)。然而在笛卡尔的任何物质的东西(一只手、一粒尘埃)都是一种实体的观点和他认为(对斯宾诺莎很明显)这些东西只是一种较大实体(如作为整体的物质)的各种样式的概念之间存在着分离的张力。

㊳　这个定义给笛卡尔带来麻烦，因为它暗示了斯宾诺莎的这种观点：神是唯一的实体，每一种其他的东西必定被认为依靠它而存在。这个问题L.J.贝克曾加以讨论(《笛卡尔的形而上学》，第110页，牛津，1965年)，他说：“在使用substantia(实体)或甚至res(事物)一词去暗示Cogito的自我时的显然不一致，在相当程度上是由于企图用旧瓶装新酒，去用学院的技术术语来表示笛卡尔学说。”

㊴　参见E.A.伯尔特：《近代物理世界的形而上学基础》，第四章，纽约花园城，1955年。在第117页上伯尔特说：“事实是，笛卡尔的真正判准不是永恒性，而是数学处理的可能性，这个事实对于我们整个的研究十分重要；对他来说正如对伽利略来说一样，他的思想的整个过程，从他青年时代的研究起，就使他习惯于这样的认识：我们只根据数学认识事物。”在第一性质和第二性质之间的最终区别，提供了把典型的亚里士多德实体看作仅只是res extensa(广延事物)诸样式的动机。

㊵　参见《第四回答》(阿尔基版，第二卷，第662页；哈尔丹和罗斯版，第

二卷，第 98 页），在这里笛卡尔说，“concevoir pleinement”（完全想象）和“concevoir que c’est une chose complète”（想象这是一个完全事物）是同义词，他认为这一点有助于说明我们如何把握灵魂和身体是两个实体。

㊶　这个问题曾由罕姆波舍尔、奥斯丁和艾耶尔在他们各自评论《心的概念》时以种种方式提出，这些评论重印于《赖尔：批评文集》，O. P. 伍德和 G. 皮奇尔编，纽约花园城，1970 年。关于把赖尔的方法扩大到知觉和联合的纯感觉的各种方式，参见皮奇尔：《知觉理论》。关于作为信念倾向的知觉和有关“副词的唯物论”的讨论，参见 J. 柯尔曼：《唯物论与感觉》（纽黑文，1971 年）。同时参见 R. 罗蒂：“不可改变性作为心理事物的标志”，载《哲学杂志》1970 年第 67 期，第 406—409 页。

㊷　“虽然对柏拉图来说，理性思想是灵魂的典型活动，像痒、牙痛和阵痛这类轻微事件，在今日哲学讨论中通常作为心理事件被提到。”（J. 吉姆：“唯物论和心理事物的判准”，载《综合》1971 年第 22 期，第 336 页）

第二章　无心的人 70

1. 对跖人(The Antipodeans)

在远离我们星系的另一端有一个星球,上面栖居着像我们一样的生物:身上没有羽毛,双足,会建造房屋和制作炸弹,写诗和编计算机程序。这些生物不知道他们有心。他们有“想要”、“企图”、“相信”、“觉得恐惧”、“感觉惊异”一类的观念。但他们并不认为,上述这些被意指的心理状态——一些独特而与众不同的状态——很不同于“坐下”、“感冒”和“性欲被挑动”。虽然他们使用相信、知道、需要、为他们的宠物和机器人以及他们自己担心这些概念,但他们并不把宠物或机器人看作包含在下列词句的意思中,即“我们都相信……”或“我们从不做像……这一类事”。这就是说,他们只考虑他们自己这个人的类种的成员。但他们并不用“心”、“意识”、“精神”或诸如此类的东西来说明人与非人类的区别。他们根本不予说明;他们只把这一区别当作“我们”和“其他一切”之间的区别。他们相信自己的不朽性,而一些人相信不朽性也为宠物或机器人、或二者共同具有。但是这种不朽性并不涉及离开身体的“灵魂”概念。这只是一个直截了当的身体复活的问题,接着是立即神秘地

移向他们称作供好人居留的“天堂”和供坏人居住的星球地下的一种洞穴。他们的哲学家主要关心四个问题：存在的性质；一位仁慈
71 和无所不能的存在者的存在证明，这位存在者会安排复活事宜；由关于非存在对象的论述中产生的问题；以及相互冲突的诸道德直观之间的调和。但是这些哲学家不提出主体和客体的问题，也不提出心与物的问题。他们有一种比罗式的怀疑论传统，但不知道洛克的“观念纱幕”，因为他们也不知道“观念”、“知觉”或“心理表象”等概念。他们中间一些哲学家预言，早期历史时期处于中心地位的、仍然被知识分子以外的所有人持有的不朽信念，有一天会被已清除掉一切迷信的“实证主义”文化所代替（但是这些哲学家没有提到一个中间插入的“形而上学”阶段）。

于是，这个种族的语言、生活、技术和哲学在大多数方面与我们的很相同。但有一个重要区别。神经学和生物化学是技术突破在其中取得成就的首要学科，而且这些人的大部分谈话都涉及他们的神经状态。当他们的幼儿奔向热炉灶时，母亲喊道：“它将刺激他的C纤维。”当人们看到精巧的视觉幻象时就说：“多奇怪！它使神经束G14颤动，但是当我从旁边看时可以看到，它根本不是一个红的长方形。”他们的生理学知识使得任何人费心在语言中形成的任何完整语句，可以轻而易举地与不难识别的神经状态相互关联起来。当人在说出，或企图说出，或听到这个句子时，该神经状态就会出现。这种状态有时也会出现在孤身一人之时，人们在报道这类情况时会说：“我突然处于S296状态，所以我扔出了奶瓶。”有时他们会说出这样的话：“它看起来像一头象，但我想起象不出现在这块大陆上，
72 所以我明白了，它一定是一头哺乳动物。”但是他们有时在完全相同

的情况下也会说，“我有 G412 以及 F11，但是然后我有 S147，这样我明白了，它一定是一头哺乳动物。”他们把哺乳动物和奶瓶看成是信念和欲望的对象，并看成是造成某些神经过程的原因。他们把这些神经过程看作与信念和欲望相互有因果作用，其方式正如哺乳动物和奶瓶一样。某些神经过程可能是蓄意自我引生的，而且某些人比其他人更善于在自身内引生某些神经状态。另一些人善于发现大多数人不可能在自身内认出的某些特殊状态。

在二十一世纪中叶，一支来自地球的探险队登上了这个星球。探险队中包括哲学家以及其他每个学科的代表人物。哲学家认为，该星球居民最使人感兴趣的东西是，他们欠缺心的概念。这些哲学家彼此开玩笑说，他们降临到一群唯物主义者中间，并建议称这个星球为 Antipodea（对跖地），这是由于联想到以澳大利亚和新西兰为中心的一个几乎被遗忘的哲学学派，他们在上一世纪曾多次徒劳地企图反叛地球上哲学史上的笛卡尔二元论。这个名字站住了脚，于是这个由智慧的生物组成的新种族，最后被称作对跖人。地球上的神经学家和生物化学家为对跖人在他们土地上展示的丰富知识所迷住。因为有关这些专题的技术性谈话几乎完全都是立即参照神经状态完成的，地球上的专家们终于学会了报道他们自己的神经状态（未经有意识的推论）、而非报道他们的思想、知觉和感觉的能力（两个种族的人的生理状态幸好几乎相同）。一切进行顺利，除了哲学家们遇到的困难以外。

参加探险队的哲学家们像通常一样分为两个争论集团：软心 73
肠的哲学家认为哲学应当以探讨**意义**（Significance）为目标，硬心肠的哲学家们认为哲学应当以探讨**真理**为目标。第一类哲学家们

认为，并不存在有关对跖人是否有心的真正问题。他们主张，在理解其他人时重要的是把握他们存在于世界上的方式。明显的是，对跖人不管使用什么存在论的语汇，他们肯定没有容纳一个世纪以前的、海德格尔批评为“主观主义”的任何东西。“认识论的主体”这整个概念或作为精神的人，无论在他们的自我描述中，还是在他们的哲学中都没有任何地位。一些软心肠的哲学家们觉得这表明，对跖人还没有挣脱自然而进入精神，或者宽厚一些说，还没有从意识进入自意识。这些哲学家们变成了内在性的公告宣读者，企图威吓对跖人越过不可见的界线，进入精神领域。然而另一些软心肠的哲学家觉得，对跖人显示了对 πόλεμος（斗争）和 λόγος（逻各斯）统一性的令人赞叹的理解力，这种统一性却由于柏拉图使 οὐσία（实体）同化于 ἰδέα（理念）而离开了地球上的西方意识。在这批哲学家看来，对跖人未能把握心的概念，表明他们靠近了存在和逃脱了地球上的思想长久以来受其支配的诱惑。在这两种观点之间的竞争中，尽管两派都是软心肠的，讨论往往没有结果。对跖人本身也帮不了什么忙，因为他们正为把为理解这个问题所必需的背景材料翻译出来而大伤脑筋，如柏拉图的《泰阿泰德》、笛卡尔的《沉思录》、休谟的《人类理解研究》、康德的《纯粹理性批判》、黑格尔的《精神现象学》、斯特劳逊的《个体》等等。

硬心肠的哲学家们通常寻找更直截了当和清清楚楚的问题来
74 进行讨论。他们不关心对跖人有关自身的思想是什么的问题，而是集中于这样的问题：他们实际上有心吗？他们以自己的准确方式将这个问题缩小为：他们实际上有感觉吗？这些哲学家们认为如果弄清楚了他们在碰热炉子时是否有痛的感觉以及被刺激的 C

神经纤维，那么一切其他问题的解释就不成问题了。显然，对跖人具有和人类一样的对热炉子进行反应的行为倾向、肌肉的抽搐、痛苦等等。他们憎恶自己的C神经纤维被刺激起来。但是硬心肠的哲学家们问自己：他们的经验包含着与我们一样的现象性质吗？C神经纤维的刺激的确使人感到痛苦吗？还是说使人产生同样可畏的其他感觉？或者说，感觉根本就没有进入刺激过程？这些哲学家们对以下情况并不感到惊奇，对跖人能够提出关于他们自己神经状态的非推论的报道，因为人们早已得知心理生理学家能够训练人类主体报道阿尔发节律以及各种其他可加以生理学描述的皮层状态。但他们为这样的问题所困扰：当一个对跖人说，"又是我的C神经纤维，你知道，每当你被烧、被打或被拔了一颗牙时，这种纤维就开始起作用了。真可怕。"这时对跖人是否发现了某些现象性质？

人们建议说，这个问题只能通过实验来回答，于是他们与神经学家们一起做了适当的安排，这样，他们中间的一人应当与一位对跖人志愿参加者用电线联起来，以便在两个大脑的各个区域之间使电流来回流动。他们认为，这也能使哲学家们确保对跖人没有一个逆光谱，或任何其他会混淆结果的东西。然而结果却是，实验未产生任何有趣的结果。困难在于，当对跖人的言语中枢从地球人大脑的C神经纤维得到输入信号时，它所谈的永远只是C神经纤维，而当地球人言语中枢被控制住时，它永远只谈痛苦。当对跖人言语中枢被问及C神经纤维感觉如何时，它并不很明白"感觉" 75
的意思，而是说受刺激的C神经纤维当然是很糟糕的事。关于逆光谱和其他知觉性质的问题也遇到同样情况。当被要求报出一张

图上的颜色时,两个言语中枢按同一次序报出了通常的颜色名字。但是对跖人言语中枢也能够报出图上每块颜色所引起的各种神经细胞束(不管它适巧与什么样的视觉皮层相连)。当地球人言语中枢被问及当被传送至对跖人的视觉皮层时颜色如何时回答说,颜色似乎与平常无异。

这个实验似乎没有什么用处。因为对跖人是否有痛苦仍然含混不清。同样不清楚的是,当靛蓝光射入他们的视网膜时,他们有一种还是有两种感觉(靛蓝感觉和神经状态 C692 的感觉),还是说他们根本没有感觉。对跖人不断被询问,他们怎么知道它是靛蓝色。他们回答说,他们可以看见它是靛蓝色。当被问及他们怎样知道他们处于 C692 状态,他们说他们"只是知道"它。当实验者向他们暗示说,他们或许无意识地推论说它是靛蓝,根据是 C692 感觉,他们似乎不可能理解无意识的推论是什么意思,或者"感觉"是什么意思。当他们被提醒说,他们可能根据靛蓝感觉同样地推论出他们处在 C692 状态之中,他们当然同样感到困惑。当他们被问及神经状态是否显出来是靛蓝的,他们回答说不是(光是靛蓝的),而且提问者必定犯了某种类别错误。当他们被问及他们是否可以想象有 C692 状态而未同时看见靛蓝,他们回答说不可能。当被问及,这两种经验共同出现一事是一种概念的真理还
76 是一种经验的概括,他们回答说不知道怎样区别二者。当被问及,对于他们看着靛蓝一事是否有可能搞错,回答说当然可能,但对于他们是否似乎看见靛蓝是不可能搞错的。当被问及对于他们是否处在 C692 状态中一事是否会搞错,他们的回答与前句完全相同。最后,精巧的哲学辩证法使他们理解到,他们不可能想象的某种东

西似乎是看见了靛蓝却似乎不处在C692状态中。但是这一结果似乎无助于解决这样的问题："感觉？""两种还是一种感觉？""在两种描述中涉及两个所指物还是一个所指物？"这些问题中任何一个也都无助于解决被刺激的C神经纤维对他们显现方式的问题。当他们被问及在想到C神经纤维被刺激时是否会搞错，他们回答说当然可能，但是对于他们的C神经纤维是否似乎被刺激一事，他们不可想象会搞错。

在这个问题上某个人想到去问，他们是否能发现作为"似乎使他们的C神经纤维被刺激"一事的伴随物的神经状态。对跖人回答说，当然有T435状态，它是"我的C神经纤维似乎被刺激"这句话说出时的经常性神经伴随物，T497状态伴随着"我的C神经纤维似乎正被刺激"，T293状态伴随着"被刺激的C神经纤维！"以及种种其他神经状态，它们都是其他种种大致同义的词句的伴随物，但是除了这些以外他们不知道还有其他的神经状态了。

对跖人有T435状态但无C神经纤维刺激的情况，包括那样一些可能，例如他们被捆在被谎告为一架拷打机的东西上，一个开关戏剧性地扭开，但此后并未发生什么事。

哲学家们的讨论现在转到这样的主题上：对跖人对T系列的神经状态是否会搞错（这些状态是理解或说出句子的伴随现象）？他们是否可能似乎有T435状态但实际上没有？是的，对跖人说， 77
脑病检验镜指出这类事情偶尔会发生。对发生这类事的情况是否可作任何说明，是否有任何模式？没有，似乎没有。它只是偶尔出现的那些奇怪的事物之一。神经生理学还不能够在T系列之外找到其他种类的神经状态作为这类奇异幻觉的伴随物，也不能找到某些知觉幻觉的伴随物，但是将来有一天也许会找到。

这个回答仍然对有关对跖人是否有痛感或其他感觉的问题感到困难。因为现在似乎没有任何东西是对跖人不可改变地非接受不可的，除了事物如何对他们显现以外。但是并不清楚的是，“事物如何对他们显现”是他们具有什么纯感觉的问题，它与他们倾向于说什么正相对立。如果他们有痛苦性的纯感觉，那他们就有心了。但是一个纯感觉是（或有）一种现象性质，对于这种性质你不可能具有一种以为具有它的幻觉（因为可以说，具有对它的幻觉本身即具有**它**）。在被刺激的C神经纤维和痛苦之间的区别是，你可以具有对被刺激的C神经纤维的幻觉（例如可能有T435）而并不具有被刺激的C神经纤维，但你不能具有对痛苦的幻觉而不具有痛苦。并不存在对跖人不可能搞错的东西，除了事物如何向他们显现以外。但是他们不可能“仅仅似乎使它对他们显得是……”这一事实，对于判定他们是否有心意义不大。“似乎对……显得是”是一个无用的表达，是一个有关“显现”概念的事实，但不是对“现象性质”出现的报道。因为显现与实在的区别不是基于主观表象和客观事态的区别的；它只是一个有关搞错了某件事、有了一个错误信念的问题。于是对跖人坚决握住前一种区别，并不能帮助哲学家们判断是否将后一区别归诸他们。

78

2. 现象性质

现在让我们回到现实中来，关于对跖人我们**应当**说什么呢？首先应做的似乎是更仔细地考察一下“现象性质”概念，而且特别是考察一下以令人误解的方式领悟一种物理现象和以令人误解的方式领悟一种心理现象二者之间的非类比性。克里普克对这个区别的论述概括了二元论维护者常常引为依据的直观，于是我们可以开始试试用他的术语来详细考察一下：

> 人们在即使不存在热而只因有了热的感觉时所处的认识情境，可能与存在热时他处的认识情境相同。而且即使在存在热时他也可能具有在不存在热时他会有的同一证据，因为他可以欠缺感觉S。在有关痛苦或其他心理现象中不存在这类可能性。处于当一个人有一个痛苦时会获得的同一认识情境是有一个痛苦；处于在没有痛苦时会获得的同一认识情境不是有一个痛苦……麻烦在于，一个认识情境在性质上等同于观察者在其中有一个感觉S的情境时，它干脆就是观察者在其中有该感觉的情境。可以根据选出一个严格指称者（这个词表示，在一切它进行指称的可能的世界中，它都指称同一对象）的设想来进行同样的论证。对于热与分子运动同一性的问题，重要的考虑是，虽然“热”是严格的指示者，该指示者的指称是由所指者的一个偶然的性质决定的，也就是在我们心中产生感觉S的那个性质。……另一方面，痛苦不是被其偶然性质之一识别的，而是被本身为痛苦这件事的性质，被其直接的现象性质识别的。因此痛苦不像热这种东西，它不仅 79
> 是由“痛苦”严格指示的，而且这个指示者的指称是由所指者的一个基本性质决定的。因此不可能说，虽然痛苦必然等同于某种物理状态，某种现象可以像我们识别痛苦一样地加以识别，而无须与该物理状态相关联。如果任何现象以我们识

别痛苦的完全相同的方式被识别，那么这个现象就*是*痛苦。[①]

这些讨论指出，真正的问题是：对跖人是否通过偶然性质识别心理现象？如果我们暂时假定他们*的确*有痛苦，他们或许可能失去“直接现象的性质”，而只注意一直伴随有被刺激的C神经纤维的偶然特征吗？还是说，如果他们不能真地*失去*一种直接的现象性质，他们或许不可能有一个它的名字，并因此不能通过一种基本性质识别那个具有该性质的实体？换句话说，因为对跖人*不*“以我们识别痛苦的同一方式识别痛苦”，我们能推断说，他们所具有的什么东西就*不*是痛苦吗？人与其感觉的认识关系必然地和充分地确立所谈的那种感觉的存在吗？或者，我们是否应说，他们实际上*确实*以和我们完全相同的方式识别痛苦，因为当他们说“噢！被刺激的C神经纤维！”时，他们的感觉正与我们说“痛！”时的感觉相同吗？实际上或许他们感觉痛并称其为“似乎使某人的C神经纤维被刺激了”，而且他们与“似乎使他们的C神经纤维被刺激”有关的认识情境，正与我们似乎看见某种红色东西和一切其他这类不可改变的状态时的认识情境相同。

80 我们现在所需要的似乎是某种非常普遍的标准，以便能判定什么时候两件事物“实际”是以两种不同方式描述的同一事物。因为似乎不存在任何关于这个谜团的明确的东西，可使解答依赖于心理事物的特殊性。如果我们同意说判定对跖人是否有感觉时重要的是不可改变性（不可能有对……的一种幻觉），有关替代性描述的一般问题将仍然阻止我们应用这个标准并从而解决这个问题。这个问题将不会获得清楚、明确、可现成应用的解决。因为没有任何一般的东西将解决以下两种说法之间的每一种张力关系：

"你确实在谈论诸X,但实际上你关于他们所谈的每件事都是错的。"

"因为实际上你说的一切对诸X都不正确,你不可能是在谈论诸X。"

但是让我们暂时搁下这个难题(在第六章再回来谈它)并考虑更令人沮丧的论点:任何人甚至在企图陈述为比较和区别表达的所指者而需要的一般准则时,都会需要某些一般性的本体论范畴(某些勾画事物的确实的、即使是粗糙的方式)作为开始。这特别有助于在心理实体和物理实体之间作一区别。但是有关对跖人的问题使这种区别全都发生了疑问。为理解何以会如此,让我们假定不存在任何"心理现象"的判断,除了克里普克的认识论判断以外。[②]这个假定使"心理事物"与感觉、偶然出现的思想和心理意象等同起来。它排除了信念、情绪等等事物(这类事物虽然肯定"比 81
较高级",然而却不是我们不可改变地可报道的内在生活的一部分,所以不足以鼓励两类本体论领域间的笛卡尔式的区别)。换句话说,这个假定相当于这样的主张:(1)所谈的事物不可改变地能被其所有者认知,就足以是一个心理状态;(2)我们并不真地把任何非物理状态(如信念)都归于不能有某些这类不可改变地可认知的状态。(这与对跖人的实际行为以及我们的如下直观是一致的,即狗有非物理状态只是由于有痛苦,而计算机则不然,即使由于提供了我们新颖的和使人兴奋的真理。)于是根据这个假定将不会对如下问题给予任何回答,即"当他们报道说,他们的C神经纤维似乎在激动时,他们是在报道一种感觉(或许与我们由于痛苦而报道的感觉相同),还是说他们由于神经细胞处于某种状态而发出噪

音?”而且如果是这样的话，由于感觉的报道在我们生活中所起的作用与神经细胞的报道在对跖人生活中所起的作用相同，我们就面临着进一步的问题！当*我们*用“痛苦”一词时，*我们*是在报道感觉还是在报道神经细胞?

为了认识到这是一个真正的问题，试考虑功能作用同一性的含义。如果对跖人的文化与我们的文化范围相同，如果他们在谈话时具有的意向性以及在选择物体与人物时具有的自意识的审美性都与我们的相同，如果他们对道德超越和不朽的渴望也像我们的一样巨大，他们大概会认为我们哲学家对他们是否有心的关切是有些狭隘了。他们奇怪这真会造成这样一种区别吗?他们可能要问我们，为什么*我们*认为我们有那些被叫作“感觉”和“心”的东西?既然他们教给了我们微观神经学，我们难道不能理解关于心理状态的那类谈话仅只是谈论神经细胞的一种“占位符号(place-holder)”?或者，如果我们真地在神经学状态之外还有某些奇怪

82 的附加状态，它们真的都那么重要么?拥有这些状态真地是区分本体论诸范畴的基础吗?

最后这一组问题说明对跖人如何轻视地球上哲学家之间的这种争论，即唯物主义者和伴生现象论者之间激烈争辩的问题。此外，对跖人神经学不仅在行为说明和控制方面而且也在为对跖人自我形象提供词汇方面所取得的成功表明，关于“心身问题”的其他地球上的理论中没有一个可以哪怕获得一次成功的机会。因为平行论和伴生现象论只能根据某种非休谟的因果观来区分，按照这样一种因果观，不存在可以发现的一种因果机制能指出因果链遵循的路径。但是没有人，没有哪怕是最顽固的笛卡尔主义者，会

想象，当关于神经细胞的分子层次的说明出现在我们面前时（正如，依照假设，它出现在对跖人面前一样），还将会有继续寻找因果机制的可能。（“寻找”会相当于什么呢？）于是即使我们放弃了休谟，我们仍然不可能是平行论者，除非根据某种先验的理由我们“只知道”心理事物是一个自足的因果领域。至于相互作用论，对跖人不会痴想去否认信念和欲望（譬如说）与视网膜的放射、手臂的运动等等发生相互因果作用。但是他们把有关这样一种相互作用的谈论，不是看作把不同的本体论领域结合起来，而是看作一种方便的（因为简单）对功能而非对结构的参照。（这正如政府和个人之间的一次交易一样在哲学上是不成问题的。没有一组按照“谁做、做什么、对谁做”来陈述的必要和充分条件，可能被提供给关于这样一种交易的论述，也不会被提供给关于由神经发射造成的信念和由信念造成的运动的论述；但是谁会认为他们能呢？）只
有当一次神经发射由于一种纯感觉而偏离正轨时，或者由于一种 83
纯感觉而被耗尽能量时，或者发生诸如此类的事情时，相互作用才会引起注意。但是对跖人神经学家没有提出这类假设的需要。

如果没有办法向对跖人说明我们关于心身的问题和理论（没有办法使他们理解这是一种本体论分界的典型例子），我们就应当准备面对这样的可能性，“唯物主义的”对跖人（与较宽容的“伴生现象论的”对跖人相对）是正确的，即他们说：当我们认为我们在报道纯感觉时，我们只是在报道神经细胞。只是由于我们文化发展的一种偶然事件，我们才如此长时期地坚持用“占位符号”。尽管完善了很多有关地球的学科，我们却似乎从未发展天文学，而且在有关认识月球上面有什么的问题上，尚停留在前托勒密阶段。关

于黑圆丘上的洞穴、圆丘全体的运动等等问题我们当然会谈出很多复杂的道理，但一旦我们被告知了这些道理，我们就可以极其容易地重新描述我们所报道的东西。

然而在这个问题上有一种习见的反对意见应当谈一下。它是用下面一类论述来表示的：

> 对刺痛来说，不可能断言微观图画是真正的图画，知觉现象仅只是一个粗略的复写，因为在这种情况下我们在研究的是知觉显相本身，后者不可能有理由是其本身的复制物。[③]
>
> 完全有理由主张，伤痛性是C神经纤维的活动如何在皮层出现的问题，葱味是葱分子形态怎样对一个具有正常鼻腔结构的人显现的问题……。这就解决了被感受到的痛苦、气味或颜色的问题，把它们都归入现象范畴，使它们在本体论上中性化。但是这就留给我们一系列“看似”现象，一些不完全
> 84 性感受的行为，现象性质就是在这类行为中被把握的。于是我们必须问一个新问题：事物对一个纯物质系统可能**看似是**某种样子，这是可能的吗？是否有一种办法，不完全感受的行为可按这一办法被看成是本体论上中性的吗？
>
> ……唯物主义对于真实人的论述不可能承认这样的事实，我们的不完全性感受是由现象性质而不是由（例如）自发产生的信念造成的。[④]

勃兰特和坎贝尔共同具有的这种反对意见乍看来似乎是这样，如果你不是一个“纯物质系统”，你就只能错误地描述事物；因为这样的系统不可能使事物对他们显现得与它们实际所是不同。

但这种说法是不成立的，因为如我前面提出的，实在与显相之间的区别似乎只是正确做事和错误做事之间的区别，对于简单的机器人、伺服机构等等，我们不会有区分的困难。为了使这种反对意见有可能成立，我们必须说，在目前的语境中“显相”是一个更丰富的概念，这个概念必须用“现象性质”概念来说明。我们必须采取如下原则：

(P)不管何时我们做一个有关我们本身的一个状态的不可改变的报道，必然有一种赋予我们的性质，它引导我们去做该报道。

但是这个原则当然遵奉笛卡尔的“任何事物都不如心本身更靠近心”的说法，并涉及一整套认识论和形而上学，因此具有一种特殊二元论的性质。[5] 于是这将不会使人惊异，一旦我们把这个观点包 85
含入“现象性质”概念之后，即“唯物主义的论述……不可能承认这样的事实，即我们的不完全性感受是由现象性质造成的。”

我们仍然必须问，在(P)中是否保存有某种前哲学的直观，而且这种直观可以与笛卡尔图画分离开。在错误描述星星这类东西和错误描述痛苦这类东西之间的区别究竟是什么呢？为什么前者似乎显然是可能的而后者是不可想象的？回答也许会是这样：我们预计星星的外表不变，即使在我们理解它是一个遥远的火球而不是一个附近的洞穴，但是一旦我们理解痛苦是被刺激的 C 神经纤维，我们对它的感觉就会不同，因为痛苦**是**一种感觉，正如星星**不**是一个视觉显相。然而如果我们这样回答，我们仍然在坚持“感觉”观念和有关对跖人是否有任何感觉的困惑。我们必须问，在感觉一种痛苦和对带有“痛”一词的被刺激的 C 神经纤维单纯做出

反应（如趋避行为等）二者之间的区别是什么？而且在这个问题上我们倾向于说：从外部看根本没有区别，但在从内部看的世界中则
86 完全不同。困难在于，我们将永远不会有任何办法向对跖人说明这种区别。唯物主义的对跖人认为我们没有任何感觉，因为他们不认为存在有“感觉”这类东西。伴生现象论的对跖人认为可能会有这类东西，但不能想象我们为什么要自找麻烦地去找到它。认为对跖人的确有感觉但不自知这一事实的地球上哲学家们，达到了维特根施坦提到的哲学思维的最后阶段：他们觉得像是在发出无音节的声音。他们甚至不能对对跖人说“对于我们来说它在内部是不同的”，因为对跖人不理解“内部空间”概念；他们认为“内部”意味着“在脑壳之内”。他们正确地说，**在那里**它**不是**不同的。认为对跖人没有感觉的地球上的哲学家们比较有利，只是因为他们觉得不屑于与无心的生物争论他们是否有心的问题。

我们在追随勃兰特和坎贝尔提出的反对意见时似乎毫无所获。让我们试试另一条路线。按唯物论的观点，在现实中任何事物的每一显相都将是一种大脑状态。于是唯物论者似乎将不得不说，某一大脑状态“粗略的”复写（被刺激的 C 神经纤维使人感觉的样子）将是另一种大脑状态。但是我们可能会说，可以把这另一个大脑状态看作是“痛苦”的所指者，而不看作是被刺激的 C 神经纤维。每当唯物论者说“但这正是我们对一个大脑状态的描述”时，他的反对者将回答说，“好的，让我们谈论那个作为第一个大脑状态的‘不完全性感受行为’的大脑状态。”[6] 这样，唯物论者似乎
87 被迫不断向后退，结果哪里有错误，心理事物就不断出现。似乎人的镜式本质，自然之镜，在被轻微遮蔽时只能对其本身显现。一个

神经系统不可能有影斑，但一颗心会有。于是我们得出结论说，心不能是神经系统。

现在来考虑一下对跖人会怎样看待“不完全性感受的行为”。他们会不把这些行为看作自然之镜的阴影部分，而是看作学习一种二等语言的结果。关于不可改变地能被认识的实体的整个观念，——它与“关于实体似乎如何”是不可改变的观念相对立，亦即与本身作为一种实体的“显现”观念相对立——，使他们觉得是糟糕透了的说话方式。关于“感受行为”、“认识状态”、“感觉”等等一整套地球上的词汇，使他们觉得是语言采取的不幸转向。他们看不到使我们摆脱这套词汇的办法，除非提议说，我们培养我们的孩子说对跖人的话，并看看他们作为一个受控制的团体是否也不用我们的词汇。换句话说，对跖人唯物论者把我们的“心和物”的观念看作是一种不幸的语言发展的反映。对跖人伴生现象论者被这样的问题困扰：“什么是地球人的语言中枢，它既产生了痛的报道又产生了 C 神经纤维的报道？”那些认为对跖人的确有感觉的地球上的哲学家们认为对跖人的语言是“与现实不相应的”。那些认为对跖人没有感觉的地球上的哲学家们使他们的例证基于一种语言发展理论，按照这种理论，被命名的第一类事物是“较好为我们所知的”事物（感觉），于是感觉欠缺一个名字就意味着感觉的欠缺。

为了进一步明确这个问题，也许我们可以暂时不考虑对跖人伴生现象论者和地球上的怀疑论者。前者有关痛苦报道的神经学问题似乎是不能解决的；如果他们要继续宽容地把对跖人不知道的状态归于地球人，他们将必须吞下进一步的经验研究无法驳斥

的一整套二元论体系，以便说明我们的语言行为。至于地球上的88怀疑论关于对跖人没有感觉的断言，则完全基于一种先验的格言，即我们不可能有一个感觉却没有它的名字。这两种思想立场（对跖人伴生现象论的过分宽容和地球人怀疑论的褊狭的不信任）都没有吸引力。结果我们听到对跖人唯物论者说"他们认为他们有感觉，但他们并没有"，又听到地球上的哲学家们说"他们有感觉，但他们不知道它"。是否有办法摆脱这一僵局，假定每一种经验结果（大脑接通术等等）似乎都均等地落在双方？是否存在着采取捷径克服这个问题，或者去解决它，或者去提供某种令人欣慰的妥协建议这类有力的哲学方法呢？

3. 不可改变性与纯感觉

"意义分析"是一种根本不会有益处的哲学方法。每个人都确确实实清楚地理解每个他人的意义。问题在于，一方认为有过多的意义，而另一方则认为有过少的意义。在这方面人们可以看到的最贴切的类比，是在受神启的有神论者和未受神启的无神论者间的冲突。我们说，一位受神启的有神论者是一位"直接知道"有超自然存在物的人，这类存在物对于自然现象起着某种说明作用（不应把他们与自然神学家相混，自然神学家提出超自然作为对自然现象的最好说明）。受神启的有神论者继承了他们的宇宙图画以及他们的语言观，这个宇宙被分为两大本体论领域：超自然领域和自然领域。他们谈论事物的方式与神性的参照不可分离地联系在一起，或至少使他们认为不可分离地联系在一起。超自然的概念在他们看来不是一种“理论”，正如心理事物的概念在我们看来不是一种“理论”一样。当他们碰见无神论者时，就把后者看作不知道什么在发生的人，虽然他们承认无神论者似乎能够极好地预测和控制自然现象。（他们说道，“谢谢天，我们不和那些自然神学 89
家一样，否则我们也会失去与实在的联系”。）无神论者把这些有神论者看作在他们的语言中拥有过多的字词，并为过多的意义所烦扰。热心的无神论者向受神启的有神论者说道“**实际**有的一切是……”；而有神论者回答说，人们应理解，天地之间存在着更多的东西……；问答就这样继续下去。双方的哲学家们可能这样分析着意义，直到他们的神情沮丧起来，但是所有这些分析都或者是“方向性的”和“还原的”（例如宗教话语的“非认识性”分析，这种分析类似于有关痛苦报道的“表现性”理论），或者是直接描述替代性的“生活形式”；其结果并不比宣布“这种语言游戏被执行着”更有助益。有神论者的游戏对于他们的自我形象是重要的，正如人的镜式本质形象对于西方知识分子是重要的一样。但是二者都没有可在其中评价这一形象的更广泛的有效语境。这样一种语境归根结底，应当从哪里找到呢？

或许从哲学。当实验和“意义分析”失败了以后，哲学家们按传统方式转向系统的建立——可以说，立即发明出一个新语境。通常的策略是去找到一种妥协之途，从而能使那些喜欢奥卡姆剃刀的人（例如唯物论者，无神论者）和那些坚持“直接知道”事物的人都被宽容地看作是达到了在某种较大的现实中的“替代的图景”，而这个现实是哲学刚刚勾勒出来的。因此某些软心肠的哲学家们超越了“科学与神学之间的争战”，并把波那文图尔主教和玻

尔看作具有不同的、非竞争性的“意识形式”。对“关于**什么**的意
识?”的问题,回答是“世界”、“物自体”、“感觉复合”或“刺激”一类
东西。究竟提供其中哪一个并无关系,因为每一个都是一些技术
90 名词,它们被设计出来指称那些除了平庸的中立性外别无有趣特
征的实体。在硬心肠的研究心的哲学家中类似于这一策略的东西
是中立一元论,按照这种一元论,心理事物和物理事物被看作某些
无须继续描述的基本实在的两种“样态”。有时我们被告知这个实
在是被直观的(柏格森)或与感觉材料同一的(罗素、艾耶尔),但有
时它干脆被假定为避免认识论怀疑主义的唯一手段(詹姆士、杜
威)。关于这个实在我们从未被告知任何东西,除了“我们直接知
道它是什么样子”或者理性需要(即避免哲学困境的需要)它以外。
中立一元论者喜欢提出,哲学发现了或应当寻找一种基本的基础
层,其方式正如科学家在元素下面发现分子,在分子下面发现原子
等等一样。但实际上人们没有发现既非心理又非物理的“中立事
素”有其本身的力量或性质,它只是被假定后又被忘却了的东西
(或者被赋予不可表达的素材的作用,这并没有什么不同)。[7]这个
91 策略不可能有助于克服地球上硬心肠的哲学家提出的有关对跖人
的问题:他们究竟有没有感觉呢?

关于对跖人的这个问题可归结如下:

(1)对纯感觉至关重要的是,它们是不可改变地可认知的

以及

(2)对跖人本身认为没有任何东西是不可改变的

这两个问题似乎使我们或者得出

(3)对跖人没有感觉

或者得出

(4)对跖人不知道他们自己的具有不可改变性的知识。

问题(3)的困难是,对跖人像我们一样有大量的行为、生理学和文化。此外,我们可以训练对跖人儿童去报道纯感觉,并使他们认为自己对纯感觉的认识是不可改变的。这种考虑似乎促使我们朝向问题(4)。但是(4)似乎很愚蠢,至少需要将其弱化为

(4')对跖人不知道他们自己有不可改变的知识的能力

这个问题也有些奇怪,但至少有一些类似之例。(试比较"约翰二十三世必须确信在继承教皇职位上他本身无误性的证据"。)然而如果我们扣紧(4'),对跖人儿童的可教导性似乎使我们在以下两个问题间悬而不决了

(5)对跖人可被教会识认自己的感觉

和　(5')由于感觉的神经伴生物的出现,对跖人可被教会模拟感 92
觉的报道,虽然实际上没有任何感觉

人们可以希望通过发现一个双语对跖人来解决这个新难题。但是双语人对于外来词语的意义没有任何"内在的"知识;他们只有词典编纂者所有的那种理论。让我们设想一个成年对跖人开始说英语。他说"我疼痛",或对跖人的"我的C神经纤维受刺激了",这取决于他说的是什么。如果一位地球上的对话者告诉他,他实际上不痛,他指出这句话是一种异常的说法并重申专有认识通道的权利。当对跖人对话者向他指出,C神经纤维实际上未受刺激,他会说出这一类话:"真奇怪,它们似乎肯定受了刺激。因此我告诉地球人我疼痛。"或者说这样的话:"真奇怪,我肯定有像地球人说的那种疼痛,而且疼痛绝不会发生,除非当我的C神经纤维受刺

激时。”很难看出他对哪种说法会有较强的偏好，而且更难看出哲学家们能够从一种偏好（如果他有的话）中理解什么。再者，我们似乎被迫去问这样的修辞学问题：“但是它使人觉得像什么呢？”双语对跖人对此回答说：“它使人感觉像痛苦。”当被问及：“它是否也使人感觉像C神经纤维？”他说明道，在对跖人间没有“感觉”概念，因此他不会想到去说他感觉到了他的C神经纤维在受刺激，虽然每当它在受刺激时他当然知道这件事。

如果这些说法显得有些相互矛盾，大概因为我们认为“非推论性的认知”和“感觉”是完全同义的。但是指出这一点无济于事。如果我们把它们当作同义词，那么对跖人当然确实有关于一种被称作“感觉”的状态的概念，但是他仍然没有作为知识的意向客体的“感觉”的概念。可以说对跖人有动词但无名词。一位随和的对
93 跖人能够指出，他的语言可以表达有关“这样一种人不可能搞错认为自己处于其中的那种状态”的概念（也就是人似乎觉得是……的状态），但仍然为这些状态是否与地球人如此关心的痛苦和其他感觉是同一种东西所困扰。一方面，这似乎是他们能够谈的一切，因为他记得学会了去说“痛”，当且仅当他的C神经纤维在受刺激时。另一方面，地球人坚持说，在“处于这样一种状态中，人似乎觉得他是……”和有一个纯感觉二者之间是有区别的。前一状态是针对某一事物的认识立场，对它是可能怀疑的。后一状态自动地使人采取针对某事物的认识立场，对此是不能怀疑的。

于是这个难题似乎被归结为这一点：我们必须肯定或否定

(6)关于某事物在某人看来似乎如何的任何报道都是关于一种纯感觉的报道。

肯定这一点的唯一理由似乎是，它是(1)的反题的必然推论，这就是：

(7)对于无论什么不可改变地可知的东西至关重要的是，它是一个纯感觉。

但是(7)只是由上述勃兰特和坎贝尔的反对意见引出的原则的一种形式，即：

(P)不管何时我们对我们的一个纯感觉做出了一个不可改变的报道，就必定会有一种呈现给我们的性质，它引导我们去做出这个报道，

而且在这个原则中一切都围绕着“被呈现”概念，这个概念直接折回到“心的眼睛”、“呈现于意识”等等隐喻，这些隐喻本身则来自**自然之镜**的最初形象，也就是把知识当作一系列非物质的表象。如 94
果我们接受了这个原则，那么非常奇怪的是，我们不再能是怀疑论者了：对跖人自动地就有了纯感觉。我们**必须**选择(5)而不是(5’)。因为我们并不辩驳说，在某些对跖人看来他的胃痉挛或他的C神经纤维受刺激，而且因为我们承认这些报道的不可改变性，我们必须承认他有某些感觉，后者是他的“看似”式陈述的“基础”，而且他可被训练去通过一套适当的词汇来报道这些感觉。但是非常矛盾的是，这意味着，这个原则需要一种行为主义，这个原则体现着笛卡尔的“心的眼睛”的形象，而后一形象经常被指责为把人们导向“观念纱幕”和唯我论。我们应当只可能是怀疑论者，并由于以下主张而肯定(5’)(即模仿或许是对跖人可能做的一切)，我们的主张是，当对跖人做出“看似”陈述时他们并非真地意指我们用这些陈述所意指的东西，同时对跖人的“你可能错误地说

你似乎觉得你的C神经纤维在受刺激”这一语句的异常性，并不足以证明对跖人有任何不可改变的知识。这就是说我们将必须重新解释我们最初当作被呈现的行为，并把我们对他们的感觉的怀疑论看法置于关于他们拥有知识（或某些种知识）的更一般的怀疑论的基础上。但很难看到我们怎能对这种似乎可能的东西持怀疑论态度，除非根据某种认为他们没有心的先前信念，这种信念会更加排除感觉观念。于是在这个问题上怀疑论将不得不是无根据的
95 和比罗主义的。[8]另一方面，如果我们否认（6）（如果我们使“看似”与“有心理状态”分离，并放弃笛卡尔的图画），那么我们就不得不面对这样的可能性，即我们本身从来就没有任何感觉，任何心理状态，任何心以及任何镜式本质。这个矛盾似乎强而有力到迫使我们折回（P）和自然之镜。

于是这个问题归结为在三个令人困扰的可能性之间的选择。我们或者必须与任何似乎说一种包含看似式陈述的语言的生物共享镜式本质，或者成为比罗式怀疑论者，或者面对这种“本质从不属于我们”的可能性。如果我们同意上述（7）（使一个纯感觉为一个不可改变的知识的对象所必需的那个前提），那么我们就必须或者承认：（a）对跖人语言，正由于包含了某些不可改变的报道，是关于纯感觉的；或者承认：（b）我们将永远不知道，对跖人是否说一种语言，只因为我们将永远不知道他们是否有纯感觉；或者承认：（c）关于纯感觉的全部问题是虚假的，因为对跖人的例子指出，我们本身从没有任何纯感觉。

这三种可能性大致相当于心的哲学中的三种标准立场：行为主义，关于其他心的怀疑论和唯物主义。然而，我不采取这三种立

场中的任何一种，而建议否认(7)，以及因此而否认(P)，这就是说我建议放弃如下的概念：由于对一种被称作“心理对象”的特殊对象的特殊关系，我们具有不可改变的知识。这个建议是塞拉斯对所与物神话的攻击的必然推论。我将在第四章较详细地介绍他的攻击论点，但在这里我只指出，这个神话是这样一种概念，即作为“直接知识”或“不可改变的知识”或“确定知识”的这些认识关系，96
应当按照一种因果的、准机械的模型被理解为在一些对象和人心之间的一种特殊关系，这种关系能使知识更容易、更自然、更快地产生。如果我们把不可改变的知识只想成是一个社会实践的问题(在正常谈话中欠缺对某种知识主张予以正常反驳的问题)，那么像(7)或(P)这种原则似乎将不会成立。

在上两节中我把“心理对象”似乎当作“不可改变地可认知的客体”的同义语，因此有一个心似乎与有不可改变的知识是一回事。我没有考虑非物质性和抽象能力，这是在第一章中讨论过的，也没有考虑意向性，这将在第四章讨论。我虚拟地主张心只不过是一系列不可改变地可被内省的纯感觉，而且心的本质即这种特殊的认识性质，其理由在于，在所谓“心的哲学”的整个领域中也流行着同样的主张。这一哲学领域，在赖尔的《心的概念》一书出版之后的三十年间逐渐形成了。这本书的效果是使有关心与身的争论几乎完全转向那种拒绝赖尔本人的消除笛卡尔二元论、即消除纯感觉的逻辑行为主义企图。维特根施坦在《哲学研究》中有关感觉的讨论似乎提出了消除二元论的同样的企图。因此很多哲学家认为理所当然的是，“心身问题”是有关纯感觉可否被看作行为倾向的问题。这样，唯一的可能性似乎就是我刚刚引述的可能性：

(a)同意赖尔和维特根施坦是正确的，承认不存在心理对象，(b)认为他们是错误的，因此笛卡尔二元论完整无损，但一个附带的自然结论是对其他心的怀疑论，以及(c)某种形式的心身同一论，按照这一理论赖尔和维特根施坦是错的，但也并不因此而证明笛卡尔是对的。

用这种方式提出这个问题的效果是，集中注意痛苦而较少注
97 意心的一边，而心是或应当是认识论更关切的对象，即信念和意图等等。(由于研究心的哲学家企图与经验心理学相沟通，近年来这个问题的平衡有所恢复。)但情况仍然是，“心身问题”被首先看作一个关于痛苦的问题，而关于痛苦的突出之点正是克里普克所指出的，即在我们对痛苦的知识方面似乎不存在一种显相与实在之区分的东西。实际上，如我在第一章企图指出的，这只是若干“心身问题”之一，其中每一个问题都导致了这样的模糊观念：存在着有关人的某种特别神秘的东西，它使得人能够认知或进行某种特殊的认知。

然而在这一章的余下部分里，我企图论证我的下述主张：我们应该抛掉(P)，因此既不是二元论者、怀疑论者、行为主义者，也不是“同一性理论家”。我不知道如何去直接反驳(P)，因为有关不可改变的知识是一个现象性质呈现的问题的主张，如其说是一种主张，不如说是对一整套理论的简化表述，即围绕着作为映照自然的心之形象的一整套词语和假定，而且它们共同赋予笛卡尔有关心是自然地“被给予”它本身的主张以意义。正是这个形象本身必须加以抛弃，如果我们要识破十七世纪如下看法的话，这种看法是：我们能够通过理解我们心的活动而理解和改进我们的认知。

我希望指出在抛弃这个形象和采取以此形象为前提的任何立场之
间的区别。因此本章其余部分将研究行为主义、怀疑论和心身同
一论，以便区分我的立场与它们的每一种立场。在本章的最后一
节“无同一性的唯物论”中，我企图谈些更肯定的东西，但是这个企
图需要与第一章中有关其他“心身问题”的讨论联系起来，以便使 98
其看起来有可能成立。

4. 行为主义

行为主义是这样一种学说，它认为关于“内部状态”的谈论只是关于以某种方式去行动的倾向的谈论的一种简略的，甚至会令人误解的方式。在其赖尔的或“逻辑的”形式中（以下我将关注的一种形式），行为主义的中心学说是，在关于某感觉报道的真理和某种行为倾向之间必然存在着联系。持有这种看法的一个动机是对赖尔称作的“机器幽灵”（即笛卡尔关于人的图画）的不信任，而另一个动机是希望阻止对于其他心的怀疑论者提出如下的问题，即在地板上翻滚的人是否有怀疑论者本人在打滚时会有的那种感觉。按照逻辑行为主义的观点，对于这类感觉的报道应被看作不是指非物理的实体，而且或许根本不是指任何实体，除了指翻滚行为或去翻滚的倾向以外。

这个学说遭到批评的理由在于，似乎没有办法完成对所需的行为倾向的描述，如果不提出无限长的可能运动和噪音的若干清单的话。它也遭到另一种批评，理由是，在这个领域中不论有什么“必要性”，这并不是一个“意义”的问题，而只是对如下事实的一种

表达，即我们习惯于参照某种内部状态去说明某种行为，于是这种必要性如其说是“语言的”或“概念的”，不如说是类似于那种把炉子的红色与其内的火联系起来的东西。最后，它被批评为一种哲学悖论，这种悖论或许只为执著于工具主义或证实主义教条的人所有，这一教条就是，渴望将一切不可观察的东西还原为可观察的东西，以便避免任何相信某种非实在物的危险。

我想，所有这些批评都是很正当的。逻辑行为主义的经典陈
99 述的确以观察和理论之间的区别和语言与事实之间的区别为前提，对此哲学家们会明确地予以放弃，这个问题我在第四章要论述。但是认为行为主义者确有某种道理的感觉依然存在。他所有的对己有利的一个论点是，提出在与对跖人进行多年有益的对话之后，有一天我们会有理由说，“噢，没有纯感觉；因此没有心；因此没有语言，而且连人也没有”，这似乎是荒谬的。关于我们或许发现自己不得不说他们没有纯感觉的这个主张，使我们提出我们能否哪怕想象一下这样一种强迫性可能是什么的问题。这也使我们理解，即使不管我们怎样被迫如此说，我们几乎肯定不应当得出所建议的那个推论。反之，我们会开始抱有关于对跖人对我们为什么要如此关心这个问题的困惑。我们应该开始理解对跖人对这整个问题采取的疑问态度，波利尼西亚人对传教士关心“这些人是舍姆人还是海姆人的后裔?”这类问题也抱同样的态度。行为主义者坚信的观点是，越企图回答这类问题，硬心肠的哲学家们的“有心还是无心?”、“有感觉还是没有感觉?”的问题就似乎变得越无意义了。

但是这个好的论点一旦被变成了一个有关由“意义分析”建立

的“必然联系”的命题之后，它就会开始变坏了。赖尔的见解受到他继承的实证主义认识论所带来的挫折。他不是去表明，不可改变的知识只是关于什么样的正当性证明的实践为其同伴所采取的问题（这个立场我将在第四章称之为“认识论行为主义”中论述），而是被引导去说某一类行为形成了纯感觉归属的必要和充分条件，并且说这是一个有关“我们语言”的事实。于是他面对着一个棘手的问题。我们的语言容许推论出这类感觉存在一事，使人们 100
如果不诉诸唯物论就难以否认实际存在有可报道的幽灵般的实体。因此在逻辑行为主义背后的两个动机间发生了冲突，因为想去发现对其他心的怀疑论的“逻辑性”障碍的愿望似乎导致后退到二元论了。因为如果我们采取这样的看法，认为某一语言实践，某一件行为足以（由于怀疑论者之故）表明内在纯感觉的必然性，不管在何种意义上纯感觉总存在，那么似乎必然会说，我们与对跖人的谈话经验必然意味着他们在*我们*有感觉的意义上也有感觉。这就是说，似乎必须采取下面这个观点：

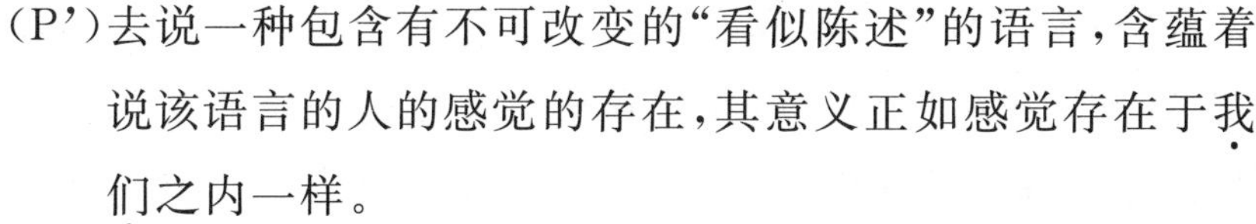

（P’）去说一种包含有不可改变的“看似陈述”的语言，含蕴着说该语言的人的感觉的存在，其意义正如感觉存在于*我们*之内一样。

对于认为我们可以通过做某种所谓“分析意义”的事情来发现这一断言的真确的想法，是不难大加嘲笑的。[9] 似乎不难（与怀疑论者一起）说，我们不需感觉仍然会有这种能力。但是正像维特根施坦和包斯马所阐明的，很难真正把我们想象的东西做一首尾一贯的论述。尽管如此，（P’）具有某种成立的可能性。它之所以可能成立的理由是，它仍旧是下述主张的一个必然推论：

(P)不管何时我们对自身的一个状态做了一个不可改变的报道,必定存在着一种呈现于我们的性质,它导致我们做出这个报道;

这是一个对自然之镜的形象至关重要的原则。它是这样一幅图画,按照它,“显相”不只是错误的信念,而且是由一种特殊机制产
101 生的错误信念,这种特殊机制(在心的眼睛面前出现的一种使人误解的东西)使得行为和感觉之间的联系似乎如此之必然。它是这样一幅图画,按照它,当一个人搞错了某种东西(或扩大来说,搞对了某种东西)时要涉及三件事情:人,人在谈论的对象和关于该对象的内在表象。

赖尔认为他避免了这幅图画,但是他不可能真的避免,因为他自相矛盾和毫无结果地证明不存在这类不可改变的报道的企图本身已表明了这一点。赖尔担心,如果真存在着任何这类报道,那么为了说明其存在,像(P)一类原则就会必定是真的。因为他认为,如果有对内在状态做出不可改变的、非推论性报道的这类能力,这会表明,某个对行为毫无所知的人也可能知道有关内在状态的一切,因此归根结底笛卡尔就是正确的。他把通常笛卡尔关于内省的论述正确地批评作一种“类光学”,但他没有提出其他的适当论述,因此被迫退入必须完全否认特殊通道现象这一不可能的立场。他用《心的概念》中最欠说服力的一章(“自我认知”)来论述这样一种自相矛盾的主张:“我能发现的有关我自己的那类事物,与我能发现的有关其他人的那类事物完全相同,而且发现它们的方法也几乎相同。”[10]结果,许多同意赖尔已证明信念和欲望不是内在状态的哲学家们,也同意他没有触及纯感觉的问题,因此在二元论与

唯物论之间仍然必须加以选择。[11]

赖尔的错误可以换一个方式谈，他相信，如果可以指出行为倾 102
向的归属和内部状态的归属之间的"必然联系"，那也就会证明了实际上不存在内在状态。但是这种工具主义的无前提推论正像(P)一样是可以避免的，同时保留如下反怀疑论观点：对跖人的行为是保证将或多或少像我们自己具有的那种内在生活归属于对跖人的充分证明。行为主义者倾向于做出的形而上学的推论（不存在内部的镜式本质的推论），孤立起来看像任何其他工具主义主张一样似乎难以成立。（试比较："不存在正电子；只有电子的……倾向"，"不存在电子；只有宏观物体的……倾向"，"不存在物理对象；只有感觉内容的……倾向"。）行为主义立场如果被除去它具有严
格性的自诩，就只相当于提醒我们，感觉概念只在这样一幅图画中 103
起作用，这幅图画按照人（不只是人的心）是何物的某种形象把某种行为（内省报道）与其他行为（物理对象的报道）联系起来。行为主义者注意"痛苦"概念的社会作用，而并不企图越过这种作用去探索痛苦具有的不可表示的现象性质。怀疑论者必须坚持说，重要的正是这种性质（你只能从你自己的经验中知道这种性质）。行为主义者不断使自己处于一种矛盾的形而上学立场中，否认行为倾向有非倾向的心理原因，其理由曾由维特根施坦说明如下：

> 关于心理过程和状态以及关于行为主义的哲学问题是如何提出的呢？其第一步完全未被人们注意到。我们谈论过程和状态，而听任它们的性质未被加以判定。我们认为有一天我们对于这种性质或许会了解得更多一些。但这正是促使我们看待这个问题的一种特殊方式。因为对于学会更好地了解

> 一个过程意味着什么，我们已有确定的概念。(这个戏法中的这一决定性步骤被完成了，而且我们认为这个步骤并无什么不当)⑫

A. 多纳根为这段话做了一个精彩的注释，他说：

> 笛卡尔主义者……把我们概括在感觉是非倾向性的和私人性的这个命题中的语法事实，转变为认为感觉是在一种私人性的，因而是非物质性的介质中的状态或过程。

另一方面，行为主义者

> 104 不管是由于明显内省主义的心理学，是由于笛卡尔主义的哲学困难，还是由于其他考虑的影响，开始否认在其非物质介质中的笛卡尔私人性过程的存在。

多纳根认为，维特根施坦由于承认“感觉是行为的私人性的非倾向伴生物，感觉正是由于这种伴生物而自然地表现出来”，从而澄清了这个问题，但是拒绝“承认这些伴生物是过程，这些过程可独立于产生它们的环境以及它们由其获得自然表现的行为来命名和研究”。⑬

我想，多纳根对于行为主义者和二元论怀疑主义者有关其他心问题的共同困难所做的精辟论述是正确的，但还可进一步加以阐明。“私人性的……、非物质的介质”概念是模糊不清的，因为它提出我们有关于有一镜式本质究为何意的观念(形而上学地把握非广延实体究为何物)，镜式本质是独立于心理事物的认识标准的。如果我们忽略这个概念并坚持维特根施坦说的“有关学会更好地了解一个过程意味着什么的确定概念”，就可以得出关于多纳根称作行为主义和笛卡尔主义的“对立而互补的错误”的东西的判断，[14]这个判断避免涉及感觉的形而上学（“非物质的”、幽灵的）性质。

两个学派共同具有的这个基本认识论前提也构成了他们的“更好地了解”的概念，这个前提就是“自然所与性”学说，即：

> 知识或者是有关那种自然地适合于直接呈现于意识的实体，或者是有关这样的实体，其存在和性质都为第一种实体所 105
> 蕴涵（而且这类实体“可归结”为第一种实体）。

笛卡尔主义者认为，自然地适合直接呈现于意识的那种唯一的实体就是心理状态。行为主义者根据认识论观点认为，直接呈现于意识的那种唯一的实体是物理对象的状态。行为主义者为自己逃脱了我们的镜式本质和内在眼睛的观念而感到骄傲，但是他们仍然忠于笛卡尔的认识论，保持了直接获得某种事物的心的眼睛的概念。在他们看来，科学推衍出由“基层”实体蕴涵的其他事物，而哲学却又把这些其他事物重新降回到基层去。行为主义者放弃了“没有什么比心本身更好地为心所知”的观念，但他们保持了这样的观念，即某些事物是直接自然可知的，另一些事物则否，并保持了形而上学认为只有第一位的东西是“真正实在”的结论。G. 皮奇尔给这个学说（最可知的即最实在的）起了一个“柏拉图原则”的名字，[15]它与“自然所与”原则合在一起，或者产生了一种唯心论或泛灵论的由物及心的还原，或者产生了一种其他方向上的行为主义或唯物主义的还原。我想，这两种还原之间的选择，如其说取决于心理学或哲学中的困难，不如说取决于对什么是智慧，因此对哲学究竟有何用的一般看法。这是否是要强调借助普通谈话和科学研究的公共性方法所获得的人的状态呢？还是说是对“某种极其

复杂的东西”的一种个人式的和难以表达的理解呢？这种选择与哲学论证或与自然之镜的形象毫无关系。但是这个形象(而且尤
106 其是内在眼睛的隐喻)同样可为争论双方的目的服务，这就是何以他们之间的论辩如此冗长和无确定结果。双方对于最清楚了解的东西都有清楚的观念，而且了解一个过程，或者意味着**那样**去认识它，或者意味着去指出它“实际上只不过”是某种其他的东西，而后者**是**那样被认识的。

如果我们从对跖人观点观察行为主义者和怀疑论者之间有关其他心的争执，我们理解的第一件事就是：没有“自然所与物”的地位。肯定有“直接知识”概念的位置。这就是那样一种知识，其所有者并未进行任何有意识的推论。但是并未暗示，某些实体特别适宜于以这种方式被认知。我们非推论地认识的东西，与我们碰巧熟悉的东西有关。一些人(那些坐在云室前面的人)熟悉基本粒子，并对它们做出了非推论性报道。另一些人熟悉树木的病害，可以报道“荷兰榆树病害的另一个例子”，而无须进行任何推论。所有对跖人都熟悉他们的神经状态，而所有的地球人都熟悉他们的纯感觉。对跖人并未表示纯感觉是某种可疑的形而上学的或幽灵般的东西，他们只是不理解为什么谈论这类东西而不谈论人的神经。当然，如果地球人做如下解释也不会有帮助，即虽然(不考虑无意识推论的可能性)任何东西或许都**能**被非推论地认知，并非可因而推出，除了某些自然适当的实体以外任何东西都可以**不可改变地**被认知。因为对跖人并没有关于不可改变地被认知的**实体**的观念，而只有关于**报道**(看似式陈述)的观念，这种报道是不可改变的，并可以是关于**任何**一种实体的。他们理解，地球人的确有前一

种观念，但他们困惑的是为什么地球人认为自己需要它，虽然他们可以理解，如果不懂得神经学，就可能会有大量奇怪观念流行起来。

5. 关于对其他心的怀疑论 107

当我们转谈针对其他心问题的怀疑论者时（这类人强调，可以有无行为伴生物的内在状态），我们再次遇到一种演变成一种悖论的根深蒂固的直观。这种牢固的直观是，感觉像桌子、圆当归或电子一样，是有效的个体，是这个世界上的有效"居民"，是本体论地位的有效备选者。"对跖人有没有纯感觉?"的问题并不比"他们是否有红色血液?"或"他们是否有道德感?"的问题更可疑或更具形而上学性质。此外，我们的确有一种特殊的、优越的认知我们自身纯感觉的方式，我们有进入私人性实体的特有通道。

然而当自然所与物原则提出时，这样一个好的论点开始变坏了，既然纯感觉确实被如此清楚地了解，它们必定是一种极特殊的实体，或许是在一种私人性的"非物质介质"中的过程。在如下情况下可以说这个论点变坏了，即当人的镜式本质不只是指人的知识是一种自然之镜时，而且当"何种特殊的和奇异的物质或非物质可进行那种镜式反映?"的问题提出时。当人们说，人必定极为特殊，以至于比野兽知道的多得多，这种说法可以说并没有错；对跖人甚至也这样说。但是当我们企图从命题

（1）我们对自己心灵的认识比我们对任何其他的东西更清楚；

过渡到命题

(2)我们可以认识有关我们心灵的一切,即使我们不知道任何其他东西;

并过渡到命题

(3)认识某物是否有心灵,是一个有关认识它如同它认识自己时的问题;

108 那么我们就绝不能说明为什么我们不应当是唯我论者。自然所与物原则和内在眼睛的隐喻使从(1)到(2)的过渡显得自然,虽然并不必要。因为,如果我们认为这个眼睛就是朝向内部并发现了一个纯感觉,那么围绕着这类纯感觉报道的社会习惯和行为表现的整个错综关系,似乎就无关紧要了。正因为这是无关紧要的,我们就被迫从(2)转到(3),现在我们迫不及待地说,我们对于同伴(如果有的话)所知道的一切就是他们的行为和他们的社会地位。我们将绝对不知道他们内部怎么样,如果在那里真地有什么"内部"的话。其结果是,我们不再把我们的朋友和邻居看成人,而开始把他们看成围绕着一种神秘事物(镜式本质,私人的非物质介质)的空壳,对于这个空壳,或许只有专业哲学家能够描绘,但我们知道(或说希望)它在那里。关于内省是朝向另一本体论领域的目光的看法,并不是(而且维特根施坦派在这个问题上完全正确)当我们实际进行内省时一目了然的东西。当我们使心的眼睛转向内部时,并无正在细察着该神秘事物的那种摆脱不掉的感觉。关于我们正在这样细察着的看法,是使我们从(1)滑向(2)和(3)的那种认识论看法的产物。在这里正如在其他地方一样,认识论先于形而上学,并诱使我们进入其内。

但是由过分的认识论产生的人为神秘性不应导致我们(而在

这里某些维特根施坦派哲学家是大错特错了)认为,在内部根本不可能存在任何东西。我们也不应当认为,我们达到自己心理状态的特殊通路,是一种或者要求形而上学去为之辩护,或者要求怀疑论将其消除的神秘事物。怀疑论者最初正确直观的力量可以通过强调这最后一点而产生。我将通过批判地看待维特根施坦的如下论点而这样做,他认为心理实体具有一种削弱了的本体论职责,而且关于“私人性的”实体和关于对这类实体特殊通道的整个一套看法都是方向上错误的。斯特劳森指出,维特根施坦有两种不同的 109
“敌意”,一个是针对私人性的,另一个是针对直接性的。我认为后一种格外重要,而前一种是完全错误的。⑯

试考虑维特根施坦所说的那段著名的话,他认为一种感觉“不是**某种东西**,但也不是**虚无**！结论只是,虚无所起的作用正与虚无所相关的某种东西所起的作用一样。”⑰这段话使人注意到怀疑论者下述主张中的矛盾性,他们坚持说,重要的是内部状态的“特殊的、不可交流的所感性质”。但是如果我们区别“我们有达到自己痛苦的特殊通道”的主张与“我们纯依心理状态的特殊所感性质而知道我们处于哪些心理状态中”的主张,我们就可避免此矛盾,并使一种感觉像桌子这类东西一样。前一主张仅只说,没有比询问某人更好的办法来发现他是否在痛苦中,以及任何东西都不能宣称他自己的诚实报道无效。后一主张认为,使这一特殊性成为可 110
能的机制就是他对自己心理状态的“现象性质”的审察作用。为了从第一种主张达到第二种主张,我们需要那种类似于观察的笛卡尔自我认知的模型(内部眼睛的形象)以及这样的观念,例如,胃痉挛不是在胃痉挛产生的感觉这种意义上的自然所与物。这种看法

与对距人有关，它产生了这样的观念，他们不可能直接认识他们的C神经纤维，但必须从“特殊的、被感的性质”中做出一种“无意识的”推论。

如果我们将我们对一实体能有“直接认知”的唯一方式是通过认识该实体的“特殊的、被感的、不可交流的性质”这一看法抛弃掉，那么我们就可毫无矛盾地拥有特殊通道。我们可以抛弃这一看法，如果我们像维特根施坦那样注意到，除非存在有典型的痛苦行为这类东西，我们就永不可能教一个儿童明白（例如）“牙痛”的意义。更一般地说，我们可以注意到，开始说话之前的婴儿知道疼痛的方式，也就是自动换唱片装置知道螺纹已到尽头、植物知道太阳方向以及阿米巴知道水的温度的方式。但是这种方式与语言运用者在知道痛苦是什么时所知道的东西没有联系，因为它是心理的，而非物理的，特别由受损的纤维等等产生的。维特根施坦所揭示的错误在于假定，我们通过给我们对在第一种意义上的痛苦的认知披上语言的外衣，知道了在第二种意义上的痛苦，即通过在字词中掩盖了我们对特殊被感的、不可交流的性质的直接认识（因此使我们自己对当我们的朋友使用同一字词时是否在说及同样的不可交流的性质一事永远加以怀疑）。第一种意义上的知识（即由行为的区别来表现的那种知识）是第二种意义上的知识之“基础”（而
111 非仅只是一个可能的因果前件），这一观点本身是笛卡尔模型的另一产物。因为只要人们认为自然所与物是完完全全仅只通过被内部眼睛看见所认知的，提出下述看法似乎就是奇怪的，即我们为了在通常谈话中**使用**“痛苦”一词所必须知道的行为和环境应当与“痛苦”**意味**着什么有关。内部眼睛的形象和认为语言是由自然所

与物的名称加上为发现一切非自然所与实体存在的工具主义判准的缩写词的观念，共同产生了怀疑主义。因为这些假定保证说，有关行为主义者和维特根施坦派十分重视的行为和环境的事实似乎与痛苦的“本质”无关。因为这种本质只是由**所命名的**东西确定的。[18]

按照对跖人的观点，“私人性实体”（即只有一人对其有不可改变的知识的那类实体）是奇怪的，但并非不可理解的。对跖人觉得这一观念虽然清楚但毫无意义。或许会使他们觉得不可理解的东西，是这样一种实体观念，这种实体如此具有私人性，以至于有关它的知识不只是特殊的，而且是不可传达的。他们或许会说，这类实体其实根本不是实体。反之，维特根施坦倾向于提出感觉是某种居于无和有之间的存在（即感觉从世界“掉出”，就像维特根施坦著名类比中的盒中甲虫一样），这是由于不可改变性观念与不可传达性观念共同起作用的结果。如果我们将二者比较，并理解不可 112
传达性的怀疑论含义，那么我们将甚至对达到私人性实体的特殊通道发生怀疑。但是这种怀疑论不是对跖人所有的那种怀疑论。他们之所以怀疑，是因为他们认为这类实体和这类通道是多余的（de trop），而不是因为他们认为这些观念是“概念混淆”。

传统的笛卡尔怀疑论者对其他心灵的怀疑属于第三类。他们只是怀疑其他人（例如）是否有痛苦。这种怀疑论正像关于无人在旁看到时桌子是否存在的怀疑论一样是不可反驳的和不使人发生兴趣的。没人在旁时，桌子毕竟很可能会消失。非常可能，我们的同伴尽管并无任何痛苦却总在装出痛苦行为。非常可能，世界是非常不同于我们所想象的那种地方。但是这种怀疑论永远也不会引起哲学家注意，如果不是由于自然所与物概念以及随之而来的下述主张的话，即每一种不是我们自己内在之镜一部分（我们自己镜式本质的一部分）的东西（朋友的心以及他的桌子和身体），只是一种“假定”、“一种推论”、“一种构造”，或某种同样不可靠的东西，它需要形而上学的体系建造（笛卡尔、康德）或关于“我们语言”的发现（罗素、艾耶尔）来为其辩护。对现实或语言的这种重新描述应当指明，怀疑论者**不可能**怀疑他所怀疑的东西而不犯某种全面的思想错误，即“误解物质本性”（康德）或“误解我们语言的逻辑”（艾耶尔）。但这并非是不可能，而只是无意义，除非提出某种其他怀疑理由而不只是说不可能获得确定性。

我们不应认为，十七世纪哲学家们由于（例如）系统地歪曲了
113 日常语言（赖尔），所以误解了心的性质。我们也不应认为，由于素朴的常识形而上学产生了怀疑论问题，我们就需要用（例如）一种中立一元论（斯宾诺莎）、一种泛心论（怀特海、哈茨霍恩）或一种唯物论（斯马特）来取代它。十七世纪没有“误解”自然之镜观或内在眼睛观，正像亚里士多德未曾误解自然运动或牛顿未曾误解引力观一样。他们几乎不**可能**对此加以误解，因为他们发明了这些观念。人们责备说，这一系列形象开启了一个以认识论怀疑主义为中心的哲学时代，这是正确的，但重要的是看到，这**不是**因为其他心灵由于某种缘故特别容易受怀疑主义影响。他们并不比自己心外的任何其他东西更易受到影响。十七世纪是由于其认识论而不是由于其心的哲学才使怀疑主义获得新生的。把知识看作精确表象，认为只能合乎理性地获得表象确定性的任何理论，将使怀疑主义的产生无可避免。

支配着十七世纪哲学的观念纱幕式认识论，使怀疑论从一种学术好奇（比罗式怀疑论）和一种具体的、局部的神学争论（教会权威与《圣经》个别读者的权威间的对立）变为一种文化传统。[19]这一转变的完成是由于产生了一种新的哲学样式，即一种使主体和客体重新统一的体系。这种调和观自那时以后一直是哲学思考的目标。赖尔和维特根施坦在说俘获了我们的十七世纪图画中必定包含着某种错误时，他们的说法是会导致误解的，因为在日常生活中我们毫无困难地说出什么东西有 114
心，什么东西没有心，也可毫不费力地说出当没有在看时桌子是否存在着。就好像我们在说，模仿基督不可能是一种适当的理想，因为在日常生活中我们可毫不费力地认出由于谨慎和自利而加于爱之上的限制。产生哲学的（和诗的）传统的那些形象在哲学研究之外不大会被人们关心，正如宗教提倡的至善要求在平常非礼拜日时不大会被注意一样。如果哲学是研究“事物，在该词最广泛的意义上，是如何相互结合”的企图，那么它将永远会牵涉到形象的建立，后者将具有特有的问题，并产生独具一格的写作样式。人们或许希望说，如我所说的那样，十七世纪的形象是陈旧的，即它所引起的传统已失去了自身的活力。但是这种批评将十分不同于这样的看法，即认为这个传统误解了某种东西或未能解决某个问题。怀疑主义和近代哲学的主要样式之间具有一种共生关系。他们是同生共死的。既不应当由于哲学“回答了怀疑论者的问题”而认为它获得了成功，也不应该由于理解到不存在应予回答的怀疑论问题而将其看成没有意义。哲学演变的道理比这种解释复杂得多。

6. 不含心身同一性的唯物主义

正像行为主义者和针对其他心灵的怀疑论者一样，唯物主义者也有一种可靠的直观，这种直观当以和它对立的传统的语汇来，陈述时就发生了矛盾。唯物主义者受到对对跖人的思考的鼓舞，认为情况很可能是这样，在说明人类行为时，对神经学微观结构和过程的参照可以取代对短暂心理状态（感觉、思想、心像）的参照。（如果他是明智的话，就不认为信念、欲望和其他长时延的——但不是不可改变地可认知的——心理状态也可这样看待，而是满足
115 于把它们按照赖尔的方式看作人的属性而非心的属性。）然而他不满足于这种似乎可能的推断，却想表白某种形而上学的看法。可能去说的唯一的事情似乎就是“心理状态只不过是中性的状态”。但是这种看法听起来是自相矛盾的。于是他尝试用各种策略来缓和这个矛盾。一种策略是主张，心的性质迄今一直被误解着，一旦我们正确地理解了它就会看到，认为它可能最终被看成是神经系统的说法并非自相矛盾。行为主义就是这类策略的一种形式，而且它与唯物主义在如下的意义上是相容的，即论断：

> 当我们谈论心理事件时，我们实际上是在谈论行为倾向；

虽然不与下面的论断相容：

> 当我们谈论心理事件时，我们实际上是在谈论神经事件；

却与这样的论断相容：

> 然而，除倾向与外部世界中事件之间一致的相互关系外，还存在着与推断和说明行为有关的其他东西，而有时造成这

类倾向萌发的神经事件即为其中之一。

然而在近来的讨论中人们常常把行为主义和唯物主义看成改变十七世纪心的图画的两种极其不同的方式，一种温和，一种激烈。按照这种精神，唯物主义者紧紧抓住那些与赖尔的倾向分析（感觉、短暂思想、心像）最相冲突的心理实体，并企图指出，这些心理实体可被大致解释为“任何**造成**某种行为或行为倾向开始的东西”。然而这种所谓对心的专题式中性分析（特别为J. 斯马特和 116
D. 阿姆斯特朗所采取）在直观地区分“造成……产生的任何心理状态”和“造成……产生的任何物理状态”时遇到了麻烦。换句话说，认为在唯物主义和平行主义之间存在某种区别的直观看法，使我们觉得在对心理之为心理进行专题式中性分析时有着某种使人误解或至少是不完全的东西。还可以再换一个说法，如果我们的“心”的观念就是专题式中性分析所说的东西，就很难说明一种心身问题的存在了。[20]我们可以说，欠缺一种精细的神经学的论述导致了这样一种看法的产生，即存在着与心有关的某种特殊的东西（即心必定是某种神秘的东西），但是这一策略只是使传统的心理观分裂为两个部分：因果作用和被认为起着这种因果作用的镜式本质。专题式中性分析显然不能抓住，并且不想抓住后者。但是把我们的“心理状态”概念分裂为与唯物主义相容的部分和不与唯物主义相容的部分，然后说只有前者对于这个概念来说才是“本质的”，这就似乎只是虚假的划分了。[21]

我们可以通过把“专题式中性的”分析看作躲避下述二元论论点的一种方式来正确地理解这一分析法的目的：

（1）关于“我刚有一种痛苦感觉”这一形式的某些陈述是正确

的

(2)痛苦的感觉是心理事件

(3)神经过程是物理事件

(4)“心理的”和“物理的”是互不相容的谓词

(5)没有任何痛苦的感觉是一种神经事件

(6)存在某些非物理的事件

117　赖尔派和某些维特根施坦派哲学家认为心理性在于对特殊通道的可达到性，并迁就斯特劳森所说的“对私人性的敌视”的观点，他们是否认(2)的。泛心论者否认了(3)。[22]像斯马特和阿姆斯特朗这类“还原的唯物主义者”对心理主义的词语提出了“专题式中性的”分析，他们向(4)提出责难。像费耶阿本德和奎因一类的“排除论”唯物主义者否认(1)。最后这种立场主张，不必提供修正的词语分析，因此不必涉及像“意义”和“分析”这类可疑的概念的态度，优于“还原的”唯物主义。这并非说，我们一直令人误解地把神经过程称作“感觉”，而只是说，不存在感觉。这也不是说，**感觉**一词的意义可如此加以分析，以便产生像否定(4)这样的出乎意料的结果。在如下的意义上这是充分“奎因式的”和完全反赖尔的，这种立场碰巧接受了二元论者会认为普通人在说着的一切东西，并仅只补充说“对普通人来说只是更糟”。

这种立场似乎对这样一种意义抱有希望，按照这种意义，可以轻易地获得唯物论者的形而上学主张：“心理状态只不过是神经状态。”因为现在可以对其加以维护而无须做任何像“哲学分析”这类矫揉造作的或靠不住的事情。我们可以说，虽然在某种意义上不存在感觉，但在另一种意义上人们**称作**感觉的东西，即各种神经状

态，的确是存在的。这种意义的区别并无什么奥妙，正如我们说， 118
天空不存在，但是有某种人们称作天空（由于阳光折射而形成的蓝色穹隆的显相）的东西的确存在（虽然正如在第二节讨论勃兰特——坎贝尔的反对被普遍接受的情况时所指出的，不能坚持这种类比以使一种心理状态成为一种神经状态的显相）。于是上述二元论的论点可用这样的说法加以考虑，即二元论者有权去说的仅只是下面的前提：

(1’)关于“我刚有一种痛苦感觉”的某些陈述，正像“天空有云”和“太阳升起”一样被正当地看作真确的，但它们没有一个是真确的。

如果在这一辩论中我们用(1’)代替(1)，那么我们就将以下式代替(2)：

(2’)如果有任何痛苦的感觉，它们就会是心理事件。

于是得出下面的结论：

(6’)人们称作“感觉”的东西是物理（尤其是神经）事件。

于是我们得出结论说，尽管不存在心理事件，人们称作心理事件的东西是物理事件，即使“心理的”和“物理的”之互不相容，正如“在地平线升起”和“静立”之互不相容一样。

轻易获得一种心与大脑同一性的这种企图将会十分有效，如果我们不再坚持提出关于指称同一性标准的问题的话，正如专题式中性分析将会十分有效，如果我们不再坚持提出有关意义同一性的问题的话。然而我不认为这两种同一性的标准会对有哲学争议的问题有用处。于是我不认为“排除的唯物论”比“还原的唯物论”是更有可能成立的一种心脑同一性论点。当我们试图弄懂关

于"实际不存在任何 X；你在谈的东西只不过是 Y"这一表达的任
119 何主张时，永远有可能反驳说：(a)"X"指一切 X，以及(b)我们不可能指不存在的东西。于是为了避开这个典型的批评，排除的唯物主义者将必须或者说，"感觉"不指各种感觉，它什么也不指，或者说，在"谈论关于"意义上的"指"不属于(b)。二种思路中的每一条都是可以维护的，而我在下面第六章讨论与所谓概念改变问题有联系的指称概念时是维护第二种论点的。但由于我认为还原型的和排除型的同一论都只是笨拙地企图将我们对与对跖人交遇时的自然反应抛入流行的哲学行话中去，我就不认为应当坚持二者之间的区别。反之，应当把二者都抛弃，并连带着抛弃"心身同一性"概念。对对跖人故事的适当反应是采取一种不含任何意义上的一种同一论的唯物主义，从而避免下面这样一种人为的概念，即我们在判断心的哲学中的问题之前必须等待出现"一种适当的意义(或指称)理论"。㉓

120 这就再一次等于说，唯物主义者应当说形而上学的内容以中止对有关对跖人一类的叙述作出反应，并使自己限于这样一种主张，如"如果我们终生都说对跖人的话，就不会失去论断力、说明力或描述力"。如果去问脑病检验镜纠正对跖人关于内部状态的报道的情况，是否表明这些状态不是心理状态，或更确切说，表明心理状态实际上是神经状态，这是没有意义的。其没有意义不只是因为任何人都不知道如何解决这个问题，而是因为它与任何事物都无关系。说这个问题有一明确回答的看法依赖于前奎因的"我们语言中固有的必要与充分条件"的概念，这个条件是运用"感觉"、"心理"等词语时所必需的，或者依赖于某种类似的本质主义。[24]只有当一位哲学家相当依赖于“本体论性质”的概念时，他才会关注一种可修正地予以报道的痛苦是否真的是一种痛苦，还是一种被刺激的C神经纤维的问题。[25] 121

如果我们不再问什么被看作“心理的”和什么不被看作心理的问题，而是记起不可改变性是有关对跖人困惑中全部争论所在，那么我们就可把前面提出的那种二元论论点看作下述论点的一个过分夸张的型式：

(1)“我刚有一种痛感”的某些陈述是真确的。

(2’)痛感是不可改变地可报道的。

(3’)神经事件不是不可改变地可报道的。

(4’)没有任何东西是既可改变地又不可改变地可予报道的。

(5)没有痛感是一种神经事件。

在这里企图通过否定(1)来避免(5)是更加不重要的，因为(4’)比(4)更容易受批评。很难说“心理的”真的意味着“可能最终变为物理的某种东西”，正如很难说“犯罪行为”真的意味着“可能最终是无辜的那种行为”。因此企图进行细致的专题中性分析以便否定(4’)似乎是注定要失败的。但是相对而言比较容易否定(4’)，而且说某种东西可以(被那些了解神经学的人)可改变地予以报道和 122
(被那些不了解神经学的人)不可改变地予以报道，其容易性有如说“某种东西可以被(那些了解心理学的人)治疗而非被惩罚，和被(那些不了解心理学的人)惩罚而不是被治疗”。因为对两个例子中后一半而言，我们是在谈论社会实践，而不是谈论“有关实体的内在属性”或“我们语言的逻辑”。不难根据某一文化中思想的和精神的发展程度去想象针对同一些对象、行为或事件的不同的社

会实践(按黑格尔说法,“较高的”发展阶段即在其中精神较少具自意识的阶段)。因此通过否定了(4’),我们似乎开辟了否定(5)的道路,并可说“感觉”和“大脑过程”只是谈论同一事物的两种谈话方式。

我对中立一元论和同一性理论都先嘲笑了一番以后,现在似乎可以挤进他们的阵营中去了。因为现在提出的问题是:关于**什么**的两种谈话方式?某种心理的还是物理的东西?但是我想在这里必须抵制我们自然的形而上学冲动,**不**去回答说,“第三种东西,而心理性和物理性是它的两个方面”。在这个问题上最好放弃论证而诉诸讥讽,因此提出这样的修辞学的问题“这种心物对照究竟是什么呢?谁说过人们提到的任何一种东西都必须纳入两种(或六种)本体论领域中的一种中去呢?”但是这种策略似乎是不诚实的,因为似乎十分明显(一旦心理系停止做问题实验和幻灯演示,而只是用脑病检验镜来做一切工作),“物理的一方”无论如何总是胜者。

但它所胜过的是什么呢?心理的一方吗?那究竟是什么呢?是对某人的一些状态从事不可改变的报道的实践吗?这似乎过于普通,不能被看作一种思想革命。那么也许它胜过的是这样一种情感式的思想信念,即认为存在有一个私人性的内在领域,对于这
123 个领域,公众、“科学方法”和社会都不可能穿透。但是这种解释也不对。诗人内心的秘密对于秘密警察来说仍然是未知的,尽管他们通过监测诗人日夜携带的脑病检验镜能够预测他的每一种思想、言语和运动。我们可以知道哪些思想通过了某人心中,尽管并不理解这些思想。我们的不容违反的独特性正在于我们有像诗人

那样说独特而含混的事情的能力，而不在于我们有只对自己说明显事情的能力。

我们在这里面对的真正困难仍然还是我们企图摆脱作为一种镜式本质所有者的人的形象，这个形象一方面适宜于反映自然，另一方面又适宜于抓住自然。如果我们能抛掉对跖人所不具有的那一大套形象，我们也许就不能推论说物质胜过精神，科学胜过私人性，或某件东西胜过另一件东西。这些相互冲突的对立物是这样一些概念，它们在从十七世纪地球人继承来的一系列形象之外是无法被理解的。只有哲学家出于职业上的必要才认真看待这些形象，其他人都不会对人们说这样的话感到震惊："机器告诉我们，它实际上不会伤人，非常糟糕，它只是看起来会伤人。"哲学家过多地为"本体论性质"一类概念所牵扯，因此不能轻松地看待这些发展，但是文化的任何其他部分都不至于如此。（考虑这一事实：**只有**哲学家仍然为人怎能有无意识的动机和欲望所困扰。）只有认为哲学应提供永久的范畴型式，每一种可能的经验发现和文化发展均可毫不勉强地被纳入这些范畴型式之中去的看法，才迫使我们问下面这些不可能回答的问题，如"这是否意味着不存在心？""我们是否搞错了心的性质？""对跖人说'不存在任何你称作**感觉**的东西'时是否正确？"

最后，来自十七世纪同一系列形象的同一种抱负过大的哲学概念，正是唯物主义者担心的原因，他们认为除非大脑定位与"哲学分析"共同结合以使心和身"同一化"，否则"科学统 124
一"就受到了威胁。如果我们追随塞拉斯说，科学是万物的尺

度，我们就不会担心大脑定位作用会失败，更不会担心唯物主义者对我们日常心理主义词汇的“分析”会在反例面前瓦解。我们也将不把失败解释作证明出了科学一直骑着两匹马（一匹坚实，一匹虚幻），这两匹马在任何时刻都在沿着相反的方向奔跑。科学未能设想出大脑如何工作，将不会对科学的“统一”造成危险，就像科学未能说明单核白血球增多、蝴蝶的迁移或股票市场循环周期，也不会危及科学统一。即使神经细胞结果“突然偏离正轨”（被科学尚不知道的力所冲击），笛卡尔也不会被证明是正确的。以另一种方式思考就是犯了 omne ignotum pro spectr（把每种不能理解的东西当成是鬼怪）的谬误，提前知道的东西是超出科学能力范围的，因此它必须被绝望地转交于哲学之手。[26]如果我们不把哲学看作是为任何可能的科学结果提供了永恒的本体论框架（例如由“心的”和“物
125 的”范畴组成的框架），我们就不会把科学的失败当作对笛卡尔的一种辩解，我们也不会把科学未能说明第一个生命细胞的起源看作是对阿奎那的辩解。如果神经细胞的确偏离正轨，或者如果大脑是按整体论方式而非按原子论方式发挥作用，这并无助于证明我们归根结底具有明确的“心理”观念和“物理”观念。这些所谓本体论范畴，只是从相当不同的历史根源中提出性质互异的诸概念的方式而已，这种做法对于笛卡尔本身的目的来说是方便的。但是他的目的并非是我们的目的。哲学家们不应把他的人为的混合物看成是似乎发现了某种预先存在的东西——把它叫作一种发现，因为“直观的”、“概念的”或“范畴的”等等观念为科学和哲学建立了永久的参量。

7. 认识论和“心的哲学”

我希望读者刚刚读完的关于“心身问题”的这两章已说服他至少相信了以下几点：

> 除非我们想复活柏拉图和亚里士多德有关理解普遍项的概念，否则我们不会认为有关普遍真理的知识是由人类某种特殊的、具有形而上学特点的组成部分产生的。
>
> 除非我们希望复活十七世纪对亚里士多德“实体”概念的有些笨拙和不一致的运用，否则我们将不理解两个本体论领域的概念——心理领域和物理领域。
>
> 除非我们希望肯定我称作原理（P）的东西（大致说即这 126
> 样的主张，“呈现于意识”的某种特殊的形而上学性质，成为我们对我们状态进行某些非推导性报道的基础），否则我们将不可能使用“其显现穷尽了其现实领域的实体”的概念来支持心物区分论。

关于存在着有关心身的问题的看法，起源于十七世纪人企图使“心”成为一种自足的探究领域这种观念，它试图对心理过程提出一种准机械性的论述，以便以某种方式认可某些知识主张和拒绝另一些知识主张。由十七世纪哲学采取的“认识论转向”的范型，就是康德所说的“著名的洛克先生的人类理解生理学”，即一种对心理过程的因果论述，它应当批评和证明知识主张。为使这种看法行之有效，就需要用近代意识问题来对古代和中世纪的理性问题进行笛卡尔式的替换。如果我在前面两章中所论正确，坚持

“心身问题”和“心的问题”这类概念是由于坚持了如下的看法，即在较早的理性或人的特性概念和笛卡尔的意识概念间存在着某种联系。本书第二部分试图消解近代类型的理性问题，即这样一种认识：存在着有关准确再现的可能性或程度的问题，这是所谓“认识论”学科的关切所在。只要这一企图获得成功，它就将使我们摆脱把人类知识当作在自然之镜中诸表象集合的看法，并因此加强第一部分中的主张，即没有镜式本质的概念我们也能诸事顺遂。如果知识，除了在最无谓和不成疑问的意义上以外，不是表象精确
127 性的问题，那么我们就不需要内在之镜，因此那面镜子与我们的肉体部分的关系，也就不存在什么神秘性了。

即使意识和理性的问题都被消除了，人的特性问题似乎仍将完整无损，因为这个概念依赖于我们的道德直观，这种直观似乎不会仅仅是陷于误谬的希腊人或十七世纪人企图构造认识的或心的模型的结果。本书将在与“哲学”概念有联系的第三部分中讨论人的特性问题。在该部分中我企图指出，选择出哪些实体为人的特性并因而具有以某种“客观准则”（例如，人具有镜式本质）为基础的道德尊严这种哲学构想，如何大致而言就是一种在科学和伦理学之间的混淆。第三部分企图提出一种得以避免这种观念的看待我们道德意识的方式。

因此第二和第三两部分论述了我在第一章第三节中列举而未加以讨论的那些作为“心理现象标志”的概念。一旦抛弃了一种特殊的心理成分概念（如我们的镜式本质）之后，这两部分的论述就可以提出处理这些概念的几种方式。因此我希望，读者在阅读第一部分时心中浮现的某些疑惑以及一些仍然悬而未决的问题，会

在本书其余部分中迎刃而解。

第二章注解

① S. 克里普克:“命名与必然性”,载《天然语言的语义学》,D. 戴维森和 G. 哈尔曼(编),第 339—340 页,多尔德莱西特,1972 年。关于批评克里普克的二元论和唯物论的讨论,参见 F. 费尔德曼的“克里普克论同一性理论”,和 W. 赖坎的“克里普克和唯物主义”,两文均载《哲学杂志》1974 年第 71 期,第 665—689 页。

② 我在“作为心理事物标志的不可改变性”一文中曾为这一假定的一个有效的形式辩护,该文载《哲学杂志》1970 年第 67 期,第 399—424 页。同时参照 J. 吉姆:“唯物主义和心理事物的判准”,载《综合》,1972 年第 22 期,第 323—345 页,特别是第 336—341 页。

③ R. 勃兰特:“对同一性理论的怀疑”,载《心的维度》,S. 胡克编,第 70 页,纽约,1961 年。

④ K. 坎贝尔:《身与心》,第 106—107 页,第 109 页,纽约,1960 年。

⑤ G. 皮奇尔对于我们在报道痛苦时表现的语言行为提出一种说明,但不使用这样一种前提。皮奇尔把痛苦当作是对受损的神经外围组织的报道,而对跖人把痛苦当作对中枢神经系统状态的报道。按他的观点,把常识的痛苦概念看成是心理个体概念是错误的。我想说,它是一个心理个体概念,但主张,他对痛苦的认识论性质的分析同样适用(但在细节上有所修正),不论你对这个问题持何立场。参见皮奇尔:“痛知觉”,载《哲学评论》1970 年第 79 期,第 368—393 页。皮奇尔的一般策略是维护直接实在论,可在以下著作中看到:皮奇尔的《知觉理论》(普林斯顿,1971 年);D. M. 阿姆斯特朗的《知觉和物理世界》(伦敦和纽约,1961 年)和《唯物主义的心的理论》(伦敦和纽约,1968 年)。这一策略在我看来基本正确,并足以证明心理个体观是可予选择的。但我怀疑皮奇尔和阿姆斯特朗的元哲学立场,这种立场会使这一

观点成为哲学家对我们相信的东西的错误解释，而不是对我们相信(但不须继续去相信)东西的正确论述。

⑥　我说明勃兰特和坎贝尔这个观点的方式取自 T. 内格尔。

⑦　C. 坎姆波极力主张哲学家们需要做的远不止此，他提出，只有当我们提供这样一种“理论构架(或一种普通语言的本体论)，以便为两种不同但被断定有同一性的现象提供一种联系时”，心身同一性理论才会有意义。他恢复中立一元论的动机在于相信，使一种同一性理论有意义要求“必须放弃主观与客观的区分，正如必须放弃第一人称内省报道的特权地位一样”。他说，这样一种改变会“急剧影响我们语言的逻辑”。我认为坎姆波的正确性在于，他声称放弃主客区分会产生这样一种急剧的效果，但其错误在于他认为放弃进入内心的特殊通道观也会产生急剧效果。正如我认为塞拉斯指出过的以及我现在在此论证的，主客区别(“看似”概念)没有“心”，“现象性质”等概念也可行之有效(参见坎姆波：“心身同一性：可理解性的问题”，载《哲学研究》，1974 年，第 25 期，第 63—67 页)。

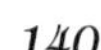

⑧　我想区别“纯粹的”或比罗主义的怀疑论和“笛卡尔”特殊形式的怀疑论，后一种怀疑论乞灵于“观念纱幕”来为一种怀疑论态度辩护。“比罗主义的”怀疑论，按我将使用这个术语的方式，仅只说“我们永不可能肯定；那么我们又怎能知道呢?”另一方面，“观念纱幕”的怀疑论有更专门的内容可说，即“假定关于任何事物我们将永远不能肯定，除了它是我们心的内容以外，我们又怎能正当地推论出关于任何其他事物的一个信念来呢?”关于这两种怀疑论形式的错综关系的讨论，参见 R. 波普金的《从伊拉斯摩到笛卡尔的怀疑论史》，纽约，1964 年。

⑨　关于这类嘲笑的一例，参见 H. 普特南的“大脑和行为”，载《心、语言和实在》，第二卷，剑桥，1975 年。

⑩　G. 赖尔：《心的概念》，第 155 页，纽约，1965 年。关于“类光学”的讨论在第 159 页上。

⑪ 塞拉斯的“经验主义和心的哲学”，载《科学、知觉和实在》，伦敦和纽约，1963年。该文是超越赖尔的第一步。塞拉斯指出，即使行为是感觉之证明一事“被发展为”感觉概念的“逻辑本身”，这并不意味着不可能有感觉，也不意味着关于宏观现象和微观实体的平行论决定了不可能有微观实体这种操作主义的主张。塞拉斯在该文中说了赖尔在他论“自我认知”的一章中应说而未说的话，即内省的报道并不比任何其他非推论性的报道更神秘，而且不需要所与物的神话(因此即不需要类光学)来为其说明。然而不幸，塞拉斯没有得出阿姆斯特朗后来要说出的那个结论：不存在“逻辑上的特殊通道”一类东西，而只有“经验上的特殊通道”(阿姆斯特朗：《唯物主义的心的理论》，第108页，伦敦，1960年)对于我在本书中提出的观点至为重要的这个论点，塞拉斯的各种论述中均有提示，但是仍然需要奎因对逻辑与经验区分论的批评来使我们避免“逻辑必然联系”的口头禅，赖尔曾把这个口头禅发展为心的哲学。我在第四章将提出，塞拉斯从来未能完全消化奎因主义，而且他对“这些概念的逻辑本身”的谈法不幸遵从的是赖尔的传统。

⑫ L.维特根施坦：《哲学研究》第一部分，第308节，伦敦和纽约，1953年。

⑬ 四段引文均取自多纳根：“维特根施坦论感觉”，载于《维特根施坦：哲学研究：批评文选》，G.皮奇尔编，第350页，纽约，1966年。

⑭ 同上书，第349页。

⑮ 参照皮奇尔：《知觉理论》，第23页和柏拉图：《理想国》，第478B节：“于是如果实在是知识的对象，那么信仰的对象必定是某种不同于实在的东西。”

⑯ 参见P.F.斯特劳森：“评维特根施坦的《哲学研究》”，载于第62页上注⑬中引述的选集中。在其他文章中我曾力申，我们能够保全维特根施坦以不可能在无先前“演示环境”条件下了解字词意义的主张为中心的认识论看法，而不致陷入对私人性的敌意，这种敌意导致维特根施坦接近行为主义

的边缘，并导致他的某些追随者越过了这个边缘。按照我会建议人们采取的观点，维特根施坦对“纯实指证明的定义”的批评可被普遍化为塞拉斯的如下理论，即我们如果不知道许多其他词的意义是不可能知道某一词的意义的。因此，维特根施坦的批评可被用来证明心的眼睛的概念错在何处，而不致引出任何形而上学的推论来。参见拙文“维特根施坦，特殊通道和不可交流性”，载《美国哲学季刊》，1970 年第 7 期，第 192—205 页和“证实论和先验论证”，载《努斯》，1971 年第 5 期，第 3—14 页。

⑰　维特根施坦：《哲学研究》，第一部分，第 304 节。

⑱　人们可能争辩说维特根施坦的感觉观是否是他的意义观的必然推论，或者，反映在他前一种观点中的认识论观点是否需要他的语言哲学。我不认为这类论辩会有成效。正如我将在第六章中提出的，并不存在特殊理由要把语言哲学看作“优先”于其他哲学领域。我尤其不认为关于“指称理论”（在第六章第四节将加以讨论）的争论有助于阐明克里普克在本章第二节中引述的段落中提出的有关痛苦本质的问题。关于严格指称的问题，远远未能解决关于本质的问题。

⑲　参见波普金《从伊拉斯摩到笛卡尔的怀疑论》，以及 M. 曼德鲍姆《哲学、科学和感知》（巴尔的摩，1964 年）书中有关导致这一传统形成的各种因素的讨论。关于一种更彻底的解释，参见 J. 马里坦的《笛卡尔的梦想》（纽约，1944 年）。

⑳　参见 M. C. 布拉德雷对 J. 斯马特的《哲学和科学实在论》一书的“批评的评论”中对这一问题的论述，载于《澳大利亚哲学杂志》，1964 年第 42 期，第 262—283 页。我自己的“作为心理事物标志的不可改变性”一文即以讨论这个问题开始的，这篇文章曾受到布拉德雷对斯马特的评论的启发，载于《哲学杂志》，1970 年第 67 期，第 399—424 页。

㉑　这种做法与克里普克下述笛卡尔式的主张相反，他认为痛苦的“直接的现象性质”对于心的概念才是本质的。

㉒　哈茨霍恩和怀特海或许是晚近哲学中最明显的例子。我在收入 G. 克林(编)《怀特海:关于他的哲学的论文集》(新泽西州,1963 年)的“主观主义原理和语言的转向”一文中反驳了怀特海的这一学说。T. 内格尔的“客观现象论”构想也提出了一种泛心论观点,这种客观现象论“容许有关经验物理基础的问题具有一种更能被理解的形式”(“是一只蝙蝠是什么意思?”,载于《哲学评论》,1974 年第 83 期,第 449 页)。然而无论对哈茨霍恩还是对内格尔来说,泛心论均倾向于和中性一元论结合。

㉓　这并不是说有关还原型和排除型的唯物主义同一性理论的争论是无意义的。相反,我认为它们非常有用,而且由于它们与语言哲学中的问题相互有影响,更是特别有用。但我认为这种相互影响的结果首先是支持了奎因这样的观点,即“意义同一”的概念不可能被引用来解决“外延相同”的概念未能加以解决的哲学问题;其次指出在有关唯物主义这类讨论中所使用的“实际所谈”的意义与弗雷格的指称概念(按此概念我们不可能指称不存在的东西)没有重要的联系(后一点在第六章论述)。几年之前我采取了一种排除的唯物主义立场(“心身同一性,私人性和范畴”,载于《形而上学评论》,1965 年第 19 期,第 25—54 页),非常感谢那些批评过这篇文章的人,他们最终使我对这个问题获得了(我希望是)较清楚的理解。我特别感谢 R. 伯恩斯坦、E. 布什、D. 科德尔、J. 柯尔曼、D. 黑利、W. 赖坎、G. 帕波斯、D. 罗森塔尔、S. 萨维特和 R. 西柯拉的著作或他们同我的交谈。有兴趣详细考察还原的唯物论和排除的唯物论之间类似与区别的人,可参阅柯尔曼的《唯物主义和感觉》(纽黑文,1971 年),赖坎和帕波斯的“什么是排除的唯物主义”(载于《澳大利亚哲学杂志》,1972 年第 50 期,第 149—159 页),布什的“再谈罗蒂”(载于《哲学研究》,1974 年第 25 期,第 33—42 页),以及黑利的“‘排除的唯物主义’是唯物主义吗?”(载于《哲学和现象学研究》,1978 年第 38 期,第 325—337 页)

㉔　我在前面注⑳中引述的“作为心理事物标志的不可改变性”一文中曾不当地援引这样一种概念。在该文中我得出结论说,如果对脑病检验镜予

以适当重视，就意味着会发现任何心理事件从不存在。但是这种看法被过分夸大了，而且企图在还原的唯物论和排除的唯物论之间确立一种比二者之间实际区别更大的区别（如赖坎和帕波斯指出的）。我与D.科德尔就其“中心唯物论的根本错误”一文（载于《美国哲学季刊》，1973年第10期，第289—298页）以及与D.罗森塔尔就其“心理性与中立性”一文（载于《哲学杂志》，1976年第73期，第386—415页）的通信，大大帮助我认识到我以前观点中的错误。

㉕　但这并非说对跖人对哲学不会产生影响。作为不同于神经学的一门学科的心理学的消失以及类似的文化发展，可能最终远远比哲学家的同一性理论更有效地使我们摆脱自然之镜的形象。在哲学之外的日常语言中可能有一些“模糊”之处（当真诚的内省者不信任脑病检验镜时，有些“不知该说什么”），但是常识、语言和文化幸免于比这种模糊性更糟的混乱。例如，试比较道德评判家和精神病学家间的谈话，他们编写出案例史以证明“罪犯”一词被不正当地用于被告的行为。除了过分热心的哲学家以外没有人会认为存在有一种“罪行”的本质，它是由（例如）关注“我们的语言”而被决定的，并能够解决评判者的困难。

㉖　我们可以使用米尔和塞拉斯在“物理1”（“一个事件或实体是物理1性的，如果它属于时空网络”）和“物理2”（“一个事件或实体是物理2性的，如果它可根据理论基本概念加以定义，这些基本概念适宜于充分描述现实状态，虽然不必然适宜于描述生命出现以前宇宙的潜在状态”）之间所做的区别来更准确地阐述这个问题。这一区别（取自“出现的概念”一文，载于《明尼苏达科学哲学研究》）可被扩大来区分“物理1”和“物理n”的适当意义，后者是根据“语言行为出现之前的宇宙”来规定的（“意向性行为的……”，“信念和欲望的”等等）。对任何这类区别来说，应当强调的一点是，科学未能根据物理n的（因n大于1）实体来说明某件事，并不表明这种说明必定是根据非物理1的实体完成的。这一论点曾由G.海尔曼和F.汤普森在“物理主义：本体

论，决定作用和归纳”一文（载于《哲学杂志》，1975 年，第 72 期，第 551—564 页）中和“物理主义的唯物论”一文中（载于《努斯》，1977 年第 11 期，第 309—346 页）很好地加以运用。他们那种“无同一性的唯物论”应与戴维森在其“心理事件”（在后面第四章讨论）中提出的唯物论类型加以比较。

第二编

映　　现

第三章　“知识论”的观念 131

1. 认识论和哲学的自我形象

认为存在着一门被称作“哲学”的独立自足的学科，它不同于宗教和科学却对二者进行裁判，这种看法是晚近才产生的。当笛卡尔和霍布斯谴责“经院哲学”时，他们并未认为自己在用一种新的、较好的哲学(一种较好的知识论，一种较好的形而上学或一种较好的伦理学)来取而代之。在“哲学的诸领域”间还未进行区分。〔现代意义上的〕“哲学”本身的观念还未出现，只是当十九世纪中这类研究被统一为一门学院科目后，人们才这样来理解它。我们在回顾时认为笛卡尔和霍布斯“开始了近代哲学”，但是他们是根据莱基会说的“科学和神学之间的战争”来设想他们本身的文化使命的。他们进行着战斗(虽然是谨慎地)以使思想世界对于哥白尼和伽利略来说更安全。他们并不认为自己在提出“哲学系统”，而是在致力于数学和力学研究的繁荣，以及使思想生活摆脱教会机构的控制。霍布斯把“哲学”界说为“关于现象的结果的知识，我们获得这种知识，是根据我们首先具有的对于它们的产生原因的知识进行正确的推理的结果”。[①] 他并不想将他所从事的工作与被称

132 作“科学”的另一种工作加以区分。直到康德以后，我们关于哲学与科学之间的近代区分才成立。直到教会对科学和学术研究的控制力量瓦解之后，我们现在将其看作“哲学家”的那些人的精力才转到将他们的活动区别于宗教的方向上来。只是在这场战斗取得胜利之后，与科学分离的问题才得以产生。

哲学与科学的最终区分是由于下面的看法而得以形成的，即哲学的核心是“知识论”，它是一种不同于各门科学的理论，因为它是各门科学的“基础”。我们现在可以把这种看法至少追溯至笛卡尔的《沉思录》和斯宾诺莎的《知性改进论》，但是这种看法直到康德才达到自觉的程度。迟至十九世纪，这种看法才被纳入学术机构的结构之内和哲学教授的坚定的、非反省的自我描述之中。如果没有这种“知识论”的观念，就难以想象在近代科学时代中“哲学”可能是什么。形而上学（它被看作是有关天地怎样结合的那种描述）被物理学所代替。道德思想的俗世化曾是十七八世纪中欧洲知识分子的主要关切，那时它还未被看作是取代神学形而上学的一种新形而上学基础的研究。然而康德设法把旧的哲学概念——形而上学是“科学的皇后”，因为它关心的是最普遍、最少物质性的问题，——改造为一种“最基本的”学科的概念，即哲学是一门**基础的**学科。哲学的首要性不再是由于其“最高的”位置，而是由于其“基层的”位置。自康德写下了他的名言以后，哲学史家们就能够使十七八世纪的思想家们处于这样的地位，即他们企图回答“我们的知识如何可能？”这样的问题，而且甚至把这个问题追溯到古代哲学家那里。②

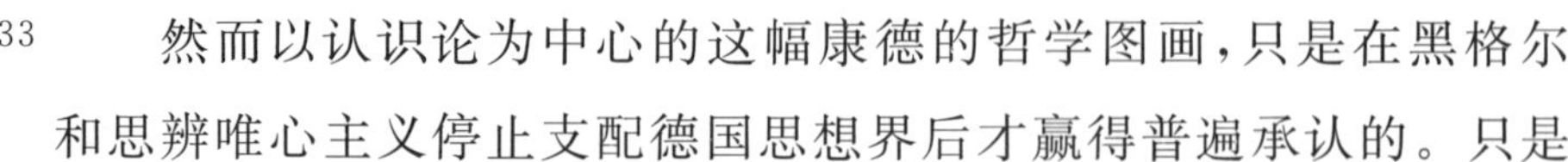

133 然而以认识论为中心的这幅康德的哲学图画，只是在黑格尔和思辨唯心主义停止支配德国思想界后才赢得普遍承认的。只是

在柴勒尔等人之后，哲学才可能彻底地职业化，正是他们开始说，
我们已经到了终止建立体系而下降到将“所与”和由心灵造成的
“主观附加物”加以分离的、耐心工作的时候了。[③]十九世纪六十年 134
代德国的“回到康德去”的运动，也是一种“让我们脚踏实地的工
作”的运动，这条道路一方面要使自足性的非经验的哲学学科与意
识形态分离；另一方面又使其与新兴的经验心理学科学分离。作
为“哲学中心”的“认识论和形而上学”的图画（以及作为由认识论
中逐渐产生的某种“形而上学”的图画，但不是由形而上学中产生
的某种认识论的图画）由新康德主义者建立起来，它已被根深蒂固
地纳入今日哲学的课程表之内。[④]**知识论**这个词本身只是在黑格
尔陈旧过时以后才得以流通和获得尊敬。第一代的康德崇拜者把
理性批判当作“康德所为”的一个方便标签来使用，**知识学**和**知识**
论这两个词是稍后才发明的（分别在 1808 年和 1832 年）。[⑤]但是 135
黑格尔和唯心主义体系的建立当时介入进来，使“哲学与其他学科
的关系是什么?”的问题晦暗不明了。黑格尔主义产生了作为这样
一门学科的哲学形象，它以某种方式既完善着又包括了其他学科，
而不是为它们**奠定基础**。它也使得哲学过于通俗，过于有吸引力，
过于重要，以至于难以使其达到真正专业化；它向哲学教授提出挑
战，让他们去体现**世界精神**，而不让他们只是处理自己的**事实**。
（按毛兹奈尔的说法）柴勒尔的论文“首次将‘知识论’一词提高到
它目前的学术尊严性”[⑥]，该文结尾时说，那些相信我们可以从自
己的精神中抽引出一切科学来的人可以继续站在黑格尔一边，但
任何一位较为健全的人都应承认，哲学的真正任务（一旦物自体概
念，以及随之而来的唯心论诱惑被摈弃之后）是去建立在种种经验

学科中提出的知识主张的客观性。这将由一种使先验活动在知觉
136 中具有其适当性的工作来完成。[7]因此，**知识论**作为一种摆脱“唯心主义”和“思辨”的出路而出现于1862年。十五年之后，柴勒尔注意到，不再有必要指出**知识论**的正当作用了，因为它已被广泛接受，特别是被“我们年轻的同行”所接受。[8]又过了三十年，威廉·詹姆士常常感叹道：“我们这些秃顶的年轻哲学博士的灰石膏式的气质，他们在研究班上互相惹厌，在《哲学评论》和其他地方撰写那些糟糕的文献报告，他们仰赖着‘参考书’，从不使‘美学’和‘知识论’混淆。”[9]

在本章中我想追溯从笛卡尔和霍布斯反对“经院哲学”的运动过渡到十九世纪把哲学重新建立为一种独立自主的、自成一体的、“学院式的”学科这一过往的几个重要阶段。我企图支持（维特根施坦和杜威共同具有的）这样的主张，把知识看成是提出了一个“问题”，而且我们应当对之有一种“理论”，这是把知识看成为一堆表象的集合之结果，如我所论证的，这样一种知识观乃是十七世纪的产物。从中应当汲取的寓意是，如果这种思考知识的方式是随意性的，那么认识论也是随意性的，而且哲学也是随意性的，如它自上世纪中叶理解自身的那样。下面我们就来看看作为认识论的哲学在近代时期是如何获得自我确定性的。

笛卡尔的心的发明（他的信念和感觉结合为洛克的观念）为哲学家们提供了新的立脚点。它提供了一个探究领域，这个领域似
137 乎“先于”古代哲学家对其进行议论的那些主题。再者，它提供了一个领域，在其内与单纯的**意见**相对立的**确定性**得以成立。

洛克把笛卡尔新构想出来的“心”变为一门“人的科学”的主

题，即与自然哲学相对立的道德哲学。他这样做是由于含混不清地认为，一种适用于“内部空间”的牛顿粒子力学的类比物，会以某种方式“极其有益于引导我们的思想来研究其他事物”[10]，而且会以某种方式让我们“看到，我们的理解力适合还是不适合研究什么对象”。[11]

这种通过研究我们的心智如何活动以便更多地了解我们能知道什么以及我们能如何更好地知道它的构想，终于能够被隆重地定名为“认识论”了。但是在这一构想能够达到充分自觉之前，必须找到一种方法来使其成为一种非经验的构想。它必须成为一个凭空思索的问题，这种思索独立于生理学的发现并能够产生必然真理。虽然洛克保持了这个新的内部研究空间（新发明的笛卡尔的心的活动），他却未能坚持笛卡尔的确定性。洛克的“感觉论”还不足以成为“诸科学之皇后”这个空位的适当候补者。

康德通过使外部空间置于内部空间（先验自我的构成性活动的空间）内，然后宣称笛卡尔关于内部的确定性也适用于那些以前认为是外部性事物的法则，从而使哲学踏上了“一门科学的牢靠道路”。因此他使笛卡尔认为我们只能具有关于我们思想的确定性的主张，与我们已经具有关于似乎不是思想的东西的确定性（先验知识）这一事实调和了起来。哥白尼革命是以这样的认识为基础的，我们只能先验地认识对象，因为是我们“构成”它们的，而且康德从不为这样的问题烦恼，即我们如何能具有关于这些“构成性活动”的绝对知识，因为笛卡尔的 138
特殊通道已被认作可以说明这一点了。[12]一旦康德以（按斯特劳森的话来说）“先验心理学的神秘主题”取代了“大名鼎鼎的

洛克先生的人类理解力心理学”之后，作为一门学科的“认识论”就达到成熟之龄了。

除了使“人的科学”从一种经验的水平上升为一种先验的水平之外，康德还完成了有助于使作为认识论的哲学成为自觉和自信的另外三件事。首先，通过把认识论的中心问题确认为在两类同样真实而又绝对不同的表象〔即“形式的”表象（概念）和“质料的”表象（直观）〕之间的关系，他使人们有可能看到在新的认识论问题系统和过去烦扰古代和中世纪哲学家的那些问题（如关于理性与普遍概念的问题）之间的重要连续性。这就使人们有可能撰写近代类型的“哲学史”了。其次，通过使认识论与“摧毁理性以便为信仰留地盘”（即摧毁牛顿决定论以为共同的道德意识留地盘）的构想中的道德性联系起来，他复活了一种“完全的哲学体系”概念，在此概念中道德性是以某种较少争议和较富于科学性的东西为基础的。虽然古代的每一个学派都具有一种人类德性观，用以配合他们有关世界是什么的看法，牛顿却专门关注后一问题。由于康德，认识论得以迈入作为道德前提保证者的形而上学作用领域。第三，通过把我们所说的每种东西都看成是有关我们所“构成”的某
139 种东西，他使人们能够把认识论设想成为一门基础学科，一门能够发现有关任何人类生活领域的“形式的”（或按其稍后的类型来说，“结构的”、“现象学的”、“语法的”、“逻辑的”或“概念的”）特征。因此他使哲学教授能够把自己看作是在主持一个纯粹理性的法庭，能够决定其他学科是否存在于由他们的主题的“结构”所设定的合法界限之内。⑬

2. 洛克在说明与证明之间的混淆

由笛卡尔所开创的“认识论转向”如果不是针对于对既定惯例的信任危机的话，也许就不会俘获住欧洲人的想象力了，这场危机在蒙田的著作中获得了典型的表现。但是我们应当把有关我们达到确定性能力的传统比罗式怀疑论与笛卡尔通过开辟内部空间而形成的新的观念纱幕怀疑论加以区分。传统怀疑论主要为“标准问题”所困扰，这就是在避免循环论证或独断论时确证研究程序的问题。笛卡尔认为他通过“明晰观念法”所解决了的这个问题与从内部空间达到外部空间的问题关系甚少，而这个“外部世界的问题”却成为近代哲学的范式[14]。知识论的观念就围绕着这后一个问题发展起来，这就是有关认知我们的内部表象是否精确的问题。140
有关致力解决“人类知识的性质、根源和限制”的一门学科的观念（这是教科书对“认识论”所下的定义），需要一个被称作“人心”的研究领域，而这个研究领域是由笛卡尔所创造的。笛卡尔的心的概念既促成了观念纱幕的怀疑论，又造就了一门为这一怀疑论划定限界的学科。

然而这并不是说，笛卡尔的心的概念的发明是认识论发展的**充足**条件。这一发明为我们提供了内部表象的观念，但是这种观念还不会导致认识论，认识论的产生尚与这样一种混淆有关——我把这种混淆归诸于洛克，笛卡尔则基本与此无关——，即在对我们心智作用的机械论描述和我们知识主张的“基础作用”之间的混淆。这正是 T. H. 格林所称作的

“基本的混淆，一切经验心理学均以之为基础，它存在于
141 两个本质上不同的问题之间，一个是形而上学的问题：‘什么是知识的最简单成分？’，另一个是生理学问题：‘什么是个人有机体内的条件，据此该有机体可成为知识的媒介物？’。”⑮

格林在“知识成分”和“有机体条件”之间所做的区别使我们注意到，一种知识的主张即是要证明信念的主张，而且情况极不可能是靠我们诉诸自身机体的正常作用来寻求一种证明(justification)。假定我们有时通过说(例如)“我的眼力好”来证明一种信念，我们何以应认为，被设想为内部空间内事件的“诸观念间的时序的或构成的关系”，可以告诉我们不同命题之间的逻辑关系呢？归根结底正如塞拉斯所说：

“在把一个片段或一个状态刻画为认知的片段或状态时，我们并非在对该片段或状态进行一种经验的描述；我们是在将其置于证明着并且能够证明所说内容的理性的逻辑空间内。”⑯

洛克何以会犯塞拉斯所说的“一种与伦理学中所谓‘自然主义谬误’一致的错误呢”，即企图“把认识的事实毫无保留地分解为非认识的事实？”⑰为什么我们应当认为，对人怎样获得一个信念的因果论述，应当指出人对该信念的证明呢？

我想，答案就是，洛克和十七世纪一般作家根本不把知识当作被证明了的真信念。因为他们不把知识看作在一个人和一个命题之间的一种关系。我们觉得十分自然的是把“S所知的东西”看作
142 诸命题的集合，它包含了S的全部真语句，并以“我知道……”开始。当我们理解到空白处可为下述种种材料如“这是红的”，“e=

mc^2”,“我的救主活着”,“我将娶珍妮”所填充时,我们有理由去怀疑“人类知识的性质、根源和限制”这种概念以及致力于此主题的一个“思想部门”的概念。但是洛克并不把“……的知识”(Knowledge that)看作是主要的知识形式。他像亚里士多德一样把“关于……的知识”(Knowledge of)看作先于“……的知识”,因此就是把知识看作人与对象之间,而非人与命题之间的关系。如果承认这幅图画,对我们的“理解机能”进行检验的看法就言之成理了,正如关于理解机能适合处理某类对象而不适于处理其他类对象的看法言之成理一样。而如果人们相信这种机能就像一块蜡制板,对象在它上面刻上了**印记**(印象),而且如果人们把“有一个印象”本身看作一种**认知**而不看作认知的一个因果前件的话,那么这甚至就更为言之成理了。

正是“印象”这个概念,被莱德这位十八世纪时“‘观念’的观念”的伟大敌对者紧紧抓住不放,在下一个世纪中他的后继者是格林,而在我们时代又有一大批其他的人(H. A. 普里查德,W. 塞拉斯,J. 奥斯丁,J. 贝奈特)。莱德说道:

> “没有什么比下述成见对人来说更为自然了,即把心看作在其作用方面与身体具有某种类似性。所以人们往往会想象,正如身体因由邻近身体加予它们的某种冲动或印象而开始运动一样,心也由于邻近的身体加于它的某种印象或赋予它的某种冲动而去思索和知觉。”[18]

格林紧接着上面引述过的段落说道,只是由于在知识成分(命题) 143
和生理条件之间的混淆,“任何一种观念才能被描述为一种印象……。这个隐喻被解释为一种事实,它成了(洛克)哲学体系的基础。”[19]塞拉斯断定（在谈到休谟而非洛克时）在以下两个命题间存在着混淆：

1. 对于作为一个红色的和三角形的物件的红三角的印象，它是直接地和未经推论地被认知为存在的、红色的和三角形的。
2. 作为对一个红色的和三角形的物件存在的一种认知的红三角的印象。[20]

所有这三种批评都反对下述看法，即对于我们的非物质性白板被物质世界所凹刻的方式进行的准机械性的论述，将有助于我们认识我们有权相信的东西。

洛克或许认为自己有理由把塞拉斯加以区分的两种“印象”的意义相提并论，因为他认为我们准白板上的凹痕是（如赖尔所说）自提示的。因此他说道：“……刻印如果有任何意义的话，它就只是确定真理是被知觉的。因为要在心上刻印任何东西而又不使心知觉它，在我看来是无法讲通的。”[21]似乎这块白板（tabula rasa）始终处在心的从不眨动的目光注视下，如笛卡尔所说，没有任何东西比心本身更接近心。然而如果这样来揭示这个隐喻的意义，那么十分明显，刻印作用就不如对印记的观察那样有趣；可以说一切认知都是被观察着被刻印的白板的心眼，而非被白板本身，所完成
144 的。因此洛克的成功取决于不去揭示这个隐喻的意义，而完全保持内部空间中准红三角这个准物体与有关这样一个物体存在着的知识二者之间的含混性。虽然亚里士多德并不思虑心的目光的问题，认为知识就是心与被知物的同一，洛克却没有这种可以替代的选择。因为对他来说，印象就是表象，他需要一种认识这种表象的

机能，这个机能**判断**这些表象而不只是**拥有**它们，如判断它们存在着，它们是可靠的，它们与其他表象具有某种关系等等。但是他却不可能找到它，因为假定有这样一种机能就会使幽灵闯入准机器之中，这部机器的作用是他希望去描述的。他充分保存了亚里士多德的看法，把知识当作由进入灵魂的物体一类的东西所组成，[22]但却未充分靠拢亚里士多德去避免有关表象精确性的怀疑论问题或康德有关有“我思”直观和无“我思”直观之间区别的问题。换句话说，洛克视为当然的这个笛卡尔的集合物——心，十分近似于亚里士多德的“努斯”，从而使“印象”观念染有一种传统色彩，却又相当地离开了“努斯”，从而导致了休谟的怀疑论和康德的先验论。洛克笨拙地在作为与客体同一的知识和作为关于客体的真判断的知识之间保持平衡，而且作为一种经验的“人的科学”的“道德哲学”的含混观念只是由于这一传统的立场才能出现。[23]

描述洛克思想中这种张力的另一方式是把它看成是一方面趋 145
于生理学；另一方面趋于亚里士多德。莱德和格林对此判断再次表现出一致看法。莱德是这样谈论笛卡尔的：

> 有时他把物质客体的观念置于大脑之内……，而有时又说，我们不应把大脑中的心像或踪迹看作是被知觉着的，好像在大脑中藏有眼睛似的；这些踪迹只是一些时机，观念随着这些时机通过心灵与肉体统一的法则在心内被激起……。笛卡尔似乎在这两类意见之间犹豫不决，或者从一种意见过渡到另一种意见。类似地，洛克先生似乎在这两种意见之间摇摆；有时把关于物质事物的观念表示成存于大脑内，而更经常地是将其表示成存于心本身内。[24]

格林在讨论洛克的“反映观念”时，谈到了他把“思想和想象的大脑白板中的东西混淆不分”，并且说：

> 洛克通过不停地改变感受的主体和赋予人印象的物质，把困难对他自己和他的读者隐蔽起来。我们发现“白板”不断地退去。最初它是“外在的部分”或身体器官。然后它是大脑……。再后它是知觉的心，它具有一个对感觉的印象或具有对感觉的观念。最后，它是反思的心……。[25]

莱德和格林所批评的这种混乱的理由是，如果人们（像亚里士
146 多德和洛克那样）企图按感觉——知觉来模塑一切知识，那么他将在直接的方式和隐喻的方式之间被分裂，按前一方式，身体的部分（如视网膜）作为一种外部客体可以具有同一的性质，按后一方式，作为一个整体的人在具有对（例如）蛙的看法时，就“在心中”有了蛙性。有关“非物质的白板”的概念在简单的生理学事实和思辨的隐喻之间划出了区别，因此任何使用这一概念的哲学都将被分裂为二。正是作为一种模式的感觉——知觉的选择，特别是视觉形象词的选择，促使亚里士多德和洛克企图把“……的知识”（表现于命题中的被证明的真信念）归结为被解释成“心中所有的”“关于……的知识”。由于洛克把自己看作不落后于时代的科学家，他或许喜爱根据生理学来铸造“白板”的隐喻。由于他不能如此做，掺混（shuffling）就是他唯一的选择了。当他回头向亚里士多德掺混时，他开始谈论“反思的心”，后者确实非常不像是一面白板。

然而洛克在研究知识问题时最重要的掺混不是发生于大脑和“努斯”之间，而是如我曾说过的，发生于作为某种由于简单地具有一种观念而无须判断即可发生的知识，与作为从形成合理的判断

而产生的某种知识之间。这就是康德揭示为经验主义基本错误的那种掺混，在他批评把"诸悟解的一个系列，与对系列的一个悟解"相互混淆时，这个错误被最极端地表示出来，但它也与在单纯具有两个"并置的"观念(蛙性与绿性)和把它们"综合为""蛙通常是绿色的"这判断之间的相互混淆有关。正如亚里士多德没有明确的途径使理解普遍概念与形成判断联系起来，没有办法使心对形式的接受性与命题的建立联系起来一样，洛克对此也无能为力。这是任何把"……的知识"归结为"关于……的知识"的企图以及根据"看"来形成认知的企图所具有的主要缺欠。

格林和多数十九世纪认识论作家都认为，洛克的这个缺欠已 147
为康德所弥补。格林在下面一段话中总结了他本人对英国经验论的基本批评：

> 洛克经验论成为不可抵挡的，只要人们承认有效的事物是"在自然中发现的"，它无须任何心的构成作用。正如研究洛克的唯一有效的方式是(在抽离了一切他本人承认是思想创造的东西之后)去问，还有什么东西仍然仅仅只是被发现的一样，休谟也必须一开始就面对这样的问题，即除了按照他自己的说明，像关系这样一类观念不是简单的印象外，单个命题是否也有可能成立呢。如果不可能，这类命题的单独性就不在于任何感觉呈现的单独性了。[26]

"心的构成性行为"这个短语，是格林本身对这个问题看法的提示，它可归结为英国唯心主义的如下口号之中：只有思想使诸物发生关联。他们把这一学说看作康德"无概念的直观是盲目的"口号的一种简化说法。康德的发现被认为是，在"心的构成性行为"之前不存在“有效的事物”(客体)。因此一个客体(其若干谓词为真的东西)永远是一种综合的结果。

对康德来说,提出一种“知识论”概念的企图,只是向这样一种知识概念前进了一半,即那种基本上是“……的认知”(Knowing that)而非“关于……的认知”(Knowing of)的概念,也就是达到朝向不以知觉为模型的认知概念的中途。然而不幸的是,康德进行这种转变的方式仍然停留在笛卡尔的框架内;它的措辞仍然像是对我们如何从内部空间达到外部空间这个问题的回答。他的自相
148 矛盾的回答是,外部空间是由栖于内部空间的观念(Vorstellungen)所构成的。十九世纪企图在避免康德的矛盾时保留知识是对命题而非对客体的关系这一观点,仍然囿于笛卡尔的框架之内,因此仍然是“唯心主义”。他们所能设想的唯一客体是由洛克的观念综合所构成的客体,因此他们致力于使这类客体的集合等同于物自体。所以,为了理解二十世纪从其继承来的“认识论”观念,我们须从洛克在说明与证明之间的混淆转向康德在述谓(关于某客体说些什么)和综合(将诸表象聚集在内部空间)之间的混淆。

3. 康德在述谓和综合之间的混淆

使某人形成一述谓式判断,就是使其相信某语句为真。使某一康德的先验自我相信某语句为真,就是使其令诸表象(诸观念)彼此相互关联:一方面是两类根本不同的表象、概念;另一方面是直观。当康德说“莱布尼兹使显相具有理智的形式,正如洛克……使一切理解的概念具有感性的形式”时,他提供了一个理解令人困

惑的十七世纪思想界的框架[27]，从而创立了标准形式的“近代哲学史”，按此，前康德的哲学就是在“唯理主义”和“经验主义”之间的一种斗争，前者想把感觉归结为概念，后者想把概念归结为感觉。倘若康德说唯理主义者打算找到一种办法，用以某种方式起同样作用但被确知的命题，来取代关于第二性质的命题，并且说经验主义者反对这一构想，那么以后两个世纪的哲学思想就会完全不同了。因为如果“知识问题”是根据命题和附着于命题的确定度之间 149
的关系来陈述的，而不是根据命题的假定成分来陈述的，我们大概就不会承袭目前的“哲学史”概念了。按照标准的新康德哲学史编纂学，从《斐多篇》和《形而上学》Z，中经阿贝拉尔和安瑟伦，洛克和莱布尼兹，直到奎因和斯特劳森，专门哲学的思考所关心的都是普遍项与特殊项间的关系的问题。如果没有这样一个统一的主题，我们大概就不能看到一个连续的问题系统，它由希腊人所发现，并不断使人们困扰，一直到我们的时代；因此大概也绝不会有一种绵延二千五百年之久的“哲学”概念。希腊思想和十七世纪思想可能彼此看起来颇不相同，而且都与我们当前的关切不同，正如印度神学与马雅数字命理学不同一样。

然而不管是好是坏，康德并未采取这个实用性的方向。他谈论内在表象而不是谈论语句。他既为我们提供了一个课题史，固定了其问题系统，又使其专业化（除非掌握了第一《批判》，否则就不可能被认真地看作一名“哲学家”）。他是通过以下的方式办到这一点的，即把 C. I. 刘易斯称作“最古老的和最普遍的哲学洞见之一”的东西注入我们的“知识论”概念之中：

在我们的认知经验中有两种成分；直接材料，如感觉材料，它被呈现于或给予心，以及一种形式、构造或解释，它表示思想的活动。[28]

然而这个“洞见”既不古老也不普遍。它并不比如下概念更古
150 老，即我们具有某种所谓“认知经验”的东西。*经验*这个词成为认识论学家标示他们主题的名字，即标示笛卡尔*思想*集合和洛克观念的名字。在此意义上，“经验”是一个表示哲学艺术的词（它十分不同于日常用法，如在“工作经验”的意义上，对后者来说，它相当于 ἐμπειρία）。刘易斯主张，当我们关注这个集合体时发现它可归入两类，似乎像是，未受哲学训练的普通人也可被直接要求将心的目光向内转，并注意这一区别。但是人们如果不了解洛克使用“经验”一词时只令其包括“感觉和反思的观念”，却排除判断，并且不了解康德用它包括“对象和知识方法二者，后者按思维律即一切知识功能的结合”[29]，他可能会为他应去关注什么而困扰，更不必说他应当注意什么区别了。

斯特劳森重复了刘易斯的主张，当他说道“普遍概念……和在经验中遇到的普遍概念的特殊事例的二重性”，是“一种基本的二重性，这是任何有关经验或经验知识的哲学思考中所不可避免的”。[30]斯特劳森的说法比刘易斯的说法较少引致误解，只因为它包含了*哲学的*一词。这种二重性之所以在关于经验的*哲学*思考中是不可避免的，正在于那些未发现此二重性的人不称自己为“哲学家”。我们只能参照康德所作所为来说明“关于经验的哲学思考”
151 是什么。心理学家可以不停地谈论刺激和反应，但这是*纯自然主义*，不被看作是“哲学的”。常识可以用最平凡的方式谈论经验，例如，思考着我们对某事物是否有充分的经验去对其进行判断，但这

也不是哲学的方式。思想是哲学的，如果像康德那样，它寻找着经验知识主张的原因，而不只是寻找其理由，而且如果最终的因果说明与心理学研究可能提出的任何东西相容的话。[31]认为这种二元性是不可避免的那种哲学思想，应当不只是告诉我们，当我们证明了真实信念后，并使我们诉诸常识和共同实践来求得证明的细节，一般而言我们就有了知识。它应当说明知识如何可能，同时，在这样做时要按照某种先验方式，即既超越了常识，又避免了为神经细胞、老鼠或问题表去操心的必要。

假定存在着这些琐细的需要而且我们没有哲学史的知识，我们就会为需要什么和从何处开始这类问题所困惑。这种困惑只能在搞懂下列一些词语后才得以缓解，如“存在对生成”、“感觉对理智”、“明晰知觉对含混知觉”、“简单观念对复杂观念”、“观念与印象”、“概念和直观”等等。我们将因此而进入认识论的语言游戏和被称作“哲学”的那种专门化的生活形式之中。当我们开始进行哲 152
学沉思时，并不像刘易斯和斯特劳森提出的那样不可避免地要闯见直观与概念的二分法。反之，我们不会知道什么被当作是“经验”，更不知道什么是哲学的经验，除非我们掌握了这一区别。因为一种“知识论”的概念只有当我们按洛克的方式把因果与证明混淆了时才有意义，而且即使如此，它似乎也是模糊不清的，直到我们在内部空间内抽离了某些实体，此内部空间内的因果关系似乎是令人费解的。“概念”和“直观”正好是所需要的实体。如果康德直接从“单一命题”不应与“呈现于感觉的单一性”等同（就此而言也不应与呈现于理智的单一性等同）这一观点，达到作为人与命题之间关系的知识观，他就不会需要“综合”概念了。他就会把一个

人看作发出语句的一个黑箱，这些发出物的证明是他在相对于其环境（包括他的同伴们的黑箱的发出物）的关系中发现的。于是“知识如何可能”的问题就会类似于“电话如何可能”的问题了，后者的意义似乎是“人怎样能建造电话这种东西？”于是生理心理学，而非“认识论”似乎就会是《论灵魂》和《人类理解论》的唯一合法的后继者了。

然而在离开康德以前，重要的是问一下他**如何**设法使概念与直观的区别看起来既有可能成立，又极其微妙地可疑。为了理解这个问题，我们必须注意，一个判断所需要的康德的“综合”与休谟的“观念的联想”之不同在于，综合是只能成立于两种不同观念（一般观念和特殊观念）之间的一种关系。因此“综合”概念和概念-直

153 观这一区别，是彼此适合的，二者都是被发明出来以使贯穿于第一《批判》中的那个矛盾而未被质疑的假定可被理解。这个假定就是：杂多是“被给予的”，统一是被造成的。这一假定在如下的主张中被详细说明了，这就是，内部空间包含了某种类似于休谟在其中发现的东西，“向感觉的诸单一呈现”的集合，但是这些“直观”不可能“被引入意识”，除非被（休谟未注意到的）第二套表象（概念）加以“综合”，这些表象进入了与一次次直观的——多关系之中。当然，非正式地说，提出这一假定的理由是，哥白尼革命的策略需要它来确保客体将符合我们的知识，而不是能够向我们要求相符性。[32]但正式地说，它被用作“先验演绎”中的前提以论证“哥白尼的”策略是行之有效的。“演绎”应当指出，我们只能意识到由我们自己的综合活动所构成的客体。于是正式地说，我们应当只**理解**：

在一切表象中**结合**（combination）是唯一不能经由客体

给予的表象……因为在理解力没有事先去进行结合之处，结合不可能消解，因为只有在被理解力结合以后，容许分析的东西才能受再现机能的支配。[33]

但是如果我们没有读过洛克和休谟，我们怎能知道心灵中呈现出多种多样事物呢？我们何以应当认为“在其原初可感受性”[34]中的感性供给我们一种杂多，而这种杂多“不可能被再现为一种杂多”[35]，直到理解力使用概念将它加以综合以后？我 154
们不可能内省到并理解到它是这样的，因为我们永远不会意识到未经综合的直观，也不会意识到概念，除非当这些概念被应用于直观时。关于我们并不这样去意识的学说，正是康德沿着把知识当成是关于命题而非关于客体的这一方向上的前进，他离开了亚里士多德和洛克企图使认知基于知觉的立场。但是如果存在着关于这样一种杂多不是一个显然的前分析的事实的话，我们怎能使用有关感性将一种杂多提供给我们作为前提的主张呢？换言之，我们是否知道，不可能被再现为一种杂多的杂多是一种杂多呢？更一般地说，如果我们继续论断说，我们只能意识到被综合的直观，那么我们怎样在综合之前得到我们关于直观的消息呢？例如，我们怎样知道存在有不止一种直观呢？[36]

这最后一个问题可以这样来回答，如果只有一种直观，那么综合就是不必要的。但这只是引导我们陷入一个小的循环。我们想要知道的是概念是否是综合者，但是如果我们被告知说它们不可能是，除非存在有有待综合的大量直观，那是没用处的。我想在这个问题上我们必须承认，“直观”和“概念”按其康德的意义只能由语境来定义。像“电子”和“质子”一样，它们只有作为希望说明某对象的一种理论的成分才具有意义。但是承认这一点后，当然，我们就突然中断了与洛克和笛卡尔诉诸那种特殊确定性的最后联系，我们以这种确定性认识到“什么最靠近我们的心”和“最易于为我们所知。”关于多样性是被发现的而统一性是被造成的这一假设，最终在这样的主张
155 中有其**唯一的**证明，即只有这样一种“哥白尼式的”理论可说明我们的先天综合知识的能力。[37]

但是如果我们把全部康德的综合理论只看作是用以说明先天综合知识的假定，如果我们接受有关“演绎”中描述的唯心理学事件无内省基础的主张，我们就不再被“哥白尼式的”策略所引诱了。因为关于被造成的(被构成的)对象的必然真理知识，比有关被发现的对象的必然真理知识更可理解的主张，取决于笛卡尔的下述假设：我们对构造活动有特殊认识通道。但对于刚才提出的康德的解释，并不存在朝向我们构成性活动的这种通道。与我们必然真理知识相联系的这种神秘性将依然存在。因为在内部空间内，被假定的理论实体不会由于是内在的而比外部空间的那类实体更有助于说明这类知识怎样得以出现。

4. 作为需要“基础”的知识

我对康德的论述可能会招致如下的反对意见，即实际上在直观与概念之间存在着一种前于分析的区别，这种区别早自柏拉图

时代既已被人们看出。人们会争辩说，感性直观首先被确认为偶然真理知识的来源，而概念则被看作是必然真理知识的来源。按此观点，唯理主义与经验主义之间的冲突，就如我一直主张的那样，并非是康德根据他自己的新区别去描述其前人的、惹人反感的 156
方式，而是很久以前就已发现的在数学真理和更平常的真理之间的戏剧性区别。我所做的论述似乎表明，在感觉和理智、混沌观念和清晰观念等等之间的习常对立，都是所谓“知识论”这种近代人为产物的部分。但是即使人们承认，“经验”的“哲学的”意义是一种近代的人为产物，希腊人在感觉和理智之间所做的区别肯定是一种真正的发现吗，就像与几何真理的严格可证明性相同的那种发现一样吗？而且当康德问必然（如数学）真理是否可能时，他是否真地在询问一个有价值的问题呢？

这个反对意见使我有机会提出最后一个论点，以便更充分地说明“处理人类知识的起源和性质的思想部门”这样一种观念的起源和性质。在我看来，柏拉图并未发现内外两种实体间的区别。反之，如我早先说过的，他是第一位表述乔治·皮奇尔所说的那种“柏拉图原理”的人，这个原理就是：确定性的区别必定与被认知客体中的区别相符。[38] 这个原理是按照知觉来建立知识并把“关于……的知识”看作“……的知识”之基础那种企图的自然结果。如果假定我们需要不同的机能来“把握”像砖石和数目这类不同的客体（有如我们有不同的器官来对应于颜色和气味），那么几何学的发现将似乎是被称作“努斯”的这一新机能的发现。反过来这将引起在第一章中讨论过的理性问题。

由于“哲学式思考”充满了数学真理的特性，以致很难摆脱柏

拉图原理的支配。然而如果我们把“合理的确定性”看作是一个论
157 证中获胜的问题，而非与一被知客体的关系的问题，我们在说明这个现象时就将面对我们的谈话者，而非面对我们的机能了。如果我们把关于毕达哥拉斯定理的确定性看作是以对这类问题的经验为基础的我们的信心，从而没有人对我们从中推出此定理的前提表示反对，那么我们就不会试图按照理性与三角性的关系来说明它了。我们的确定性就将是人与人之间对话的问题，而不是与非人的现实相互作用的问题。这样，我们在“必然的”真理与“偶然的”真理之间将看不到性质上的区别。我们至多将看到的是在反对我们信念方面的容易程度上的区别。简言之，我们将停留在柏拉图推行其原理和发明“哲学思考”之前智者派的立场上：我们将寻找一个无懈可击的事例，而非寻找一个不可动摇的基础。我们将处在塞拉斯称作的“理性的逻辑空间”内，而不是对事物的因果关系空间内。[39]

关于必然性与偶然性之间的区别问题，我想提出的主要之点正在于，“知识基础”的概念（由于其原因而非由于为其提供的理由而具有确定性的那些真理），乃是希腊人（特别是柏拉图）在知觉与认知间进行类比的结果。这种类比的基本特点是，认识一个命题为真，就相当于被一对象促动去做某件事。与命题相关的这个对象强行赋予命题以真理。“必然真理”的观念正是这样一个命题的观念，人们相信它，乃是因为对象对我们的“控制”是无法避免的。这样一种真理在这种意义上是必然的：有时必须相信在我们眼前的东西看起来是红的——有一种力量，而不是我们自己，在迫使我
158 们相信。数学真理的对象将不让自己被错误地判断或错误地报

道。像几何公理这类典型的必然真理不应需要证明、理由、讨论，它们的不可讨论性有如宙斯呼雷唤雨或海伦示意入其闺房一样。〔被假定为合理的 ἀνάγκη（必然性），可以说，只是粗暴的 βία（力）的一种升华形式〕

如果人们愿意的话，"概念"可被看成是"必然真理知识的源泉"，但这并不意味着刘易斯和斯特劳森认为的概念与直观的区别是先于分析地给予的这种看法是正确的。它只是一系列可供选择的隐喻之近代形式而已，这些隐喻为柏拉图所选择，它们已成为从"哲学思考"的定义中得出的隐喻了。柏拉图的主要区分并非是在内部空间内的两种实体之间、两种内部表象之间提出的。虽然他玩弄着"内部空间"的隐喻（如在《泰阿泰德》的飞鸟形象中和他使用的"在灵魂中"〔ἐν τή φυχή〕），而且有时接近了笛卡尔的审视各种（具有某种程度的必须接受性的）内部图画的心的目光的比喻，但他的思想基本上是"实在论的"。由数学真理所引起的这种柏拉图的区分是形而上学的而非认识论的，这是一种在存在世界与生成世界之间的区别。与《理想国》Ⅵ中的"分界线"的形而上学区分对应的东西不是在非命题的内在表象之性质间的区分，而是在命题确定性程度之间的区分。柏拉图并未专注于有关非命题的内部实体的思想上，而是专注于有关灵魂和身体的各个部分的思想上，它们都被各自的对象以各自的方式强制人们接受。柏拉图像笛卡尔一样把人的模型建立在两种真理的区分上，但两人的模型非常不同。然而更重要的是，有关数学真理的存在要求这样一种说明模型的观念，并不是在哲学思考开始时给予的某种前于分析的东 159
西。它是供谈论知识用的某一系列隐喻的选择的产物，这是一些

知觉性隐喻，它们潜存在柏拉图和近代的讨论之中。[40]

我在本节开始讨论的这些反对意见就谈到这里。现在我想详细论述一下这样一个观点，即“知识基础”的观念是在诸知觉性隐喻间进行选择的产物。为了扼要说明，我们可以把知识看作对命题的一种关系，因此就是把证明看作是在所讨论的命题与其可从中被推出的其他命题之间的一种关系。或者，我们可以把知识和证明都看作对那些命题所针对的客体的特殊关系。如果我们按第一种方式思考，我们将看不到有必要去终止“为维护其他命题而提出命题”这一程序的潜在的无限倒退性。一旦每个人，大多数人或明智的人都满意之后，再不断把某个主题谈论下去是愚不可及的，但是我们当然*可以*这么做。如果我们以第二种方式思考知识，我们将要绕过理由而达到原因，越过论证而达到来自被知客体的强制性，即达到这样一种情境，在其中论证不止是会变成愚蠢，而且变成不可能了，因为每一位被该对象以所需方式所掌握的人将*不可能*怀疑或理解一种替代性的东西。达到这种观点就是达到知识的基础。对柏拉图来说，这个观点是通过逃避感觉和使理性机能（灵魂的眼睛）向存在世界敞开来达到的。对笛卡尔来说，这是一个使心的眼睛从含混的内在表象转向明晰表象的问题。对洛克而言，这是一个颠倒笛卡尔的方向并把“对感觉的单一呈现”看作应当“掌握住”我们的那种东西，这种东西我们不可能也不应当希望摆脱。在洛克以前，任何人都不会在感觉领域中去寻找知识的基
160 础。当然，亚里士多德说过，我们不可能搞错事物如何对我们显现的问题，但是把知识建立于显相之上的想法却会使他和柏拉图都认为荒谬无比。我们希望将其当作知识对象的东西，正是本身不

是显相的东西，而且关于某一种客体(显相)的命题是关于另一种客体(实际存在物)的命题的证据的看法，对他们两人中任何一位都是不可理解的。

然而在笛卡尔之后，显相与实在的区分开始逐渐离开了注意中心，而被内部与外部的区分所取代。“我们如何能够逃脱显相领域?”的问题，为“我们如何能从观念纱幕背后逃脱?”的问题所取代。对此问题洛克提出一种回答：使用你关于事物如何向你的感觉显现的确定性，正像柏拉图使用几何公理一样，即把它们当作推出任何其他东西的前提(只是以归纳方式，而非像柏拉图那样以演绎方式)。这个回答只是在休谟对其加以研究之后才显得有效，但它曾经具有某种素朴的魅力。它满足了柏拉图曾感觉到的那种被控制、被掌握和被强制的同样需要，然而“简单的感觉观念”似乎不像柏拉图的形式那样高不可攀，而且它也更现代化一些。因此到了康德时代，似乎有了两种可供选择的知识基础，人们必须在内在化了的形式、笛卡尔的明晰观念这一边和休谟的“印象”那一边之间进行选择。在两种情况下人们都在选择被强制接受的对象。康德把这些假定的客体看作基本上是不足以和无力量去进行强制的东西而加以拒绝，除非使它们彼此结合在“综合”之中，他是第一位把知识基础看作命题而非看作客体的人。在康德以前，探究“知识的性质和根源”，就是寻求独特的内在表象。到了康德，这成为探求心为自身建立的规则了(“纯粹知性原理”)。这正是人们何以把 161
康德看作是把我们从自然引向自由的理由之一。康德不是把我们看成准牛顿式的机器，希图被正确的内在实体所强制，从而按照自然为我们做的设计而行动，而是让我们把自己看作在决定(从本体

上，因此即是无意识地）什么性质应被容许如其所是。

然而康德并未使我们摆脱洛克在证明和因果说明间的混淆，这是包含在“知识论”观念中的基本混淆。因为，关于我们的自由依赖于唯心主义认识论的看法（即为了把我们自己看作“超出机械论”，我们就必须走向先验论，并声称我们已经“构成了”原子和虚空），正是洛克一再犯的错误。这就是去假定，提供理由（证明我们的陈述和我们其他行为）的逻辑空间，须得与因果说明的逻辑空间处于某种特殊的关系中，从而保证二者之间的一致（洛克）或一者不能干涉另一者（康德）。康德正确地看到，一致是无意义的，干涉是不可能的，但他却错误地认为，确立后一观点需要一种由认知主体对自然进行“构成”的观念。康德沿知识的命题观而非知觉观方向的前进半途而止了，因为它被包含在因果性隐喻的框架之内，如“构成”、“造成”、“形成”、“综合”等等。

在二十世纪哲学中，盎格鲁-撒克逊“主流”传统和德国“主流”传统之间的区别，表现出对待康德的两种对立的立场。溯源于罗素的传统把康德关于先天综合真理的问题看作是误解了数学的性质而放弃了，从而把认识论主要看作是一个使洛克现代化的问题。在这个现代化过程中，认识论与心理学区分了开来，前者被看成是
162 有关基本命题和非基本命题间证明关系的研究，而且这些关系被看作是一个“逻辑”的而非经验事实的问题。另一方面，在德国传统中，通过“构成”概念来维护自由和精神性，被保存为哲学家特有的使命。逻辑经验主义和稍后的分析哲学被大多数德国（以及很多法国）哲学家看作不是“先验的”，因此既没有方法论的可靠性又没有独特的启迪性，从而弃之不顾。甚至那些强烈怀疑康德大部

分学说的人也从不怀疑像他的“先验的转向”这类概念是重要的。在盎格鲁-撒克逊哲学家一边，所谓语言的转向被认为是从事着使哲学与科学划界的工作，同时使人摆脱“唯心主义”的任何残余或诱惑（这被看成是大陆哲学最易重犯的恶习）。

然而在海峡两边，大多数哲学家仍然是康德主义者。甚至当他们自认为“超越了”认识论时也同意，哲学是这样一门学科，它把我们信念的“形式的”或“结构的”方面作为自己的研究目标，而且哲学家在对这些方面进行检验时，还履行着使其他学科靠得住并对它们声称什么可能有正当“基础”的主张施以限制的文化职能。对这一新康德主义的一致认识的重要例外，仍然是杜威、维特根施坦和海德格尔。就本节这个题目而言（知识“基础”观，它以与注视客体时的强制信念的类比为基础），海德格尔特别重要。因为海德格尔企图指出，“客观性”的认识论概念，如他所说，来自“φύσιs（自然）与ἰδέα（理念）的同一性”，即事物的实在与其在我们面前的出现的同一性。[41]他热衷于探讨西方如何执迷于我们与类似于视知觉的物体的首要关系概念，因此提出可能存在着我们与事物的关 163
系的其他概念。亚里士多德-洛克的知识与知觉的类比观的历史根源超出了本书范围，但我们至少能从海德格尔那里获得这样的观念，对一门“认识论”的愿望只是最早选择的一系列隐喻的辩证发展中的最近的产物。[42]

把这种发展描绘为一个直线序列当然是过于简单化了，但这或许有助于把早先占支配地位的隐喻，看作是使我们的信念通过将其直接面对信念对象来决定的那种隐喻（例如可证明定理的几何图形）。下一个阶段则是认为，理解怎样认识得更好，也就是理

解怎样改进一种准视觉机能（即自然之镜）的活动，因此也就是把知识看作一种准确表象的集合。于是又出现了这样的看法：获得准确表象的方式就是在这面镜子里发现一种特殊的、具有特权的表象类，它有如此强制人接受的力量，以至于这些表象的准确性不可能被怀疑。这些具有特权的基础，将成为知识的基础，而引导我们朝向它们的学科（知识论），将成为文化的基础。知识论将成为对那样一种东西的追求，这种东西一旦显现，就强制着心灵去相信它。作为认识论的哲学将成为对某种不可改变的结构的追求，知识、生活和文化必然包含在其内，这些结构是由哲学研究的特殊表象所建立的。因此新康德主义的共识似乎是一种原始愿望的最终产物，这种愿望即用对照（confrontation）取代对话以作为我们信念的决定因素。

在本书第三部分中我企图指出，如果对话被看作是充分的，而
164 对照的追求被放弃的话，亦即如果知识不被看作是自然之镜中的表象的话，情况会是怎样。然而在下面三章中我将先试图（在第四章中）勾勒新康德主义的共识在二十世纪哲学中的形成，以及这种共识的一种形式（“分析哲学”）后来所陷入的思想混淆。这将涉及到描述及维护奎因和塞拉斯对特殊表象概念的批评。而第五章和第六章我讨论认识论哲学两个假想的“继承性主题”（它们分别是心理学和语言哲学），这些主题由于把哲学当作是对再现作用的研究而仍然逗留于新康德主义的共识之内。

第三章注解

① 托马斯·霍布斯：《论物体》，第一章，第二节。

② 关于在康德之前和康德之后所写的哲学史之间的区别问题，参见M.曼德包姆的“论哲学的历史编纂学”，载于《哲学研究文要》，1976年第2卷；J.帕斯摩尔的文章“哲学的历史编纂学”，载于《哲学百科全书》，纽约，1967年；L.布劳恩：《哲学史的历史》，巴黎，1973年，特别是第五章；V.柯辛：《哲学史导论》，巴黎，1868年，第十二讲“论哲学史”。曼德包姆谈到（第713页）在德国十八世纪最后十年中哲学史的概念被频繁讨论的情形，他说，“我相信实际情况是（虽然我所搜集的资料还不足以使这一看法超出猜测的程度），这种讨论必定是由于那一时期康德工作的影响而激发的；意思是说，他的体系在同一时期既是一种结束，又是一种新的开始。”所有这些作者都强调指出布鲁克尔的《哲学批评史》（1742—1767）和提德曼（《思辨哲学的精神》，1791—1797）与坦尼曼（《哲学史》，1789—1819）的哲学史的对立。布鲁克尔用几乎十分之一篇幅谈论近代“综合哲学家”（即那些不适于归入某一古代学派中去的哲学家），并（在目前由培根、笛卡尔、霍布斯、斯宾诺莎等人组成的标准系列之外）纳入了二十几位其他人物（如马基雅弗里，开普勒，波伊尔）。提德曼首先提出了“近代伟大哲学家”的一份经典的简短清单；他对读者说“哲学史就是对哲学发展中诸连续阶段的展现，对理性多次努力实现一种有关最终基础和自然法则与自由的科学观念的展现”；稍早时他还说，理性以“统一千差万别的表象”的功能开始，并由此继续达到科学思想的最终统一化。（《哲学史》第一卷，莱比锡，1798年，第XXIX，XXVI页）。他的哲学史已经具有了我们使其与黑格尔的哲学史联系在一起的那种“戏剧化的”性质。他既给我们提供了一份那些被看作哲学家的人的清单，其根据是他们的研究与康德的研究接近到什么程度，又提供了一种从古代到近代的哲学进步观。

③ 参见E.柴勒尔：“知识论的意义和任务”，载于《讲演与论文集》第二辑，莱比锡，1877年，第495页。柴勒尔的论述是康德以来一长串论述之一，他们宣称业余哲学家的时代已经过去，现在该由专业哲学家来接管了。关于后来的这类看法，参见G.J.瓦纳克：《1900年以来的英国哲学》，伦敦，1958

年。他在第 171 页上说:“……哲学只是在晚近才获得专业化的身份”,在第 172 页上说:“……只是在十分晚近的时候,哲学的主题,或准确些说,哲学的任务才得以明确地与其他学科的主题明显地区分开来。”(瓦纳克所谈的是 1900 年到 1958 年时期)我不了解这类看法何时最早出现,但注意到 E. 莱因霍得使用“专业哲学家”一词来与“所有科学文化人”相对比,他的《哲学通史手册》就是供后者使用的。(《手册》第一卷,戈塔,1828 年,第 V 页)对莱因霍得历史的这篇导论有助于证实曼德包姆的下述论断(参见前面的注②),他指出了康德思想与用近代意义的“哲学史”取代“哲学家意见编年史”的关系。

④ 正如我将在下面,特别在第六章中,更详细地论辩的,作为“第一哲学”的现代语言哲学概念与认为认识论是“第一哲学”的较早的主张并无多大改变,前者只是后者的一个较小的变种。康德以来哲学的中心主张是,“再现现实的可能性”是须待说明的东西,为此在心理再现与语言再现之间的区别,相对来说就不那么重要了。

⑤ 参见 H. 维易辛格的“论‘知识论’一词的起源”,载于《哲学月刊》,第十二卷,莱比锡,1876 年,第 84—90 页上有关这个词的历史。维易辛格的观点似乎是大多数新康德主义者共同具有的,我在此也采取这个观点,他认为,洛克是第一位“对一切形而上学和伦理学讨论必须以认识论研究为前提具有明确认识”的人,而且笛卡尔和斯宾诺莎沿此路线所做的论述仅仅是偶发的和非系统性的(第 84 页)。我很感谢 I. 哈金论述认识论作为一门学科兴起的一篇未发表的论文,它提到了维易辛格(和其他人,并提出了很多有启发性的想法)。

⑥ F. 毛兹奈尔:《哲学词典》,慕尼黑和莱比锡,1910 年,“知识论”词条,第一卷,第 296 页:“一个纯德语词,由(艾思勒之子)小莱因霍德提出,但首先是由于柴勒尔而提高到它目前的尊严性的”。维易辛格对柴勒尔也有同样的论断,“论‘知识论’一词”,第 89 页。维易辛格的文章既是对新康德派哲学家正在创造的新“专业化了的”自我形象的报道,又是这一自我形象的一个

例证。

⑦ 柴勒尔:“知识论”,第494—495页。

⑧ 同上,第496页。

⑨ W.詹姆士:《书信集》,亨利·詹姆士编,波士顿,1920年,第228页(1905年5月2日致乔治·桑塔亚那的信)。

⑩ 洛克:《人类理解论》第一卷,第一章,第一节。

⑪ 同上书,“致读者的信”。

⑫ 参见《纯粹理性批判》,第BXVI—XVII页;康德说,“对象必须符合我们知识”的假定“与应当能够先验地具有知识,即在对象被给予之前来确定有关它们的某些东西的假定更好地相互一致。”我们怎样知道它们必须符合什么条件(如何证明由先验观点提出的知识主张)的问题,在第一《批判》中的任何段落中均未加以讨论。

⑬ 人们常常评论康德对司法学隐喻的偏爱。在新康德主义者那里也可看到这种偏爱。例如参见柴勒尔的“论哲学的任务和它对其他科学的态度”(《讲演与论文集》,第二辑,第445—466页)。在描绘哲学家作为文化监督者的抱负时,他谈到了每门学科都应从哲学中获取合法头衔,并且说“没有任何一个人类知识的分支其根源不下及哲学领域的,因为一切科学都产生于认知精神并从该精神的程序中借用其法则”。(第465页)

⑭ 休谟的《人类理解研究》一书第十二节“论学院的或怀疑论的哲学”曾说明了这两类怀疑论之间的紧张关系。休谟想使笛卡尔《沉思录第一篇》中的怀疑论(他认为这种怀疑论是夸张的和不能成立的),既与以“除心像或知觉外心中别无他物”观点为基础的他本人的观念纱幕怀疑论相区别(休谟:《哲学著作集》,波士顿和爱丁顿,1854年,第4卷,第173页),又与比罗主义或极端怀疑论相区别(第183页)。他急于区别第二种和第三种怀疑论,并坚持说,不应认真看待“新思想方式”的纯“专业性的”和“技术性的”怀疑论。休谟并不认为自己发现了支持塞克斯都的新论证;反之,他急于指出,洛克构想

的怀疑论后果并未表明(像康德和罗素会相信的那样)需要一种新的、更好的认识论,而是需要理解认识论的不重要性和情感的重要性。关于笛卡尔以前时期比罗主义的问题,参见 R. 波普金的《从伊拉斯摩到笛卡尔的怀疑论史》,纽约,1964 年。

⑮　T. H. 格林:《休谟和洛克》(格林对休谟的《人性论》的“导论”),R. 莱莫斯编,纽约,1968 年,第 19 页。

⑯　W. 塞拉斯:《科学、知觉和实在》,伦敦和纽约,1963 年,第 169 页。

⑰　同上书,第 131 页。关于塞拉斯观点的一种发展及其对近来现象主义的应用,参见 M. 威廉姆斯:《无根据的信念》,牛津,1977 年,特别是第二章。

⑱　T. 莱德:《人的理智能力论》,重印版附有 B. 布洛迪一篇导论,麻省剑桥,1969 年,第 100 页。

⑲　格林:《休谟和洛克》,第 11 页。

⑳　W. 塞拉斯:《哲学展望》,斯波林费尔德,1967 年,第 211 页。

㉑　洛克:《人类理解论》,第一卷,第二章,第 V 节。

㉒　莱德认为亚里士多德在其幻象学说中开始了导向休谟的那条逐渐下滑的斜坡。参见《人的理智能力论》,第 133 页。

㉓　I. 哈金在其开创性的《概率的出现》(剑桥,1975 年)一书中指出,作为一种在命题间的证实关系的证据(evidence)只是在十七世纪才开始出现。如果哈金正确的话,那么这一事实将对英国经验论者著作中命题的知识和(被意指的)非命题的知识间的种种不协的混合性充分加以阐明。特别参见第十九章中哈金对洛克、贝克莱和休谟的论述。

㉔　莱德:《人的理智能力论》,第 147—148 页。

㉕　格林:《休谟和洛克》,第 11 页;同样参见第 163 页。

㉖　同上书,第 185—186 页。

㉗　《纯粹理性批判》,第 A271 页,B327 页。

㉘　刘易斯:《心和世界秩序》,纽约,1956 年,第 38 页。

㉙　H. 拉特克:《康德纯粹理性批判系统小词典》,汉堡,1929 年,第 62 页:“Erfahrung bezeichnet sowohl den *Gegenstand* als die *Methode* der Erkenntnis, den denkgesetzlichen Zusammenhang aller Funktionen der Erkenntnis.”(经验既描述对象又描述知识的方法,即知识的一切功能的合乎思维律的整体。——中译者)康德的用法的确使得任何定义都像拉特克可能为其辩解的同样模糊和含糊。关于“经验”的哲学含义,参见杜威的《经验与自然》,纽约,第 11 页。

㉚　P. F. 斯特劳森:《感觉的限制》,伦敦,1966 年,第 20 页。

㉛　把康德的论述称作“因果的”似乎会使人惊异,但是“先验构成”概念完全寄生于笛卡尔—洛克的内部空间力学的概念上,而且康德对“基础”而非对“原因”的自欺式的用法,不应被容许来使此问题模糊不清。如果我们从康德学说中删除斯特劳森所谓的“先验心理学的神秘主体”,我们就不可能弄懂哥白尼革命的意思。我在“斯特劳森的客观性论证”中曾讨论过,斯特劳森对一旦人们忘记了哥白尼革命后,康德哲学中还存留下什么的看法,参见《形而上学评论》,1970 年第 24 期,第 207—244 页。

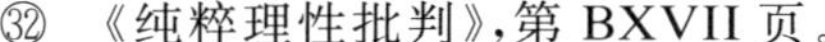

㉜　《纯粹理性批判》,第 BXVII 页。

㉝　同上书,第 B130 页。

㉞　同上书,第 A100 页。

㉟　同上书,第 A99 页。按照“先验美学”篇,杂多当然一开始就是时空性的。但“先验分析篇”与此相对立(例如参见第 A102 页,第 B160 页注),而且除非美学篇的原理被放弃,“类比篇”的论证就不会完成。关于这个问题参见 R. P. 沃尔夫:《康德的心的活动的理论》,麻省剑桥,1963 年,第 151 页以下。

㊱　假定一个神秘主义者告诉我们,直观提供给我统一性(永恒的白色光辉),而概念的思考(像是一个杂色玻璃的屋顶)将其分裂为杂多性。我们怎能判定,关于统一性是与感受性还是与自发性相关联,他或康德是否正确

呢？这可能有什么关系呢？

㊲　换一个方式阐明这一点，康德本人的先验唯心论使“先验演绎”失去根据，因为被描述在“演绎”中的机器（综合）和原料（概念，直观）或者是实体性的，或者是现象性的。如果是现象的，那么与“演绎”的前提相反，我们可以了解它们。如果是实体的，那么我们就不可能知道有关它们的任何东西（包括“演绎”所说的东西）。

㊳　参见第二章注⑮。

㊴　关于与这一观点一致的、对智者派和一般前柏拉图思想的一种同情的论述，请参见 L.维尔塞尼的《苏格拉底的人本主义》（纽黑汶，1963 年）。同时参阅海德格尔关于普罗塔格拉的讨论，载于《技术问题和其它论文集》，W.罗维特译，纽约，1977 年，第 143—147 页。

㊵　也许容易看出，我对柏拉图视觉隐喻的讨论得助于杜威和海德格尔两人。

㊶　海德格尔：《形而上学导论》，R.曼海姆译，纽黑汶，1959 年，第 185 页。

㊷　海德格尔：《哲学的终结》，J.斯坦姆堡（编译），纽约，1973 年，第 88 页。

第四章　特殊表象 165

1. 必然真理，特殊表象和分析哲学

在十九世纪末，哲学家们不无道理地对哲学这门学科的前途感到担忧。一方面，经验心理学的兴起提出了这样的问题："我们需要知道心理学不能告诉我们的哪些知识？"① 自从笛卡尔企图通过明晰的观念来保证世界的可靠性和康德企图通过先天综合真理来保证世界的可靠性以来，本体论一直为认识论所支配。于是认识论被心理学所"自然化"就意味着，一种简单而不严格的物理主义可能是唯一所需要的那种本体观。另一方面，德国唯心主义传统在英美降为可恰当地称作"新教以某种方式的延续"的东西。唯心主义者打算通过援引贝克莱的论证来摆脱物质实体和援引黑格尔的论证来摆脱个人自我（而又断然忽略黑格尔的历史主义），以拯救物理主义似乎忽略了的"精神价值"。但是很少有人认真看待这些抱负不凡的努力。贝恩和穆勒的最热心的还原论以及罗伊斯的同样最热心的浪漫主义，都驱使詹姆士和布拉德雷一类美学的
嘲讽家以及青年杜威一类的社会改革家宣称传统认识论的问题和 166
解决是不真实的。他们都被激发去对"符合真理说"和"精确表象

知识论”进行彻底的批评，从而威胁着作为各专门学科之批判的整个康德的哲学概念。同时，像尼采、柏格森和狄尔泰这些各式各样的哲学家，也在颠覆着某些相同的康德的前提概念。一时间似乎哲学可能一劳永逸地离弃认识论，离弃对确定性、结构和严格性的寻求，以及离弃使自身成为理性法庭的企图。

然而，在1900年左右似乎正要进入哲学的那种游戏精神，却在萌芽状态中被消除了。正如数学曾激发柏拉图去发明“哲学思考”一样，严肃的哲学家们也转向数理逻辑以逃避他们的批评者的纷至沓来的讥讽。这类企图重新抓住数学精神的典型代表人物就是胡塞尔和罗素。胡塞尔认为哲学陷于“自然主义”和“历史主义”之间，二者都未提供康德封为哲学家天赋权利的那种“必然真理”。[2]罗素也与胡塞尔一起谴责在数学哲学中弥漫的心理主义，并宣称逻辑才是哲学的本质。[3]为找到某种必然为真的东西的需

167 要所驱使，罗素发现了“逻辑形式”，而胡塞尔发现了“本质”；世界的这些“纯形式的”方面在非形式的方面被“放进括号”时依然存在。对这些特殊表象的发现，再一次开始了对严肃性、纯粹性和严格性的追求，[4]这种追求延续了四十年左右。但是最终，胡塞尔的嫡传（萨特和海德格尔）和罗素的嫡传（塞拉斯和奎因）又提出了有关必然真理的可能性这类问题，正如黑格尔提出了有关康德的问题一样。现象学逐渐演变为胡塞尔不无轻蔑地称作“仅只是人类

168 学”的东西，[5]而“分析派的”认识论（如“科学哲学”）逐渐增加了历史主义和减少了“逻辑性”（如汉森、库恩、哈尔和黑斯）。于是在胡塞尔的“作为严格科学的现象学”和罗素的“逻辑作为哲学之本质”两文发表了七十年之后的今天，我们又回到了这些宣言书作者所

面对的同一假想中的危险：如果哲学变得太自然主义化，讲求实效的实证学科将把哲学挤到一边；如果它变得太历史主义化，那么思想史、文学批评以及“人文科学”中类似的软性领域将把它吞并。[6]

关于现象学和分析哲学的荣耀与不幸之全部历史，显然远远超出了本书的范围。本章中我想讲述的仅只是，在分析哲学运动的晚近时期，两种表象(直观与概念)观如何陷入声名狼藉之境。我一直主张，康德关于概念和直观共同产生知识这幅图画，对于理解作为不同于心理学的专门哲学学科的“知识论”观念是需要的。这等于说，如果我们没有“所与”物和“心增添的”东西之间的区别，或者没 169
有在“偶然性”(因为被所与物所影响)和“必然性”(因为完全在心内并为其所控制)之间的区别，那么我们将不知道什么可被看作是我们知识的一种“理性的构造”。我们将不知道认识论的目标或方法可能是什么。这两种区别在分析运动的整个历史过程中不时遭到攻击。例如纽拉特曾怀疑卡尔纳普对所与物的依赖，而罗素的“习得的知识”观和刘易斯的“表达的语言”也常常受到怀疑。然而这些怀疑只是在五十年代初由于维特根施坦的《哲学研究》、奥斯丁对“感性杂多本体论”的嘲讽以及塞拉斯的“经验主义和心的哲学”等著作的出现而趋于成熟。在必然性与偶然性之间的区别(由罗素和维也纳学派作为“意义真”和“经验真”之间的区别而重新获得活力)通常未受到挑战，并形成了“理想语言”和“日常语言”分析之间的最小公分母。然而，也是在五十年代初，奎因的“经验主义的两个教条”一文对此区别提出了挑战，而且，哲学之于经验科学的关系有如结构研究之于内容研究的关系这种(康德、胡塞尔和罗素共同具有的)标准观念也随之受到了挑战。假设奎因的怀疑(有维特根施坦

《哲学研究》中的类似怀疑为支持)——怎样才能知道何时我们是在对“语言”的强制而非“经验”的强制作出反应——可以成立的话，那就很难说明在什么意义上哲学有一个分离的“形式的”研究领域，因此也难以说明其结果如何可能具有所希望的必然真的特性。因为这两种挑战都是对“知识论”观念本身的挑战，因此也就是对被看作是以这一理论为中心的哲学这门学科本身的挑战。

170　下面我将只限于讨论对分析哲学的康德基础所做的两种彻底的批评方式：塞拉斯对“所与性的整个构架”所做的行为主义批判和奎因对必然性与偶然性区分所采取的行为主义路线。我将把二者都当成整体论的形式。只要知识被看作是准确的再现(看作是自然之镜)，奎因和塞拉斯的整体论学说似乎就是矛盾和无意义的，因为这种准确性要求一种特殊的表象(再现)论，这些表象是自动而内在地准确的。于是对塞拉斯关于所与性和奎因关于分析性讨论的反应往往是认为他们“走得太远了”，即他们允许整体论使自己晕头转向并离开了常识。为了替塞拉斯和奎因辩护，我将论证说他们的整体论是他们对下述论题承诺的产物，即证明不是在观念(或字词)和对象之间关系的问题，而是谈话和社会实践的问题。可以说，谈话性证明是天然整体论式的，而囿于认识论传统的证明观是还原论的和原子论的。我将试图指出，塞拉斯和奎因援引了相同的论点，即既反对所与与非所与的区别，又反对必然与偶然的区别。这一论点的重要前提是，当我们理解对信念的社会性证明时就理解了知识，从而没有必要把知识看作再现准确性的问题。

一旦用谈话取代了对照，作为自然之镜的心的观念就可予以

摈弃了。于是作为这样一门学科的哲学概念就变得无法理喻了，它在组成这面镜子的诸表象之间寻求特殊的表象。一种彻底的整体论不能容许这样的哲学概念，如“理智的”、“必然真确的”、从知识的其余部分中挑出“基础”的、说明哪些表象是“纯所与的”或“纯概念的”，提出一种“标准的符号系统”而非提出一种经验的发现，或抽离出“通贯构架的启发式范畴”。如果我们把知识看作有关谈 171
话和社会实践的问题，而不是看作去映现自然的企图，我们大概就不会去设想一种元实践(metapractice)，后者是对一切可能形式的社会实践的批判。于是正像奎因详细论证的和塞拉斯顺便说到的那样，整体论产生了一种哲学概念，它与确定性的探求毫无关系。

然而不管是奎因还是塞拉斯都并未详细地发展一种新哲学概念。奎因在论证科学和哲学之间不存在分界线以后倾向于假定说，他因此而表明了科学可取代哲学。但是我们并不清楚他要求科学去履行什么样的任务。也不清楚为什么是由自然科学而不是由艺术、政治或宗教，去接管空下来的领域。此外，奎因的科学概念仍然令人难以理解地是工具主义的。它是以“刺激”和“假定”间的区别为基础的，这一区别似乎为老的直观—概念区别提供了帮助和安慰。但是奎因由于承认感觉器官的刺激与任何其他东西同样都是“假定”，从而超越了这两种区别。似乎奎因在放弃了概念—经验、分析—综合和语言—事实各组区别之后，仍然未能放弃在所与和假定之间的区别。反之，塞拉斯在克服了后一组区别之后却不能完全放弃前几组区别。尽管合乎礼貌地承认了奎因对分析性概念的克服，塞拉斯的写作仍然充满着对各种词语或语句“进行分析”的观念，并且处处悄悄利用以下诸项间的区别：必然与偶然、结构与经验、哲学与科学。两人中的每一位都倾向于对另一位已超越了的区别不断予以非正式的、默默的和启发式的使用。似乎如果没有两大康德区别中至少一种的存在，就不可能写作分析哲学，而且似乎无论是奎因还是塞拉斯都不想切断把他们与罗素、
172 卡尔纳普和“作为哲学本质的逻辑”结合起来的最后联系。

我怀疑，如果没有这些区别中的一种或另一种，分析哲学就不能成其为分析哲学。如果根本不存在可以把概念分解的直观（按卡尔纳普的构造的方法），也不存在形成“语法发现”的概念间的任何内在关系（按牛津哲学的方式），那么确实难以想象一切“分析”可能是什么。十分明智的是，很少有分析哲学家企图再去说明提供一种分析是怎么一回事。虽然在罗素和卡尔纳普的主持下三十年代和四十年代期间出现了大批形而上学文献，五十年代期间又出现了另外一大批这类文献，《哲学研究》和《心的概念》为其代表，[7]现在却很少有人企图通过说明如何区分成功的分析和不成功的分析而使“分析哲学”具有自意识。我想，在分析哲学运动内部目前欠缺形而上学的反省一事标志了这样一个社会学事实：现在在几个国家之中，分析哲学都是根深蒂固的思想流派。因此在这些国家中由应用某种风格或论及某些主题的哲学家所做的任何事情，都被看作（可以说，按其职责而言）是继续着由罗素和卡尔纳普所开创的工作。一旦一种激进运动接替了它所反叛的既定体系，就更不需要方法论的意识、自我批评、或在辩证空间或历史时间中的一种位置感了。

我并不认为还存在有任何可被判定为“分析哲学”的东西，除

了是在这类风格学或社会学的方面。但这并不是一种轻蔑之谈，好像某种合法的期待已消失了似的。哲学中的分析运动（正像任 173
何学科中的任何运动一样）用完了一系列假定产生的辩证结果，现在则无甚可为了。罗素和卡尔纳普与康德分享的那种乐观主义信心（哲学、它的本质及其最终发现的正确方法，最后都被纳入可靠的科学之路上去），并不是某种惹人嘲笑或悲叹的东西。这种乐观主义只是在那些具有高度想象力和勇气的人们、各自时代中的英雄们身上才可能产生。

2. 认识论的行为主义

要描述奎因和塞拉斯攻击逻辑经验主义时的共同特点，最简单的方式就是指出，这两人都提出了关于认识优先性的行为主义问题，这种优先性在逻辑经验主义那里被看作是某些作为特殊表象报道的论断所具有的。奎因问道，一位人类学家应该怎样把土著人经常地和甘心情愿地公认的语句，区分为偶然的经验常识和必然的概念真理。塞拉斯问道，对于（例如）事物如何向我们显现、我们遭受的痛苦和我们心中浮现的思想等等所做的第一人称报道的权威性，如何与有关（例如）金属应力、鸟类交配行为或物体颜色的专门报道的权威性相区别。我们可以将两个问题合在一起简单地问道：“我们的同伴怎样知道我们的论断中哪一些应当相信，哪一些有待进一步证实？”对土著人来说，知道了哪些语句是无可怀疑地真的，而不知道它们是“靠着语言”而为真的，这似乎就已经足够了。对我们的同伴们来说，相信不可能有比我们的报道更好的

方式来发现我们的内部状态，而无须知道什么东西存于我们做出报道的“背后”，这似乎已经足够了。对我们来说，知道了我们的同
174 伴具有这种默认的态度，似乎也已经足够了。单只这一点对于有关我们内部状态的内在确定性来说似乎已足够充分了，传统对这些内部状态一直是用“直接呈现于意识”、“明证感”，以及其他的说法（均假定了在自然之镜中的反映内在地就比自然本身被认识得清楚）来解释的。对塞拉斯而言，“我感到一次痛苦”的确定性是这样一种事实的反映，即无人想对它质疑，反之则不然。对奎因来说，“一切人都是动物”和“有某些黑狗”的确定性情形也是一样。奎因认为，“意义”的脱出正如不是机械一部分的机轮一样，[8]而塞拉斯对“自行证实的非语言片段”的看法也是一样。[9]更广泛地说，如果论断是由社会来证明而非由人们所表达的内部表象的特性来证明，那么就无必要企图抽离出特殊的表象来。

参照社会使我们能说的东西来说明合理性与认识的权威性，而不是相反，这就是我将称作“认识论的行为主义”的东西之本质，这也是杜威和维特根施坦共同具有的态度。我们最好把这种行为主义看作一种整体论，但它不需要唯心主义形而上学的基底。它声称，如果我们理解语言游戏的规则，也就理解有关在该语言游戏中为何要完成某些步骤所应理解的一切了（这就是除了从无人会称之为认识论的研究中所获得的专门理解中的一切，例如那些关于语言史、大脑结构、物种进化和游戏者的政治与文化环境的研究）。如果我们是在这个意义上的行为主义者，那么我们将不会想
175 到援引传统的康德式的区分。但是我们能够一味向前并成为行为主义者吗？还是像奎因和塞拉斯的批评者所提出的，行为主义难

道不是只在用未经证明的假定来辩论吗？[10] 是否有任何理由认为，基本的认识概念**应当**根据行为主义来说明呢？

最后这个问题导致：我们能否把有关“人类知识性质”的研究正好处理成有关人们相互作用中的某些方式的研究呢，或者说，它是否需要一种本体论的基础（涉及描述人类的某种哲学的专门方式）呢？我们应当把“S 知道 P”（或“S 非推论地知道 P”，或“S 不可改变地相信 P”、或“S 关于 P 的知识是确定的”），看作关于 S 在其同伴间的报道的性质呢，还是看作有关主体与客体之间、自然与其镜子之间关系的论述呢？第一种选择导致实用主义的真理观和对本体论的一种治疗性的研究（按此哲学可以纠正在常识与科学之间的无意义的争执，但并不为某对象的存在或不存在提供任何独立的证据）。因此对奎因来说，必然真理只是这样一种陈述，任何人都未曾向我们提出任何有趣的替代性陈述，后者会导致我们怀疑该陈述。对塞拉斯来说，认为关于某一一时出现的思想的报道是不可改变的，就是认为任何人还未提出预测和控制人类行为的一种好办法，这种办法不从其表面上来看待诚实的第一人称的即时性思想报道。第二种选择导致对以下诸种关系的“本体论说明”，即那些在心与意义、心与直接认识材料、普遍项与个别项、思想与语言、意识和大脑等等之间的关系。对齐思霍姆和贝格曼一
类哲学家来说，必须设法进行这类说明，如果要保留常识的实在论 176
的话。所有这类说明的目的在于使某事为真的含义，多出于杜威称作的“有保障的可断言性”的含义：即多出于我们的同伴将（如果其他情况相同）让我们得以安然说出的东西。这类说明如果是本体论的，通常都具有重新描述知识客体的形式，这样才得以“沟通”

它与认知客体间的裂隙。在这些方法间进行选择，就是在作为“适于我们去相信的东西”的真理和作为“与实在接触”的真理之间进行选择。

因此，在我们对知识的态度方面我们能否成为行为主义者的问题，不是一个有关对知识主张或心理状态进行行为主义“分析”的“适当性”问题。认识论的行为主义（它可以被简称为“实用主义”，如果不嫌这个词含义过多的话）与华特森或赖尔没有任何关系。它的主张却是，哲学只不过提供有关知识和真理的常识（以生物学、历史学等等作为补充）。问题不在于是否可为“S 知道 P”提供必要而充分的行为条件；人们不再梦想他们可以办到这一点。问题也不再是，是否可为“S 看到 P”、“在 S 看来 P 成立”或“S 正在思索 P 成立”提供这类条件。在塞拉斯和奎因是行为主义者的这一较广的意义上，成为行为主义者就不是提供还原论的分析，而是拒绝尝试某种说明：即这样一种说明，它不只是在环境对人的影响和人对这种影响的报道之间插入“认识意义”或“认识感觉现象”一类概念，而且利用这类概念来说明这类报道的可靠性。

但问题仍然是，我们应怎样决定这类概念是需要的呢？人们
177 倾向于根据人性的一种先前的决定来回答，这种决定是，我们是否需要像“心”、“意识流”这类概念去描述人。但这或许是错误的回答。我们可能一面采取塞拉斯-奎因的知识态度，一面愉快地“赞同”纯感觉、先天概念、固有观念、感觉材料、命题以及一种人类行为的因果说明可能觉得有用的任何其他被假定的东西[11]。我们所不能做的事情是，把有关这些“内在的”或“抽象的”实体的知识当

成是一些**前提**，我们关于其他实体的知识通常可从这些前提中推出，而如若没有这些前提，后一种知识就会是“无基础的”。区别表现于两种说法之间，一种是，认知一种语言即认知其词项的意义，或者，看见一张桌子即有一种长方形的感觉印象，另一种是，依据有关意义或感觉印象的知识的优先的（内在的、私人性的、非社会的）权威性去说明“一切人均为动物”或“它看起来像一张桌子”等符号表达的权威性。认识论的行为主义不是一个形而上学的思维节约的问题，而是这样一个问题，权威性是否可由于在人与（例如）思想、印象、普遍项和命题之间的“认识”关系，而附着于论断句之上。在奎因-塞拉斯和齐思霍姆-贝格曼对这些问题的看法上的区别，不是在丰富的风景和贫瘠的风景之间的区别，而更加像是在两类道德哲学家之间的区别，一类认为，权利和责任是有关社会所赋予的东西的问题，另一类认为，在人的内部存在着某种东西，当社会在进行赋予时，可将它“识认”出来。这两个道德哲学学派之间的区别不在于人是否有值得渴望的权利，而在于，一当我们理解了 178
这些权利何时和为何被认可或否认，正如社会和思想史家所理解的那样，是否还有更多的有待理解的东西。简言之，他们的区别在于，是否存在有“人权的本体论基础”，正如塞拉斯-奎因的方法与经验主义和唯理主义传统的区别在于，一旦我们理解了（正如知识史学家所理解的）何时和为何这些信念被采取或被抛弃了时，是否还存在着某种有待去理解的所谓“知识与现实的关系”的问题。

与道德哲学的这种类比使我们再次集中于认识论行为主义的问题：这个问题不是与事实说明的正当性有关，而是与一种证明的实践能否实际上被赋予一种“基础”有关。问题不在于人类知识实

际上是否有“基础”，而在于当提出它有基础时是否有任何意义，以及有关认识的或道德的权威性具有一个“基础”的观念是否具有一致性。对于道德的实用主义者而言，关于某一社会的习俗是“以人性为基础”的主张，不是他知道如何去加以讨论的问题。他是一位实用主义者，因为他不能理解一种习俗有这种基础会是什么意思。对于奎因-塞拉斯的认识论研究来说，认为真理和知识只能依现时代的研究标准来判断，并不等于认为人类知识的崇高性或重要性比我们一向所想的有所降低，或更多地“脱离了世界”。它只是说，任何东西，除非参照我们已经接受了的东西，都不能被看作是一种证明以及说，没有办法越过我们的信念和我们的语言去找到一致性以外的某种检验标准。

指出**真实**与**正确**是一个社会实践的问题，似乎把我们宣判为一种相对主义者，这种相对主义把一种行为主义方法应用于知识或道德。我将在第七、八两章讨论历史主义时论述这一指
179 责。在这里我只简单指出，只有这样一种学科（哲学）的形象才认为这种相对主义自动地排除了有关思想的和实践的证明的一致性理论，这个学科将通过诉诸某种可为一切研究和一切历史建立一永久的中性构架的东西，来把一组科学的或道德的观点理解作比其他可替代的观点更“合理”。职业哲学家何以会从认为知识可以无基础或权利和义务可以无本体论根基的主张退缩，其原因是，这种摈弃基础的行为主义会导致摈弃哲学本身。因为，认为不存在人类研究和历史的戏剧可在其中扮演角色的那种永久中性构架的观点，导致这样一个必然结论，即对某一文化的批评只可能是零敲碎打地和局部地进行的，绝

不可能“参照永恒的标准”。这就威胁了有关哲学对科学和对文化之关系的康德派的形象。有一种冲动要求被称作哲学特有的冲动，它断言，论断和行为一定不只是与其他论断和行为一致，而且“符合”某种人们所说和所做之外的东西。正是这种冲动驱使柏拉图说，苏格拉底的言与行尽管与当下理论和实践不一致，却符合某种雅典人几乎不能领悟的东西。奎因和塞拉斯所反对的那种残余的柏拉图主义，不是非物质实体的实体化作用，而是作为试金石的这类实体的“符合”概念，人们根据这种试金石去衡量当前实践的价值。[12]

简言之，我所主张的是，奎因-塞拉斯对康德的两类表象观 180
（“赋予”一种机能的直观和“赋予”另一种机能的概念或意义），并非企图用一种人类知识的论述来取代另外一种，而是企图摆脱“对人类知识的论述”这个概念本身。它相当于坚决反对一种原型式的哲学问题：怎样把规范、规则和证明归结为事实、概括和说明的问题。[13]因此我们将不去找寻中性的元哲学基础，根据这种基础去讨论奎因和塞拉斯提出的问题。因为他们并非在提供一种有待证实其“适当性”的“论述”，而是在指出：提出一种“论述”是徒劳无益的。正如他们两人所做的，拒绝根据按行为主义不可证实的事件（在这类事件中，心直接确认一个蓝色的例示物或确认“蓝”的意义）去证明论断，就等于说，证明应当是整体论的。如果我们不想有一种为我们提供基础的“习得的知识”，而且如果我们不简单地否认存在有证明这类作用，那么我们将同意塞拉斯的下述看法：“科学是合理的，不是因为它有一个基础，而是因为它是一种自我纠正的

活动，这种活动能使任何主张岌岌可危，虽然不是使一切主张同时遭此厄运。”[14]我们将同意奎因的看法，知识并不像是一种体系结构，而像是一种力场，[15]并不存在可免予以后被加以修正的论断。我们是整体论者，不是因为我们编好整体，我们是行为主义者，也不是因为厌恶“灵魂实体”，而只是因为证明永
181 远是行为主义的和整体论的。只有专业哲学家幻想着它或许是另外的什么东西，因为只有他才惧怕认识论的怀疑论者。整体论的知识研究法不是一种反基础论的论辩，而是对整个认识论活动的不信任。对“直接认识”事件的行为主义研究法，不是一种反心理主义的论辩，而是对柏拉图寻求与视知觉相联系的特殊确定性的努力的不信任。自然之镜的形象（这面镜子比它所映照之物更容易、更清楚地被看见），暗示着作为这样一种追求的哲学的形象，并为后者所暗示着。

如果我迄今为止所说的是站得住脚的，那就无法为塞拉斯和奎因辩护，除非是对批评他们的人作出答辩。根本不存在中性的基地使人可以立足并据以指出，在公允的论辩中他们已分别克服了“所与性”和“分析性”。我们所能做的至多只是，使他们对传统进行批评的纯粹部分摆脱他们的批评者（而且在一定范围内包括奎因和塞拉斯本人）所引出的各种外在的问题，从而或许可以缓和他们学说的矛盾性。在下一节我将讨论塞拉斯对所与性神话的攻击，并试图使它脱离认
182 为不存在前语言认识所包含的“对幼儿不公的”意义。接下去我将讨论奎因对语言和事实间的区分所做的批评，并试图使它脱离奎因不幸的还原论的看法，后者是与转译和精神科

学的“不定性”有关的。* 当我们使塞拉斯和奎因的理论纯化后，它们似乎是单一论断的互补表述：“关于知识本性的论述”不可能依赖于一种与现实处于特殊关系中的再现（表象）论。这两位哲学家的研究使我们最终得以揭露洛克在说明和证明之间的混淆，并阐明“关于知识本性的论述”何以至多只能是对于人类行为的描述。

3. 前语言的认识

塞拉斯在“经验主义和心的哲学”一文中把“心理学的唯名论”表述为这样一种观点：

> 对各种类、相似性、事实的一切认识，简言之，对抽象实体的一切认识（甚至连关于个别事物的一切认识），是一种语言现象。按照这一看法，甚至对那些属于所谓直接经验的那些种类、相似性和事实的认识，也不以习得语言运用的过程为必要条件。⑯

纯感觉（痛苦，当幼儿注视彩色物体等等对象时所产生的任何感觉）的存在是对这一理论的明显反驳。为了反对这种反驳，塞拉斯引出了在作为区别行为的认识和作为塞拉斯称作处“于证明和能够证明所说事物的理性逻辑空间内”（该书第 169 页）的东西的认

---

* 奎因和许多其他分析哲学家认为，正像将一种数学语言（如数论）转译为另一种数学语言（如集论）时，可存在若干互不相同而同等有效的转译图式一样，在自然语言间的转译（如英语和法语）情况也相同。一切取决于方便和考虑的角度。奎因称不相对于具体情况而存在的一般转译图式为根本的（radical），他认为根本的转译图式是不确定的。实际上，各种具体转译图式都与全部“言语倾向”相容。——中译者

识之间的区别。第一种意义上的认识是由老鼠、阿米巴和计算机来表示的；它仅只是可靠的记号传达活动。在第二种意义上的认识只是由人来表示的，我们将人的行为解释为对这类语句的表达，其目的在于证明其他语句的表达。按照后一种意义，认识被证明为真信念（知识），而按前一种意义，认识是对刺激进行反应的能
183 力。“经验主义和心的哲学”一文的大部分内容在于论证，这种能力是知识的因果条件而不是知识的**基础**。这种观点产生的一个必然结论是，关于个别事物或概念的知识，在时间上并不先于关于命题的知识（而永远是从后者得出的一种抽象），从而，对语言学习和对命题知识的非命题的基础的经验主义论述，不可避免地是错误的。这一论证的关键前提是，不存在非命题性的被证实信念这类东西，而且不存在本身不是诸命题间关系的这类证明。因此说我们对红色或红色的例示的认识是我们有关“这是一件红色的物体”或“红是一种颜色”这种知识的“基础”（与该知识的因果条件相对立），永远是一种错误。

儿童和光电元件都能分辨红色物体，但人们认为前语言阶段的儿童“知道红色是什么”，其意义与光电元件知道的意义不同。但是孩子怎能知道痛苦是什么，如果对任何事物的全部认识都“是一种语言的问题”？在这里塞拉斯需要另一种区别，这就是在“知道X像什么”与“知道X是一种什么东西”之间的区别。后者涉及能够把关于X的概念与其他概念联系起来，以使得人们能够证明关于X的论断。按照塞拉斯所采取的维特根施坦的观点（具有一个概念就是使用一个字词），这两种能力之间没有区别。结果，我们不可能具有一种概念而不同时具有很多概念，我们也不可能“对

某对象具有一个概念,因为我们注意到了那种对象”;因为“具有注意一种对象的能力已经是具有对该对象的概念了”(第 176 页)。但是,“注意一种事物”就是在一种描述中的注意,不只是对其做出有区别性的反应。于是,知道痛苦像是什么而不知道或注意到它是何种事物,这是什么意思呢?

这只是存有痛苦。在这里要躲避的圈套是这样的看法,有某 184
种内在的光亮,它只出现于孩子的心灵为语言、概念、描述和命题点燃的时候,而不出现于孩子不以语言方式去哭泣和扭动的时候。孩子感觉相同的事物,在语言学习之前和之后,对他来说感觉是相同的。在学习语言之前,他被说成是知道他感觉的东西,假如它正是那样一种东西,即在以后的生活中他将能对其做出非推论性报道的东西。这种潜在的能力,而不是他的较大的感受性,才是使其不同于光电元件之处。因此他可以直接对空气缺氧、分子高速运动、大脑中复杂的伯吉尔氏节律等等直接做出反应,但他不被说成是“知道它们是什么”,除非和直到他最终了解了有关的词汇。但是窒息、热、陶醉、痛苦、火、红、双亲敌意、母爱、饿、吵闹等等是在语言之前被“知道”的,或者日常言语会这样认为。它们被知道,正是通过被具有或被感觉。它们被知道而不可能被置于类属中,或以任何其他方式与任何其他东西相关联。

塞拉斯并无理由反对“知道痛苦(或红色)像什么”的观念,因为这只会支持所与的神话,并与心理学唯名论冲突,如果在知道痛苦有何感觉和知道痛苦是什么东西之间有某种联系的话。但是,唯一的联系是,前者是后者的不充分和非必要的条件。其不充分性的明显理由是,我们能够知道红色是什么而无须先知道它不同于蓝色，它是一种颜色等等。其非必要性在于，我们更加知道关于红色的一切，即使生来目盲、因此不知道红色是什么样子。说我们不能谈论和知道我们对其未曾有感觉的东西，这是错的，同样错误的是说，如果我们不能谈论它们，然而我们证明了关于它们的真信
185 念。语言所特有的东西不是它“改变了我们经验的性质”，“展开了新的意识图景”，“综合了先前未意识到的杂多”，或产生了任何其他种类的“内部”变化。语言习得所完成的一切是让我们进入一个社群，其成员在彼此之间交换对论断的证明和其他行为。[17]

于是塞拉斯可被认为是在对传统的经验主义说：知道事物是什么样子不是一个在陈述命题时被证明的问题。对此，经验主义者大概会回答说（像 R. 弗兹和其他人说过的那样），这样一种观点
186 混淆了概念和字词。[18]“夸大了”语言重要性的塞拉斯、维特根施坦和其他人被说成是用未经证明的假定来论证，以有利于心理学的唯名论，他们假定说，有一个概念就是有一个对词语的用法。塞拉斯可以以下述两难法回答说：或者将概念赋予任何能有分辨力地对事物类别进行反应的东西（如自动唱片装置），或者说明你何以在概念式思想和在其之前的原初的东西之间划出分界，而划界的位置不同于在习得了一种语言和尚在训练该语言之间分界的位置。这个两难问题强调了这样的事实，传统的所与概念使感觉和区别能力结合起来，运用前者的欠缺来排除掉机器和容纳进婴儿，然后运用后者的存在来使婴儿所有的东西类似于命题知识。在塞拉斯和他的批评者之间关于这个问题的论争可归结为：我们将把概念化当作一个分类的问题，还是当作一个证明的问题？塞拉斯可以说，他将把概念这个词让给那些希望赋予自动唱片装置或与

其功能类似的原生质以概念的人，只要他能有另外某个词来表示我们所有的东西，当我们能使分类法与其他分类法相互联系，就如语言使用者在争论某一词项应归入哪一类时所做的那样。塞拉斯再一次求助于这样的说法，即证明是一个社会实践的问题，而且任何不属于社会实践的东西都无助于理解对人类知识的证明，不管它可能多么有助于理解知识的获得。塞拉斯认为，在传统经验主义中自然主义的和发生学的谬误共同导致这样的观点，我们或许会处于较好的地位去庆幸自己有进行准确地反映的天性（或感叹我们的失败），只要我们能了解我们幼年发展的诸阶段的话。经验 187
主义者由于笛卡尔把思想和感觉合并起来感到困惑，由于洛克的涂蜡白板概念的单纯性而感到茫然，此外又惊异于这样的事实，即如果真理是完整的，那就找不到确定性，所以他们坚持说“红色感觉像是什么”乃是我们对自然世界知识的关键。对塞拉斯说，这就像是坚持说婴儿在被终止喂乳时所感觉的东西，是一般道德意识的关键一样。

总之，塞拉斯的心理学唯名论不是一种有关心如何活动的理论，也不是一种有关知识如何诞生于婴儿依偎的乳部的理论，更不是有关任何其他事实的理论。它是有关事实与规则之间区别的论述，这种论述的大意是，当我们进入社会，在其中游戏的进行是由认识的规则所支配时，我们只能被这些规则所左右。我们对这样的主张可能犹豫不决，即知识、认识、概念、语言、推论、证明和逻辑理性空间都突然降临到四岁左右的聪颖儿童的肩上，而在此之前甚至都不曾以最原初的形式存在过。但我们不会对下述看法迟疑不决，即一大串权利和义务将在他十八岁生日时突然降临，它们在此之前从不曾以哪怕最原初的形式出现过。当然，后一情境比前一情境更明确，因为除了成年人的漫不经心的谈话外（如“这个孩子知道他在谈什么”），不存在前一情境的标志。但在两种情况下所谈的都是人与其他人的关系的改变，而不是在人的内部的改变，这种改变使其适合于进入这样一种新关系。问题并不在于我们认为四岁幼儿有知识而一岁幼儿无知识时，我们可能会搞错；更不在于，我们在把法律语言理解作十八岁青年可自由结婚而十七岁青年不能时，可能会搞错。认真看待四岁幼儿的聒聒絮语可能是不明智的，正如把法定责任年龄定得如此之低可能是不明智的一样，但对知识（或责任）如何“活动”将决定这类问题一事的理解，也并
188 不更明智。

因此我们不应期待塞拉斯会提供一种“语言与思想的关系理论”，因为思想是内部事件，它可能或可能不（取决于经验心理学的需要）被看作必然地与语言、大脑状态或种种其他事物联系起来。作为一名认识论者，塞拉斯并未提供一种关于内部事件的理论。反之，他注意到，传统的、非行为主义的“认识论”概念，是把对这类事件的论述与对提出某些论断的权利的论述混淆起来了。这就是采取如下的观点，即哲学（而且特别是“心的哲学”）不可能由于提出了一种玄虚的批评观而加强或削弱我们的同伴给予认可的、我们对自己论断的信心。塞拉斯的心理学唯名论并非产生于作为一种有关心是什么或不是什么的论题的行为主义。它只产生于按上面规定的意义来理解的认识论行为主义，这个意义与认识论的整体论几乎无别。做一名这个意义上的行为主义者，就是“彻底区分”心理事件和机能，并把我们证明论断的实践看作无须经验的或

“本体论的”基础的。[19]

再次回到作为认识权威性之根源的社会以后，在结束本节时我将再次强调，甚至关于感觉是什么样子的非概念的、非语言的知识，也归于在此社会中以其潜在成员身份为基础的人。189
婴儿和更使人发生兴趣的那类动物是被认为“有感觉的”，而非（像光电元件和人们对其无情感可言的动物，如比目鱼和蜘蛛）“仅只对刺激进行反射”。这个问题应该根据一种社会感情来说明，这种感情把我们与类似于人的动物联合在一起。类似于人，即有人的面貌，而人的面貌的最重要部分是嘴，我们可以把嘴发出语句的行为想象成是与整个面貌的适当表情同时出现的。[20]当我们按常识说，婴儿和蝙蝠知道痛苦和红色是什么，但不知道分子运动或季节变化是什么时，只是说我们不难适当地想象他们在张开嘴时所谈的是前者而非后者。当我们说一个小装置（由一个光电元件组成，连接到一个录音机上）在说“红！”时，当和仅当我们使它闪出红光时，这个装置**不**知道红是什么，这就等于说，我们难以想象与该装置继续谈话。当我们说，我们真不**知道**由细胞质制成的机器人（他们都可行走，但欠缺尚待安装的言语中心）是否知道红色是什么，这并非是在坦率表示有关主体性性质的科学的和哲学的困惑。[21]这只等于说，某些大致具有人的面貌的事物，似乎有朝一日会成为我们的谈话同伴，人们往往赋予这类事物以“感觉”，
但如果我们过多地了解到这些事物是如何被装配起来的，我们 190
就会极其不愿把它们看成哪怕是潜在的同伴了。[22]

这种有关前语言认识行为的归属问题（如蒙允许可扩大到

我们语言潜在的或想象的说话同伴）的看法所导致的必然结果是，反对伤害婴儿和相貌较好的动物的道德禁令，并非以他们具有感觉作为“本体论的基础”。即使有的话，作用方向也正好相反。道德禁令表现了一种社会感，后者是以想象中的谈话可能性为基础的，而且感觉归属问题几乎只不过是这类禁令的一种提示而已。对此可理解如下，除了心的哲学家外没有任何人关心人与考拉（koala）的痛感和红色感有何不同，但当我们看见一头考拉在打滚时，都关心它。这一事实并不意味着，我们的或考拉的痛苦“只不过是其行为”；它只意味着，考拉打滚对于我们想象向我们求援的考拉的能力，比考拉内部发生着什么更为重要。在智力测验时猪比考拉成绩高，但猪不是按类似于人类的方式打滚的，而且猪的脸形极不适宜于与普通谈话相配合的面部表情。所以我们心安理得地送猪去屠宰场，而教育社会去保护考拉。这并非是“非理性”的，把公民权扩大到包括低能儿（胎儿、土著部落或假想的火星人）或否认他们有公民权也不是“非理性的”。当把合理性看成这样一套三段论的
191 形成，它以发现“事实”和发现“应将痛苦减至最小”或“有智慧的生命永远比美丽而无智慧的生命更可贵”一类原则的应用为基础时，这不过是一种神话而已。只有那种柏拉图式的冲动才使我们认为，我们对待考拉、白人或火星人的态度是一种“道德原则的问题”，这种冲动认为，每一种道德情感，甚至任何一类的情绪都应以接受者身上一种客观性质的承认为依据。因为对考拉或白人的“感觉”而言，人们必须去发现以便据以应用该原则的那些“事实”，不是可独立于情感被发现的。[23]我们

对于两可情况所具有的情绪，依赖于我们的想象活力，反之亦然。只有认为在哲学中我们有一门学科，它可为我们凭本能相信的东西提供好的理由这种看法，才使我们相信“更精心的哲学分析”会有助于我们在心的冷酷和愚蠢的感伤之间划出界线。

认为动物对某些事物像是什么的了解与被证明的真信念毫无关系，而与道德甚有关系的看法，自然地来自塞拉斯的如下观念，即人与类似人的生物的内部应以外部发生的事物（而且特别以它们在我们社会中的位置）来说明，而不是相反。自从笛卡尔使方法论的唯我论成为严格的和专业化的哲学思考的标志以来，哲学家们一直想为认知、道德、审美和任何其他 192
在个人之内有重要性的东西找到“基础”。因为在社会中怎能有任何东西不是由个人创造的呢？只是自黑格尔以来哲学家们才开始玩弄这样的观念，即个人离开了所处的社会不过是另一类动物而已。这种观点的反民主含义，还不谈它的历史主义和相对主义的含义，使黑格尔式的思想很难对分析哲学的核心部分（认识论、语言哲学和心的哲学）产生任何影响。但是塞拉斯的“经验主义和心的哲学”（他自己描述为“萌芽的*黑格尔沉思*”[24]）成功地使感觉与被证明的真信念分开，并使感觉不具有其作为特殊表象的性质。因此它表明认识论中的行为主义如何能避免说明与证明之间的混淆，正是这种混淆使经验主义认识论似乎必然得以成立。在第七章和第八章我企图指出，由于摈弃了经验主义而产生的对公共性优先于私人性的强调，为进一步的黑格尔式和海德格尔式的解构论构想铺平了道路。

4. "'观念'的观念"

在论证了塞拉斯对所与性神话的批评可以与对婴儿和动物的仁慈，从而与通常道德意识相互一致以后，现在我想说明，奎因对"'观念'的观念"以及语言与事实之间的区别所作的批评，是与精神科学的理智崇高性相容不悖的。奎因的"转译不定性"与"指称的不可解性"学说导致他宣称，在意义对语言、信念对人，以及抱负对文化的各种归属关系中并不涉及"事实"的问题。我想在这个问
193 题上也有一些区分将关涉到认识论行为主义的假想的反直观的结论，让我们将这种行为主义看作是在为道德性和高级文化扫清地盘，而不是旨在除去它们的"客观真理性"。

奎因所说的"'观念'的观念"是这样一种观点，即语言是某种"内部"事物的表达，它必定在我们能说出语句意味着什么之前，或我们能解释说话者的语言行为之前(如将信念、欲望和文化归于他们之前)先被发现。放弃这种观念就是既放弃逻辑经验主义的"意义性真理"观，又放弃以前牛津学派的"概念性真理"观，因为并不存在可以从中获悉真理的意义或概念。对待"概念"的概念的这种态度使人们有可能放弃康德在必然真理〔单只注意概念(分析真理)或单只注意直观的纯概念和纯形式(先天综合真理)就可判定的那类真理〕和偶然真理(须涉及经验直观的那类真理)之间所作的区别。但是奎因把概念和意义仅只看成一种意向，而且他希望除去一切意向。因此奎因在承认(例如)"意味"、"相信"和"欲望"等等没有行为主义的对应物后(如布伦塔诺和齐思霍姆在试图保

留传统心身二元论真理观的某种核心内容时也企图指出的)，得出结论说，这一点证明，“信念”和“欲望”的概念(对于“科学的”目的来说)正如“概念”和“直观”的概念一样是可免除的：

> 人们可以把布伦塔诺的命题或者看成是证明了意向性语言的不可避免性和一门自主的意向科学的重要性，或者看成是证明了意向性语言的无根据性和意向科学的空洞性。我的态度与布伦塔诺的不同，是属于第二类的。我们看到，从其表面价值去理解意向性的用法，就是把转译关系假定作客观上正当的，但相对于言语倾向整体来说原则上是不确定的。这样一种假定从科学观点看好处甚微，如果其根据仅只是，所假 194
> 定的这种转译关系是以语义学和意向的专门用语为前提的话。[25]

奎因认为，这种反意向主义是与他反分析性的论辩一致的。但并非如此。“经验主义的两个教条”的作者*应当*说，概念和意义是无害的，如果假定它们为我们的行为提供解释的话，而只是当人们把它们当成某种特殊真理的源泉，它们才变成有害的。尤其是我们会期待他说，为以某种方式转译语言而不以另一种方式转译语言(或者为归因于某一些信念和欲望而不归因于会预测同样语言行为的另一些不寻常的信念和欲望)通常所提出的理由，只是由于它们的内在一致性而被认为是正当的，以及说，这类转译和意向状态归属的实践是由于它们的社会用途而被认为正当的。奎因承认功用概念，但他认为从哲学上看重要的是坚持，在“‘Hund’是德文字‘狗’”和“鲁滨逊相信上帝”这类语句中提出的那种真理，不是表达“事实”的那种真理。[26]因此可以说，他提供了方便性真理和符

合性真理间的区别，而不是实证主义在约定性真理和由感性经验
195 确证的真理之间所做的旧的区别。关于意义、信念和命题的真理，从某方面说不是在该词完全意义上的实在真理，这正如实证主义者以前惯常说的那样，必然真理不是真地“关于世界的”。

“两个教条”的整体论和实用主义，似乎使两类真理之间的这种区别，正像奎因加以批评的旧的区别一样难以维持。奎因的许多批评者注意到了这个问题，并把他坚持这种区别断定为传统经验主义的一种残余。[27]我同意大多数这类批评，但我不打算综述或综合它们(除了指出，这些批评家共同认为我们在转译中可能发现的任何一种“不定性”都将同样无害地出现于**精神科学**中)。但是通过考察“指称的不可解性”概念，我们可以对“经验主义的”直观获得某种理解，这种直观使奎因坚持谈论“符合”观，并阻止了他自己的行为主义和整体论具有的黑格尔含义。

196 奎因是这样综述他的“本体论相对性”的论点的：

> 有意义的事情不是去谈论，绝对地说一种理论的对象是什么，而是去谈论，关于对象的某种理论如何在另一种理论中是可解释的或可重新解释的……。我们目前的思考引导我们去理解的东西是，关于看颠倒的东西或在互补色中看东西的猜谜，应当认真加以看待，而且其含义有普遍适用性。我们获得的相对主义命题就是如此。再说一遍，谈论一种理论的对象是什么，而不是谈论如何在另一种理论中解释或重新解释该理论，这是毫无意义的……。谈论各个从属的理论及其本体论，只有相对于具有其本身最初被采取而最终不可理解的本体论的背景理论时，才是有意义的。[28]

人们会认为这个相对主义命题是奎因和塞拉斯共同赞成的那种知识与科学研究法的自然的和幸运的结果，如果不是由于那句令人困惑的短语“最初被采取而最终不可理解的本体论”的话。按照一种完全的整体论观点看，“我们**实际**在指兔子还是兔子成长阶段？是公式还是哥德尔的数？”* 这样的问题当仅只相对于一种背景语言时既不会被看成无意义又不会被看成有意义，而是被看成与下述语句类似：“我们实际是在谈论民族呢还是在谈论个人组成的集团？”或者“我们实际是在谈论巫婆呢，还是在谈论幻觉精神病患者？”后两个问题的意义是由我们赋予它们的，这就是，如果某种东西进一步取决于回答的话。我们不难想象意义在其中被赋予的这些问题的情境；但对于兔子与兔子成长阶段相对比的例子就较难想象了，但并非不可能想象。但是奎因对于**这种**赋予意义的方式 197 不感兴趣。[29] 他关于不定性和不可理解性的论断并不与科学和实践的需要相联系。奎因承认，语言学家从未梦想利用不定性把兔子跳出来时人们通常说出的短的语句解释为“另一个兔子成长阶段”！他说道：

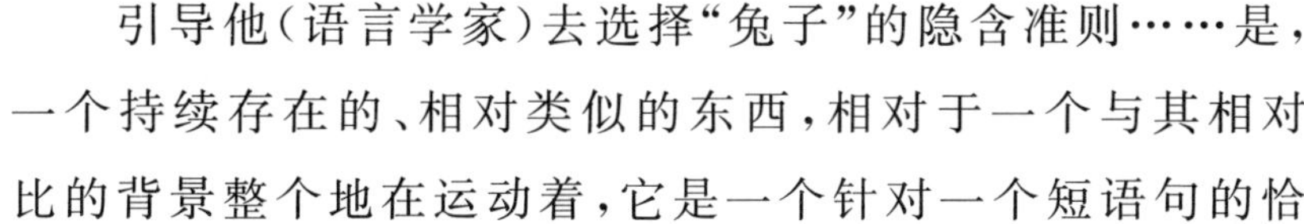

> 引导他（语言学家）去选择“兔子”的隐含准则……是，一个持续存在的、相对类似的东西，相对于一个与其相对比的背景整个地在运动着，它是一个针对一个短语句的恰

---

* 奎因在《语词与事物》和《本体论的相对性》两书中均谈到了语词词义同一性问题。他借用由齐思霍姆提出的英语 rabbit 和土语 Gavagai 二词词义比较的例子，指出应当区别这两个词在句子中的同义性问题和作为单词的同义性问题，并详细区分了作为时空个体存在物“兔子”一词的多重可能含义，如它可指：兔子、兔子的组成部分，兔子的某成长阶段，兔子群和兔性（rabbithood）等等。因此指称的可解性必须相对于语境来确定。——中译者

> 当的指示者。……这个准则是他自己强加予的，以便确定客观上不确定的东西。它是一个十分合理的强加的准则，因此我不会推荐其他的准则。但我是在提出一个哲学的论点。[30]

在此意义上的“哲学论点”，最低限度与判定世界究竟如何没有关系。奎因在较早的实证主义观（这类论点是贬义上“形而上学的”）和较接近哲学作为治疗的牛津派观点（这类哲学特有的论点可用作对“‘观念’的观念”一类的 πρῶτον φεῦδος〔虚假第一原理〕的解毒剂）之间摇摇摆摆。然而我们或许可以把这种特殊的哲学论点理解为提供着一种反对（如果有的话）“本体论”和“指称”概念的解毒剂。这就是说，我们可以求助于一种较老式的观点，即正如“两个教条”一文中行为主义的“意义真理观”的方法没有使我们得到“意义同一性”概念，除了（如哈尔曼所说）是常识的和与哲学无关的概念以外，例如在“总统到越南去了”和“约翰逊到越南去了”意味着同一件事，“本体论的相对性”一文中的行为主义“本体论”方法也没有使我们得到“指称同一性”，除了常识的和与哲学无关的概念以外，例如关于兔子成长阶段的谈论与关于兔子的谈论是关于同一件事的谈论（但以不同的方式）。[31]在奎因看来，“指称”
198 的哲学观与意义观正相对立，因为：

> 指称，外延是坚实的东西；意义、内涵是非坚实的东西。然而，现在面对着我们的转译的不定性，涉及外延与内涵二者。像“兔子”、“未分离的兔子的部分”和“兔子成长阶段”这些词彼此的不同不只在于意义；它们适用于不同的事物。指

称本身表明在行为上是不可理解的。[32]

但是这种相对的坚实性本身仅只是奎因如下主张的产物，即内涵（对它来说不存在同一性判准）比起外延（对它来说存在着同一性判准）来是较不坚实的。奎因认为，内涵同一性条件的问题可归结为这样的问题，即“两个永真语句应怎样联结以便当‘p’和‘q’代表二语句时，我们有根据说，〔p〕是与〔q〕相同的一个命题，而不是另一个命题”。[33]但是，奎因说，认为这个问题可予以回答，就等于认为存在着某种同义关系，它使一种语言的一个语句成为另一种语言的一个语句的正确转译。[34]

然而我们现在绕了一圈又回到原位。指称的坚实性的成立是因为与一种意义的不坚实性做了假想的对比之故。但是这种不坚实性只出现在当转译是不确定的情况下，其不确定性的意义应参照物理学是确定性的来理解。这样，如果我们接受对奎因的“双重重”转译不定性的标准批评（这种不定性与物理理论的不定性的区别在于，对于前者而言不存在“事实”），那么我们没有理由对指称 199
的情况也并不更好一事感到惊异，而且没有理由认为，指称的行为不可理解性（behavioral inscrutability）导致了任何结论，除了“对指称来说太糟了”或“兔子成长阶段和兔子是完全一回事”以外。因为在这里“指称”的意思是指一种专门哲学概念，其不可理解性是一种专门哲学论点，后者依赖于使兔子和兔子成长阶段的分离比任何科学的或实际的需要所容许的更大，我们会觉得有权利对这个不可理解性采取与奎因相同的那种不过于关心的态度，这就是他对同义语的专门哲学概念和对布伦塔诺的意向性事物不可还原性论点所采取的态度。

我们的确应当采取这个态度，[35]但应在更仔细地考察奎因在本体论问题上的摇摆之后。正如奎因会赞同的那样，认为指称的哲学概念是一种我们没有它也行得通的概念，就是认为对本体论来说也一样。因为正是出于对本体论的关切，奎因才认真看待指称，这将有助于理解，他是多么难于使这种关切与他下述的整体论主张协调一致，这种主张认为，在普通科学探讨之上和之前并无“第一哲学”[36]。后一观点似乎使他倾向于塞拉斯的一种观点，即“科学是万事的度量，是什么是存在物和什么不是非存在物的度量”。[37]然而奎因主张，意向性语言的实际不可免除一事，不应使我们看不到这样的事实：

> 如果我们在描绘真正的和最终的实在结构，我们的标准
> 200 图式是这样一种严格的图式，它除了直接引语外不知道任何其他引语，除了有机体的物理构造和行为外不知道任何命题态度(propositional attitude)*。[38]

他断言，这种构想是科学构想的延伸，因为：

> 通过用更明晰的成分去进行解释，把我们没法达到的那些含混的理论构造或概念删除，这就是科学概念图式所

* “命题态度”一词首先由罗素在《意义和真理的探求》(1940)中提出，如通过“相信”、“说”、“希望”等词表示的命题的一种性质，它们实即布伦塔诺的“心理态度”，但直接相关于命题来表示。辛提卡后来对这一概念做了较多发挥，他认为命题态度的使用，标志了论说者在提出命题时考虑到不止一种世界的可能性，因此涉及意义与所指的区别等指称论与语义学的问题。他的基本假定是，将命题态度归属于某人时，涉及把语言中一切可能世界区分为两大类，即与该命题态度一致的可能世界和与该命题态度不一致的可能世界。例如，在谈到某人的记忆中的话题时，与命题态度相容的可能的世界，即他记忆中的一切事物。——中译者

> 做的一种阐明工作。促使科学家去不断寻求适合于其专门学科的更简单、更明确的理论的动机，也就是使所有科学共同具有的更一般的构架简单化、明晰化的动机。……对于标准符号系统*的一种最简单、最明确的普遍模式的寻求，不应当区别于对最终范畴的寻求，后者即对最普遍的现实特征进行描述。不容反驳的是，这类理论构造都是约定性事物，而不是由现实强加于人的；因为对于一种物理理论难道不也是一样吗？的确，现实的性质就是如此，一种物理理论会比另一种物理理论使我们对其更为信服；但对于标准符号系统来说情况也是类似的。（第161页）

当然，困难在于知道什么是“含混”和“清楚”。奎因认为，精神科学使用的概念如此之不清楚，以至于我们在描绘现实结构时应当清除这些概念。然而在自然科学中一切都是清楚的，除了当它们涉及数、函数、性质时，在这种情况下我们把后者解释为集合，自然科学家可以异常冷淡地看待这种解释。但是“信念”、“意义”、“译作……”等是不可救药的；在集合论中没有现成的东西来替换它们；它们只能由于实用方便而存在。[39]

然而为什么“相信……”和“译作……”比“是与……相同的 201
电子”和“是与……相同的集合”更多地归于实践的必需呢？

---

* 奎因在《语词与事物》一书中指出，现代逻辑所发明的人工符号系统大大简化了日常语言表达，使它们可转化为“标准形式”（canonical form）。日常语言向标准形式的转化导致了研究的分工，即一方面是日常语言向形式理论的转译的问题，另一方面是理论推导的问题。奎因说“寻求最简明的全面的标准符号系统，不应有别于对最终范畴的寻求或对现实最一般特征的描述”，从而表明了他对标准符号系统的重视。——中译者

为什么自然科学描绘现实，而精神科学仅只使我们能够对付自然呢？使它们区别开来的是什么呢，假定我们不再考虑任何那种具有特殊认识论性质的陈述，而只考虑一切这样的陈述，它们在整体论的逐步调节（因“经验主义的两个教条”而闻名）过程中共同致力于人类福祉？为什么经验探索的单位不应当是整个文化（包括自然科学的和精神科学的文化），而只应是整个自然科学呢？

企图回答这些修辞学的问题，把我们引向（按奎因看来的）一个真正的矛盾。结果十分清楚，在某一段落中他企图论证说，转译的实际支配性没有认识论含义：

> “除了逻辑真理”这个短语是约定性的，因为转译具有不定性……。欠缺确定性本身，助长了坚持作为部分决定因素的这种严格而简单的规则……。“除了逻辑真理”既是一种约定，又是一种明智的约定。而且我们也看到，它并未赋予逻辑真理以不同于任何所谓事实的明显真理的认识论性质。[40]

202 但是如果约定性依赖于一种特殊的转译不定性，那么我们可以不像奎因在前引段落中所认为的那样说，物理理论是一种“并非由现实决定的约定性事物”。如果逻辑真理的永恒性仅只是一种实用规则，而不是对现实性质的洞见，那么如果物理理论是这样一种洞见，它就不能也是一种实用规则。

让我们把他的理论摇摆性总结一下，现在可以指出，奎因想肯定的是下列各点：

（1）存在着本体论这样的事物，它是由“对人们可以假定什么对象的这种关切”所支配的，而且是以“不承担责任的具体化*和其对立面”之间的区别为基础的。[41]

(2)不存在任何一个语句都有的一种特殊的认识论性质，除了它在维持某种“力场”中的作用以外，这个力场即人的知识，其目的是处理感觉扩散。

(3)因此不存在直接认知感觉材料或意义这类事情，后者会由于符合现实而提供报道的不可改变性，除了它们在总的信念构架中的作用以外。

(4)因此认识论与本体论从不结合，因为我们对于应假定什么对象所有的关切，不是由我们直接认知普遍项和个别项来支配的。

(5)然而在那些表达事实的信念网部分和不表达事实的信念网部分之间仍然应当做出区别，而且本体论保证说，我们可以发现这种区别。

如果奎因要既肯定(5)又肯定(1)—(4)，他就必须解释“事实”与“约定”之间的区别，这一区别与通常工具论-现象论的区别没有联系，后一区别存于我们实际认知的东西和我们“假定”来对付刺激的东西之间。就我观察所及，他能这样做的唯一办法只是选择 203
现代物理学的基本粒子作为典型的事实性的例子，并说明，所谓不存在关于意义或信念的事实，其意思是，对于不涉及那些粒子运动而谈到一个语句意味着什么或一个人相信什么可以有不同意义。这一研究策略使他偏好物理学胜于心理学，因此他对“不承担责任

* 奎因提出，在使用抽象词时不必考虑其存在性的问题，即免除对特殊实体域的形而上学承诺，从而摆脱了在承担(本体论)责任的和不承担责任的(抽象名词的)具体化(reification)之间的区别。——中译者

的具体化”的关心是纯美学性的。何况这个策略也行不通。因为(例如)生化的以及心理学的替代理论,将与同一种粒子的完全相同的运动协调一致。除非和直到从物理学法则中可真正地导出一切真的法则性语句(没有人认真期待会如此),否则将不会对线粒体不可能有意图一事产生抱怨[42]。

204 我想,奎因之所以陷入这些困难,是由于企图保留他和塞拉斯从卡尔纳普以及最终从维特根施坦的《逻辑哲学论》中吸收来的观点,这就是,世界可在一外延性语言中被“完全描述”。真正的怪物是“内包性”(intensionality)而不是意向性,因为只有意向性话语的非真值函项性,使其所假定的主题比(例如)不可还原的生化学的有关线粒体的论述更名声不佳。向粒子语言的可还原性,只是向真值函项论述的可还原性的借口。粒子无足轻重,逻辑形式却至关重要。欠缺明确的意向同一性条件是后果严重的,不是因为随之发生的某种心灵性,而只是因为这种欠缺使一些语句成为非外延性的了。但果真如此的话,我们就可以不使用奎因的手段而达到他的目的。为此,我们可以假定世界能够完全用一种真值函项的语言来描述,虽然同时也假定世界的各个部分也可以用外延
205 的语言描述,并干脆防止在这些不同描述形式之间进行令人不快的比较。我们说它可被完全地描述,即使用一个按照时空范围,而不是按照说明力或实际方便性来定义的完全性概念。如果我们不能涉及意向(意念),就会觉得难于应付世界,但我们将(不管有何价值)仍然能够描述现实的每一部分,而且甚至对具有任意精细性的任何时空领域的内容进行准确的预测。

戴维森指出了把这一观点应用于信念和欲望的词汇的方法,

他根据同域性的和异域性的概括之间的区别来处理这个问题：

> 一方面有这样一类概括，它的肯定例子使我们有理由相信，概括本身可这样来加以改进，即增加其他附带的条件，这些条件是以和最初概括相同的一般语汇来表示的。这样一种概括是指向已完成的法则的形式和语汇的；我们可以说，它是一种**同域性的**（homonomic）概括。另一方面有这样一类概括，当被例示时，它可使我们有理由相信存在有一种精确的法则，但这种法则只能通过转换到不同的词汇才能表述。我们可以称这类概括是**异域性的**（heteronomic）。
>
> 我想我们大多数实用知识（和科学）都是异域性的。因为一个法则可以希望是精确的、清晰的和尽可能无例外的，只有当它从一种可理解的封闭理论中引出概念时才成。……相信一个语句是同域性的、在其本身概念范围内可改正的，这要求它从一种具有牢固组成成分的理论中引出它的概念来……。
>
> 正如我们不可能合理地赋予任何对象以长度，除非一种可理解的理论含有那类对象，我们也不可能合理地赋予行为者任何命题态度，除非在有关他的信念、欲望、意向和决定的 206
> 可行理论的框架之内。[43]

戴维森继续说道，所提出的心理-生理法则就像是“一切祖母绿都是可怕的”（All emeralds are grue）这句话那样，我们可以谈论 emeroses* 和 grueness（可怕），或谈论祖母绿和绿色（greenness），但不能同时谈二者（至少当我们想有一种有用的可理解的

* 此字为 N. 古德曼用 emerald 和 rose 二字拆拼而成的自造词。——中译者

理论时不这样谈)。即使如此,我们可以谈论行为和信念,或谈论运动和中子,但不(令人可理解地)同时谈二者。但是在前一例子中有一种明显的意义,我们可按照该意义来谈论**相同的事物**,不论我们选择哪一组谓词。戴维森说,即使在后一例子中情形也如此。在词汇选择中的区别,不是在实在性和本体论缺欠性之间区别的标志,也不是在事实性和神秘性之间区别的标志,而是完全近似于谈论国家本身的活动和谈论部长与将军的活动之间的区别,或近似于谈论线粒体本身和谈论线粒体包含的基本粒子之间的区别。我们可以合理而有益地说出下面一些话,如“如果阿斯基兹当时还是首相的话,英国就要战败了”,“如果那儿有更多一些中子的话,线粒体就不会存活了”,“如果我们在皮质正确位置正好插入一个电极,他就绝不会断定自己是拿破仑了”,或者“如果我们能抓住一个 emerose,我们就会获得那种绿的色泽”。但我们不能(至少就我们现在所知)将这些异域性话语发展为一些属于诸可理解的理论中的法则。另一方面,我们也不必将这些异域性论断看作是越
207 过了诸本体论领域间的界线,特别是事实性领域和非事实性领域。按照戴维森的不同说明性词汇之间关系的观点,没有**任何**理由认为,这些有助于真值函项表述的词汇,以内涵性词汇不可能有的方式“描绘了真正的和最终的现实结构”。外延与内涵的区别所具有的哲学兴趣,正与国家与人民间的区别所具有的哲学兴趣一模一样:它可以引动还原论者的情绪,但不能为从事还原论的方案提供一种特殊的理由。

戴维森所做的区别提供给我们一个机会去理解,一种意向性词汇只是谈论世界各个部分的种种词汇中的另一套词汇而已,没

有这套词汇世界当然也能够被充分描述。我们可以赞同卡尔纳普的下述直观看法，即任何东西的运动都能根据基本粒子的运动来预测，以及如果我们一直追溯所有这些粒子的话，我们或许就在追溯（虽然**没有**说明）一切存在物，并像奎因一样不讨论“意向性语言的无基础和意向性科学的空洞”。一套词汇（粒子物理学的词汇）可供世界的**每一**部分之用，而关于线粒体、emeroses、内阁大臣和意向的谈论，只是在某一场合才需要。但是普遍性与特殊性之间的区别不是事实性与“空虚性”之间的区别，更不是实在性与显相性、理论性与实践性或自然与约定间的区别。

然而戴维森以一种令人误解的方式将自己的构想与奎因的构想联系了起来，因为他说“把心理与物理联系起来的一般语句的异域性特征，可溯源于在描述一切命题态度中转译的这种中心作用和转译的不定性”，[44]同时他赞成地引述奎因的话说，“布伦塔诺的意向性语言不可还原性论点，是与转译的不定性论点完全一致的”。[45]这两种看法指出，在提供转译的陈述和行为之间的关系是 208
特殊的，与此对照，在关于线粒体的陈述和关于基本粒子的陈述之间的关系则不是特殊的。二者都指出了奎因关于转译的“双重”不定性的奇特学说。但是如果我到此所说的一切正确的话，不可还原性永远**只**是不可还原性，而绝不是对“本体论”区别的提示。在语言中有**很多**词汇系统，在其中人们可以期待去获得在同域性概括中表述的一种可理解的理论，而科学、政治理论、文学批评和其他等等学科，如上帝允许的话，还将继续创造越来越多的这类词汇系统。要放弃那种在哲学中我们有一个学科，它会防止“不负责任的具体化”，并将我们“对有关人们会去假定的那些对象的关切”系

统化的看法，或许就是去轻松地对待不可还原性概念，从而只根据实用的或审美的理由来判断每一套这类词汇。奎因对卡尔纳普企图区分哲学和科学领域所做的严厉批评，恰足帮助我们理解不存在这样一种学科，并恰足使我们理解，精神科学不会变得更科学化或在本体论上更值得尊重，如果布伦塔诺和狄尔泰对精神科学的不可还原性最终搞错了的话。然而不幸，奎因认为符号逻辑必定在某方面具有“本体论含义”的持久信念，导致他产生了超过必要性之上的转译、意向性和“‘观念’的观念”。

我用这长长的一节来讨论奎因对作为假想必然真理之说明的“意义性真理”的批评，不应与他对作为心中之观念的“意义”的批评相混，这种观念以语言行为不可能办到的方式决定着转译的精确性。前者肯定是一种伪说明；由于在“两个教条”一文中提出的整体论理由，不存在特殊的表象。但是奎因
209 对特殊表象的不信任导致他不信任一切表象，不信任“‘观念’的观念”本身。然而心中的观念的靠不住程度，正与大脑中的神经细胞、细胞中的线粒体、心灵中的激情或历史中的道德进步的情形完全一样。在近代哲学中“‘观念’的观念”所造成的损害是由对认识的权威性的虚假说明所致，这种说明是通过“心之眼”的“直接认知”概念提出的，心则包含着感觉材料和意义一类心的实体。但是这种损害是认识论的，非本体论的。如果我对奎因一直在进行的（而且沿着我在本书中采取的路线来进行的）批评正确的话，人们可能造成本体论损害的唯一方式，就是去堵塞研究之路，以牺牲一个好的新理论为代价去坚持一个坏的旧理论。可以说，十九世纪内省派心理学的确一时堵塞了研究之路，但

即使如此，这或许也与下述说法完全不同，即认为**精神科学**阻碍我们明白地看清现实，或认为它们可疑的本体论必须为了实用目的而被容忍。认识论行为主义的教训正在于，对于转译或意向性以及任何其他“本体论”主题来说，都不存在应予完成的“哲学观点”。反之，它有助于我们看清，说明的效力正存于我们发现它之处，以及使我们看清，在“科学的”和“非科学的”说明之间企图做出哲学性区别，是毫无必要的。

5．认识论的行为主义、心理行为主义和语言

在前一章中我曾说过，认识论的传统把获得知识的因果过程与和它的证明有关的问题混淆不分了。在本章中，我已论述了塞拉斯对所与性神话的批评和奎因对意义性真理概念的批评，以作为这种更一般的批评的两种具体的发展。如果我们承认这些批评，并因而抛弃由笛卡尔首创的认识论概念（即把认识论看作探索在意识领域 210
内那些作为真理检验标准的特殊项目），我们就有可能去问是否仍然有某种认识论一类的东西。我想提醒人们注意，这种认识论不再存在了。为了理解笛卡尔想去理解的问题（如新科学高于亚里士多德，新科学和数学之间的关系，常识、神学和道德），我们需要向外转而非向内转，需要朝向证明的社会环境，而不是朝向诸内部表象间的关系。这种态度近几十年来为很多哲学发展所支持，特别是那些产生于维特根施坦的《哲学研究》和库恩的《科学革命的结构》的哲学发展。这些发展中的一部分将在第七和第八章中讨论。然而在

讨论之前，我将讨论从笛卡尔传统中保存某种东西的两种企图，这两种企图似乎对我们完全抛弃自然之镜形象的能力颇为怀疑。

第一个企图是反抗心理学哲学中的逻辑行为主义，这导致根据内部表象，而不一定与信念和行为的证明有任何联系地、对行为进行说明的理论的发展。我已说过，一旦说明和证明分离开来，就无理由去反对根据表象去说明获得知识的过程，而且提供这种说明并不需要去复活传统的“心身问题”。但我认为，维护这种说明以反对赖尔和斯金纳，会极易被歪曲以致恢复传统的十七世纪哲学问题系统，因此我将用第五章来讨论这类维护的观点。我的目的将是通过

211 为其辩护而反对维特根施坦的批评和乔姆斯基的赞同，以使经验心理学与认识论残余脱离。

我将讨论的从笛卡尔传统中保留某些东西的这第二种企图，是在晚近语言哲学范围内的一种努力，它详细说明“语言怎样与世界挂钩”，因此创造了一种与笛卡尔的思想怎样与世界挂钩问题类似的东西。企图利用词项指称概念和语句真理观以有助于理解曾困扰过笛卡尔的问题，在我看来是注定失败无疑，但这样一种方案是很有诱惑力的。因为语言是一种“公共的”自然之镜，正如思想是一种“私人的”自然之镜一样，似乎我们将能够用语言学词语重述大量的笛卡尔与康德的问题和回答，从而恢复许多标准的哲学争论（例如在唯心论和实在论之间的选择）。我在第六章讨论种种进行这种恢复工作的努力，并主张语义学正像心理学一样应摆脱认识论。

一旦心理学说明中所需的内部表象和语义学为产生自然语言意义理论所需的语词-世界关系，被看成是与证明问题无关，我们

就可以把放弃追求特殊表象，看作放弃“知识论”的目标了。十七世纪朝向这样一种理论的冲动，是从理解自然的一种范型向另一种范型改变的产物，也是从宗教文化向世俗文化改变的产物。作为能给予我们“寻求真理的正确方法”的学科的哲学，有赖于找到适用于一切可能探讨的某种永久性构架，理解这一点将使我们能看清（例如）何以无论亚里士多德还是贝拉尔敏都未正确地相信他们所相信的东西。作为自然之镜的心灵，是笛卡尔传统对需要这样一个构架所做出的反应。如果在这面镜子中没有特殊的表象，那么它将不再适合对一种检验标 212
准的需要，这一检验标准是供我们在对信念的正当的和不正当的判断间进行选择之用的。除非能找到某种其他这类构架，放弃自然之镜将导致我们放弃作为一门学科的哲学概念，这门学科的目的是对科学和宗教、数学和诗歌、理性和情感的各种主张进行评判，并使其中每一项各就自己之位。在第七章和第八章中我将进一步阐发这个论点。

第四章注解

① 这个问题一直回响于本世纪，其情况将在下章描述。心理学产生于具有如下含混希望的哲学，即我们也许能向回越过康德，并重新抓住洛克的素朴性。自那时以来心理学家们徒劳地抱怨着他们被新康德主义哲学家们（分析的和现象学的这两种）忽略了。

② 参见E.胡塞尔：“作为严格科学的哲学”，载于《现象学与哲学的危机》，Q.劳尔（编译），纽约，1965年，第120页。在这篇发表于1910年的长文中，胡塞尔把自然主义和历史主义分析为一种怀疑主义

和相对主义。例如参见第76—79页，第122页。他开始通过重复他在《逻辑研究》中对心理学的逻辑概念提出的批评来批评自然主义。（参见第80页以下论述自然主义由于将规范还原为事实而否定了自身一段。）

③　罗素在其《我们对外部世界的知识》中的“作为哲学本质的逻辑”一章以下面一段话来结尾：

> 旧逻辑禁锢思想，而新逻辑给思想增添了羽翼。在我看来，逻辑导致的哲学进步正如伽利略在物理学中导致的进步一样，使人们最终有可能理解哪些问题可加以解决，而哪些问题由于超出了人类能力而必须弃而不顾。而且在似乎有可能提出解答之时，新逻辑提供了一种方法，它使我们能够获得的结果不仅仅是体现着个人的特质，而且必须强制一切有形成意见能力的人都接受。

就我目前的目的而言，（例如由达美特和安斯柯姆伯提出的）标准责难说，罗素混淆了的确从新逻辑中产生的弗雷格和维特根施坦的专门语义学说和不是从新逻辑中产生的认识论学说，这并无关紧要。这种责难十分公允，但若没有这种混淆，分析运动将或者不能起飞，或者变成了完全不同的东西。只是在过去二十年中，在“语言的哲学”（linguistic philosophy）和“语言哲学”（philosophy of language）之间才开始划出了明确的分界。关于二者区别的详细论述，参见第六章第一节。

④　参见罗素：《我们对外部世界的知识》，第61页（纽约美国版，1924年）和胡塞尔：《现象学》，第110—111页。

⑤　参见H.斯皮格伯格：《现象学运动》第二版，海牙，1965年，第一卷第275—283页，以及D.卡尔对胡塞尔的《欧洲科学的危机和先验现象学》（艾万斯顿，1970年）一书写的“译者导言”，第xxv—xxxviii页。另外参见赖尔对《存在与时间》的反应，他举例说明了受罗素影响的盎格鲁—撒克逊方案与胡塞尔创始的方案间的类似性：“我个人的看法是，作为第一哲学的现象学目前正趋于瓦解和面临灾难，它将或以自我毁灭的主观主义终结，或以空虚

的神秘主义终结。”（载《心》，1929年；转引自斯皮格伯格一书的第一卷，第347页）赖尔的有先见之明的观点是，“存在论现象学”的到来，意味着作为“严格科学”的现象学的终结。

⑥　我认为，在英美国家，哲学已经在其主要文化功能方面被文学批评所取代，文学批评有如青年对本身与过去的不同进行自我描述的源泉。参见H.布鲁姆：《错误读解的地图》，纽约，1975年，第39页：

> 今日美国文学教师远比历史、哲学或宗教学教师更加被谴责为去教导过去的现在性（presentness of the past），因为历史、哲学和宗教作为推动因素已离开了教育舞台，把目瞪口呆的文学教师留在祭坛上，为其究竟应当是祭物还是教士而困惑不已。

大致而言，这是由于盎格鲁·撒克逊哲学的康德的和反历史主义的一般趋向所致。在黑格尔未被忘记的国家里，哲学教师的文化功能完全不同，它更接近于美国文学批评家的地位。参见拙文“专业化的哲学和先验主义的文化”，载于《佐治亚评论》，1976年第30期，第757—769页。

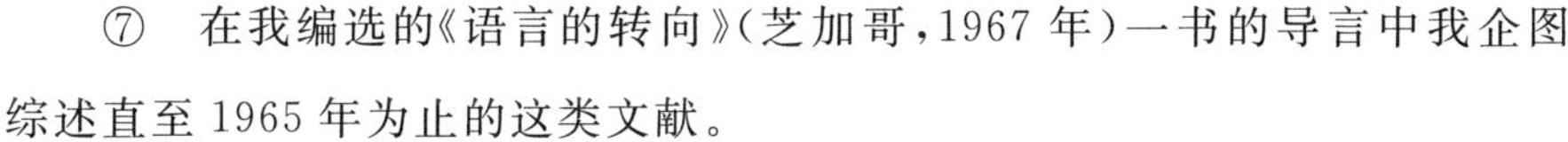

⑦　在我编选的《语言的转向》（芝加哥，1967年）一书的导言中我企图综述直至1965年为止的这类文献。

⑧　关于把奎因解释成在攻击“哲学的意义概念”的说明效力，参见G.哈尔曼：“奎因论意义和存在，I”，载于《形而上学评论》1967年第21页，第124—151页，特别是第125、135—141页。

⑨　W.塞拉斯：《科学、知觉和实在》，伦敦和纽约，1963年，第167页。

⑩　对于奎因的行为主义的这种批评，参见H.P.格赖思和P.F.斯特劳森：“为一种教条辩护”，载《哲学评论》，1956年第65期，第141—156页。对塞拉斯的这类批评，参见R.齐思霍姆对塞拉斯意向性主张的批评，载于《明尼苏达科学哲学研究2》（1958年）第521页以下刊出的两人的通信中。

⑪　在第五章讨论经验心理学时，我将维护这一看法。十分遗憾，塞拉斯和奎因本身并未如此安然地看待这个问题。关于对奎因摆脱意向概念的

批评，参见下面第三节。这一批评在细节上加以必要调节之后可用于塞拉斯坚持的下述主张：“科学形象”排除了意向；但是塞拉斯的论点更精细，并涉及他对反映论的原教旨态度，对此将在第六章第五节中加以批评。

⑫　不幸，他们两人都倾向于用与物理实体，特别是与物理科学的“基本实体”（基本粒子或其后发现的各种粒子）的符合来取而代之。塞拉斯（和J.罗森伯格）企图从作为反映准确性的柏拉图知识观中拯救某种东西，对此我将在下面第六章第五节中加以批评。我本人的态度与斯特劳森（及海德格尔）的相同：“符合论需要的不是纯化而是删除。”（P.F.斯特劳森：“真理”，重印于《真理》，G.皮奇尔编，伊格伍德·克里夫斯，新泽西，1964年，第32页。）或者说得更温和一些，它要求与认识论分离，或被委诸语义学。（参见R.布兰多姆：“真理和可论断性”，载于《哲学杂志》，1976年第73期，第137—149页。）

⑬　参见塞拉斯的论断：“有关认识的事实可以毫无保留地（哪怕‘在原则上’）被分解为非认识的事实的看法，不管是现象的还是行为的事实，公共性的还是私人性的事实，不管使用了多么丰富的虚拟式或假定式的表达，我相信它都是一个根本的错误（一个与伦理学中所谓的‘自然主义谬误’类似的错误）。”（《科学、知觉和实在》，第131页）我要论证说，塞拉斯对认识论研究的重要性在于，他把这一领域中的真正的和有趣的不可还原性，不是看作存在于一种个体（心理的，意向的）和另一种个体（物理的）之间，而是看作存在于描述与规范、实践和价值之间（参见下面注⑰）。

⑭　塞拉斯：《科学、知觉和实在》，第170页。

⑮　奎因：《从逻辑观点看》，麻州剑桥，1953年，第42页。

⑯　塞拉斯：《科学、知觉和实在》，第160页。

⑰　参见上书，第169页：“重要之点是，在描述像知道这样一个事件或状态时，我们并未对该事件或状态给予一种经验的描述；我们在把它置放到证明和能去证明所说东西的理性逻辑空间中去。”

⑱　参见R.弗兹:"一致性、确定性和认识优先性"(重印于《经验的知识》,R.齐思霍姆和R.斯瓦兹(编),茵格伍德·克里夫斯,新泽西,1973年)。弗兹企图解决由"概念一致论"创造的问题:即,因为"我们不能充分理解'看似红',除非我们具有对比的概念——'是红的',于是情况似乎是,在逻辑上不可能有'看似红'的概念(如C.I.刘易斯的'感觉意义'理论会要求的),如果我们不先有'是红的'概念的话"(第461页)。弗兹说道:

> 如果我们不把概念与用于表达概念的字词相混淆,这个基本的矛盾就不难解除。一个具有哲学含义的发生学事实是,当一个儿童首次开始一贯地使用"红"这个词时,他把它用于在他看来是红的东西上……。将其称作"看似红"概念的"原初形式"就是承认,在某种意义上孩子还不能充分理解成年人的用法,直到他有朝一日能够区分仅只看来像红的东西和实际上是红的东西;但我们不应假定说,孩子在习得了更复杂的概念后就以某种方式失去了他的原初概念。(第461—462页)

关于反对赖尔—维特根施坦—塞拉斯把具有概念和使用字词等同化的更详细的论争,参见B.布兰沙德的《理性和分析》(拉·萨尔,III,1962年),第九章。类似于弗兹的"原初概念"的东西又出现于W.S.罗宾逊对塞拉斯的批评中:"所与性的传说",载于《行为、知识和实在》,H.N.卡斯塔涅达(编),印第安那波利斯,1975年,第83—108页。

⑲　在第八章我将主张,对待心的哲学和认识论之间(或更一般地说,在对人的任何科学的或形而上学的描述和关于人的语言行为或其他行为的证明的任何论述之间)关系的这种态度,是维特根施坦在《哲学研究》中最重要的部分。我想,正像塞拉斯本人运用描述人和判断人之间的区别一样,这也是《逻辑哲学论》中严格区别事实陈述与一切其他(如伦理的)语言用法的一个自然结果。

⑳　关于对维特根施坦认为人体是人的灵魂的最佳图画看法的实质和结果的清楚说明,参见V.阿尔德里希的"论做一个人究为如何",载于《探

究》,1973 年第 16 期,第 355—366 页。也参见 S.罕姆波舍尔的《思想和行为》,伦敦,1959 年,第一章。

㉑　参见 H.普特南:“机器人:是机械还是人工创造的生命?”重印于《近代唯物论》,J.欧康纳(编),纽约,1969 年,尤其是第 262 页:“……关于机器人是否有意识的问题,要求我们决定是把机器人当作我们语言社会中的同伴成员呢,还是不这样对待它们。”

㉒　这并不意味着我们在表示讨厌时是对的或错的。我只想引起人们对这样一种传统式恐惧的注意,即生物学家或心理学家在对待自己的族类时可能会“为解剖而谋杀”。当我们特别善于根据某对象的内部结构去预测其行为时,被诱使对其“客观”,即把它当作一种自在,而非当作自为和“我们中的一员”。我想,哲学家们对这种诱惑有无道理并无高见。而小说家和诗人却能优而为之。

㉓　道德哲学家们是声誉不佳的,他们极少有助于判定应当把什么看作是道德行为者,看作是具有尊严而不是具有价值,看作属于那些应最大限度增加其幸福的人之列,看作这样一类人之一,即人们必须千辛万苦将自己造就成功尽管始终不明所以的那种人,诸如此类,不一而足。根据一个进行认识的社会中一切成员是否都是一个伦理社会中成员的问题,即“促进认识的利益这种主体间的意图是否直接地包含着促进福祉的主体间意图”这个问题,塞拉斯简要而未有结论地讨论了上面的主题(《科学和形而上学》,伦敦和纽约,1968 年,第 225 页)。关于整体论对元伦理学和柏拉图式的冲动的影响,参见 J.B.施尼温德:“道德知识和道德原则”,载《知识和必然性》,G.A.维色(编),伦敦和纽约,1970 年。

㉔　塞拉斯:《科学、知觉和实在》,第 148 页。

㉕　W.V.O.奎因:《语词与对象》,麻州剑桥,1960 年,第 221 页。

㉖　参见《语言和反驳:论奎因的研究》,D.戴维森和 J.辛提卡(编),多尔得莱希特,第 303 页。在这一页上奎因说:

试考虑一下……已知和未知的、可观察和不可观察的、过去和未来的全部自然真理。关于转译不确定性的要点在于,它甚至抵制所有这些真理,关于自然的全部真理。这就是我说下面一段话的意思,凡适用转译不定性之处,就不存在关于正确选择的实在问题;就不存在甚至在内部公认的有关一种自然理论不足决定论(under-determination)的问题。

㉗ 这类批评中最有名的是《语言与反驳》一书中乔姆斯基的"奎因的经验主义假定"一文。然而这个问题由 H.普特南在"反驳约定论"一文中做了最有说服力的论证,该文载于《努斯》,1974 年第 8 期,第 38 页:"如果采用分析假定的一个系统而不是另一个系统,可导致使神经生理学、心理学、人类学等学科大大简化,那么为什么我们不应说,'转译'的意思是按照具有这一性质的手册进行的转译呢?"普特南正确地把奎因关于转译的特殊不定性学说断定为是由一种本质主义中产生的。大致来说其意思是,我们预先知道,那些不可能用今日物理学语汇表达的东西是不重要的,它们只是"观看者心目中的东西",一种主观上方便的东西。另外请参见 C.布尔斯:"不定性命题的起源",载于《哲学杂志》,1975 年,第 72 页,第 369—387 页,以及 R.罗蒂:"转译和真理的不定性",载于《综合》,1972 年第 23 期,第 443—462 页。

㉘ 奎因:《本体论相对性和其他论文集》,纽约,1969 年,第 50—51 页。

㉙ 参见上书,第 47 页以下。H.菲尔德指出,奎因的"针对背景语言的相对化"概念和"按表面意义理解指称",是与他的总的论证路线不相容的。参见其"奎因和符合论",载于《哲学评论》,1974 年第 83 期,第 207 页以下。但是这一困难与我目前的目的无关。

㉚ 奎因:《本体论的相对性》,第 34 页。

㉛ 意义的常识同一性的例子取自哈尔曼的"奎因"一文,第 142 页。关于"谈论"或"意指"的常识意义和哲学意义的不同的进一步讨论,参见我的"实在论和指称",载于《一元论者》1976 年第 59 期,第 321—340 页,以及本书第六章第四节。

㉜　奎因:《本体论的相对性》,第 35 页。

㉝　奎因:《语词与对象》,第 200 页。

㉞　同上书,第 206 页。

㉟　在第七章中我还将讨论这样做的理由。

㊱　参见奎因的“论卡尔纳普的本体论观点”,载于《悖论的方式》,纽约,1968 年,和“自然化的认识论”,载于《本体论的相对性》。

㊲　这句话引自塞拉斯的《科学、知觉和实在》,第 173 页。

㊳　奎因:《语词和对象》,第 221 页。

㊴　哈尔曼在“奎因”一文(第 126 页)中对奎因对这些问题的看法提出了一种更宽容的解释。哈尔曼说:

> 他并非认为意向性的客体、命题或意义是一类奇特的实体(如人们可能认为电子一定是一种奇特的实体一样)。他的抱怨不是说,作为某种抽象东西的意向性客体触伤了他的情感,正如它们无疑触伤了 N.古德曼的情感一样……。奎因的论证……在于,在〔引起这类实体的〕这套东西中的种种观点是这样一些理论,即它们没有说明它们打算说明的东西。因此他对意向性客体的态度类似于他对燃素或以太(或巫婆)的态度。

奎因在《语言与反驳》中似乎温和地认可了哈尔曼的解释。但我不认为这种解释能与《语词与对象》和其他论著中的许多论点一致,虽然我同意,它表示了奎因应当采取的态度。

㊵　《语言和反驳》,第 318 页。

㊶　《语词与对象》,第 119—120 页。

㊷　D.弗莱斯达尔在“意义和经验”[载于《心和语言》,S.古坦普兰(编),牛津,1975 年]一文中提出一种解释奎因不定性命题的方法,目的在于指出,“奎因的立场会更引人注意,如果他对物理主义的本体论偏见被看成是对经验主义的更根本的认识论偏见的结果的话”。(第 33 页)他建议:

……存在有各种真理，它们都包含在关于自然的理论之中。如我们先前指出的，在我们的自然理论中我们企图说明我们的一切经验。而且我们所正确假定的唯一实体，是在阐述所有这些证明的最简单理论中所依赖的那些实体。这些实体，它们的性质和相互关系，都是这个世界所有的，都是可论其对错的。关于这些实体的一切真理都包括在我们的自然理论中。在转译中我们并不描述其他现实领域，我们只是使两种涉及一切存在实体的无所不包的理论相互关联起来。（第32页）

然而我并未看到，当我们终止描述和开始使不同描述相互关联时，能够说出什么道理。或者换句话说，我并未看到我们怎能使“自然”与其他东西划分开来，除了通过发现“说明我们一切经验”的某种意义外，按此意义某种少于全体文化的东西可说明我们的全部经验。

追溯不定性命题至经验主义的另一种方法，是由J.麦克道尔提出的（“真理条件，二值性和证实主义”，载于《真理和意义》，G.艾万斯和J.麦克道尔（编），牛津，1976年）。麦克道尔认为，奎因可以坚持“在一种意义理论中提出一种表述不很恰当的、对实在论的严格证实主义的反对”。（第65页）这个反对是，把某一断言的真理性解释为“不被可观察物决定的”，就会（如果我们“实在论地”解释这句话）要求我们归与说话者“一种独立于可观察物的真理概念”。（第64页）由于对证实论者来说后者是荒谬的，这就表明我们不应当“实在论地”解释该语句。然而这个策略似乎牵涉到发现“由可观察物来决定”的意义问题，它保留住生物学而排除了转译，而且我仍然不理解怎能办到这一点。于是我的结论是，在(4)和(5)之间的张力仍然存在，尽管奎因的友善批评者们企图以下述方式改述他的论点，即使他免受乔姆斯基的这样的批评：在此领域中唯一的不定性是习知的观察对理论的不足决定性(underdetermination)。（这个批评弗莱斯达尔和麦克道尔两人都提到过，并企图加以克服。）

㊸　D.戴维森：“心理事件”，载于《经验和理论》，L.佛斯特和J.斯万森

（编），麻州阿姆赫斯特，1970 年，第 94—96 页。

㊹　同上书，第 97 页。

㊺　同上书，第 97 页注，引述奎因《语词与对象》，第 221 页。

第五章　认识论和经验心理学 213

1. 对心理学的怀疑

我称作“认识论行为主义”的这一思想路线，产生了一种反对“心理实体”和“心理过程”概念的偏见。笛卡尔和洛克共同赞成的一幅有关人的较高机能的图画，逐渐地被杜威、赖尔、奥斯丁、维特根施坦、塞拉斯和奎因这些作家的工作磨蚀殆尽。然而这幅图画（它引起了十七世纪的“观念纱幕”概念，并因而引起了认识论怀疑主义）并未被一幅较清楚的新图画所取代。相反，在反笛卡尔者中间关于心是什么（如果有心的话）的问题存在着一种广泛的自相争战的分歧。赖尔魔术般的词“倾向”（disposition）不再受人喜爱，结果代之以一类更新的“功能状态”概念。任何浮泛着斯金纳方法论行为主义或赖尔“逻辑”行为主义的东西都遭人白眼，但人们同意，应当有某种办法去避免这类还原论的努力，而不致倒退到曾产生过传统的“近代哲学问题”的那种二元论去。经由还原论解释的行为主义反直观的结果，由麦尔柯姆反对心理学家们晚近研究的论辩加以说明了：

因此，正是事实和围绕着行为的环境，给予它表达认知的

特性。这种特性不是由于在内部发生的什么东西而产生的。

214 在我看来，如果这一观点被哲学家和心理学家所理解，他们就不再有理由要为认知、记忆、思维、解决问题、理解和其他“认知过程”构造理论和模型了。[①]

如果我们贯彻这条思想路线，那就可断定，整个经验的心理科学是建立在错误之上的，而且在常识的行为说明和神经心理学说明之间没有中间的研究领域。按此观点，认为有研究心理学的中间领域的看法将是麦尔柯姆的“有关认知过程和结构的神话”的产物，赖尔称这个神话是“笛卡尔神话”。麦尔柯姆（例如）在他把乔姆斯基的“内在化的规则系统”观描述为“传统的观念理论”的典型的根本错误时，似乎倾向于将问题引到这一点上来，即：

> 关于一个人在说话时必定被引导着的假定……。必定有现成的东西指示他怎样说话，怎样使字词合乎语法地结合在一起并有连贯的意义……。被说明的东西即知识——知道什么和知道如何。语言结构或其规则系统在他心中的出现，应当说明这个知识，即说明他怎样知道。（第389页）

麦尔柯姆认为，如果我们一旦理解“我们对人的认知力的理解不是由于用一种内部引导系统的神话取代刺激-反应神话而被提高的”（第392页），那我们就不会认为在此领域中存在着应去寻找的任何说明。

毋庸置疑，导致笛卡尔和洛克去建立“传统哲学问题”的心的
215 模型，被牢牢纳入年轻的心理科学的术语系统中去了。[②] 如果抛弃了这个模型而未对该科学内的研究产生某种影响，这就令人惊异了。然而如果一门学科现已离开其哲学起源若干世代，竟仍未能站稳脚跟，这也同样会令人惊异。我们觉得必定有一些心理学研

究规划，它们不会由于对这些规划设计者使用的词汇进行哲学批评而受到威胁。

维特根施坦对这类规划的批评（像麦尔柯姆的批评一样）似乎往往是建立在一种错误的观点改变的基础上的，即从

1. 指示心理事物的词语的意义，应根据行为（在这里“行为”是“使环境和行为刺激相关的函数”之简称）而非依靠内在的直指（interior ostension）加以说明

转变到

2. 心理学只能关心行为片断与外部环境之间的经验的相互关系。

这个推论，正如赖尔的一系列批评者指出过的，并不比操作主义的科学哲学家对物理学所做的类似推论更有效力。[3] 例如，佛多尔说，心理学家欣然承认，行为和社会环境中的某些特点是思想、认知、情绪等等出现的必要条件，但他提醒注意，也可能有许多同样必要的“内部”条件。[4] 于是，如果心理学研究者足够明智地去避免根据纯内部事件来定义（例如）“认知行为”，他就多半能利用行为和环境来确定其材料。除此以外还能需要什么以避免神话化之讥 216
呢？当然，结果会是，没有值得去假定的“中间变元”（intervening variables），而且这大概只可能通过试错法后验地去发现。正如P.C.多德维尔在回答麦尔柯姆时说的：

> 按照麦尔柯姆的观点，心理学家将必须只限于研究简单的经验关系，如在记忆和睡眠丧失之间可能出现的那类关系，但极难看到这种限制如何能是正确的。心理学家在人的记忆中所研究的那类因素是经验的关系，虽然它往往比刚提到的

那种关系更为复杂。于是什么人应当对什么样的经验关系要在研究中予以阐明做出决定呢？肯定不是哲学家。⑤

这个回答在我看来是非常令人信服的，但是我们仍然可以从这样的考虑中获益，即何以一种还原的操作主义对心理学比对物理学似乎更有吸引力。为什么哲学家嫉妒心理学家有权去虚构什么理论实体和过程会有助于他们说明我们的行为？这样一种理由已被给予了：即在上述断言（1）和断言（2）之间的混淆。这种混淆基于在胡塞尔、狄尔泰以及温奇和坎尼一类维特根施坦主义者中可看到的那种担忧，即根据“心理过程”使人的行为屈从于机械说明，这会模糊了人与物之间、*精神科学*所研究的人类现实与*自然科
217 学*所研究的其他现实之间的界限。在以后几章中还将进一步讨论这种界限，但现在我们满可以安于多德维尔的回答。担心机械论和人格的丧失是怀疑*一切*行为科学的一个理由，但这还未说明哲学家对心理学特别觉得可疑的缘故。更直接相关的怀疑理由是这样一种理由，它提出心理学家应当*更多地*而非更少地采取机械主义，他们应当直接越过心理领域进入神经生理领域。

第一个理由就是朝向统一科学的迫切要求，这种要求与其说是将多还原为一的冲动，不如说是这样一种信念，即十七世纪的科学发现，万物均可由原子和虚空加以说明，而且哲学具有维护这种观点的道德义务。然而这种信念为一种对量子力学的朦胧意识所冲淡，于是对无感物质的本体论敬意，为一种对物理学教授的社会学敬意所取代。哲学家谈及“物理事物”时现在通常伴以一种注释，它说明任何实体只要是由“自然科学”产生的均将被视为“物理的”。在奎因以前，当“还原”尚为逻辑经验主义规划的核心时，哲

学家们认为自己能够通过对在社会学、心理学等学科中使用的术语“进行意义分析”来对科学统一的工作做出实际贡献。然而自从奎因对意义加以抨击以来，将一切事物还原为物理学家将支持的事物的需要，为一种更为模糊的看法所取代，这就是非物理学的各门科学将“更科学化”，如果它们能用对理论实体的结构描述（如“DNA 分子”）取代功能描述（如“基因”）的话。这种看法在社会学和经济学等领域中已归于消失，在那里没有人想要求使假定的理论实体物理化，但这种看法仍固存于心理学中，其理论实体大致来说都含有某种具体性，这就吸引人们以神经生理学来取代心理学。即便承认奎因认为应用一门学科中词语的重要的充要条件不 218
可能通过另一门学科中的词语来给出的理由，我们为什么要对这种学科词语替换如此不耐其烦呢？没有人曾认为遗传学牵扯到运用可疑的实体，因为 DNA 的产生历时甚久。因此如何去说明心理学家正在堵塞研究之路这种直觉的看法呢？

为了对此做出回答，我们必须回到怀疑假定的心理实体和过程的第二个理由。我们可以按照赖尔的说法称其为“幽灵恐惧”。认为哪怕只是暂时地支持心理事物我们就会失去科学精神的这种思想有两个来源。我在第一章中讨论过的第一个来源是后笛卡尔的“意识”概念与认为灵魂在死亡时离身体而去的前哲学观念的混淆。第二个来源是这样的认识论观点，即内省性禀赋其特殊认识通道，而且既然这种认识论特权必须建立在某种本体论的区别之上（比起任何物理东西可以为任何人所认知来，心理实体内在地即更易为其所有者所认知），我们就必须否认作为可内省的心理事物的存在，并以使我们对于现实的部分知识依赖于不可证实的报道为代价。这样一种论点很少如此公然提出，但某些类似的观点存在于大多数实证主义派和维特根施坦派对心理事物的敌意之中。[⑥]然而正如作为一种哲学研究规划的“科学统一”概念不可能在奎因批评“意义”以后存在一样，这种认识论的论点也不能在塞拉斯处理“所与性”之后存在。按照塞拉斯对直接知识的论述，内省是一种习得能力，而且对下述说法的一种隐约的怀疑大致来说是有道理的，即主体最终将对实验者告诉他应当能去内省的任何
219 东西加以内省。因为按照塞拉斯的说法，我们对心理事件的直接知识，并非是特殊本体论性质的标志，而且第一人称报道的不可改变性正像一切与认识的性质有关的事物一样，是一种社会学的而非形而上学的关切。但是放弃了被认为是使特殊通道得以成立的心灵特有的性质，也就恢复了诉诸内省方法论的可敬地位。因为现在我们可以看到，教人们去内省思想，怀乡病，血压或古怪的阿尔发脑波，就只是把在机体内的各种联系（多半是言语中心与神经系统其他部分之间的联系）当作科学工具来使用的问题。这类训练必须以在诸主体间存在的环境为其出发点，这就足以确保不会发生不为人知的事情。因此内省报道的“主观性”和“非科学”性，正如波谱镜的缺欠一样在哲学上无关紧要。一旦“主观报道”被看作一个说明方便的问题，而非允许人们以无根无据的言语去拒绝成果丰富的科学假设的问题，我们就可清除内省派心理学与唯理主义对明晰观念的要求和新教主义对个人良知的要求之间的不幸联系了。

我的结论是，我在前一章描述的奎因和塞拉斯的论点，也有助于为心理学澄清经验主义和物理主义哲学家加予它的那些通常的

怀疑。来自其他方向的怀疑(来自需要保持人的独特性、自由意志和精神科学完整性的那些怀疑),将在第七章和第八章中加以讨论。在目前这一章里我将盯住这样一个问题:在经验心理学研究的实际的和所期待的结果中我们能否发现与关于知识的传统哲学问题的任何关联？由于我希望表明,这些“哲学问题”应当被解除 220
而不是被解决,读者可以预料,我将给予的回答是否定的。但是这一否定的回答需要认真的辩护,因为很多哲学家们都对由奎因和塞拉斯所归结的那些反对特殊表象的论证印象深刻,但他们仍然想通过运用产生内部表象一般理论的心理学结果去取代传统的“基本主义”认识论。我将力申,这样一种“新认识论”不会提供与证明问题有关的任何东西,因此它与导致十七八世纪认识论出现的文化要求也无关联。结果,它也无助于维持作为一门学科的哲学形象——这门学科脱离开经验研究,并说明着经验研究结果与文化中其他部分的关联。

为了证明这一点,我将讨论最近哲学文献中流行的两种建议,它们都赋予心理学一种比我认为它应获得的更大的哲学重要性。第一个是奎因的如下建议,心理学可研究“理论和证据之间的关系”,过去这曾是认识论的主题。在第二节中我将论证,这类关系不可能用心理学术语重述。第二个是这样的主张,在计算机程序状态和人的心理状态之间,以及在计算机的“硬件”状态和人体的神经生理状态之间的类似性,赋予有关人类知识由对于世界的“内部表象”所组成的看法以一种有趣的新意。这一主张为佛多尔极其详尽地加以发挥了;在第三节和第四节中我将论证,佛多尔把两种“表象”的意义混为一谈,在第一种意义上表象可判断为准确或不准确，而在第二种意义上则否。我主张，这两种意义划分出了认识论和心理学的各自领域。

221 2. 认识论的非自然性

奎因在一篇题为“自然化的认识论”中回顾了提供一个“科学基础”的活动所面临的种种麻烦问题，最后他论述了维特根施坦对这类活动所持的讥讽态度：

> 卡尔纳普和维也纳小组的其他逻辑实证主义者们已经硬把“形而上学”一词在贬义上使用了，并认为它是无意义的；而下一个词就轮到“认识论”。维特根施坦和他主要是在牛津的同事们认为，哲学残留的使命在于进行治疗：医治哲学家们以为有认识论问题的妄念。

> 但我认为，在这个问题上可能更有助益的是说，认识论仍然继续存在着，虽然它具有了新的背景和被澄清的性质。认识论或某种类似的研究，干脆处于作为心理学的，因而也就是自然科学的一章的地位上。它研究自然现象，即一种物理的人主体。这个人主体被赋予某种在实验上可控制的“输入”(例如某些具有种种频率的传导型式)，而且在适当的时候，主体将提供对三维外在世界及其历史的描述作为“输出”。在较少的输入和源源不绝的输出之间的关系是促使我们去研究的关系，其理由大致与永远促动认识论研究的那种理由相同。这就是，为了了解证据如何与理论相关，以及人们关于自然的理论以什么方式去超越任何可获得的证据。⑦

我们先来考虑奎因的主张，即认识论背后的动机永远是“了解证据与理论如何发生关系，以及人们关于自然的理论以什么方式去超越任何可获得的证据”。大多数思想史家惊奇地发现，我们现 222
在称作“知识论”的东西在十七世纪以前的思想家思想中只起着微不足道的作用。按照奎因对认识论的论述，很难理解情况何以会是如此。我们可以指出，在关于行星和弹道火箭的各种极其不同的理论之间进行选择的需要，在伽利略和笛卡尔时代变得十分强烈，因此西方的思想重新震惊于“人们关于自然的理论超越任何可获得的证据”的方式。但是这种提示过于单薄了。在古代和中世纪有大量关于天体的相互争辩的理论，但是我们必须仔细寻找以便在柏拉图和亚里士多德的著作中发现任何可称作“认识论”的东西，如果认识论意味着注意理论与证据之间的裂痕和比较跨过这些裂痕的种种方式的话。我们可以兴高采烈地专注于《泰阿泰德》和《论灵魂》中的某些段落；新康德派的希腊哲学史家如柴勒尔等往往这么做。但是在公元前四世纪的其他著作中几乎未出现过这类讨论，实际上在《后分析篇》中就全然没有（在这部著作中亚里士多德讨论了科学的性质和方法论，他熟悉在各种相互争论的科学理论中的分歧并与其中最好的理论进行辩论）。当笛卡尔主义在十七世纪突然来到并使世人震惊之际，并非因为提出了一种有关涉及理论和证据之间关系的长期争论问题的新观点，而宁可说是因为问题被认真地对待了，正如吉尔松愤愤不平地说的，经院哲学家由于过于敏感以致未能提出这些问题。⑧

为了理解十七世纪为什么变得对理论与证据之间的关系感兴 223
趣，我们需要问为什么笛卡尔的畅想俘获了欧洲的想象力。如奎

因所说："认识论学者梦想着一种第一哲学，它比科学更坚实，并可用于证明我们对外部世界的知识。"[9]但是为什么每个人都突然开始做同一种梦想呢？为什么知识论变成某种远不只是拟就一篇对塞克斯都·恩玻里柯做出回答的令人厌倦的学院活动呢？对一门比科学更坚实的第一哲学的梦想，就像《理想国》一样久远，而且我们可以同意杜威和弗洛伊德的看法，同一原始冲动潜存于宗教和柏拉图主义之内。但这并未告诉我们为什么每个人都应认为第一哲学首先就是认识论。

这样来紧逼奎因的用语似乎过于严格了。然而这样做是因为我认为，要理解近代哲学，就必须对传统采取比奎因企图做的或为他的目的所需要做的更彻底的决裂。如果我们的目的是要指出，一旦抛弃了教条，我们可从经验主义中保留下什么东西，那么，奎因温良的"别让我们抛弃认识论——让我们把它当作心理学"的路线就是完全合理的；但是如果我们想知道为什么人人认为值得（更不必说令人兴奋或有道义必要）做一名经验主义者，我们就必须从整个问题后退，并追问奎因竟能心安理得地忽略掉的一些问题。为了有助于保持这一距离，现在我转谈奎因论述心理学的一些问题。我想指出，他所考虑的任何心理学发现，何以会如此远离对科学基础及理论与证据之关系的关切。

我想，在知觉经验心理学和经验主义认识论之间的联系，大致
224 是由松散地使用"证据"（evidence）、"信息"（information）和"证言"（testimony）这类字词来提供的。这种用法使奎因能够说出这样的话，如"神经末梢……是有关世界的未经处理的信息的输入处所"[10]和"正是我们感官接受器的刺激最好被看作是对我们认知机

制的输入”[11]。假定我们问：心理学能否发现，信息开始被处理的地方不是视网膜（被光线扰动的第一个神经细胞）？心理学能否发现，信息处理正好在晶状体内，或者说正好只在视神经与视觉皮质交汇处？心理学能否发现，直到这一部位以前，一切东西都不是信息而只是电流？也许不能，因为很难了解什么可被看作是“信息”或“处理”的实验判准。然而奎因的著作表明，似乎**能够**有这样的判准。他注意到，心理学永远为两种有关“材料”成立的判准所分裂：“在因果关系上靠近物理刺激物的程度”和“意识的中心”。但他说道：

> 当我们放弃了有关一种比科学更坚实的第一哲学的梦想时，这个两难问题就被解除，而且这个紧张关系就得到缓解了。如果我们只寻求我们对外部世界知识的因果机制，而不寻求用科学以前的语言来证明这种知识，最终我们只能满足于一种贝克莱风格的视觉理论，它是以二维视野上的颜色为基础的……。我们可以把人看作一个物理世界内的黑箱，它向可从外部决定的作为输入的刺激力敞开，并滔滔不绝地发出可从外部决定的关于作为输出的外部世界的证言。正是黑箱内那些具有意识性的内部活动可能使情况如此。[12]

但是如果我们忘记了证明，而去寻求因果机制，我们肯定不会 225
去谈论二维视野内的颜色块。我们将无须区别被给予物和被推断物之间的区别，并且将无须“视野”概念以赞成前者。我们可以谈论二维视网膜上的被射光片和视神经上的脉动，但这将是一个选择黑箱的问题，而不是发现研究的检验条件的问题。奎因只是通过改变研究动机来解除一个两难问题。如果人们只关心因果机

制，就不会操心意识的问题。但是怀有奎因所描述的那种梦想的认识论学者，还不只是关心因果机制。他们还关心（例如）在伽利略和拒绝看他的望远镜的教授之间做出可憎的区别。

如果的确不存在真正材料来自何处的实验判断，那么奎因关于我们放弃“感觉材料”概念、从因果方面谈论神经末梢，并从认识论上谈论观察语句的建议，[13]就未解除一个折磨过认识论的两难问题。反之，这个建议使认识论枯萎了。因为如果我们用心理生理学来研究因果机制，并用社会学和科学史来注意在建立和解除理论时观察语句被引述和被避免的时机，那么认识论就无事可为了。我们会认为，这一结果似乎与奎因的旨趣类似，但实际上他拒绝这一结果。当他指责波拉尼、库恩和汉森这些作者想要完全抛弃观察概念时，这种拒绝态度最为明显。[14]奎因认为这是一个极好的概念，并想根据主体间性概念将其重新建立。他把一个“观察语句”定义作“这样一种语句，对于它，当同时出现同样的刺激时，该
226 语言的一切说话者都给予相同的判断。如果否定地表示这个论点，一个观察语句是这样一种语句，它在言语社群之内不受过去经验中的区别的影响。”[15]奎因认为，除去盲人、精神病患者和一些“临时异常者”以后（第 88 页注），我们可以判定哪些语句是这样的语句，它们“取决于当前的感官刺激，和取决于储存的信息，除了对理解该语句有关者外”（第 86 页）。这就等于根据某些语句的无争议性来定义“当前的感官刺激”。奎因认为，这就保存了经验主义观点的效力，而同时又放弃了与“‘观念’的观念”相联系的意义概念。

我想，奎因正确地采取了这条路线，以便保持经验主义中真实

的东西，因为这样做使人们了然，如果有任何东西“取代”了认识论，它就是历史和科学社会学，而肯定不是心理学。但这并不是奎因的理由。让我们看一下关于“材料”的另一段：

> 应当把什么看作观察，现在可以根据感觉接受器的刺激来决定，让意识待在它可能待的地方吧。
>
> 在反心理主义的旧时代，关于认识论优先性的讨论争议未决。什么在认识论上先于什么呢？格式塔是先于感觉原子吗……？既然我们被容许诉诸物理刺激，这个问题就解除了；A 在认识论上先于 B，如果 A 在因果上比 B 更接近感觉接受器。或者说，在某些方面更适合的是只根据对感觉接受器的因果接近性来清楚地论述，而放弃关于认识论优先性的论述。(第 84—85 页)

令人困惑的是，我们是根据*共同意见*来定义“观察语句”的；我们可以将观察与理论分离而不知道或不关心我们身体的哪些部分是感觉接受器，更不必说在神经之下多远开始信息“处理”了。我 227
们无须对因果机制做出任何心理生理学的描述，以便抽离出在诸主体间一致的东西，我们只是在日常谈话中这样做而已。因此，或许心理学关于因果接近性问题对我们无可奉告，这种因果接近性值得被那些希望“在心理学背景中继续搞认识论”的人所认识。换言之，一旦我们以日常语言而非以神经学语言来选择观察语句，进一步研究“证据如何与理论相关”，对波拉尼、库恩和汉森来说似乎就有了重要性。心理学对于他们有关科学家怎样形成和放弃理论的论述，又能补充些什么呢？奎因是这样谈到他们的：

> 某些立志更新的科学哲学家喜欢质问观察这个概念，只

是当它不再呈现为一个问题了之时。我认为，他们的做法是对老的材料概念的可疑性的一种过迟的反应。既然我们抛弃了关于第一哲学的旧梦想，让我们宁肯为我们对不成问题的概念的新理解而喜悦吧。神经的输入是一回事，而作为刚刚定义的观察语句则是另一回事。⑯

但是这些不成问题的概念不是新的。作为电流的神经输入不是新的；作为“信息”，它是成问题的。奎因所定义的“观察语句”概念，像问证人“但你实际看见什么了?”的第一位律师一样古老。如果我们应当为什么事情感到喜悦，这就是，我们不再问某些问题了，而不是因为我们发现了可做的新事情和我们借以进行思考的某些新词语。奎因告诉我们，当我们放弃了理性化的构造时，我们也就放弃了意识的困扰。但是他似乎通过根据主体间性来说明观察性而又重新回到这个问题上来了。于是他将或者让波拉尼、库恩和汉森说，“观察”只是一个有关我们目前能够同意的东西的问

228 题，或者他将指出，心理学的发现怎样能从这个概念中得到更多的东西。如果它们不能，那么根据主体间性来定义“依赖于当前的感觉刺激”，将只是在引用一种对心理学并无益处的往昔认识论的敬语而已。

我对奎因的讨论，过于刻板地考究了他的字眼。奎因或许并不关心“认识论”一词的命运。他实际上关心的也许是他所持的杜威立场，即科学和哲学是连续相通的，不应被看成具有不同的方法或课题。他反对牛津学派关于“作为概念分析的哲学”的松散的论述，并使维特根施坦和“治疗派实证论”与这类论述联系起来。我一直在指出，我们宁可强调杜威和维特根施坦的共同之处，即他们

的这样一种观点，近代哲学家们把对理解的自然性寻求与对确定性的不自然性寻求搞到一块去了。按此观点，心理学在各个时代对哲学家激起的希望和恐惧，同样都被误导了。[17]赞同维斯多姆和包斯马而说，“认识论”是一套对确定性的执著的关切，它应当通过治疗加以解除，以及赞同奎因而说，认识论的冲动应当由心理学的成果来满足，这二者都可被看作是用不同方式来说这样的话：我们可以要么有心理学，要么就什么也没有。

如果在本书中我的关切之一不是去问为什么我们在自己的文
化中有这样一种“哲学”现象，问题讨论就可到此为止了。但是对 229
于这个历史性的问题，在什么也不要和心理学之间的区别是重要的。杜威强调指出，在哲学的非“科学”方面存在着宗教的和社会的动机，这种看法使他对哲学和科学之间连续相通性的坚持，与哲学所是和哲学应是之间易于引起恶感的区别，结合了起来。奎因不情愿轻率地对待发生学的谬误，并友善地倾向于把自己和洛克看作探究“理论和证据之间关系”的同志：他认为洛克被一种坏的意义论引入歧途，而我们现代人可被一种好的意义论正确引导(向心理学)。但是这种善意正好掩蔽了对于历史理解来说是重要的东西：洛克关心怀疑论者的如下意见，即我们的主观领悟方式可能使现实对我们隐蔽起来，以及奎因根本拒绝对怀疑论操心。

奎因对怀疑论关切的疏远，由其使经验因素和知识因素加以类比和使说明与证明加以类比表明了出来。心理学由于发现了经验的因素而说明了知识。认识论通过(假想地)发现知识的因素而证明了非基本的知识。没有人会想使“人类知识”(它与某种特殊的理论或报道相对)被证明，除非怀疑论使其惊恐不安。没有人会使认识论类似于心理学，除非他对怀疑论毫不畏惧，以致把“基础的人类知识”看作一则笑谈。于是，尽管我们可能衷心同意奎因说，如果有关于人类知识的发现应予完成，这些发现多半来自心理学，我们也可以同情奎因归于维特根施坦的这一观点：与认识论有
230 关的事情是“治疗哲学家以为有认识论问题的妄念”。这种治疗并未使哲学与科学分离：它把哲学只当作这样的常识或科学，它们被动员起来以提供“对特殊目的的提示”。[18]

3. 作为真正说明的心理学状态

为了得到一种会谈及理论和证据之间关系的心理学理论，我们至少需要这样一种理论，它将“内在地”重新产生由环境和其他断言所做出的关于断言的通常“公共性的”证明。换句话说，我们需要一些心理实体，它们对公共断言和对彼此之间的关系，能够像言谈中的前提和结论的关系一样，像法庭上证人的证词对指控的关系一样，如此等等。但是一旦满足这个需要的一种心理学理论被提了出来，大概就会发出“无限倒退”的呼叫了。因此我们发现麦尔柯姆说道：

> 如果我们说，某人知道在他前面的东西是狗的方式，是通过看见那个动物“适合”他对狗的观念，那么我们就需要问“他怎么知道这就是适合的一个例子？”什么东西在这里引导着他的判断？难道他不需要一个二级观念来指示他某物适合一个观念是什么意思吗？就是说，他将不需要一种**适合**的模式吗？……一种无限的倒退产生了，而且什么都未获得说明。[19]

由赖尔使其为人熟悉的这个困难是，如果我们不满足于把“他看见它”看作人知道在他面前有一条狗的充分证明，那么我们也将不可能把任何其他东西当作证明。因为就一种内省式的论述仅只提供了一种视觉认知的因果说明而言，它似乎没有回答“他怎样知道？”的问题。它并未告诉我们关于某人对其观看的证据的任何东西，而只告诉了他正持有这个证据。另一方面，就其的确对最初公共的知识主张提出了证据而言，它提供了去进一步追问证明的时机。 231

佛多尔批评了赖尔的如下断言，即没有任何“准机械的”东西能改善我们对知觉认知的理解，并论述道：“赖尔立场的有吸引力的简单性，是以用那种正在讨论的问题为论据的代价来得到的，这个问题正是知觉和学习理论传统上企图回答的。”[20]他进而断言，“关于习得性联想的某些简单的论述”将不会真地回答这些问题：

> 但是如果表演“利利布莱罗”的种种方式共同含有的东西，是某种抽象的东西，那么结果似乎就是，构成人聆听歌曲方法的那种预期系统，也必定在同一意义上是抽象的……
>
> ……这种有关的期待必定是复杂而抽象的，因为知觉同一性令人惊奇地独立于刺激的物理统一性。因为正是这种知觉“恒定性”，被心理学家和认识论学者传统上认为是无意识的推论和其他准机械性的处理过程将需要加以说明，这样说似乎是适当的，赖尔的处理是以知觉恒定性提出的一切问题作为讨论的论据了。（第 377—378 页）

我们可以同意佛多尔这样的看法，如果有“恒定性提出的问题”，那么赖尔就是以这些在讨论的问题作为论据了。但是赖尔可以容易地回答说，“复杂的和抽象的期待”（例如一系列涉及某些规 232

则的无意识推论或某些抽象的范式）是使得这些问题似乎存在着的原因。也许只有“心中小人”的图画使我们问“怎样办到的？”这幅图画运用着以非语言的，但仍然是“抽象的”词项所拟定的规则。赖尔可以说，如果我们没有加予我们的这幅图画，我们就会这样回答：“只是由于具有一个复杂的神经系统它才有可能，毫无疑问，某些生理学家有一天将告诉我们它怎样活动。”换句话说，非生理学“模型”的概念是不会出现的，如果我们不是手边已经有了一整袋笛卡尔策略的话。

我们可以把这个回答更精确一些地加以改述。假定我们同意佛多尔说的，在诸潜在无限的区别之间的类似性的认知，就是对某种“抽象的”东西（如“利利布莱罗”性）的认知。“人聆听歌曲的机制必定在同一意义上是抽象的”，这究竟说的是什么意思呢？大概它必定能够在潜在无限的各种区别中辨析出类似性来。但这样一来，“**非**抽象的机制”的概念就无用了，因为**任何**机制都必定能做到这一点。供一炉巧克力甜饼用的原料在性质上的可能差异，也是潜在上无限的。于是，如果我们毕竟要谈论“复杂的预期系列”（或“程序”，或“规则系统”），我们将永远在谈论某种“抽象的”东西；实际上其抽象性正如那种特性一样，我们想对这种特性的认知加以说明（或如那种任务一样，我们想对该任务的完成予以说明）。但是这样一来我们就处于两难境地了：或者，获得这些预期系列和规则系统需要假定几套新的预期系列和规则系统；或者不需要它们。如果握住前一端，麦尔柯姆的无限倒退实际上将由佛多尔的如下
233 原则所产生，这个原则是：抽象的认知需要抽象的使用，因为适用于认知的，也应当适用于习得。如果我们握住后一端，那么我们似

乎又回到了赖尔，认为人们具有在无限多区别中认知类似性的非习得能力，几乎未说出能说明“恒定性提出的问题”的任何东西。

于是赖尔可以得出结论说，这些问题或者是与日常运用“认知”这类词的充分条件有关的“概念”问题，或者是与生理机制有关的问题。后一种问题并不涉及倒退问题，因为没有人认为“恒定性”要求假定光电元件或音叉中的“抽象”机制。在中央C和“利利布莱罗”性之间有任何区别吗，除了我们称前者为“具体声学性”，称后者为“抽象类似性”以外？我们可以规定音叉忽略了的上千个偶然特征（音色、音量、光的出现、发声物体的颜色），正如利利布莱罗识认者所做的那样。因为抽象与具体的区别正如复杂与简单的区别一样是相对于所与的材料基础而言的，当我们说心理学说明要求提及抽象实体时，似乎只是在断言，说明哺乳动物能做的那类事情，要求提及与说明阿米巴、音叉、铯原子和星体能做的事不同的（在类别上不同的）那类事情。但我们怎样知道这一点的呢？而且在这里“在类别上”意味着什么呢？赖尔可以再一次说，如果我们不是已经有笛卡尔（有关一只内眼注视着贴在心理舞台墙壁上的规则）的图画，我们不会知道这个断言是什么意思。

关于无限倒退的论证的效力就谈这么多。现在来看一下多德维尔一类人可能对它做出的回答，他说，非生理学的模式建构，先验地来看，不好也不坏，而只应依其结果来证明。多德维尔注意到大脑和计算机间的类似性：“目前对心理学家的认知过程观唯一最 234
有力的影响，就是为计算机程序设计而发展出来的一套概念。”[21]然而他承认：

人们或许争辩说，计算机的类比是肤浅的，因为一个程序

> 仅只是把一组操作编码化，这些操作像是认知性的操作，它既不**说明**思维，也未写下一组解决算术问题的规则……。我们说计算机程序能“说明”思维，于是就与说一组逻辑公式“说明”正确推演证明的法则具有相同的效力。（第 371—372 页）

针对这一论点他回答说，计算机类比只有在人们区分出层次之后才有效力：

> ……在用计算机解决问题时所出现的情况，可以在几个不同层次上来说明……。一种程序的**履行**必须根据计算机的硬件来说明，这或许正如思想的履行在某种意义上必须借助于实际发生在中枢神经系统中的过程来说明一样。个别计算借以完成的子程序可参照借以找到解答的“机器语言”和逐级算法来说明。……子程序操作原则本身不应只通过检验硬件而被理解和说明，完全同样的，乘法表的意义不能通过检查大脑来把握。同样，对子程序本身怎样工作的理解，并不根据一个步骤序列去说明解答问题的原则……。为此必须观察实行过程，这个过程在机器中体现着该程序的整个组织和目标，而在人体内它体现着更未被清楚理解的“目标趋向性”。（第 372 页）

层次的重要性是被（例如）这样的事实所阐明的，实验活动可使我
235 们有理由说，我们是通过模板匹配（template matching）过程而非特性抽取过程来认知视觉图式的。（第 379 页）这样说既不是（关于“实行过程”的）一种“概念”论述，也不是一种（关于硬件的）“生理学”论述，然而它可能仍然具有说明性。“子程序”概念似乎正好给予我们心理学所需要的东西，即对常识和生理学之间中间地带

可能对其适用的东西所做的说明。

但是这一概念怎能帮助我们避免一种无限倒退的论证呢？或许麦尔柯姆和赖尔会极力主张，“模板”或抽取出的特征的抽象观念（取决于人们选取的模型）本身，产生了与它们应予说明的“恒常性”相同的问题。但是多德维尔可以回答，它们会这样做，只要它们被认为是对“抽象（认知，恒常性）如何可能？”这类一般性问题的回答。他可以说，这类问题没有回答，除了这样的无意义说法，如大自然演化出适当的硬件以使这个工作完成。因为多德维尔模式中的任何一种将肯定是拟人式的，意思是，看到大脑中一个小推论者在检查着他的（或它的）模板或列举着特征。这个推论者的抽象和认知能力，将像其主人的能力一样是成问题的，而且说他（或它）是一架小机器而不是一个小人也无济于事。[22]在这里拟人式模式 236
并不比下述说法更引人误解，即程序设计者的这样的拟人式论述：“计算机将不理解问题，如果你使用波兰记法的话，因为它只懂……”。抱怨“模板”（像洛克的“观念”一样）是被说明物的一种复制品，就如断言构成波尔原子的粒子是它们有助于说明其行为的弹子球的复制品一样。结果证明十分有益的是，假定小弹子球在大弹子球之内，那么为什么不假定小人在大人之内（或小老鼠在大老鼠之内）呢？用塞拉斯的话来说，每一个这种“模式”都伴随以“注解”，它列举着在该模式中“被抽离的”模式化实体的特征。[23]似乎合理的是指出，在心理学中对一切拟人式模式的隐含评论都多少类似于下述说法：

> 只要我们停留在子程序层，就将随意地以拟人化方式谈论由人“无意识地”完成的，或由被说成好像它们本身就是人

的大脑中枢或其他器官（既非“意识地”也非“不意识地”）所完
237 成的推论和其他操作。使用这类说法并不使我们一定要把理智和性格归属于大脑中枢，谈论作为种种幻觉中共同因素的“红色感觉印象”也并不责成我们肯定某种“内部的”和红的东西的存在。但一当我们离开“子程序”层而踏上硬件层，拟人式方法就不再合适了。

为了明了这种评论的效力，让我们假定某种特殊的神经流穿过视神经，当且仅当心理学理论预测一种红色感觉印象的出现时（对一切其他知觉情境亦然）。如果我们知悉这一事实，就将干脆跳过“子程序”层说明，而径直达到硬件层。“感觉印象”概念将不再起作用（除非存在有心理学理论所假定的其他理论实体，它们需要这个概念来阐明自己）。如果情况表明果真如此简单，那么“计算机”类比似乎将不再是特别适当的了，对单细胞动物它也不再适当，对后者而言从行为跨到生理学这一步短到似乎不能使“层次”概念有意义了。

这就是说，如果生理学比其实际情况更简单、更显明，就没有人觉得还需要心理学了。这个结论似乎有些奇特，特别是考虑到多德维尔的（上引）论述，“子程序运作的原则本身不应只通过检查硬件来理解和说明，完全同样，乘法表的意义不能通过检查大脑来
238 掌握”。[24]但是这一论述是使人严重误解的。它体现了显明事物：

> 如果我们不知道乘法是什么，观察大脑将绝不会告诉我们什么

与可疑事物：

> 如果我们知道乘法是什么，我们也不可能说某人通过注

视他的大脑在做一些乘法

二者之间的混淆。

后者是可疑的，因为我们不知道是否有与某种心的运作相联系的极简单的神经生理学参量。大概极其不可能有；但并不存在先验的理由说明何以某种附有显微镜的大脑探测器不可能显示某种东西，训练有素的观察者会将其报道为“噢！你在用 25 乘 47”（而且每次都对）。更一般地说，最好用硬件语言说明还是最好用程序语言说明的问题，完全取决于特定硬件适巧是什么样子，以及它设计得是否明确。特定性和明确性显然与语汇和抽象层次的选择有关，而且硬件与软件的区别本身也是如此。[25]假定有合适的那种硬件和合适的参量，当然就有可能“只通过检查硬件理解和说明子程序的原则”。的确，我们可以想象一种机器，在这种机器中通过打开它来查看，比通过阅读程序或许更容易发现机器在干什么。

因为大脑几乎肯定不是这样一部机器，所谈的问题就是一种原则的问题，但是这个原则具有哲学的重要性。因为它表明，心理 239
学与生理学的区别不是这样两种不同主题间的区别，即比化学和物理间的区别更强的那种区别。结果本来应该是，像化合物组成这类化学现象与所谈元素的显微镜以下水平的结构无任何关系。但实际上，它们却有关系，于是我们究竟用物理学家词语还是用化学家词语去说明一种反应，就是一个方便性或教学法的问题了。如果情况是，生理学与乘法的关系像电子与爆炸的关系一样密切，那么生理学与心理学的区别将也是实用性的。于是以前提出的那个矛盾的结论（如果生理学更精确一些，心理学就不会产生了）可以重新加以肯定。的确，我们可以再加强这种说法并表明，如果身

体更易被理解，就无人会认为我们有一个心了。[26]

现在到了把这种处理无限倒退概念的方式总结一下的时候了。中心之点正是，当所要说明的问题不管怎样都是坏问题——例如“认知如何可能”——时，心理学家所假定的说明性实体只是重复着说明项中的问题。像麦尔柯姆和赖尔这类哲学家都对坏的哲学问题的坏的哲学回答习以为常了：“运动如何可能？——由于作为潜能的潜能的实现”；“为什么大自然遵循法则？——因为神的慈爱和万能。”因此他们倾向于认为这类问题隐藏在甚至很特殊和有限制的研究方案背后。他们并非总是错的，既然连心理学家
240 仍然有时提出他们最新的“模式”，用以解决古代哲学的问题。[27]但是假定多德维尔设想的这类“模式”（即关于子程序的那些建议，它们既不可被内省〔像“实行过程”〕，又不可从生理学上被破译〔像“硬件”〕），既不被看作有助于解决笛卡尔的伪问题，又不被看作有关某种非物理实体的发现。于是无限后退的论证是没有效力的。因为不管这些子程序的硬件相关物是否出现，通过这些子程序的实验的发现而成立的成功的行为预测和控制，或许足以显示心理
241 学研究对象的实在性。[28]多德维尔的意见是，这根本不算是一种成功，如果它是一个为某人的课题建立非神秘的和“科学的”性格的话，而且这非常可能是关于这个问题的最后看法。

当把这一观点施用于我概述过的赖尔有关习得的和非习得的能力的二难点时，我们可欣然承认，任何这类建立模式的工作必须假定大自然已经输入了某些非习得的能力去实行较高级次的心理运作。至少有一些在各个大脑中心实行子程序的小人将必定自人诞生起就存在在那里。但为什么不呢？如果人们放弃了这样的看

法，即经验心理学打算做英国经验主义者未能去做的事(指出一块白板如何通过对外周感觉器官的作用而变为一架复杂的信息处理装置)，那么人们将不会惊奇，半数成人的子程序已在染色体的指令下接入婴儿大脑了。此外，去发现哪些是当时接入的、哪些是后来才出现的，这对于我们理解人或人心的性质也将无关紧要。[29]最 242
后，似乎不会令人奇怪的是，某些“抽象”的东西(如识别异中之同的能力)是非习得的，正如对升 C 音做出不同反应的那种“具体的”能力是非习得的一样。因为我们可以干脆提醒自己，后者本身是“抽象的”，正如一种能力满可以是抽象的一样，而且它也不是抽象的，正像任何能力不一定是抽象的一样。佛多尔和康德毫无批评地接受的具体能力与抽象能力对立的整个观念，是与“不可还原的物理性”与“不可还原的心理性”对立的观念一致的。人们不可能说出如何划出二者间的界限来，除非相对于当时的研究目的。但是笛卡尔想一劳永逸地划出界线的企图和“经验主义者”与“行为主义者”将其一“还原”为其他的企图，引生了这样一种观点，使哲学家困扰的某些隐约的神秘性却可由心理学来穿透。我相信，麦尔柯姆和赖尔不谨慎地使用无限倒退论证，应被看作是对如下观点的一种可理解的反作用，这种观点是，心理学可成功地解决哲学家提出的问题。

通过指出作为内部表象的心理学状态的概念是不可反驳的、但也是极其无意思的，于是我就能够把考察“无限倒退”论的结果与上一节的结论结合起来了。我们说心理学状态是被设定来说明行为的状态的，这种状态我们还不知如何使其与生理学状态等同，这并不是要发现心的真正性质，而只是为了再次强调不存在可被

认知的“性质”。由多德维尔和佛多尔提出的心与计算机的类比，
243 要优于柏拉图在心与鸟舍之间的类比，原因只在于前者避免了关于作为观察我们内心的内省作用的那幅在认识论上(而非在形而上学上)引致误解的图画。由这类类比产生的说明是对哲学家的关切的回应的问题，他们一方面关心统一科学，另一方面关心“主体性”。如果我们同意，假使我们的硬件被表达得更清楚一些，心理说明就不会发生了，这将足以使心身区别更具实用性而非本体性。反过来这也足以使我们与这样的事实协调一致，即我们绝不会获得有关在我们内部发生的东西的一种神经生理学的论述，这种论述清楚地与心理学状态相关，正如工程师对硬件如何“实现”计算机程序的论述一样。一旦由于奎因的理由，我们不再认为这样一种论述可能或不可能由“哲学分析”来决定，我们就会明了，科学的统一只是受到幽灵的危害，而并未受到未知事物或不可还原事物的危害。正如说德谟克利特的原子和牛顿的光线，仅只是几何动力学碰撞的看法并未干扰任何人的“物理主义”本能一样，普特南认为，我们永不会对方钉圆洞为何不相配做出微粒子说明的观点，也不会干扰这种本能。对心理式谈论的永恒需要，对于那些认为“心理事物”涉及灵魂的哲学家们似乎只是有害而无益，而塞拉斯对心理事物所与性的处理就是要将幽灵清除掉。塞拉斯指出，当我们进行内省时，没有非物理项对一个非物理的观察者呈现。因此他防止了被威胁的“科学客观性”的丧失。形而上学问题的种子再一次出现于认识论困难之中，而且尤其是在这样的看法中，那就是为理解我们何以有权如此肯定我们是富有怀旧感的，我们必须在怀旧感和神经细胞之间建立一种本体论的区别。

4. 作为表象的心理状态 244

然而我们必须谨防这样一种企图，即打算沿着区分抽象和具体、表象和非表象的界线，而非沿着或大或小确定性的界线，去建立一种新的心理-物理屏障。为明了这样一种企图是什么，可考虑佛多尔是如何恢复传统经验主义对知觉的论述的：

> 我认为，心理过程是否是计算的过程乃是一个经验的问题。但如果确是如此的话，那么在知觉中必定发生的是，**未**隐含在一种词汇(其词项指示物理变量值)中的一种环境描述，是以某种方式根据隐含在这样一套词汇中的一种描述来计算的。[30]

佛多尔正确地说，如果我们要获得任何“心理学的知觉问题”一类的问题，我们必须在心中有某种这一类的模式。他对吉伯森的下述看法颇持异议，吉伯森认为我们可以通过“区分对**感觉传导器**的刺激(即物理能量)和对**知觉器官**的刺激(即抽象不变项)”来避免“如何发觉(假定的)刺激不变项的问题”。佛多尔说：

> ……这类通俗化的说法是不真实的。如果人们被允许使用刺激概念以区别对视网膜的输入(光能)和对视觉系统的输入(显示着与‘例如’知觉恒常性说明相关的不变项的光能量型式)，为什么不也允许谈论对**整个机体**(即可知觉者)的刺激?因此，对“我们怎样知觉瓶子?”的回答可以是：“发现不变的**瓶子**这个刺激物的存在，是知觉一个瓶子的必要和充分条件。”……我想这并非表明，心理学的知觉问题是一团乱麻，而 245

> 表明*陈述*这个问题要求选择（和促使建立）适用于输入之表象的一套专门词汇。我主张，物理参量值的词汇*是*适当的，它所根据的可能假设是，感觉传输系统发现着物理参量值，而且一切知觉知识都是以感觉传导器的活动为中介的。（第49页注）

在这里佛多尔面对着我在讨论奎因企图把心理学看作自然化的认识论时所提出的问题：如果对何者为材料的选择，是一个比各观察者之间可用日常语言表达的共同意见更深刻的问题，那么心理学家可以使用什么样的标准来抽离“对我们认知机制的输入呢”？奎因在这个问题上摇摆不定，但佛多尔坚决而合乎情理地告诉我们，除非我们将我们的主体不需要知道的某种东西当作其输入，我们将使“认知机制中的处理”概念庸俗化。对于我先前提出的修辞学问题“心理学能否发现，对认知机制的输入不存在于视网膜上，而是存于视神经的中途？”佛多尔大概会这样回答：是的，这样做而不那样做取决于怎样一种围绕黑箱画线的方式最适于将机体分为传导器和处理器两部分，对它们的描述构成了认知处理的一般的和丰富的理论。

请注意，这个回答取消了以下两个问题之间的联系，一个问题是“我们怎样识认瓶子？”，另一个问题是“必定赋予心的是什么，它可用作推论的正确无误的检验？”。因为问题“主体无须自觉的推论即有权相信的东西是什么？”，或者更准确些说“他仅只靠‘我曾清楚地看到它，就如我现在看到你一样’或‘我懂英语’一类话能够
246 证明哪一类事物”，与下面的问题没有任何关系，即“机体的哪个部分应被挑选出来作为与世界的交接部位？”，或更准确些说“我们应选择什么来构成‘输入表象的专门词汇呢’？”在这个问题上佛多尔

的看法是极其清晰的：

> 但是在有机体的状态和其神经系统的状态之间的区别对某些目的而言可能有某种关联性，却无特殊理由去假定，这种区别是适切于认知心理学的目的的。（第52页）
>
> ……在认知理论中假定的机体状态不会被看作适用于（例如）法律或道德责任的理论的机体状态。但这又怎么样呢？它们应被看作适合某种有用目的的有机体状态，这有何妨呢？尤其是，它们应被看作适用于建立正确心理学理论关系体状态，这有何妨呢？（第53页）

我们只需补充说，适合于道德或法律责任的东西也适合于认识的责任，有机体可以正当地信此或信彼。从对有机体与世界的种种交接面的发现无路通向对有机体世界观的批评，或者更普遍地说，从心理学无法通向认识论。经验主义者对知觉的正确看法是，感觉器官必须被看成是具有这样一种词汇，它与“其中隐含着诸假设的词汇”相比是贫乏的，这些假设或者是被处理单元或者是被主体本身所隐含着。他们当然也正确地赞扬了伽利略，后者相信自己的眼睛甚于相信亚里士多德，但是这种认识论的判断与他们的知觉理论没有特殊联系。

现在我们可以明了，佛多尔把心看作一个内部表象系统的这幅图画，与我一直在批评的自然之镜形象毫无关系。关键在于，对于佛多尔的“思想语言”没有办法提出这样一个怀疑论的问题：“主 247
体的内部表象如何清楚地再现现实？”尤其是没有办法去问，自发性理论的结果在何处或如何再现感受力证据的根源，因此也没有办法对显相与实在的关系加以怀疑。关于感受力所提出的证据和

自发性所形成的理论二者之间的裂隙，也不存在任何一般性的论述。一种不同的裂隙是由如下的要求所沟通的，即一种感觉机制的词汇须由“某种(理想上完成的)自然科学中的物质性词项”组成(第45页)。这种词汇将比“处理器”的词汇“更贫乏”，其意义是，在种种物理参量和处理器在其假设中使用的词项之间将存在一与多的关系。因此这种关系将类似于科学和常识之间的关系。于是奎因的“证据不足以决定理论”的概念被纳入了模式，因为很多常识的谈话方式将与自然科学对世界的一种真实的(理想上完成的)描述相容不悖，而在它们之间可介入许多可能的“处理器”语言。通过了解“思想语言”的特性去发现某种认识论的东西，或许只是在这种情况下才有可能，即如果在感觉机制使用的科学词汇和由主体自觉使用的种种词汇之间存在有一种处理器使用的词汇，对后者的知识将有助于主体发现关于一般事物的真理。只有这种“心理学的现实”才可能把“不经解释而呈现于心的东西”看作证明的认识论检验。但很难理解何以有关某些颜色、语法或道德原则的心理学实在，将符合人们在说明或判断非心理学实在时对它们的用法。我们将期待这种符合成立，只有当我们把心理学理论所抽离出来的处理单元(processing units)在某种意义上当作“我们较好的部分”，把接替理性的东西当作对灵魂其他部分的自然统治
248 者或看作我们真正的自我。佛多尔和认知心理学对内部代码的任何这类光荣地位均无兴趣；这种代码，像公式翻译或数的二项表示法一样，只是一种代码，而不是能区别真伪的一种辅助物。

为根据前几章的背景来理解这个问题，试回想这样的主张：认识论传统把获得信念的因果说明与对信念的证明相混了。当因果

说明是以内部代码来表示的时候，关于这种代码可被用于发现*真*信念的获得的假定，就相当于关于“产生真理的心理过程”在心理学理论内部是自然性的那种假定一样。但佛多尔或许同意，没有任何理由认为，这类评价性词语标示出了这类自然性质。他是这样来谈论创造性的：

> 情况可能是，我们认为是创造性的那类过程并未形成供心理学说明之用的一种自然性质，然而，这类过程的每一*实例*都是某种事物的由规则支配的计算活动……。*创造性*——*天生性*这些范畴可能只是对心理学使用的分类法进行交叉分类而已。
>
> 然而我的主要观点是，创造性的心理过程是*心理*的过程一事并不保证，在对它们的*任何*描述中都有用心理学语言做出的说明。情况可能是，好的观念……是那类不具有心理原因的心的状态。（第 201—202 页）

我们把作为一种正确排列内部表象问题的知识观的产生，归之于这样的看法：在具有真信念的人和具有伪信念的人之间的区别是一个“他们的心如何活动”的问题。如果把这句短语理解作“在谈话中它们会说什么”，这是对的，却不免浅陋和不具哲学意味。为 249
了使其深刻和具有哲学性，人们必须与笛卡尔和洛克一样地相信，一种心理实体和过程的分类法将导致这样的发现，即它们将向人们提供一种发现真理的方法，而不只是关于心的真理。[31]但是佛多尔所设想的心理学分类法不是一种认识论分类法。它使构成文化的种种其他学科的方法和实体自由沉浮。只有这样的假定，即有一天由（例如）乔姆斯基、皮亚惹、列维-斯特劳斯和弗洛伊德聚集起来的种种分类法将汇流为一，并清楚地阐明一种普遍的自然语

言(这种假设有时被归于结构主义),才会提出认知心理学具有认识论的意义。但是这种建议仍然会像下面的建议一样令人误解,即由于我们可以通过充分了解运动物质而预测每一事物,一种完善的神经生理学将有助于我们指出伽利略优于他的同时代人。在说明我们自己和证明我们自己之间的裂隙,其宽阔正如在说明中使用程序语言或硬件语言之间的裂隙一样。

然而可以认为,如果我们不把认识论解释为担保成功地发现**真理**,而宁肯解释为发展出**合理性**的规条,那么一种有关内部代码的知识**将**给予我们去继续研究的某种东西。当佛多尔谈到发现这种代码就是指出“合理性是怎样被结构的”之时,或许无意地提出
250 了一种观点。但是他给予这种“合理性”概念的唯一内容是由下面一段话所提供的:

> 如果本书主导线索正确,那么思想的语言为内在地再现有机体环境具有的心理学上突出的特征提供了媒介;在它可以用这种语言来说明的限度上(而且只是在这个限度上),这种信息的确可归入组成有机体全部认知潜能的计算程序。……但现在我想补充说,至少某些有机体在决定这种再现系统如何被运用时拥有相当大的自由,而且这种自由一般是被合理地运用的。……如果主体真地**计算**内部表象是如何排列的,那么这些计算也必须在表象上被规定;即在表象的表象上。简言之,某些思想语言的性质是再现于思想语言之内的,因为再现表象的能力或许是合理地操纵表象的前提条件。㉜

在这里,“合理性”意味着手段与目的的调节性,而且有机体运用表

象来办到这一点的能力不同于用荷尔蒙来办到这一点的能力之处仅在于，描述前一种能力要求一种元语言学的词汇。但去把握有机体用于此目的的元语言学词汇，并不是去把握任何普遍性的东西，如"合理性结构"短语可能暗示的那样，而是某种特殊的东西，正如程序设计者所运用的一些方案，其目的在于保证计算机将从一种子程序转换到另一种子程序以增强效能。关于从理解这类方策中去理解一个合理的探求者或行动者应当是什么，并不多于从理解什么使垂体分泌这种荷尔蒙而非另一种荷尔蒙中所获得的相 251
类似的理解。批评主体对其环境的**有意识的**再现（即他借以陈述其观点的词汇）也是无意义的，因为它并不再现这些状态以及完成"组成有机体全部认知潜能的那种计算程序"。"合理的"并不比"真的"（或"诚实的"、"纯洁的"、"好的"）更适用于一种评价概念，我们通过了解我们的心如何活动可以更好地理解这个概念。因为我们关于进化如何合理地设计了我们或合理的进化如何设法造就了我们的判断，必须参照我们要追求的目的观来完成。关于我们的心如何活动的知识并不比关于我们的腺体或分子如何活动的知识更适切于这类观点的发展或修正。

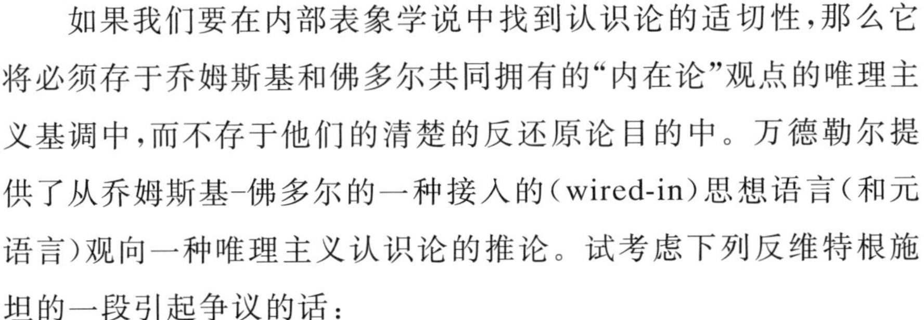

如果我们要在内部表象学说中找到认识论的适切性，那么它将必须存于乔姆斯基和佛多尔共同拥有的"内在论"观点的唯理主义基调中，而不存于他们的清楚的反还原论目的中。万德勒尔提供了从乔姆斯基-佛多尔的一种接入的（wired-in）思想语言（和元语言）观向一种唯理主义认识论的推论。试考虑下列反维特根施坦的一段引起争议的话：

……最合理的说明是，儿童必须以人们学习第二语言的类似方式来学习母语。换言之，他必须拥有一种天赋资质，它为任何可能的人类语言的基本的言动式的、句法的和语义的特征……。这样一种天赋的“观念”提供了一个框架，它于是通过一种表现母语特征的更专门代码的影响而被逐步地充
252 实。……至于这种天赋的概念存储的内容，我们目前只能进行一些有知识根据的猜测。然而我认为，详尽阐述它并非不可能之事；亚里士多德、笛卡尔、康德和晚近的乔姆斯基都成功地勾画出了必定属于这一框架的各个领域。……于是这些领域就成了向其他领域提供可理解性的“明晰”观念。它们在起源上是“先天的”，而在发展上是自足的：经验不能改变它们的内容。经验与人应去肯定什么或要求什么的观念无关；也与下述各种想法无关，如应相信或决定什么；什么是真理和必然性；什么是人、物、过程或状态；什么是变化、目的、因果、时间、广延和数。如果这些观念需要阐明，去阐明的方式就是去思索我们大家隐略知道的和在正确运用语言中所表示出来的东西……。[33]

从一种接入的语汇向一组信念的推论，只能被“阐明”而不能被改变，这与奎因对事实与语言、科学与哲学、阐明意义和改变信念之间的区别所做的批评正相反。但一种更基本的反对意见是，万德勒尔所要求的不只是关于存在着一种固定的思想语言的假定，而且是关于我们对该语言性质的知识本身是不按照经验进行改正的假定。这是康德使用的同一种假定，当他在说明我们能理解我们拥有先天综合真理，当和仅当我们的心智促成了这类真理时。[34]但是佛多尔关于思想语言的发现将是一个长期的经验过程的断言，

所导致的必然结论是，我们可能总会搞错这种语言是什么，从而也
搞错先天性是什么。康德断言，如果我们知道内部发生了什么，我
们就能在纯粹理性的法庭前使我们的断定合法化，这一主张是笛
卡尔下述断言的回响，即“对于心的认知，没有什么比它本身更容 253
易办到了”。但是虽然认识论是一门纯思辨的学科，心理学却不
是；这是心理学何以不能为认识论目标服务的理由之一。[35]

我可以通过再次诉诸说明和证明间的混淆来总结一下有关内
部表象的讨论。“表象”（再现）概念，正如它为心理学家使用时那
样，是意义含混的，它大致介于图画和命题论断之间，例如在视网
膜像（或在视觉皮质深处某部的视网膜像的对应物）和“这是红的
和长方的”一类信念中。只有后者可用作前提，但只有前者是“无
中介的”，而且英国经验主义传统把二者糅合在一起，其结果是人
人皆知的。佛多尔的处理器中的表象是论断而非图画，所以它们
不必受到格林和塞拉斯对经验主义的“所与性”概念的批评。另一
方面，它们不必然是主体对其怀有态度的命题。当然，主体对他所
认知的那些命题的态度是脱离处理者的观点而浮动的。正如丹奈 254
特在批评佛多尔时所说，两个主体可具有相同的信念，即使它们各
自的信息处理者甚至不说同一种语言。[36]于是没有必要有从信息
处理者所持的命题向主体所具有的命题的*推论*，即使将种种命题
态度归于信息处理者可能是*说明*主体如何得以持有具体信念的最
好可能方式。与经验主义者的“观念”不同，从视网膜像通过种种
信息处理者持有的种种命题态度最后达到主体言语中心的输出，
无须符合可证明主体观点的任何推论后果。说明可以是私人性
的，意思是，谁又能知道，生理的怪癖也许会使黄种或红发人以与

白种人、蹼足人或任何其他什么人很不同的语言和很不同的方法来处理信息呢。但是证明是公共性的，其意思是在这些各种各样的人中间有关相信什么的争论中，或许将不牵扯到他们古怪的心智如何活动，它也不应当牵扯到。于是有关我们具有一个内部表象系统的主张，在最坏情况下不仅体现着图画和命题论断之间的混淆，而且体现着在因果和推论之间更一般的混淆。

然而实际上这种混淆只出现在认知心理学的哲学解释中，而不出现于实际的心理学说明中。当维特根施坦派哲学家批评心理学时，他们的攻击目标并非真是心理学，而是认识论与心理学的混淆。心理学家，出于想成为"哲学的"这种错误的冲动，有时也造成
255 这种混淆。在抗拒行为主义方面，现代心理学家有时喜欢把自己看作"科学地"从事着洛克和康德所从事的闭门造车式工作。但是在以下两种说法中间毕竟存在有重大差别，一种是：

> 我们必须抽离认识中那些作为相信命题的基础的非命题性项目。

另一种是：

> 我们可以把神经激动型式这类项目处理得好像它们是信念，以便在构造心理过程模式时使用"从材料推论"这个隐喻。[37]

心理学家只需谈论后者。如果他们只限于这样做，他们可以追随普特南把"大脑过程"和"心理过程"之间的区别看成并不比"硬件描述"和"程序描述"之间的区别更富哲理性。[38]论说前者的吸引力（"发现心与身之间联系"的、有认识论动机的吸引力）可与提出下列问题的吸引力同等看待，这就是"计算机怎能表明电线中流过的

电荷型式是当日全部现金收入？”关于我们通过更好地理解我们怎样工作以便更充分认识我们应当相信什么这一整套十七世纪的观念，可以看作是像下列看法一样误入了歧途，即我们通过更好地理解机器人怎样工作将知道是否应赋予它们以公民权。人机类比不只作为有用的机体模型的来源，而且作为帮助我们记住作为说明 256
对象的人和作为关心证明自己信念和行为的道德行动者的人之间的区别，对我们大有助益。我将在第七、第八章中主张，它也可有助于我们放弃有关这两种看待我们自己的方式需要加以“综合”的看法。

第五章注解

① N.麦尔柯姆：“关于认识过程和结构的神话”，载于《认知的发展和认识论》，T.米舍尔(编)，纽约和伦敦，1971 年，第 387 页。

② 参见，例如，J.福拉格尔和 D.维斯特的《心理学百年》，伦敦，1964 年，第一章和第二章。

③ 我相信，这个论点首先由 A.赫夫斯塔特在“赖尔教授的范畴错误”一文中提出，该文载于《哲学杂志》，1951 年第 47 期，第 257—270 页。

④ J.佛多尔：“可能有一种知觉理论吗？”，载于《哲学杂志》，1966 年第 63 期，第 371 页。

⑤ P.C.多德维尔：“一种概念发展的理论是必要的吗？”，载于《认知的发展和认识论》(见注①前引)，第 382 页。

⑥ 例如参见麦尔柯姆有关第一人称心理报道的“表达理论”，它以《哲学研究》中的一段为基础。

⑦ W.V.O.奎因：《本体论的相对性和其他论文集》(纽约，1969 年)，第 82—83 页。

⑧ “从中世纪哲学观点来看，笛卡尔起着一种无专业的研究者(indisciplinatus)的作用，这种人以坚持同一种程度的确定性自傲，不管所谈的是什么学科，不管多么不相宜。一句话，笛卡尔不再承认真与伪之间的中间项；他的哲学彻底删除了‘或然’的概念。”(吉尔松：《中世思想在笛卡尔体系形成中的作用》，巴黎，1930 年，第 235 页。)

⑨ W.V.O.奎因：“理论性的等级”，载于《经验和理论》，佛斯特和斯万森(编)，阿姆赫斯特，1970 年，第 2 页。

⑩ 同上书，第 3 页。

⑪ 奎因：“自然化了的认识论”，载于《本体论的相对性》，第 84 页。

⑫ 奎因：“理论性的等级”，载于《经验和理论》，第 2—3 页。

⑬ 同上书，第 3 页。

⑭ 同上书，第 5 页；参见“自然化了的认识论”，第 87 页。

⑮ 奎因：“自然化的认识论”，第 86—87 页。

⑯ 奎因：“理论性的等级”，第 4—5 页。

⑰ 参见 L.维特根施坦的《逻辑研究》(伦敦，1953 年)第 232 页上关于“心理学的混淆和贫乏”：“实验方法的存在使我们认为，我们有办法解决那些困扰我们的问题；虽然问题和方法彼此忽略了对方。”同时参见杜威对一种运动的警告，这种运动最终变成为奎因称赞的“行为主义心理学”：“在感觉与观念之间的较早的二元论在关于外围的和中心的结构和功能之间的当前二元论中被重复着；身体与灵魂的较早的二元论在刺激与反应的当前二元论中找到了清晰的回声……”；以及，“……作为刺激的感觉并不意指任何心理的存在。它只意味着一种功能，而且将使其价值随着需被完成的特殊工作而改变。”(“心理学中的反射弧概念”，载于《杜威早期著作选》第五卷，卡本代尔，1972 年，第 96、107 页)

⑱ 维特根施坦：《哲学研究》，第 50 页。

⑲ 麦尔柯姆：“认知过程的神话”，第 391 页。试比较赖尔的《心的概

念》(纽约,1949 年)第七章和维特根施坦的《哲学研究》第 213—215 页。还请参见 J.帕斯摩尔的《哲学推理》(伦敦,1961 年)第二章“无限倒退的论证”,在此他讨论了赖尔对这个论证的用法。我在“实用主义、范畴和语言”(载于《哲学评论》1961 年第 49 期,第 197—223 页)中比较了维特根施坦和皮尔士对这一论证的反笛卡尔式的运用。

⑳ 佛多尔:“可能有一种知觉理论吗?”,载于《哲学杂志》1966 年第 63 期,第 375 页。

㉑ 多德维尔:“概念发展的理论必要吗?”,第 370 页。

㉒ 某些心理学家会对此表示怀疑。格雷戈里赞同地引述了赫尔姆霍茨与知觉有关的“无意识推论”概念后说道:

> 我们必须明白,不存在“内部的小人”在进行着论证,因为这将导致无法容忍的哲学困难。赫尔姆霍茨肯定不这样想,但他的短语“无意识推论”和他把知觉描绘为“无意识结论”的做法或许有时的确使那些不熟悉计算机的人联想到某种如此不可接受的观念。但是我们这些熟悉计算机的人应当清除趋向这种混乱的诱惑。因为我们不再把推论看作涉及意识的一种独特的人类活动了。(《理智的眼》,纽约,1970 年,第 30 页)

我认为说小人导致“不可容忍的哲学困难”会引致误解,因为我未看到小机器比小人“意识”较少。采取丹奈特称作对一批半导体或神经元的“意向性立场”,就是把它们当作有意识的东西来谈论的,而且加上“但是当然它们不是真地有意识的”,似乎仅只是说,我们对其无道德责任。我们既不能问这批半导体中哪一些,用奎因的话说,“有意识的味道”,也不能发现推论可由不具有意识味道的生物所完成。熟悉计算机并不导致这样一种发现;这只是使意向性立场的性质更普通、更随意。

㉓ 参见 W.塞拉斯:《科学、知觉和实在》,伦敦与纽约,1963 年,第 182 页上论“评论”和第 192 页以下论红色感觉印象的部分。

㉔　佛多尔也提出，在心理学中的“功能”（或“程序”）分析与“机械”（或“硬件”）分析之间的区别是不能缩小的，这不只是一个方便的问题。参见他的“心理学中的说明”，载于《美国哲学》，M.勃莱克（编），伊萨卡，1965年，第177页。我在“功能主义、机器和不可改变性”一文（载于《哲学杂志》，1972年第69期，第203—220页）中反驳了这一看法。

㉕　关于这种相关性，参见W.卡尔克的“佛多尔和普特南的功能主义错在何处”一文，载于《努斯》1969年第3期，第83—94页。有关对卡尔克论文和我自己类似的一篇论文（注㉔中引述的）的批评，参见B.J.奈尔森的“功能主义和同一性理论”，载于《哲学杂志》，1926年第73期，第379页以下。

㉖　如我希望第二章已经阐明的，我并非根据这一点说我们不应当认为自己有信念和欲望以及能看、能推论等等。但我们本来不至于强加于自己“可分离的能动理智”、笛卡尔的“非物质实体”或洛克的观念等概念。我们的心的概念本来会更接近赖尔的或亚里士多德的概念，而不是接近目前我们所有的笛卡尔的概念。

㉗　例如参见S.帕波特为W.S.麦卡洛奇的《心的体现者》（麻州剑桥，1965年）所作的“导论”。帕波特在说明麦卡洛奇著作重要性时告诉我们，“我们无须再被这个两难问题缠住了”，这个两难问题是关于

> 在心理学和哲学之间……的一种分裂，心理学是以机械论为基础的，但它不能触及思想的复杂性质，哲学认真地看待思想的性质，但能满足于不能设想的机械论。（第xiv页）

用于解决这个两难点的观点将其“主要的理智步骤”看作

> 这样的认识：涉及机械的、电的，甚至社会的系统中行为的整体性调节的大量物理上不同的情境，应被理解作一种基本现象的表现：形成一封闭中心回路的信息回送。（第xvi页）

帕波特在这里认为，困扰哲学家的“思想的性质”是与目的性有关的。但是无论是证明和因果说明间的区别，还是意识和意识欠缺间的区别（这是使认识

论与心理学分离的两种重要方式），都未通过阐明目的性而被阐明。柏格森主义者是为目的性所困扰的，他们也并不由于思考了自动换片装置而感到安慰。

㉘ 人们倾向于把心理学家假定的“中间变元”（带有根据它们拟出的“子程序”）看作是未被发现的神经过程的纯占位符号（place-holders）。的确，我们往往假定，当神经生理学达到某一阶段时，它将被用作在诸相互竞争的心理学“心的模式”间进行选择的检验。但重要的是看到，即便我们以某种方式发现神经生理学将永不会达到我们希望它会达到的阶段，这种失望不至于使心理学家的研究“从方法论上”或“从形而上学上”更可疑。

㉙ 关于重要的是发现什么是“固有的”这种看法产生于这样的问题，“一切知识（信息是其现代用词）都通过感官而来，还是某些知识是由心本身形成的？”（J.J.和E.J.吉伯森：“知觉的学习：分化还是丰富？”，载于《心理学评论》1955年第62期，第32页）两位吉伯森极其认真地看待康德的问题，并要求（由于休谟和赫尔姆霍茨）知觉学习不是从记忆痕迹中来的无意识推论，而干脆是“对刺激系统的变元的不断增加的敏感”。（第40页）然而很难想象实验怎能有助于在这种观点和（例如）格雷戈里对知觉学习中标准实验的新赫尔姆霍茨式的解释之间加以抉择。参见R.L.格雷戈里的《眼与脑》，纽约和多伦多，1966年，特别是第11页上的这样一段：“感觉并不直接给予我们一幅世界图画；反之，它们为检查有关在我们背后的东西的假设提供了证据。”参见佛多尔关于吉伯森的讨论，这一段我将引用，并在第四节中简单论述一下。

㉚ J.佛多尔：《思想的语言》，纽约，1975年，第47页。

㉛ 参见H.卡通：《主体性的起源：论笛卡尔》，纽黑汶，1973年，第53页：“在亚里士多德方法论和笛卡尔方法论之间的重要区别在于，对笛卡尔而言心是一种科学原则。”试对照在《论灵魂》和《后分析篇》之间的欠缺联系与洛克的如下假定，探索“信念、意见和同意的根据和程度”可通过一种“历史

的、素朴的方法”来完成，这种方法开始于“那些观念、概念或你愿称作的任何东西的根源，这是人所观察到的和在他心中意识到的，并涉及理解获得那些观念或概念的种种方式”(《人类理解论》第一卷，第一章，第ii、iii节)。

㉜　佛多尔：《思想的语言》，第172页。

㉝　Z.万德勒尔：《思考物》，伊萨卡，纽约，1972年，第140—141页。

㉞　《纯粹理性批判》，第Bxvii页。

㉟　G.哈尔曼在《思想》(普林斯顿，1973年)一书中提出了一种使认识论与心理学联系起来的、十分有趣的非乔姆斯基式的设想。他发现在“盖梯埃尔(Gettier)例子”讨论中二者之间存在着联系，在这些例子中被证明的真信念不是知识，因为，大致来说，一个人被假定在导致他达到所谈信念的推论中运用了一个错误的前提*。哈尔曼需要一种有关相信的“真实理由”的理论，而这引导他达到他称作“心理主义”的东西。(第15页以下)然而尚不明了哈尔曼是否能在经验心理学研究和空想的无意识推论(涉及“真实理由”)之间看到联系，后者是由我们有关盖梯埃尔例子的直观所要求的。参见M.威廉姆斯：“推论、证明和知识分析”，载于《哲学杂志》1978年第75期，第249—263页，以及哈尔曼的“利用关于推理的直观去研究推理：对威廉姆斯的回答”，同上，第433—438页。如果哈尔曼能建立这样一种联系，他将正好在洛克根据内部空间力学处理知识问题的设想中抽取出某种东西。但是在证明和心理过程间的联系仍付阙如。

㊱　D.丹奈特：《思想的语言》一书的“评述”，载于《心》，1977年第86期，第278页：“如果人们同意佛多尔的如下看法，认知心理学的工作是从心

* E.盖梯埃尔在“正确的真信念是知识吗?”一文中提出了有关“S认知P”命题的三个假设条件推论的定义，并依次证明它们均非认识—命题的充分必要条件。这三个定义是：a，(i)P是真的，(ii)S相信P，和(iii)S正确地相信P。b，(i)S接受P，(ii)S于P的充分证据，并且(iii)P是真的。c，(i)P是真的，(ii)S肯定P是真的，而且(iii)S有权利肯定P是真的。——中译者

理学方面为人的实在过程进行描绘，那么信念与欲望的归属只是间接地与这些过程相联系，人们可以清楚地说，信念和欲望不是认知心理学研究的适当对象。”

㊲　关于这种区别，参见J.O.乌姆森的严厉批评，参见“认识”一文，载《亚里士多德学会会刊》，1955—1956年第56期，第259—280页。

㊳　参见普特南的文章“心和机器”，重印于《心、语言和实在》，剑桥，1975年，第362—385页。（特别是最后几节）普特南是第一位哲学家这样明确地指出，计算机与人之间类比的真义并非是“计算机帮助我们理解了心与身的关系”，而是“不可能有任何有关心与身的关系的问题”。

257 第六章　认识论和语言哲学

1. 纯的和不纯的语言哲学

目前称作“语言哲学”的学科有两个来源。其一来自由弗雷格提出并由(例如)维特根施坦在《逻辑哲学论》和卡尔纳普在《意义和必然性》中讨论过的一系列问题。这些问题是有关如何使我们的意义和指称概念系统化,以便于使我们利用量化逻辑,保持我们对模态的直观,以及一般地产生一幅清晰的、直观上令人满意的关于这样一种方式的图画,按照这种方式,像“真理”、“意义”、“必然性”和“名字”等概念都可彼此协适。我将称这一系列问题是“纯的”语言哲学,它是这样一门学科,不含有认识论的偏见,当然也与大多数近代哲学传统的关切无关。某些弗雷格问题的古代根源可溯至巴门尼德、柏拉图的《智者篇》,以及其他一些古代和中世纪的著作,但这些问题极少与其他标准“哲学问题”交遇。①

现代语言哲学的第二个来源是纯认识论的。这种“不纯的”语言哲学的来源是企图保持康德的哲学图画,以便为知识论形式的探索提供一种永恒的非历史的构架。我在第四章说过,“语言的转向”开始于企图通过重述“逻辑”问题一类的哲学问题,去产生非心理学的经验主

义。人们以为,经验主义的和现象主义的学说现在能够作为“语言逻 258
辑分析”的结果,而非作为经验心理学的概括提出来。更一般地说,关于人类知识性质和范围的哲学问题(例如康德关于上帝、自由和不朽等知识论断提出的问题)可被说成是有关语言的论述。

把哲学当成语言分析的做法,似乎使休谟的优点与康德的优点结合了起来。休谟的经验主义似乎在本体论上是正确的,但在方法论上是靠不住的,因为它只根据于获得知识的一种经验论。康德对“坏的”哲学(例如自然神学)的批评似乎比休谟的批评更系统化、更有力,但又似乎以一种非经验的方法论可能性为前提。语言不像先天综合,它似乎适于作为“自然的”研究领域;但与内省心理学不同,语言分析似乎为先天真理提供了保证。说一种物质实体是通过在先天概念下的多重直观的综合而构成的,似乎是“形而上学的”,而说关于这类实体的任何有意义论述可根据现象主义的假设句加以表述,似乎既是必然真的,又在方法论上是非神秘化的。[②] 康德教导说,先天知识得以可能的唯一方式是,它是有关我们参与(我们自发性能力的参与)知识对象构成的知识。经罗素和C. I. 刘易斯改述后,它变成这样的观点,每一种真语句都既包含
了我们的参与(以组成项的意义的形式),又包含了世界的参与(以 259
感官知觉事实的形式)。

在本书第四章我介绍的对后一种看法的批评,在晚近语言哲学中导致了两种截然不同的运动。其一以戴维森为主要代表,另一以普特南为代表。第一种反应是沿着对语言哲学概念纯化和非认识论化的方向。这样重新安排主题的一个结果是,抛弃了戴维森所说的经验主义的“第三个教条”,即“关于图式和内容、进行组

织的系统和有待被组织的对象之间的二元论”；我在第四章讨论过的这个教条既是一般认识论的中心问题，又是经验主义特有的中心问题。[③] 戴维森区别了组成“适当地称作意义理论”一部分的哲学构想和由“某种外来的哲学清教主义”推动的哲学构想。[④] 大致来说，弗雷格和塔斯基追求着第一种构想，而罗素·卡尔纳普和奎因却把纯意义理论与不纯的认识论考虑混合在一起，这些考虑在不同时间、以不同方式把他们引向各种形式的操作主义、证实主义、行为主义、约定主义和还原主义。[⑤] 其中每一种都表现了一种基本的“哲学清教主义”，它认为，任何不能从确定事物（感觉材料或语言规则）中被“逻辑地构造”出来的东西，都是可疑的。

按戴维森的观点，“语言怎样运作”的问题与“知识怎样运作”
260 的问题之间并无特殊联系。真理是在与这两个问题的联系中加以考虑的这一事实，不应使我们误认为，我们可以从

> 我们对经验真理的唯一证据是我们感觉场中的特性型式

推出

> 意义理论将根据指称感觉特性的表达来分析一切不属感觉特性表达的那些指称性表达的意义

对戴维森来说，意义理论不是对个别词项意义的“分析”总合，而是对语句间推论关系的理解。[⑥] 理解这些关系就是理解英语语句的真值条件，但是对于多数简单语句（如“橡树是一种树”、“俄国是我们的祖国”、“死亡是不可避免的”）来说，无法提出有启示性的真值条件，正如无法为“雪是白的”提出真值条件一样。

然而对于属于信念或行为一类的句子或包含着副词修饰语的句子，或任何其他类似的语句（在它与邻近语句之间存在的推论关

系不经分解就不为量化逻辑的一般工具所揭示)，情况就不同了。在这些情况中，我们获得了真值条件，这种真值条件不是微不足道的，而是很难建立的，并且只有通过它们被并入一种适于其他语句的真值条件理论的可能性才能被检验。戴维森说，“所希望的结果在理论建立中是标准的：通过将一种形式结构强加予证据的众多的部分，然后从极少的证据部分(在此即语句的真值)中抽引出一个丰富的概念(在此就是相当接近转译的某种东西)。”⑦这一程序不仅与认识论毫无关系，而且它的“本体论结果”也必定是贫乏的。261
按照戴维森的理论，我们多半不得不继续下去并对人进行量的描述，而不是将他们“还原”为物，以便获得一种适用于行为语句的真理理论，这种认识并不符合(例如)形而上学体系建立中任何通常的情感性目的。当然这一纲领的哲学意义一般来说是否定的：它通过指出一旦摆脱了模仿康德和休谟的企图之后语言哲学会成为什么样子，而使早先纲领中的“外来的清教主义”更形突出了。有关副词修饰等问题的困难研究的实际结果，或许源于人们贯彻戴维森主张的一致努力，这对于任何标准哲学问题的任何解决方式来说，或许都既无助益也无妨碍。

戴维森的研究最好被看成是在贯彻奎因消除对意义问题和事实问题之间区别的主张，奎因曾批评将康德在感觉容受和自发先天概念之间做出的区别加以语言学再解释的做法。戴维森说，如果我们认真放弃意义的先天知识，那么意义理论将成为一种经验理论。因此对于这样一种理论而言，大致来说除了语法学家的传统领域(即企图找到描述语句的方式，以有助于说明这些语句是怎样使用的)以外，不可能有任何特殊的领域。根据这一看法，奎因的“标准符号系统”不应被看作是企图“描绘真实的、最终的实在结构”，[⑧]而宁可看作是企图发现描述现实的某一极小部分（语言的使用）的最清楚的方式。建立一种“英语真值理论”的意义，不在于
262 使哲学问题能被表述于一种形式的言语方式中，也不在于说明字词与世界的关系，而只在于清楚地展示一种社会实践的某些部分（使用某些语句）和其他部分（使用其他一些语句）之间的关系。

在晚近语言哲学中与戴维森对立的研究出现于达美特和普特南的著作中。达美特仍然坚持维也纳学派和牛津学派共同接受的口号，这就是“哲学首要的、如果不是唯一的任务，即意义分析”。就我所能了解的而言，戴维森对于“分析意义”并无此类眷恋。达美特继续谈论戴维森所不谈的一些东西，而且就我所能了解的而言，戴维森也无理由要谈，这就是“意义理论寻求的是这样一种模式：它是一切哲学的基础，而非如笛卡尔误使我们相信的那样，是认识论。”[⑨]按照我在本书中坚持提出的观点，这一主张是多方面使人误入歧途的。因为认为笛卡尔误使我们相信认识论是一切哲学的基础，这是易使人误解的。宁可说，他所完成的工作是使洛克和康德有可能发展一种取代经院哲学设问方式的认识论设问方式。他创立了一门学科，在这门学科内，形而上学是一种使世界对于明晰观念和道德义务来说成为可靠的事务，而道德哲学的问题成了元伦理学问题和道德判断证明的问题。这与其是使认识论成为哲学的基础，不如说是发明了带有“哲学”名称的某种新东
263 西——认识论。关心**事物**的古代和中世纪哲学，关心**观念**的十七世纪到十九世纪的哲学，以及关心**语词**的现代开明的哲学舞台等所组成的这幅图画，似乎是极其言之成理的。但是这个哲学观序

列不应被看作是对何为首要或何为基本的问题提出了三种对立的观点。情况并非是，亚里士多德认为我们最好根据事物来说明观念和语词，而笛卡尔和罗素又重新安排了说明的次序。正确的说法或许是，亚里士多德没有（不感到有需要）一种知识论，而笛卡尔和洛克则没有一种意义论。[10]亚里士多德关于认知的论述并未对洛克的问题提供好的或坏的回答，洛克关于语言的论述也未对弗雷格的问题提供任何回答。

达美特把语言哲学看作基本的，因为他把现在终于获得正确表述的认识论问题当作意义理论内部的问题。他赞同笛卡尔所说的这个问题的重要性产生于“观念的方式”，但他认为，只是晚近以来我们才能正确陈述它们。正如斯宾诺莎和莱布尼兹认为他们在完美地进行着经院形而上学家曾笨拙地完成的工作（例如研究实体的性质）一样，达美特和普特南也认为他们在完美地进行着认识论者笨拙地完成的工作（研究实在论与唯心论之间的争端）。但是我们可以事后地认识到，笛卡尔是自欺的；到了康德的时代已很显然，如果我们从笛卡尔关心的问题出发，我们将不能提出好的形而上学的老问题。在这方面，戴维森对罗素、普特南和达美特的关系，正相当于康德对笛卡尔、斯宾诺莎和莱布尼茨的关系。戴维森 264
在提出一种意义理论和“外来的哲学清教主义”之间所做的区别，是康德在合理的和不合理的使用理性所做区别的现代翻版。

如果我们采取这种新的哲学范式观，把老的问题挤到一边，而不是对其提供一种新的表述和解决方式，那么，我们将把第二种（“不纯的”）语言哲学看作是打算把一种新哲学活动与一套旧问题挂钩的最新一次怀旧式的企图。我们将把达美特的作为“第一哲

学”的语言哲学观，看作是错误的，这并非因为某种其他领域是“第一位的”，而是因为作为拥有基础的哲学观与拥有基础的知识观一样都是错误的。按此理解，“哲学”不是这样一种学科的名字：它面对着一些永恒的问题，却不幸不断错误地陈述它们，或依靠笨拙的论证工具批评它们。宁可说它是一种文化样式，一种“人类谈话中的声音”（借用 M.奥克绍特的话），它在某一时期专注一个话题而非另一个话题，不是由于论证的需要，而是由于发生于谈话中其他领域的种种事物（新科学，法国大革命，现代小说）的结果，或提出了新事物的个别天才人物（黑格尔、马克思、弗雷格、弗洛伊德、维特根施坦、海德格尔）的创造，甚而或许是若干这类力量合成的结果。有趣的哲学变化（我们可以说“哲学进步”，但这或许是在用有待证明的假定来辩论）之产生，不是当人们发现了一种新方法去处理旧问题之时，而是当一套新问题产生而老问题开始消退之时。（在笛卡尔时代和我们的时代的）诱惑在于，认为新的问题是正确被看待的老的问题。但是考虑到库恩和费耶阿本德在批评研究活动历史的“标准”方法时所举出的一切理由，这种诱惑必须加以抵制。

在本章中我将主要提出在语言哲学和传统哲学问题之间关系
265 中这一“库恩式的”概念，以反对达美特关于这种关系的更为人熟悉的（而且我想是广为接受的）观点。我的做法将通过批评“不纯的”语言哲学及其从认识论到语言哲学的不合法的问题转换来完成。显然我不可能概观整个领域，因此我将集中于一个主题，它对下述看法提供了最大的诱惑，即对语言如何运作的说明，将也帮助我们理解“语言如何联系于世界”，因此还有，真理和知识如何可

能。正是围绕着这个所谓概念转变的问题，大多数关于“实在论”、“实用主义”、“证实主义”、“唯心主义”和“约定主义”等晚近的争论产生了。我认为戴维森正确地说道，“概念转变”这个概念本身是前后不一致的，而且我们须要透过这个概念以认识为什么关于它的争论似乎既是如此重要，又如此不大可能加以解决。

因此在下一节我将讨论据说通过一方面向认识论，另一方面向语言哲学理论转变所提出的问题。于是在接下去的几节中我将较详细地讨论普特南对这些问题所做的“实在论的”反应，因为在我看来，普特南的工作是对一种“不纯的”纲领所做的最明确的表述。我将使它与一种“纯的”、“实用主义的”或“语言游戏”的语言观加以对照，后者我认为是由塞拉斯、维特根施坦以及戴维森来阐明的（尽管有些区别似乎使他们三人看起来彼此对立）。因此我希望指出，这两种方法之间的争论，不是哲学作为认识论时代将实在论与唯心论和实用主义区分的那种争论的重演，甚至实际根本也不是关于语言的争论。我将主张，如果我们把奎因和戴维森对语言与事实和图式与内容的区分所做的批评推进得足够远，我们就不再有论辩的余地去陈述“实在论”和“唯心论”（或“实用主义”）之间关于“语言如何与世界相联系”的争论了。构成这样一种争论的 266
需要，在我看来，再一次表现了康德式的对一种凌驾一切之上的永恒中立模式的需要，人们按照这个模式可去“处置”和批评过去与未来的研究活动。对作为一种结构的和无所不包之学科的哲学的怀旧病，一直存留于现代语言哲学中，这只是缘于“语言”与“先天”和“先天”与“哲学”之间的那种含混不清的联系。由于在现代语言哲学中存在着“实在论”和“实用主义”之间的实在争论，这个争论

在我看来是形而上学的，它讨论，一旦放弃了作为先天知识来源的语言概念之后，哲学是否能保持其康德式的自我形象。在这个问题上，我将无疑站在“实用主义者”一边。但我希望我的讨论会有助于以比通常这类谈论中为少的伊索式语言，来论述这个形而上学争论。

2. 我们的祖辈在谈论什么

亚里士多德把运动区分为自然的和被迫的两类是错了么？或者说，他所谈论的东西不同于我们关于运动所谈论的吗？牛顿是否对亚里士多德给予错误答案的问题给予了正确的回答呢？还是说他们在谈论不同的问题呢？这类疑难问题在近年来科学哲学和语言哲学中激发了大量优秀的研究。然而像大多数哲学谜团一样，它的动机和前提条件比提出的种种解答更有兴趣。归根结底，我们为什么应当认为对于这些问题的回答比对提修斯船是否经受住了它的每块木板的改变的问题更有趣。为什么我们应当认为，“它们意味着什么？”或“它们指称着什么？”将会有一个确定的回答呢？为什么以两种方式中的任何一种去回答它都是不可能的，而
267 是要取决于什么样的说明性的考虑是适合于某些特殊的历史编纂学的目的呢？

我们认为，在这个问题上应有确定答案的理由大致是，我们认为追求真理的历史应当不同于诗歌、政治或服装的历史。我们会清楚地觉得，像“希腊人是用 σωφροσύνη 指‘节制’吗？”和“努厄尔人是称灵魂为 kwoth 吗？”这类问题可通过说，并无特殊理由认为

一种文化中的单个词语表达可与一完全不同文化中的某一单个词语表达相符，而加以消除。的确我们会觉得，甚至较长的词意解释也无济于事，而且觉得我们必须深入异国语言游戏的活动中去。[11]但就科学而言，这样一种态度似乎是不正常的。在这里我们倾向于说，的确存在着某种东西（例如，运动及其规律），人们或者打算指称它，或者至少**在**指称着它而对此并不理解。科学研究应当去发现世界上存在有哪些种对象以及它们有哪些属性。任何进行严肃研究的人只能询问什么谓词应附着在什么东西上。当我们觉得难于说出亚里士多德所谈论的东西时，我们总觉得在某些地方必定有正确的回答，因为他应当谈论**我们**在谈论的**某些**东西。即使他在想象不真实的对象和无例示的属性，他也必定通过有关**真实**存在物的某种相关的谈论或通过与真实存在物的其他相互作用，而赋予不真实的对象与属性以意义。这种感觉是一种工具主义论述的根源，如"关于运动种类及法则的所有这类谈论都只是对感性经验加以分类的一种复杂方式"。认为关于我们不认识的东西的谈论，"真地"是关于我们认识的东西的谈论的这种需要，过去往往是仅只通过这样的假定来满足的（以"辉格派的"方式），这就是，我 268
们误入歧途的祖先"其实"在谈论我们最受赞许的现代研究者声称在谈论的任何东西。因此我们被告知，当亚里士多德谈论自然下降运动时其实是在谈论引力作用，当无知的海员谈到独角兽的角时，其实是指独角鲸的角，"热流"是描述活跃分子间能量传递的一种引人误解的方式，克尔凯郭尔在谈到亚伯拉罕与上帝的关系时是在描述我们与生身之父的关系。

有两项发展近年来使哲学家们对这种"他们其实在谈论什么"

的方略颇感不安。大致来说，这些发展就是由奎因确认出来的两个“经验主义教条”中每一个教条的瓦解。第一个教条把奎因说的“本质主义”奉为神圣，这个概念是，人们应该区别人们所谈论的东西和当他们通过发现所谈对象的本质后所谈论的东西。这种学说的语言学形式是，我们可以发现我们语言中的哪个词转译了古代科学家语言中的某一个词，从而通过区别表述词意的分析语句和表达关于该所指物的可能错误的信念的综合语句，来发现两个词的所指物的本质。第二个教条主张，这样一种转译总是能被找到，而且这类分析语句总是能被表述，因为人们为了确定任何指称性表达的意义，只需发现在一种“中立观察语言”中哪些报道会证实、哪些报道不证实一个断定有关所指物存在的语句。

关于科学不同于较软性的论述之处在于，它有对“在那儿”的
269 事物的“客观指称”的信念，在前奎因时代曾为这样的思想所支持，这就是即使不存在可非物质地呈现于理智中的亚里士多德的本质这类东西，在感觉呈现中也肯定有与世界的接触点。这种接触，再加上操作主义的“意义分析”根据应当来自所指物的呈现对其本质进行刻画的能力，似乎赋予了科学以在宗教和政治中所欠缺的东西，这就是把与现实的接触用作真理检验的能力。由奎因抛弃了两个教条和库恩及费耶阿本德有关观察的“理论负荷”的例子所引起的恐惧，乃是因为担心可能不存在这种检验了。因为，如果我们一旦承认牛顿优于亚里士多德不是由于他的语言更符合现实，而只是由于牛顿使我们更能去应付现实，那么使科学区别于宗教或政治就无关宏旨了。在我们和“非理性主义”之间的一切区别似乎只在于那种区分分析与综合、观察事物与理论事物的能力。

在前几章中我指出过，这种把合理性等同于今日哲学教条的情况反映了这样的事实，即自康德以来哲学一直以为文化提供一种永恒的中立框架为己任。这个框架是围绕着探讨现实（那些处于“科学稳妥之途”上的学科）和文化的其余部分间的区别来建立的。这种区别也就是我们在休谟的《人类理解研究》最后一段中，在《纯粹理性批判》二版前言的第一段中，以及在第四章引述过的罗素和胡塞尔的宣言中所发现的。如果哲学本质上是科学与非科学之间区别的表述，那么目前那些危险的表述似乎在危及哲学本身，并随之危及着合理性（哲学被看作合理性的守护神，它不断抵御着黑暗势力）。假定承认奎因所推翻的教条概念，那么许多哲学 270
家的反应就会是去寻找某种表述可取的区别的方式，这种区别将(a)使语言哲学处于哲学图画的中心地位，一如维也纳小组时代以来它所处的中心地位一样；(b)不再依赖作为先天领域的语言概念；(c)为有关牛顿和亚里士多德是否有共同的所指物（如果有，是什么）提供一个回答。这种愿望就是被称作“指称理论”的这种东西的根源，这个词大致与我一直称作“不纯的语言哲学”的东西同其范围。

然而在这种愿望变得明显之前存在着一种预先的混乱阶段，在这个阶段上哲学家们在要求一种“意义转变”理论。这种要求主要产生于对费耶阿本德下述主张的反应，他说，传统的经验主义观点以一种“意义不变性条件”为前提，即假定“一切未来的理论将必定以这样一种方式来表述，以使得它们在说明中的运用不影响其它理论所说的东西或要被说明的事实报道”。[12] 费耶阿本德像库恩一样热心于指出，语言中大批语句，包括观察语句的意义，当一种新理论出现时就要改变；或者至少是，承认发生了这种改变会使科学史的事实比标准教科书的观点更可理解，后一观点使意义保持不变而只让信念改变。许多哲学家对这类历史事实的反应都是承认意义可能随着新的发现而改变，这就是在其中可进行合理研究的这种意义的永恒的中性框架，并不如原先设想的那么永恒了。但他们说，必定存在有作为一种合理的、原则上的意义改变的东
271 西，而且我们作为自然科学家固有的合理性守护者和阐释者的任务，并不是去说明有关的原则是什么。费耶阿本德本人满足于指出，每当用法的任何特征改变时，意义就改变了，但是较冷静的人认为，在“意义不变信念改变”和“信念改变意义改变”之间应当有某种中间观点。这导致了这样的看法，应当有某种办法去划分库恩的“正常科学”内信念的改变和在“科学革命”中出现的规范的改变。哲学家们说，假定理论转变的标准论述是使人误解的，哲学仍能提供科学史家需要的某种东西。我们将着手发现那样一些条件，在这些条件下信念的连续改变所导致的东西，将不仅是信念的改变，而且是“概念图式”的改变。[13]

这样一种看法是颇有诱惑力的，即将意义、客观性和真理的同一性相对于一种概念图式来描述，只要存在着某种标准使人们认识何时和为何采取一种新的概念图式是合理的。因为现在作为合理性守护者的哲学家，变成了告诉你何时你可以开始使用某种不同的意义的人，而不只是告诉你所说的是什么意思的人。但是这
272 种企图保持哲学家传统作用的做法是注定失败的。奎因何以不能做，前者的理由，也正是他不能做后者的理由。自从“语言的转向”开始以来，哲学家被描绘为这样一种人，他通过了解字词的意义去

了解概念，因此他的工作超越了经验事物。但一旦承认“经验的考虑”（如对月亮上有斑点的发现，对法国议会不中用的发现）引起了，但并未要求“概念的转变”（例如关于不同的天和国家的概念），哲学家和历史家的分工就不再有道理了。一旦人们说，由于这一或那一发现而放弃亚里士多德的概念图式是合理的，那么“意义的改变”或“概念图式的改变”就只不过意味着“主要信念的改变”。历史家可以使旧图式向新图式的改变成为可以理解的，而且使人们明了他们何以从一种图式被引向另一种图式，如果他们是当时的知识分子的话。哲学家不能为历史家已完成的事情增加任何东西以表明这种可理解的和或许成立的过程是“合理的”。如果没有费耶阿本德称作“意义不变项”的东西，就不存在哲学家可运用的特殊方法（意义分析）。因为“意义不变项”只是以“语言学的”方式陈述康德如下的判断，即研究要想是合理的，必须在可先验认识的永恒框架内来进行才成，这个框架是这样一种图式，它既限制了可能的经验内容，又说明了处理任何出现的经验内容是合理的。一旦图式成为暂时性的，图式与内容的区别本身就岌岌可危了，康德的哲学概念亦因此处于危殆之中，这种哲学是由关于我们自己参与研究一事所具有的先天知识（如图式的、形式的成分，例如“语 273
言”）建立起来的。

3. 唯心主义

哲学家们终于很快地理解到，寻求一种意义改变的标准，对于作为意义分析的哲学概念是灾难性的，正如进行反抗的权利观对于作为主权研究的政治哲学是灾难性的一样。于是他们认识到，当费耶阿本德谈论“意义改变”时，他错误地表述了自己的观点。对此普特南提出了最有力的批评：

> 费耶阿本德不可能逃避使实证主义者大感烦恼的同一困难。……为了明了这是实际情况，只须回忆，对费耶阿本德而言一个词的意义依赖于包含着该词的整个**理论**。……人们自然或许会采取这样的极端路线，即理论上的**任何**改变都是词义的一个改变。……但我想费耶阿本德不致采取这种极端路线。因为说我们关于 X 的经验信念中的任何改变都是 X 一词意义的改变，就是放弃了意义问题和事实问题之间的区别。我们说英语的语义规则根本不能区分于说英语人的经验信念，就正是抛弃了英语语义规则的概念……如果费耶阿本德采取了这条路线，感觉的一切显现都将消失。因为在这里“感觉”依赖不通常的意义概念和通常的意义概念间的来回滑动。[14]

对这个问题的理解导致哲学家们达到关于我们与祖传的理论和外族文化关系的辩论的第二阶段。人们承认，如果在对待“意
274 义”概念的态度中衷心地采取奎因的立场，甚至就不**想**去问“他们用‘——’意指同一对象吗？”那么争来争去究为何故呢？或许是为了我们怎样能将真值赋予各种陈述。我们想知道是去说“关于运动，亚里士多德所说的大部分是假的”，或准确些说“关于**他**称作‘运动’的东西，亚里士多德所说的大部分是真的，但我们不相信存在着这种东西”。此外，在某些情况下我们想说，“在这儿甚至按他

自己的理论来看，亚里士多德也搞错了”，而在另一些情况下说，“在这儿我们有一个陈述，它或许是真的，如果亚里士多德物理学中**任何东西**都是真的话，但可惜它所指的东西不存在，因此是假的”。或者再换另一种方式说，我们想把由于他所谈论之物不存在而发生的虚假性与由于他误用了他自己的理论工具而发生的虚假性加以区别，正如我们想把“福尔摩斯曾住在贝克街”的虚假性与“福尔摩斯结过婚”的虚假性相区别一样。为了在内部问题（对这类问题的回答是在文化、理论、故事、游戏中给予的）和外部理论（回答的方式是，它是否是我们为其成员之一的文化，我们接受的一种理论，我们相信的一个故事，我们从事的一个游戏）之间加以区别，我们可以接受“指标”概念而省略“意义概念”。意义的重要性似乎只因为它提供了在世界上挑选一个对象的方式，然后我们可以确定这个对象与我们自己的文化、理论、故事或游戏所认可的某个对象相同或不相同。一旦我们放弃了意义概念，我们也就放弃了由意义决定的指称概念，这就是通过挑选一个词的所指者来“规定该词属性”的概念。

哲学家们认为，不借助于词的定义、本质和意义而去挑选对象的需要，产生了对一种“指称理论”的需要，这种理论将不运用奎因使其成为靠不住的弗雷格方法工具。对一种指称理论的这种要求被并入对一种“实在论的”科学哲学的要求，后者或许会恢复库恩 275
之前的和费耶阿本德之前的那种看法，即科学研究是通过对同一些对象不断做出新的发现而取得进步的。[15]实际情况并不是库恩或费耶阿本德否认这一点，而宁可说是，他们关于各替代性理论之间无共同性的观点表明，我们实际理解的“真理”和“指称”的唯一

概念，是那些相对于一个“概念图式”被规定的概念。如费耶阿本德和库恩所指出的（而且奎因和塞拉斯进一步提供理由使人相信的），如果无必要要求对所有相互取代的理论来说都存在着它们共同具有的一个单一的观察语言的话，那么经验主义者所说的人们永远能提出理论词语操作性定义的观点就必须抛弃。奎因对第一个教条的攻击使“定义”这个概念靠不住了，而他从整体论观点对第二个教条的批评，再加上塞拉斯所主张的“感觉所与性”是一个文化适应的问题，就使得“操作性定义”的概念加倍地靠不住了。所有这些反经验主义的论辩的反还原论的含义就是，似乎很像唯心主义的某种东西开始在思想生活中受人尊敬了。似乎有可能说，什么是实在的或真实的问题，不应独立于某种概念构架来解决，反过来这也似乎指出，实际上任何东西或许都不能离开这类构
276 架而存在。[16]因此，认为我们**能够**找到一种共同的研究模式（即凌驾一切实际的和可能的“概念构架”的东西）的想法，对那样一些人颇富吸引力，他们觉得，认为在自然之镜中看到的、不断增加其准确性的自然表象这种奎因和库恩以前的老式观点，必然包含有**某种**真实的**东西**。

然而实际上关于“唯心主义”的这种吵嚷是件不相干的转移注意力的事。（荒谬地）说用字词构成对象，非常不同于说，我们不知道如何找到描述过去和将来研究自然的一种持久性模式的办法，除非是按照我们自己的主张，因此这就是在反对“替代性的概念图式”时，用未经证明的假定去进行论证了。几乎没有人会希望接受前一说法。而接受后一说法，当脱离开有关“失去与世界的接触”这类吓人的修辞术时，就只是相当于说，我们关于自然的当前观

点，是我们谈论自然与我们语言关系时的唯一指导的另一方式而已。认为我们必须根据我们对世界上存在什么的最好认识来使所指物归予语词，而将真值归予语句，不过是一句老生常谈。说真理和指称是“相对于一个概念图式的”，听起来像是说出了某种更多的东西，但实际不然，只要“我们的概念图式”只被看成是指称我们现在相信的东西，即构成我们当前文化的各种观点总合的话。这就是奎因、塞拉斯、库恩或费耶阿本德提出的任何论证会使人们用“概念图式”来意指的一切。然而普特南在清除了费耶阿本德有关意义改变所造成的混乱之后，却不幸地进而把费耶阿本德和他本 277
人之间的区别，不是当成认真看待“意义”和将其放弃这二者之间的区别，而是宁可看作“唯心主义的”和“实在主义的”意义理论之间的区别了。

要明了这个伪争论是怎样发展的，就要去理解从所谓概念改变问题中产生的“指称理论”发展的最后阶段是什么。例如，普特南说：

> 实证主义科学理论的错误之处是，它所根据的是一种唯心主义的或唯心主义倾向的世界观，而且那种世界观不与现实相符。然而当代实证主义中的唯心主义成分正是通过意义理论出现的；因此对实证主义的任何实在论的批判的研究必须至少包含着对一种相对立的理论的描述。⑰

普特南用“唯心主义倾向的世界观”大致指这样一种观点，它“把‘坚实的事实’只看作或倾向于只看作有关实际的或潜在的经验的事实，而一切其他谈论都只是有关实际的和潜在的经验的高度派生性的谈论”。(第 209 页)因此他把实证主义要求有操作性定义的愿望,看成是并非由于保证分析-综合区别、从而保证一固定的研究框架的需要(按我前面论述过的方式),而是由于想要避免有关经验和独立现实间关系问题的那种贝克莱式的愿望。我想这种愿望正像历史一样地顽固偏执,但它并不特别重要。重要的是普特南坚持说,“今日实证主义者像贝克莱一样没有权利去接受科学的理论和实践,这就是说,他自己的描述并未使其有理由认为科学理论是真的或科学实践总会发现真理。”(第 209 页)普特南认为,
278 一般而论哲学家们或者具有强烈的“反实在主义的直观或者具有强烈的实在主义的直观”:

> ……反实在论者并不把我们的理论和阿基米德的理论,看作对由独立于理论的实体组成的某种固定领域所做的两种近似正确的描述,而且他倾向于对科学中的“会聚”观念发生怀疑,就是说他并不认为我们的理论是对阿基米德描述的同一实体的一种更好的描述。但是如果我们的理论只是我们的理论,那么使用它来判定 X 是否存在于 χρυσός(金子)外延中,其任意性正如使用旧石器时代尼安得特人的理论去判定 X 是否存于 χρυσός 外延上一样。唯一不是任意性使用的理论,就是说话人本人遵从的那种理论。
>
> 麻烦在于,对于一个强烈的反实在论者而言,真理除了作为一种理论内部的概念之外没有意义……。反实在论者可在“冗余性理论”的意义上在理论内使用真理概念;但他在理论之外并不具有真理和指称的概念。但是外延是与真理概念联系在一起的。一个语词的外延正是该词所适用的某种东西。

> 反实在主义者不是企图保持作为一种应用不便的操作主义的外延概念，他应当像他拒绝真理概念一样地拒绝外延概念（在任何理论以外的意义上）。例如像杜威一样，他可诉诸“有保证的可肯定性”概念而非真理概念……。这样他可以说“X是金子（χρυσός）”在阿基米德时代是有保证地可肯定的，但今日就不是有保证地可肯定的了……。但是有关X是在χρυσός的外延上的断言，正像“X是金子（χρυσός）”是真的断言一样，将被当作无意义而予拒绝。（第236页）

很难发现一位会符合普特南所说的成为一个“反实在主义者”的标准哲学家。库恩偶尔暗示说，他觉得“对同一实体的更好的描 279
述”这个概念是可加以反驳的，但是大多数受到他对实证主义科学哲学批评影响的哲学家，均无必要走得如此之远。那些怀疑关于语言和世界之间联系的理论概念的哲学家，以及那些像塞拉斯一类的倾向于使“真”相对于概念框架来规定的哲学家，却仍然绝不会把普特南认为应称作无意义的那两类论断称作无意义的。塞拉斯会把“在我们概念构架中有保证地可肯定的，但不是真的”概念，解释作隐含地关涉到另一个（或许尚未发明的）概念构架，在其中所讨论的陈述，不会是有保证地可肯定的。像詹姆士、杜威和斯特劳森这类哲学家们是怀疑“真理符合论”的，然而并不同情那种自然适应于思想的概念，或同情于从“人们不可能对一事物给予一种独立于理论的描述”到“不存在独立于理论的事物”这种推论。正如“唯心主义者”和“实在论者”之间争论的通常情形那样，两方都希望对方去承担证明的重负。所谓的唯心主义者扬言能够对常识

以及甚至对语言哲学想要说的每种东西都赋以令人满意的意义，并询问道，实在论者还能再增添什么呢。实在论者坚持说，唯心主义观点产生了反直观的后果，这只有一种称作“思想（或语言）和世界符合”的关系论才可使我们对此加以防范。

普特南采取了三条论证路线，每一条都意在指出实在主义者和其对手之间存在着重要的争论，并指出实在主义者是对的。第一条是反对把“真”解释为“有保证地可肯定的”意义或任何其他必须处理证明关系的“软性”概念。它应当指出，只有一种关于语言和世界之间关系的理论才可提出一种令人满意的解释。第二条是
280 这样一种论证，某种须待说明的社会学事实（科学研究标准方法的可靠性，或者作为与世界斗争工具的我们的语言的功用性），只能根据实在主义的理由加以说明。第三种论证是，只有实在主义者才能避免从“在过去科学中使用的许多词语均无所指”推论出，“极其可能的是，我们科学家使用的任何词语都无所指”，这个结论他觉得是可以反驳的。[18]我认为，这些论证中只有第三条实际介入了与实际反对者的争论。我对这个论证的考察详述于以下三节关于指称、真理和相对主义的讨论中。然而在本节余下的篇幅中我将在充分批评普特南的头两条论证时指出，何以只有第三条才需要认真对待。

普特南认为“有保证地可肯定的”（Warranted assertible）一类概念将与“真”无共同的句法特征，这种断言是正确的。但并不清楚的是，这与任何哲学家的主张有何关系。提出“真”意味着“有保证地可肯定的”哲学家们，往往或者是(a)相对于一种语言、理论、研究阶段或概念图式来规定真理概念；或者(b)说明，一旦我

们有了“有保证地可肯定的”概念，我们就不需要一种“真”的概念了。换言之，他们或者在我们通常对“真”的用法中建议予以修正，或者建议完全放弃这个词。正如普特南本人指出的，反对作为“真”的*分析*这类概念的论证，就像摩尔反对企图为“善”下定义的论证一样轻易，理由也极其相似。“真的而非有保证地可肯定的”之意，与（例如）“善的而不导向最大幸福的”或“善的而被迄今一切文化不认可的”意思相同。那些热心于（犹如塔斯基和戴维森*不*热心于）告诉我们某种关于真理的东西（它将说明或强调我们*追求*真理的成功）的哲学家们，与这样一类哲学家相像，他们想告诉我们 281
比人们一向赞许的更多的关于“善”的东西，即那种将说明或强调道德进步的东西。但是关于这类东西大概可谈甚少。让我们再一次借用与道德哲学的类比，在理解为什么“善”是不可定义的或善如何被使用方面它无助于说明，一个善的行为是符合*善之形式*或*道德法则*的行为。同样无意义地是被告知，真的陈述符合世界的实际。[19]

“反实在主义者”的适当立场正在于承认，没有什么将说明“独立于理论的真理”，正如没有什么将说明“非工具性的善”或“非功能性的美”一样，而且其目的还在于把证明的负担推回给普特南。大致来说，应该将其推回去的方式就是去问“如果我们没有非历史的、独立于理论的真理观，我们会失去什么呢？”这个问题似乎正像下面这个问题一样合理，即“如果苏格拉底曾教我们这样来使用‘善’一词，以使得‘对我是坏的，但却是善的’，‘对雅典人是坏的，但却是善的’，甚至‘神厌恶的，但却是善的’有意义，我们将有何收益呢？”我们有这类真理和善的概念（这些概念免除了一切证明的问题)是不成问题的。同样不成问题的是,这个真理概念具有的某些性质,是可肯定性或证明的概念将不会具有的(例如,试引普特南指出过的一些例子:如果一个陈述是真的,那么它的逻辑结论也是真的;如果两个陈述是真的,那么它们的合取式也是真的;如果一个陈述现在是真的,那么它将永远是真的)。这种概念不会比苏格拉底和亚里士多德的时代早多少,在此之前"逻辑结论"概念还
282 不会为人们所理解。但不管其起源如何,我们具有这一概念的事实本身,并不保证关于它将有一种有趣的哲学理论。被当作哲学著作中关于"真理"讨论的大部分内容,实际上是关于证明问题的,正如被当作"善"的讨论的大部分内容是关于快乐和痛苦的一样。严格区分**先验物**与其常识对应物所付的代价,可能使人们无材料去进行理论构造和无问题去加以解决。

然而,普特南十分清楚,存在着有待解决的问题,它们与证明毫无关系,而且我提到过的他的第二个论点就是对"我们需要与证明对立的真理概念,是为了什么呢?"这个问题的直接回答。普特南的回答是,我们需要借助它以说明我们研究程序的可靠性。更有科学性的回答是,我们需要它以说明科学中"会聚性"的事实,这个事实是,旧的坏理论,当它们接近我们的时代时,越来越表现出与我们当前理论的近似性。[20] 对这一出发点的明显反驳是,这种"会聚性"是历史学的不可避免的人为产物。似乎很明显,将永远有一种自然的方式去讲述理论嬗递的故事(或者宗教、政府形式嬗递的故事),它表明我们的前人一步步地、曲折艰难地走向我们今日所处的阶段。没有理由认为,反实在主义者关于我们目前理论所谈论的对象,所施予我们祖先的因果作用无话可说。他也可描

述这些对象如何有助于导致已证明了的，但却是错误的对它们的描述，继之以同样已证明的、与前一描述不相容而略有改进的描述，如此等等，以至当代。然而如果“会聚性”不被看作关于种种学 283
科史的事实，而被看作关于新理论检验结果的事实，那么实在论者似乎会处于较好的地位去利用这种事实。博伊德与普特南合作发展了这一论证路线，他把“会聚性”解释作这样一种原则的“可靠性”，如：

> 应当根据现有的理论知识去问一下，在什么情况下由该理论做出的因果断言会有可能发生错误，不论是因为根据现有知识可能成立的替代性因果机制而非由该理论指出的机制会起作用，还是因为已知的那类因果机制或许有可能被认为以该理论不能预料的方式干扰了该理论所要求的那些机制。[21]

很难想象任何人能对这样一个原则提出例外，于是直到博伊德做了如下论断后辩论才发生。他说我们只有“根据对适当的相关理论的实在论的理解”才能说明这个原则导致的有用结果：

> 假定在承认当前接受的法则表示着可能的因果知识这一前提下，你总是通过询问理论在何处最有可能成为错误的因果关系的报道，去“猜测”理论在何处最有可能在实验上出错。而且假定，你的猜测程序只在实在论者估计理论会〔有效〕……的地方奏效（因为理论事实上最容易出错，即产生错误的实验预测）。那么除了科学实在论外还能有什么别的说明吗？单只是约定地或任意地被接受的科学传统肯定不能对此加以说明……。除非，如没有一位经验主义者会这样提

出的，世界是由我们的约定所形成的，这一原则的可靠性就绝不可能仅只是一个约定的问题。（第12页）

284 博伊德在这里把有关程序的两种意义混淆了，一种是程序在一个独立的检验中是可靠的（如温度计是外部不舒服程度的可靠的指示者），第二种是，一个程序是可靠的，因为我们不可能想象一种替代的程序。用旧的理论去检验新的理论不是一种可供选择的程序。我们还有别的办法来检验它们吗？新的理论往往正好在旧的理论说新理论会犯错误之处发生错误一事，并非什么需要说明的现象。只有当它们在其他什么地方发生了错误时才会需要说明。情况似乎只能是，"非实在论者"不知该如何说明用旧理论检验新理论的适当性问题，如果我们认为这个假想中的人在主张，新理论的产生是充分配备着它们自己的同样新的观察语言、检验程序和调节原则的话。但是一个"新理论"在一个庞大的信念网中只是一种极小的变化。正如詹姆士所说，它的真理性一般来说是在旧真理的沉淀和显示出自己突出地位的"反常物"之间实行"联姻作用"的能力问题。只有费耶阿本德的某些相当不自然的奇想才会提出，我们应使一个新理论免除任何以某一旧理论结果为基础的检验。这样一种建议，与我们除了"有保证地可肯定性"之外是否还需要一种"真理"概念，没有任何关系。

4．指　　称

为了指出我们的确需要这样一个指称概念，需要转谈普特南的第三个论点，这个论点具有提供我们一个比迄今讨论过的一切更有可能成立的“反实在主义”观的效力。这个论点围绕着普特南所说的对于“断言‘没有任何理论词语曾指称过’这种灾难性的元归纳法”加以防止的需要。[22]

> 倘使我们接受了这样一种理论，按其观点电子像*燃素*一 285
> 样，那会怎么样呢？
>
> 于是我们将必须说电子实际不存在。假使不断发生这类事会怎么样呢？倘使由一代人假定的一切理论实体（分子、基因等等，以及电子）从以后一代科学的观点看始终都“不存在”，那又怎么样呢？当然，这是一种老式的怀疑论的“归谬论证法”，你怎么知道你*现在*不是错的呢？但它是这样一种论点，按照它，归谬论证法对于今日很多人而言都是一种*严重的*忧虑，而不只是一种“哲学的怀疑”。

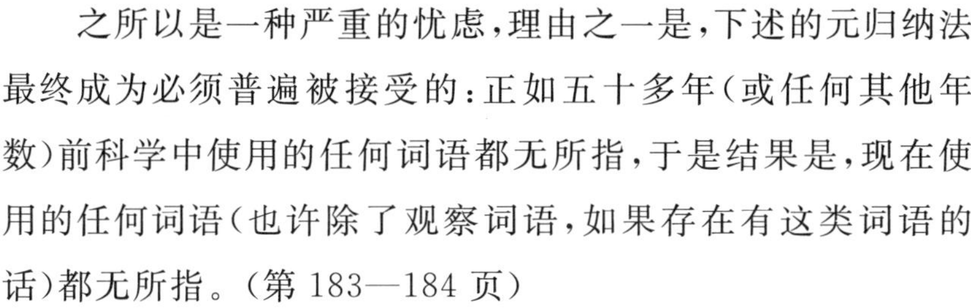

> 之所以是一种严重的忧虑，理由之一是，下述的元归纳法最终成为必须普遍被接受的：正如五十多年（或任何其他年数）前科学中使用的任何词语都无所指，于是结果是，现在使用的任何词语（也许除了观察词语，如果存在有这类词语的话）都无所指。（第183—184页）

普特南说，阻止这种元归纳法，“显然是指称理论迫切需要的东西”。由于两点理由，这一说法是令人困惑的。首先，并不清楚什么样的哲学立场可以表明，科学中的革命变化已告终结，就是说我们与子孙后代的关系将不同于我们原始泛灵论祖先与我们的关系。我们应当如何跨出我们自己的文化并参照最终研究结果来评估其位置？其次，即使存在有这样一种哲学立场，我们仍不清楚指称理论如何有可能支持它？假定我们的这一类问题有明确的直观，如“如果琼斯未完成被归予他的丰功伟绩，但史密斯（以前不为历史所知）完成了其中大部分，那么‘琼斯’是指琼斯呢，还是指史密斯？”假定，在可能性较少的程度上，我们关于这类令人困惑的事例的直观强到足以把我们引至一种一般的理论，这种理论不依直观而告诉我们，我们和道尔顿用“分子”一词指同一事物，而“热流”
286 从不用来指分子。[23]这样一种理论可能会把所提出的元归纳法的前提推向过去，因为现在我们可能必须倒回五千年而不是五十年去寻找一种科学，其任何理论词语均无所指。但这仍然很难令这样一位怀疑论者满意，他对相对于（例如）未来银河系文明来说我们自己的科学究竟地位如何深感忧虑。这样一位怀疑论者或许只会被一种指称理论所满足，这种理论表明，在一切时代和地区的科学家们大多指称着同一些事物，因此使所讨论的元归纳法失去了**任何**有趣的前提。

于是在一种明显的意义上我们彻头彻尾地明白了（在任何理论之先），他们一直在指称着同一些事物。他们都曾企图应付同一个宇宙并指称着**它**，虽然毫无疑问地往往要经过欠缺成效的和愚蠢的描述。由于下一轮科学革命，人们发现没有了基因、分子、电子等等，而只有时空碰撞，或银河系催眠师产生的催眠暗示，这些催眠师从伽利略时代起就操纵着我们的科学家们，如此等等，这也仍然不会使我们脱离与世界或与我们祖先的接触。因为我们会从在讲述古希腊时代凯尔特人科学兴起时所进行的错误的、混乱的、无成效的世界描述，进而讲述对世界的较好描述如何出现的同一种故事。在两种情况下都将是有关理性胜利的故事，而且在两种情况下都将是理性被运用于同一个世界。一般而言，不存在人们关于世界最终可能是什么样子所能提出的可理解的看法，这种看法似乎是“严重忧虑”的基础。（认为或许有某种不可理解的世界描述——它在一种不可转译的概念图式内加以说明——的看法，完全是另一种忧虑，它无须，而且无可能得到归纳性的支持。我在 287
有关戴维森批评“概念图式”的下一节中将讨论这另一种忧虑。）

然而“对同一事物的坏的描述”这个概念似乎可能是在杜撰一个问题。“指称”似乎成了全或无的问题。说“热流”指称或不指称分子的运动，似乎比说“热流”和“分子运动”是对同一现象的（或好或坏的）两种描述的简称更好，不管这个现象最终究竟是什么。我们可能觉得，指称分子运动应当像是指称个别人或中等大小物体一样——我们或者挑选它们或者不。如果我们最近在读塔斯基的书，这种感觉就会增加，而且如果我们不情愿将以塞拉斯那种准工具主义方式表示的理论陈述，看作容许其他陈述表达的重要推论原则，这种感觉还会继续增加。于是我们将希望，“热是分子运动”这类句子的真确性直接“符合于”“白色是雪的典型颜色”的真确性。于是为了理解“语言怎样运作”，重要的似乎是按照“挑选实体”这样的表达法去思想，而不是简单地习惯于“描述现实”这类表达法。就让它这样吧。然而仍然难以了解为什么我们需要去安慰怀疑主义者，而不只是在我们的历史学中做“辉格派”。我们可以只是详细描述事物，以便使哪怕最原始的唯灵论者去谈论（例如）分子运动、镭、基因等等。我们并不因此去抚慰他对分子可能不存在的恐惧，但另一方面也没有关于语言怎样相关于世界的任何发现会去抚慰他。因为被该理论所认识的那个“世界”，只是被今日

科学所认识的那个世界。

于是到此为止我们面对着如下的两难问题：或者需要指称论
288 去强调现代科学的进步，或者指称论只是有关如何去写科学史的一种决定（而非为这种历史学提供"哲学基础"）。一个任务对于要求"理论"的称号，似乎是过于大了，另一个任务对于承受"理论"的称号又似乎太不足。在这一点上似乎最好首先去问"指称理论"来自何处。它应当承担阻挡怀疑主义的重负，从而履行我们总是希望认识论会履行的那种任务，这究竟是什么意思呢？在我看来，认为有这样一种理论的看法，产生于把两种很不同的考虑混为一谈了，即：

> 一种是由克里普克、多奈兰和其他人所指出的这样的事实，存在着塞尔-斯特劳森指称标准的反例，即 S 在用"X"指任何实体时，会使他关于 X 的大多数主要信念为真。[24]另一种是这样的事实，通常（弗雷格、塞尔、斯特劳森）有关在信念或意向的意义上（或更一般地，在语言使用者头脑中的实体）的意义决定着指称这种假设指出，我们的错误信念越多，我们"与世界的接触"就越少。

这两种认识合在一起表明，关于语词怎样与世界挂钩的通常"意向主义的"概念，在个别事例上是错的，而在哲学上是灾难性的。因此在晚近"不纯的"语言哲学中，几乎成为一种教条的是，奎因、维
289 特根施坦、塞拉斯、库恩、费耶阿本德（以及本书提到的其他人物）的有"唯心主义"味道的学说，应当通过如下方式加以拒绝，即诉诸语义学的首要原则，推翻弗雷格的"内包性的"指称理论而代之以

某种更好的理论。[25]这种想法是，如果世界在事实的（即因果的）关系中触及并钩住语言，那么我们将永远"与世界接触"，而按弗雷格的旧观点，我们却处于失去世界的危险中，或可能本来就从未与它联系在一起。

然而我们应该对旧的（意向主义的）和新的"因果的"（或者更一般地说，非意向主义的、因此即"实在主义的"）指称理论之间的冲突感到怀疑。这种冲突是因"指称"（refer）一词的意义含混而产生的。这个词可以指（a）在一个词语表达和现实某个其他部分之间存在的一种事实性的关系，不管是否有人知道这种关系的存在；或者指（b）在一个词语表达和一种非存在的对象之间能够成立的一种纯"意向的"关系。让我们把前者叫作"指称"（reference），而把后者叫作"谈论关于"（talking about）。我们不可能指称福尔摩斯，但我们可以谈论他，对燃素来说亦然。"谈论关于"是一个常识概念；"指称"是一个有哲学味道的词。"谈论"涉及虚构和现实二者，而对实在主义的目的却毫无用处。关于人们的信念决定着他们谈论的东西的假定，对存在的事物和不存在的事物或多或少都适用，只要不发生关于什么存在的问题。如果在一个社会中不存在相互冲突的理论（物理的、历史的、"本体论的"或其他什么的），但在其中人们知道实际所谈论的一些人和事存在着，而另一些人和事为虚构物，那么在这个社会中我们就可以使用塞尔-斯特劳森的标准。我们当下在谈论大多数我们的信念所适用的东西。令人困惑的情况（在其中直观告诉我们，人们没在谈论使他们大多数信念为真的任何东西）只是当我们知道他们所不知道的什么东西时才发生。因此如果我们发现有一位迄今不为人所知的叫 290

作史密斯的人，他完成了归于一位虚构的琼斯的功绩的百分之九十九，但是关于琼斯的故事实际上是围绕着一位叫罗宾逊的人发生的，我们可能想说，当我们谈琼斯时，*实际*在谈罗宾逊而不是在谈史密斯。

如果这个“实际谈论关于”概念与指称相混了的话，就很容易认为（像普特南和克里普克那样）我们有对指称的“直观”，这种直观可能成为一种非意向的和“独立于理论的”“指称理论”。但这就等于认为下述问题

a. 什么是表达通常关于琼斯的信念的虚假性的最好方式呢，是说它们根本与一切事物无关，是关于虚构的真理，还是关于实在的虚假呢？

应当根据对下述问题的回答来回答

b. 在世界上是否有一个实体，它通过“指称”关系与我们对“琼斯”的使用相联系？

按照普特南和克里普克采取的观点，（b）是一个合理的问题，而且是在（a）之前的问题。按此观点，回答（a）不是一个在说明上或在历史学上方便的问题，而是一个纯粹事实的问题，这个事实由对（b）的回答来确定。按照我所建议的观点，（b）并不发生。在社区内唯一的事实上的争论是关于被谈论的种种实体的存在或不存在的。一旦我们决定了后一个事实的问题，我们对于有关的人在其中（按常识的塞尔-斯特劳森标准）谈论非存在的实体的信念，可采取四种态度，我们可以在以下四条中加以选择：

1. 宣称它们都是伪的（罗素）或无真值的（斯特劳森）；

2. 把它们分为二类，一类是伪的或无真值的，因为它们与一切无关，另一类是“真正有关”某实在事物，因此可能是真的； 291
3. 把它们分为二类，一类是伪的或无真值的，因为它们与一切无关，另一类是“实际关于”虚构事物的，因此或许可能是真的；
4. 把第(2)和第(3)种选择结合起来。

在“实际关于”中的“实际”标志了我们与塞尔-斯特劳森的“关于”(aboutness)判准的区别，但它不标志我们援引对事实问题的直观。这就像是“完成了一种真正的好事”的观念，这是当(虽然某人的行为表面上可耻)对这个问题的一种更广泛、更有根据的观点提出了应当撇开常识的道德标准时所使用的。在道德事例中，我们关于在行为和善的形式之间的事实联系并无直观；我们只是这样来改变我们对情况的描述，以求避免矛盾和扩大前后一致性。在决定关于谁在真地谈论什么的事例中情形也类似。

在我所建议的观点和普特南-克里普克的观点之间的争论似乎可能是针对“梅农主义”的问题的，即人们是否可指称虚构的事物的问题。但并非如此。在指称一词的用法由从

“N”指称而且 N 是 ø

到

N 存在(不是一个虚构) 292

的推论所支配的意义上，人们当然不可能指称虚构。这是使用指称一词的通常方式，而且我无意改变其用法。但我从这一条件定义着“指称”概念的事实中引出的寓意是，“指称”与“谈论关于”或

“实际谈论关于”没有任何特殊关系。只有当人们对于用以表达在世界上发现的错误的种种方法做出决定时，“指称”才出现（即在上述（1）到（4）之中的决定），然后才想将决定的结果纳入“规范的”形式中，即纳入一种语言中，这种语言使用标准的量化逻辑作为模型。这就是我在说“指称”是一个关于艺术的词的真义。这也是它何以不是我们对其怀有直观的东西的理由。于是我的结论是，塞尔-斯特劳森判准与其发生冲突的“直观”仅只是这样一种直观，即当关于什么东西存在着有争论之处，可能有关于什么“被实际谈论着”的争论，而且“实际关于”的判准并不是塞尔-斯特劳森的判准。

那么它是什么呢？对这个问题没有回答，没有这种“判准”。决定上述（1）—（4）方法选择的考虑如此分歧，要求一个判准是无意义的。我们会倾向于说，“实际谈论”是存在于一个词语表达和**我们**认为其存在的东西之间的一种关系，它与“谈论”对立，后者是在一个词语表达和其使用者认为存在的东西之间的关系。它也与“指称”对立，后者只存在于一个词语表达和真正实际存在的东西之间。但这或许不对，因为情况仍然是，我们不仅能谈论不存在的东西，而且我们可被人们发现**实际**在谈论不存在的东西。实际谈论 X 不等于谈论一个真的 X。在这里“实际”只是将所谈某人的相对无知，“置”于谈话人自认为具有的相对多知的语境中去的问题。办到这件事的方式之多，犹如话语环境之多一样。例如试考虑“你以为你在谈论泰勒斯，但你实际是在谈论希罗多德讲的一个故事”；“你以为你在谈论你的精神分析医生，但你实际是在谈论你自己”；“你以为你在谈论叫作阿特米斯的一个虚构的神，但你实际是在谈论公元前九世纪住在底比斯的一个真的女人”；“你以为你在谈论锂，但你实际在谈论的是氪。”[26]

于是我认为，对指称理论的追求，表现了在对有关人们“实际谈论”的东西的一般理论的、无可救药的“语义学”追求，和对拒绝怀疑论并赞同我们自称在谈论非虚构物的一种途径的、同样不可救药的“认识论”追求之间的混淆。对于戴维森的“纯”语言哲学的目的来说，两种要求都无须予以满足。第一种要求大致说来即对解决在历史学、人类学描述等方面困难问题的决定程序要求，在这些问题中只有策略和想象才会适用。后一要求是针对在我们目前的表象系列之外的某种先验观点的，我们从该表象系列可以检查这些表象与其对象之间的关系。（这是贝克莱告诉我们的，我们无法满足的要求，康德只是通过把世界叫作“显相”才予以满足，而且自然之镜的形象使我们认为我们应当能予以满足。）“什么决定指称？”这个问题含混地介于两个问题之间，一个是关于将大量一致
的伪信念系列（其他时代和文化的）与我们的信念系列相比较的最 294
佳程序问题，另一个是关于如何驳倒怀疑论的问题。关于各指称理论的争论，由于企图回答问题的第一部分而成为具体性的问题，同时由于它们可能以某种方式回答问题的第二部分而取得了它们的哲学意味。但二者都不能驳倒怀疑论，都不能做认识论希望去做的事。因为我们只在目前关于语言以外世界其他部分的理论的内部，去发现语言如何运作，而且人们不可能使用自己目前理论的一部分去赞同它的其他部分。指称理论无助于这个目的，正如“对象先验构成理论”无助于这个目的一样。

普特南（在本章大部分内容写完后才发表的一次讲演中）在相当程度上放弃了他的“形而上学实在主义”，后者是这样一种构想，

即借助某些并不预料其一定成功的手段去说明成功的指称。在这次讲演中他提出了我一直在提出的有关“因果理论”的论点。他说，形而上学实在主义希望但未能获得的东西是“作为彻底非认识性的真理”的观点，它是这样一种观点，按照它，“作为从操作有效性、内在美和精致观点看来是‘理想’、‘似乎合理’、‘简洁’、‘保守性’等等的理论，**可能是假的**。”[27]形而上学的实在论者**认为**他需要这样说，因为这似乎是明确区分“真”与“有保证地可肯定”的唯一办法。但正如普特南所说，即使人们按照塔斯基观点根据满足关系来定义“真”，我们仍将可能根据这种关系构思出**任何**一套信念加于世界之上。再者，将有大量**不同的**完成这件事的方式，而且**并不存在不同于一般理论限制的对完成这件事的方式的限制**。关于我们正在指称的东西的最佳理论，仅只是从我们关于一般事物的最佳理论中得出的毫无争议的结果。正如普特南所说：“……一种

295 ‘因果的’指称论在此并无（不会有）任何助益：因为按照形而上学实在主义的图画，‘原因’如何能唯一地指称，正如‘猫’如何能唯一地指称一样令人费解。”[28]同理，在我们论述事物的内容如何达到和如何决定组成图式的表象的指称时，不论用什么样的非意向性关系来取代“原因”，我们关于世界由何组成的理论都将产生（从表面上看）一种关于那种关系的自行证明的理论。

5．无镜子的真理

普特南对形而上学实在主义理论的放弃可归结为这样一种看法，即没有办法使某种经验学科完成先验哲学不可能去完成的事，

这就是说，关于我们所应用的表象图式将不会阐明它与我们希望去再现的内容的联系。但是如果没有这种办法，那么我们可以赞同戴维森的如下主张，即我们必须完全放弃图式-内容的区分。我们可以承认，没有办法使“图式”概念完成传统上哲学家想用它来完成的事，这就是，阐明“合理性”施予的某些特殊限制，这些限制说明了我们的理想理论何以必须“与实在相符”。现在普特南赞同了古德曼和维特根施坦的说法：把语言想成一幅世界图画（一套表象，哲学需要将它们显示为处于对表象所再现的东西的某种非意向性关系中），无助于说明语言怎样被学习或怎样被理解。但是至少在他放弃这一理论之前的写作中，他曾认为我们仍然可将这幅语言图画用于一种自然化认识论的目的；作为图画的语言对于理解人们怎样使用语言不是一个有用的形象，但它对于说明研究的成功是有用的，正如“一幅地图是成功的，如果它以正确的比例符
合于地球上某个特殊部分的话”。在这里普特南采取着和塞拉斯 296
与罗森伯格采取过的同一步骤。这些人**的确**把“真”等同于“被我们有保证地可予肯定的”（因此容许了关于非存在物的真理的存在），但之后他们就进而把“映现”（picturing）描绘成一种提供了一个阿基米德点的非意向性的关系，参照这个基点我们可以说，我们目前关于世界的理论尽管肯定是**真的**，却未能像某种后继的理论那样把世界映现得如此充分。术语上的区别并不重要，因为这三位哲学家所希望的只是使人们能够回答这样一个问题：“什么能保证我们关于世界的各种变化着的理论是越来越好而不是越来越坏呢？”这三个人都需要一种维特根施坦式的意义作为用法的理论以处理我所谓的“纯”语言哲学的问题，并需要一种“逻辑哲学论”式

的图画关系论以处理认识论问题。

普特南对他自己先前阐释这样一种先验保证的企图所做的批评，同样适用于塞拉斯和罗森伯格。他说道：

> 形而上学的实在主义正是在它自称可与皮尔士的实在主义（即主张存在有一种理想的理论）相互区别之处瓦解的……。因为皮尔士本人（以及证实主义者们）总是说形而上学的实在主义正是在该处崩溃而成为前后不一致的，而像我这样的实在主义者认为他们错了，不可能避免令人不愉快的这种承认，在至少是一个实质的争议上“他们对了，我们错了”。[29]

试比较一下这一段与塞拉斯关于皮尔士的讨论：

> ……虽然“理想真理”和“真正存在的东西”的概念是根据皮尔士的概念结构定义的，它们并不要求存在着一个皮尔士式的社区团体。皮尔士本人陷入了困境，因为他既然未考虑
> 297 “映现”这个方面，因而在实际的和可能的信念系列之外没有阿基米德点，根据这个点才能去定义这个系列的诸成分可以向其逼近的理想或界限。[30]

塞拉斯在这个问题上的观点是，皮尔士使“真理”与“注定最终要为大家同意的意见”等同的做法似乎是说，真理和现实的存在本身取决于一些偶然现象，如种族和合理研究这种启蒙时代概念的延续。于是塞拉斯想要取代一种看待人类研究的方式，它把“注定被同意”看作对这样一种因果过程的描述，后者导致宇宙的自我再现的创造活动。因此我们看到了罗森伯格对后期皮尔士关于进化之爱的唯心主义形而上学所做的回应：

> 我们只能通过根据一种**整体的**宇宙理论概念重新描述我们的再现活动的方式来理解后者，这个宇宙是这样一种物理系统，它自然地发展出一些子系统，子系统反过来又必然不断投射出整体的适当表象。粗略地说，我们必须最终把物理宇宙看作一个完整的物理系统，后者必然“养成了认知者”，并从而在自身之内映现出自身来。[31]

塞拉斯和罗森伯格都正确地把自然之镜的成立归因于心的存在，但他们坚持说(像普特南一样)心性与意向性都与理解镜子如何映现无关。这种重要的再现活动(它有助于我们说我们何以和为何优越于我们的祖先)不是相对于一种约定图式、不是相对于意向而 298
发生的：“映现是一种复合的事实性的关系，因此属于和指示(denotation)及真理概念完全不同的一类”。[32]

因此，如果普特南的放弃是对的，那么这将直接与塞拉斯和罗森伯格认为重要的那个问题有关。普特南说，获得一系列非意向性关系的企图(如由因果的指称理论或由塞拉斯的“更适当的映现”概念所提出的那类关系)总是受这样的事实干扰，即这些关系是当前关于世界的理论的其他部分。普特南认为，对任何可能的认识论自然化的批评都给我们留下了他所谓的“内在实在主义”；这种观点说，我们通过说“不是语言映现世界，而是**说话者**映现世界(即他们的环境)，意即**对该环境构造一个象征的表象**”，可以说明“这样的日常事实，使用语言有助于达到我们的目的，获得满足或任何其他事情”。[33]在此意义上，内在实在主义正是这样一种观点，按照我们自己的再现规约，我们比以往更好地再现着宇宙。但反过来这就正是由于我们(比如说)发明了锂这个词去再现一直未被再现过的锂而洋洋自得。在被放弃的“形而上学”实在主义和无争议的内在实在主义之间的区别，就是以下两种说法之间的区别，一种是我们按照自然本身的再现规约成功地进行着再现，另一种是我们按照我们自己的再现规约成功地进行着再现。大致说来，这是作为自然之镜的科学和作为应付自然的一系列工作图式的科
299 学之间的区别。认为我们按照自己的智能完美地应付着自然，这种说法是真的，但太简单化了。认为我们在正确地进行映现，这种说法“只是一幅图画”，而且我们从来未能搞懂它。就我们所知，自然可以必定养成再现着它的认知者，但我们不知道，自然觉得我们的再现规约变得更像它本身的规约究竟意味着什么，因此也不知道今日它比过去更适当地被再现着是何意思。或更确切说，只有当我们一直与绝对唯心主义一同前进，并假定认识论的实在主义必须以人格主义的泛灵论为基础，我们才能理解上述意思。

普特南的一种简单而非常有力的观点是，非意向性关系正如意向性关系一样，是相对于理论而成立的，在本节中我企图把这种观点看作是对如下全部构想所做的总的批评，即企图通过先把认识论转化为语言哲学，然后再对意义和所指做一种自然主义描述的办法，来使认识论自然化。奎因的“自然化的认识论”，D.丹奈特对“进化的认识论”的暗示，克里普克和费斯克对亚里士多德的本质与自然必然性的概念的恢复，种种因果的指称论以及塞拉斯的映现理论等等的共同动机在于，使认识论非先验化，而又使它履行我们永远希望它可能履行的事：告诉我们何以我们成功研究的

标准不只是**我们的**标准，而且也是**正确的**标准、自然的标准、将引导我们达到真理的标准。如果最终放弃了这个动机，那么语言哲学就只成了“纯”戴维森式的语义学，这种语义学并不依赖于镜喻(mirror-imagery)，而是相反，它使提出哲学上使人发生兴趣的意义和指称的问题变得极为困难。

因此，让我们现在进而说明戴维森在其关于真理的讨论中，如何配合他对“图式-内容”区别和镜喻的总的批评。首先他想说，关于语句为真因其符合(“映现”、“适当地再现”)现实的看法，对一切 300
其中不存在哲学争议的事例均适当，如像“雪是白的”这类事例。这甚至也适合这类事例，像“坚毅使荣誉生辉”、“我们关于世界的理论符合物理现实”，并适合“我们的道德哲学与善的观念一致”。这些陈述也是真的，当且仅当世界包含着各种适当的事物，并按照这些陈述所暗示的方式布局。按照戴维森的观点，不存在“哲学清教主义”的诱因，后者会使荣誉、物理现实或善的理念的世界荒芜。如果人们想说没有这类东西，那么他们可提出一种替代的关于不包含那些东西的世界的理论，但它将不是一种**语义学**理论。关于真理符合现实的方式的讨论，摆脱了关于天地间存在着什么的讨论。从赋予英文语句以真值条件的构想(作为实际被说的英语，包含着关于一切事物的各种各样的理论)，无法通向理论选择的标准或通向一种标准符号系统的建立，后者“描摹着实在的真实的和最终的结构”。对戴维森而言，符合是一种关系，它并无本体论的偏好，它可使任何一种语词与任何一种事物相联系。这种中立性表现了这样一个事实，按戴维森的看法，自然对自己被再现的方式并无偏好，因此对标准符号系统并不关心。自然也不可能被较好地

或较差地符合，除了在我们可以有较多或较少的信念这样一种简单的意义上。[34]

301 其次，戴维森认为，“再现性图式”、“概念构架”或“预期的符合”等概念，企图使“真理”概念与“意义”概念脱离，因此必然失败。他表述这一点的最有效方式是这样一种主张，一个“替代的概念图式”概念（例如这个图式将不包含我们所使用的指称性表达）是这样一种语言概念，它是“真的但不是可转译的”。在持续批评了若干种传统镜喻的变体（作为或好或坏“适合”现实，或彼此不同地为现实“分类”的概念图式）之后，戴维森的结论是：

> 麻烦在于，适合全体经验的概念，正像适合事实或忠于事实的概念一样，并未对真这样一个简单概念增添可理解性。谈感觉经验而不谈证据，或只谈事实，表达了有关证据来源或性质的观点，但它并未对据以检验概念图式的宇宙增加新的实体。

302 于是他说：

> 我们根据适合某实体的概念去刻画语言或概念图式的企图，于是归结到了这样一种简单的思想，即某物是一可接受的概念图式或理论，如果它是真的话。或许我们最好说**一般地**为真，以便容许一个图式的运用者们在细节方面不同。于是与我们自己的概念图式不同的概念图式的标准现在就成为：一般地是真的，但是不可转译的。是否存在有一个有用标准的问题，正是我们对那种应用于语言的、独立于转译概念的真理概念的了解有多充分的问题。我想，回答应是，我们根本不独立地了解它。[35]

戴维森说我们不理解这个问题的理由来自他所说的“某种整体论的意义观”：

> 如果语句的意义依赖于其结构，而且我们把该结构中每一项的意义只理解作从它在其中起作用的全体语句中的一种抽象，那 303
> 么我们只能通过赋予语言中每个语句（和字词）意义的方式来赋予任何语句以意义。[36]

这种整体论的意义观相当于这样一种观点，语言的一种意义理论必须仅只“论述语句的意义如何依赖于字词的意义”（第 304 页）。关键性的步骤是说，我们不需要认为“个别字词必定有意义，其意义可超出如下事实，即它们对自己在其中出现的语句的意义具有一种系统的影响”（第 305 页）。传统的观点是，我们通过以直示法（或某种其他非意向性的方法，某种不需“语言背景”的方法）赋予某些个别字词以意义，然后再以整体论方式由此继续下去，从而将语言固定在世界上。戴维森的新维特根施坦观是，甚至连“红”和“妈妈”都只在语句的，因而是整个语言的环境内使用（可有助于使真理的陈述成立）。（参见第 308 页）不论直示法（或神经通路，或任何其他非意向性的方法）在语言学习中起什么作用，人们根本不需要了解这些方法，也不需要知道怎样转译该语言以便认识这种语言。戴维森指出，对于塔斯基的英语语句真值条件来说情况也一样，因此结果就是“对语言 L 的一种意义理论表明‘语句的意义如何依赖于字词的意义’，如果它包含着 L 中真值的一个（递归的）定义的话”；因为：

> 我们对语言 L 的一种意义论所需的东西就是，它无须诉

> 诸任何(其他的)语义概念就对谓词“是 T”施以足够的限制〔按照这样的推论图式:S 是 T,当且仅当 P〕,以蕴涵一切得自
> 304 图式 T 的语句,当“S”为对 L 的一个语句的结构描述所取代和“P”为该语句所取代时,……〔于是〕我们加予意义满足理论的条件基本上是塔斯基的约定 T。(第 309 页)

于是戴维森促使我们断言:

> 因为约定 T 体现了我们有关真理概念怎样被使用的最佳直观,似乎就没有希望获得这样一种检验,即一个概念图式根本不同于我们的图式,如果该检验依存于我们可使真理概念脱离转译概念这样一种假设的话。[37]

让我设法通过指出戴维森意义整体论和他轻视“图式”概念这二者间的联系,来重述这一论证的要点。不是一个在此意义上的整体论者的人将认为,理解一种语言涉及两种不同的过程:通过直示法使某些个别字词与世界相联系,然后让其他字词在被使用过程中围绕着这个中央的核心形成意义。他也将认为,理解“真理”的意思涉及“分析”每个真的句子,直到会使其为真的直示法被人们理解为止。这幅整体论的图画在指称最无疑问之处(在语言和世界的这样一个交界处,在此指示词可起作用)不再适用了,这一事实是使图式和内容的区分继续起作用的一种方式。如果我们这样来看待语言,我们将会对这样一种想法感到惊奇,其他某些人(例如银河星系的人)在其最初的直示行为(acts of ostension)中以不同方式“切分”世界,因此对其语言“核心”中的个别字词给予不同的意义。他们语言中的其余部分因此将受到与我们赋予英语“核心”意义的方式的这种差异性的影响,于是我们将没有办法去

进行交流——即没有共同的参照点，没有转译的可能性。戴维森 305
对这些隐喻的批评，类似于 M.勃莱克对所谓逆光谱问题所做的维特根施坦式的批评，即某些人可能（对于颜色以及或许对于一切其他知觉的“性质空间”）从错误的基点开始的可能性。勃莱克指出，对于一切交流的目的来说，我们可以用区别来“进行划分”；当然语言将仍然畅通无阻，不论我们直示着什么。[*][38]同样，戴维森可以说，如果在原初直示中的一个区别在整体的水平上未出现（在对包含着该词的句子的使用中），那么语言的意义理论可以由该区别来进行划分。

然而我们或许仍然想强调，戴维森的论证只关心提出一种意义**的理论**和一种真理**的理论**究为何意。我们可以断言，他所能做的一切就是指出，我们不可能**证实**一种对世界做出了真实描述的语言的存在，除非它可转译为我们自己的语言，我们并可断言这种情况并不表明不可能**存在**那样一种语言。这一论证路线或许类似于把勃莱克讨论“逆光谱”问题的方式以及类似的维特根施坦反怀疑论策略批评为“证实主义”。[39]我将以对这一反对意见的回答来结束本章。

* 刘易斯在《心与世界的等级》（1929）一书中说，如果甲说“绿”时乙得到的感觉与甲说“红”时的感觉相同，反之亦然，那么甲的整个光谱机制与乙的光谱机制就正相反。刘易斯用上例表明怀疑论者的所谓“内容不可交流性”。勃莱克在《语言和哲学》（1949）一书中对此说明道：“刘易斯告诉我们，实际上另一个人不可能成功地传达他想说的东西”，如颜色词对某人为常量，对他人仅只是变量，我们所能理解的仅是颜色的关系的结构而已。因此刘易斯的怀疑论表明：“语言行为的一致性不保证经验性质的同一性。”——中译者

306 6. 真理、善和相对主义

为了获得对有关证实主义争端的一种更宽广的观点，让我们考虑下面的意见：

我们的一切语词均不指称

我们的一切信念均非真

在英语和再现世界状况的那种语言之间无转译的可能

我们的道德直观均不正确(参与善的理念，反映道德律，等等)

我认为最后一条是诸意见之间最无可能性的。理由在于，我们认为是道德的东西(甚至是参与善的理念的一种备选者)，就是大致说来满足，或至少不太不相容于，我们目前道德直观的东西。我们是否过于轻率地把“道德上正确”看成意味着“很像我们自己的道德理想，非常像是如此”。这是否是只因为一种证实主义的直观而忽略了一种真实的可能性呢，这种直观即我们不可能承认任何**不**诉诸我们直观的人会谈论什么道德性？

我想我们最好这样来回答这些问题，即通过区别哲学意义的“善”和日常意义的善的方式，“自然主义的谬误”是相对于前者而发生的，对后者而言不存在这个问题。如果我们问“什么是某物为善的必要和充分的条件？”，我们可以像摩尔那样说，善是否与可能提到的任何条件有关的问题永远是悬而未决的。像“善”一类语词，**一旦它们被以哲学传统的方式加以考虑之后**，就相对于此而获得了一种意义。它们成为一种**想象之所**(focus imaginarius)、一种纯粹理性观念的名称，其全部意义不应与任何一组条件的实现画等号。这并不是说ἀγαθός(人)对于前柏拉图的希腊人被当成这样一种无条件者的名字,也不是说**任何**语词在毕达哥拉斯、奥尔菲 307 克斯和柏拉图发明了唯心主义(在其两种意义上)之前均被用于这一目的。但是现在有了一种专门哲学性的“善”的用法,这种用法将不会如其所是的样子,如果柏拉图、普罗提诺、奥古斯丁和其他人未曾帮助建立一种有关在永恒性和时空性之间存在绝对区别的纯柏拉图式的理论的话。当摩尔诉诸我们对“善”的意义的感受时,他所诉诸的只不过是这样一种感受而已,如果不了解那种在伦敦西区比在伯明翰更为普遍接受的西方思想的历史的话,就很难掌握这种感受。《伦理学原理》正如《尤泰弗罗》一样应被理解作一部关于启迪性教育和平静的道德革命的书,而不应理解作一种描述当前语言的或思想的实践的努力。

然而也有一种通常的“善”的意义,当这个字词用于赞扬时就具有这种意义,即用于表明某件事物符合某种兴趣。在此意义上,人们也将不会发现一组必要的和充分的善的条件,以期这些条件会使人能够发现善的生活、解决道德的两难困境、区分苹果等级,或任何其他什么。要去符合的不同的兴趣种类、予以赞许的事物种类以及赞扬它们的各种理由都如此之多,以致不可能找到这样一组必要和充分的条件。但是这种“善”的不可规定性的理由十分不同于我刚提到的“善”的哲学意义不可规定性的理由。在其朴素和陈旧的意义上,“善”不可规定性的理由不是我们对好人或好的苹果是什么可能完全搞错,而只是**没有**有趣的描述词具有任何有趣的必要的和充分的条件。在“善”的首先的、哲学的意义上,这个词是不可规定的,因为关于什么是善我们所说的任何东西,可能

“在逻辑上”与什么是善性完全无关联。使一位平常而守旧的人理解这第一种意义的唯一方式，是使他从柏拉图或摩尔开始，并希望
308 他会获得这个理念。

我提出“善”有两种意义，目的当然在于使这样一种看法有可能成立，即关于“真”、“实在”、“对现实的正确再现”来说各自也有两种意义，而且认识论的大部分麻烦都由于在二者之间摇摆（正像大多数元伦理学的麻烦都是由于在“善”的不同意义间摇摆一样）。先开始探索善与真之间的类比，试考虑“真”的平常用法，它大致意味着“在一切未来事物前护卫的任何东西”。在此，信念被证明和信念为真二者之间的界限极为单薄。因此苏格拉底在对他的谈话者说明这两个概念间的区别时感到麻烦，这也仍然是我们哲学教授在对一年级新生说明这一区别时感到的同一种困难。当实用主义者把真理等同于“如果我们不断用我们目前的眼光去研究，我们将相信什么”，或者“我们相信什么更好一些”，或者等同于“有保证的可肯定性”，他们把自己看作在步穆勒的后尘，并为科学做出功利主义者为道德所做的事情，即使其成为你可使用的某种东西，以取代某种你只能尊敬的东西，使其成为与常识一致的东西，以取代某种像神的心智一样远离常识的东西。

塔斯基和戴维森所注意的就是这种平常而陈旧的“真”的意义，而普特南却是把其“自然主义谬误”的论点应用于特殊的哲学意义上。[40]两种关心各不相侔。戴维森的关心是找到一种展示英语语句间关系的方式的“纯”构想，以便阐明何以人

们通过把较长语句的真看作人们称较短语句为真的函数的方式去称某些较长的语句为“真”。普特南的关心则是一种“不纯的”构想，它向你表明，对这个问题的最完善的可能的理解， 309
将使你像以前一样始终面对着这样的可能性：你根本就没有真的信念。如果这样的话，仍然还有一种含混不明之处，它使无关性看起来像是对立性。戴维森无须期待研究的结束和企图阻止普特南的怀疑论的“元归纳法”，就可以说，我们大多数信念是真的。这个断言来自他的如下主张，即我们不能理解关于大多数信念是假的看法，这种看法只有当辅以一种“替代性的、不能转译的概念图式”这种伪概念时才有意义。但是这对于反怀疑论者是无效的，除非它逼使他形成这样的看法：我们完全把它搞错了。这种构想之困难，大概一如形成下面这种更有限制性的主张一样，即我们一切使“……在道德上是正确的”完全的语句都是假的。戴维森像康德一样说，我们不可能从某一中心信念最终为伪或某一道德直观为反常的和偏执的事实，推论出它们**全体**最终均如此。只有在普遍同意的环境内，对真理或善的怀疑才有道理。怀疑论者和普特南通过转向“善”与“真”的专门“哲学的”意义从而避开了这个问题，后者正像纯粹理性观念一样，是特别被设想来代表无条件者的。无条件者逃避了话语和研究在其中进行的环境，并打算去建立一个新的环境。

如果我们把戴维森的“大多数信念为真”的断言，解释为我们在逼近研究的终端、接近于掌握世界的实际状况、就快达到明净无瑕的自然之镜的话，他就似乎是证实论者、约定论者和相对主义者了。但这就像是把他解释为在主张着我们接近了柏拉图的分界线

的顶端，接近了善的理念的清晰幻象一样。* 这样一种解释把
310 “真”和“善”二者都看成一个再现图式与为此图式提供内容的某种东西的准确相符。但正如戴维森所说：

> 这样去综括或许是错的，即认为我们指出了在具有不同图式的人之间如何进行交流，这种方式无须一个中性的基础或一公共的协调系统。这类不可能存在的东西就能行之有效，因为我们未找到可理解的基础，在此之上人们可以说诸图式是不同的。或许同样错误的是去宣布这样一个福音，即全体人类(至少一切语言的言说者)都拥有一个共同的图式和本体论。因为如果我们不能合乎情理地说诸图式是不同的，我们也就不能合乎情理地说它们是同一的。
>
> 我们在放弃了对某种在一切图式和科学之外的、未经解释的现实概念的依赖时，并未取消客观真理概念，情况正相反。假定存在有图式和现实的二元论教条，我们就获得了概念的相对性和相对于某图式的真理。没有这个教条的话，这种相对性就失效了。当然，语句的真理仍然是相对于语言的，但它将是尽可能客观的。在放弃了图式和世界的二元论时，我们并未放弃世界，而是重新建立了与熟悉对象的直接接触，这些对象的古怪行为使我们的语句和意见或真或伪。[41]

---

* 罗蒂在若干论著中都使用过由奥斯丁在《哲学论文选》中详细分析过的这个柏拉图概念。柏拉图在《理想国》第509d节中将世界分为可见的和可理解的两大部分，每一部分再一分为二，从而形成了四个区段，可用一条垂直线来表示。直线最低点为形象这种最低的存在形式，最高点为抽象这种最高的存在形式。二点之间的四个区段均由不同的感性成分与理性成分混合而成，分别代表人的艺术、科学、数学、哲学等等不同性质的活动。——中译者

当我们提出，戴维森由于说我们大多数信念为真，或说任何语
言均可转译为英语因而是证实论者和相对主义者时，这只是表明
他并未使用“柏拉图式的”真理、善和实在的观念，这些观念为“实 311
在主义者”所需，以便使他们的实在主义富于戏剧性和引起争议
（成为“形而上学的”而非“内在性的”，在普特南的意义上）。但戴
维森也不是通过显示它们的“前后不一致”而“拒绝”这些柏拉图概
念。他对这些概念所能做的一切正是康德对纯粹理性观念所能做
的一切，即指出这些观念如何起作用，它们能和不能做什么。柏拉
图式概念的麻烦不在于它们是“错的”，而在于关于它们无甚可谈；
尤其是没有办法将它们“自然化”，或者反过来使它们与研究、文化
或生活的其他部分联系起来。如果你问杜威他何以认为西方文化
对何者为善认识甚浅，或问戴维森何以认为我们一向谈论着实际
存在的东西或为其真实性进行论断，他们大概会问你，是什么使你
对这个问题产生怀疑的。如果你回答说责任在他们身上，他们不
可能根据如下的事实去论证，即如果怀疑论者认为自己不可能正
确是对的话，我们就永远不会知道这件事，杜威和戴维森两人会回
答说他们将不以这种方式进行论证。他们将不会援引证实主义的
论据；他们只需问，他们何以要对怀疑论的选择论点操心呢，除非
他们获得了某种具体的怀疑理由。把这种企图称作是将责任推回
到怀疑论的“证实主义”或把知识层次与存在层次混淆，如同把“证
实主义者”称作这样一种人，他说他将不关心他称作“红色”的东西
是否真地是红的，除非有人提出了某种具体的替代物。关于是否
有比通常运用“真”、“善”或“红”一类词的标准更高的标准的决定，

就我所知，不是一个可辩论的问题。但我猜想它是在实在主义者和实用主义者之间唯一残存的争端，而且我确信，语言哲学并未给予我们任何有趣的新的论辩基点。

第六章注解

① 试想使《智者篇》与《理想国》相联系，或使《意义与必然性》与《世界的逻辑结构》相联系的困难性。

② 参见 H. 普特南在《心、语言和实在》(剑桥，1975 年，第 14—19 页)中对唯心主义和现象主义的讨论。普特南在该书中提出了传统的观点，这是我一直予以否定的，这种观点说，“语言的转向”使哲学家们能对传统问题提出实质性的解决。

③ 参见 D. 戴维森：“论概念图式的观念”，载于《美国哲学协会会议录》，1973—1974 年第 17 期，第 11 页。

④ D. 戴维森：“真理和意义”，载于《综合》，1967 年第 7 期，第 316 页。

⑤ 普特南在这个问题上尖锐地批评了奎因。参见普特南《心、语言和实在》，第 153—191 页(“对约定论的驳斥”)。然而如我将讨论的，普特南本人也卷入了同样的混淆。

⑥ 参见戴维森：“真理和意义”，第 316—318 页。

⑦ D. 戴维森：“维护约定 T”，载于《真理、句法和模态》，H. 莱勃朗(编)。阿姆斯特丹，1973 年，第 84 页。关于该理论的贫乏的形而上学结果，请见戴维森：“形而上学中的真理方法”，载于《中西部哲学研究》，1977 年第 2 期，第 244—254 页，特别是结尾几段。

⑧ 奎因：《语词与对象》，麻州剑桥，第 221 页。

⑨ M. 达美特：《弗雷格的语言哲学》，伦敦，1973 年，第 559 页。达美特在其反戴维森整体论的论辩中坚持说，没有受过奎因和塞拉斯攻击的两种康

德的区别(所与物与被解释者和必然与偶然),我们就不可能有一种适当的语言哲学。特别参见"什么是意义理论"(1),载《心和语言》,S.加登普兰(编),牛津,1975年,第97—138页。对前一区别的辩护在第137页上特别明显,对后一区别的辩护在第117页以下最明显。

⑩ 参见I.哈金:《语言为什么对哲学重要?》,剑桥,1975年,第43页。

⑪ 参见C.吉尔兹:"深度描述:通向一种文化的解释理论",载于《文化的解释》,纽约,1973年。

⑫ P.费耶阿本德:"怎样成为一名好的经验主义者",载于《对经验主义的挑战》,H.莫里克(编),加州贝尔蒙特,1972年,第169页。

⑬ F.苏佩在其"科学理论的哲学理解的追求"一文(载于《科学理论的结构》,苏佩(编),乌尔般纳,1974年,第3—241页)中,把这一构想看作是企图建立科学理论转变的"世界观分析"(特别参见第127页以下)。我认为,苏佩所讨论的许多作者都对这个词的含义以及他的提法的一些细节展开争辩。但是苏佩对晚近科学哲学发展的这个时期的论述的总的路线,在我看来是准确的和有启发的。对于理解这一时期的另一份有用的文献是《概念的改变》(G.皮阿斯和P.梅伊纳德(编),多尔德莱希特,1973年),它包含了一些有关"意义转变"问题的极有用的文章,特别是由宾克里、塞拉斯、普特南、巴雷特和威尔逊写的文章。在本章中我所采取的路线是与宾克里和塞拉斯的文章一致的,但我认为这两个人过于认真看待了宾克里表述为"我们的认识评价系统怎样被运用于改变着的意义的环境中的问题"(第71页)。按我的看法,不存在这样的系统,没有君临一切之上的合理性结构。巴雷特对普特南的批评与费因和我在下面注㉖中引述的文章中所提出的批评一致。

⑭ 普特南:《心、语言和实在》,第124—125页。

⑮ 参见上书,第196页以下。

⑯ 实际上这种意见只是奎因和库恩的批评者才有,他们把它攻击为一种复旧。参见苏佩:"寻求哲学理解",第151页:"……如果科学永远透过一

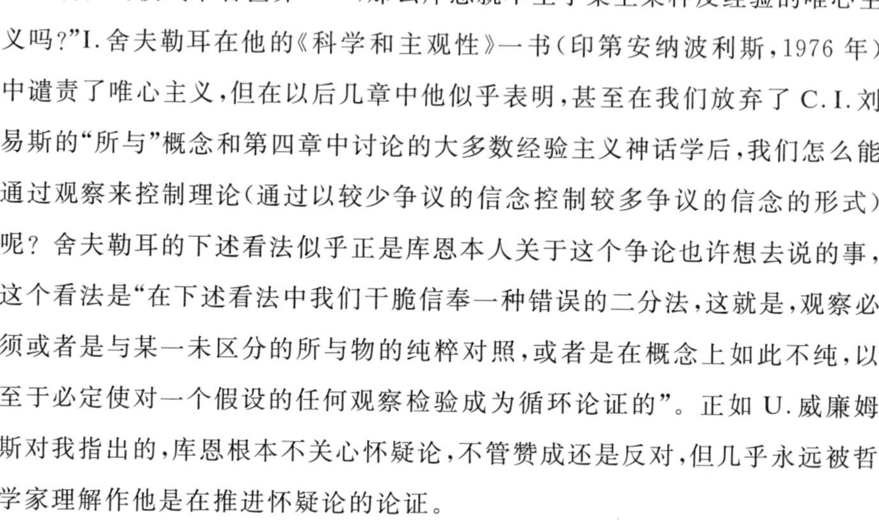

种约制性的模式来看世界……，那么库恩就不至于染上某种反经验的唯心主义吗？”I. 舍夫勒耳在他的《科学和主观性》一书（印第安纳波利斯，1976 年）中遣责了唯心主义，但在以后几章中他似乎表明，甚至在我们放弃了 C.I. 刘易斯的“所与”概念和第四章中讨论的大多数经验主义神话学后，我们怎么能通过观察来控制理论（通过以较少争议的信念控制较多争议的信念的形式）呢？舍夫勒耳的下述看法似乎正是库恩本人关于这个争论也许想去说的事，这个看法是“在下述看法中我们干脆信奉一种错误的二分法，这就是，观察必须或者是与某一未区分的所与物的纯粹对照，或者是在概念上如此不纯，以至于必定使对一个假设的任何观察检验成为循环论证的”。正如 U. 威廉姆斯对我指出的，库恩根本不关心怀疑论，不管赞成还是反对，但几乎永远被哲学家理解作他是在推进怀疑论的论证。

⑰　普特南：《心、语言和实在》，第 207 页。

⑱　普特南：“什么是‘实在主义’？”，载于《亚里士多德学会会议录》，1976 年，第 194 页。（作为讲演 II—III 修改后重印于他的《意义和道德科学》一书中，伦敦，1978 年，这本书出版时本章已写毕。）

⑲　参见 N. 古德曼：“世界的实际状况”，载于他的《问题和构想》（印第安纳波利斯，1972 年）一书中，第 24—32 页，特别是第 31 页：“世界有许多状况，每一个真描述都捕获其一。”在我看来，古德曼的观点在戴维森处获得了最好的发展，如后者的“论概念图式的观念本身”（下面将讨论）和“心理事件”（在前面第四章第 5 节中讨论的）。

⑳　参见普特南的“指称和理解”，载于《意义和道德科学》，第 97—119 页。感谢普特南教授在出版前惠赐此文，使我获悉其内容。

㉑　R.N. 博伊德：“实在主义、不是决定论和证据的因果论”，载《努斯》，1973 年第 7 期，第 11 页。

㉒　普特南：“什么是实在主义？”，第 194 页。

㉓　此例借自 R. 哈尔的《科学思想的原则》，芝加哥，1970 年，第 55 页。

㉔　关于这类反例的大多数最近的讨论来自 K. 多奈兰的“专名与识别描述”一文和 S. 克里普克的“命名与必然性”一文，二者均载于戴维森和哈尔曼所编的《天然语言的语义学》一书中，多尔德莱希特，1972 年。参见 S. P. 施瓦茨编的《命名、必然性和自然类》（伊萨卡，1976 年）一书中收入的其他文章，它们都企图建立一种一般理论来处理这类反例，并参见编者“导言”中有用的文献评述。

㉕　普特南的“‘意义’的意义”和他的“反驳约定论”二文最充分地表现了这种态度，二文均收入他的《心、语言和实在》一书中。

㉖　我在“实在主义和指称”一文（载于《一元论者》，1976 年第 59 期，第 321—340 页）中更详细地发展了关于指称的这个观点。关于在这个问题上对普特南的类似批评，参见 A. 费因：“怎样比较诸理论：指称和变化”，载于《努斯》，1975 年第 9 期，第 17—32 页。

㉗　普特南：“实在主义和理性”，载于《美国哲学学会会议录》，1977 年第 50 卷，第 485 页。（此文现重印于《意义和道德科学》。此段载于该书第 125 页。）

㉘　普特南：“实在主义和理性”，第 486 页（《意义与道德科学》第 126 页）。

㉙　普特南：“实在主义和理性”，第 489 页（《意义与道德科学》第 130 页）。

㉚　W. 塞拉斯：《科学和形而上学》，伦敦和纽约，1968 年，第 142 页。

㉛　J. 罗森伯格：《语言的再现》，多尔德莱希特，1974 年，第 144 页。

㉜　塞拉斯：《科学和形而上学》，第 136 页。

㉝　普特南：“实在主义和理性”，第 483 页（《意义与道德科学》，第 123 页）。

㉞　我不太知道戴维森对于有关虚构事物真实性问题持什么观点，以及他是否会同意在“福尔摩斯”和福尔摩斯之间可以有一种“满足”关系。我希

望他会，因为这将突出塔斯基语义学和“实在主义”认识论之间那种我所强调的区别。按照我所提出的观点，“福尔摩斯与华生医师同住”就像“雪是白的”一样真实和几乎无须哲学分析。这意味着，可以有不包含指称性表达的真陈述。如果我们记得在“指称”和“谈论关于”之间，而且因此就是在“不指称”和“不谈论什么”之间的区别，上述结论就不致令人不安了。但是我并未充分明了关于围绕着对塔斯基的“满足”概念之解释的争论，因此未能肯定在这一概念和另外两个概念中任何一个之间的关系。我想采取的一般路线是，有关于虚构物、价值和数的真陈述，也有关于席子上的猫的真陈述，并试图展现像“符合”这类关系，根据符合关系来按照后者的模式去“分析”前者的真理是无意义的。塞拉斯是这样来表述这个论点的，他说，不是一切真陈述都“映现”世界，而只有“基本经验的”陈述才如此。我宁可说，没有真陈述映现世界，映现“只是一幅图画”，这幅图画只用于产生永远会是更复杂的语言争论（Sprachstreit）。

关于塔斯基的解释，参见塞拉斯的主张：“塔斯基—卡尔纳普类型的语义陈述，并不断定语言项与语言以外项之间的关系”（《科学和形而上学》，第82页）以及“‘符合’的‘映现’意义和塔斯基—卡尔纳普的‘符合’意义之间的对比”（第143页）。塞拉斯的观点是，一切语义陈述都是关于内涵的，而“映现”与语义学毫无关系。关于这种对比的观点，参见J.华莱士的“论参照系统”，载于《天然语言的语义学》，戴维森和哈尔曼（编），和H.菲尔德的“塔斯基的真理论”，载于《哲学杂志》，1972年第69期。

关于提出一种区别于“可肯定性”概念的“真理”观，而不企图将其解释为“处于和语言外事物的一种符合关系中”的构想，参见R.布兰多姆“真理和可肯定性”，载于《哲学杂志》1976年第73期，第137—149页。布兰多姆为了我称作“纯”语言哲学的目的，论述了除“可肯定”之外我们为何还需要“真”的问题，即理解语言怎样运作，以与它怎样和世界挂钩相对。我相信他因此诊断出了在对这个语义学概念的需要和在认识论中对此概念的需要之间的混淆，这就是推动着“不纯的”语言哲学的那种混淆。

㉟ 戴维森：“论概念图式这个观念”，第16页。遗憾，戴维森在该文中把库恩错误地解释为用“不可公度的”表示“不可转译的”。（第12页）在本书中我的一个重要论点是将这两个概念严格分离。参见第七章，第一节。

㊱ 戴维森：“真理和意义”，第308页。

㊲ 戴维森：“论概念图式这个观念”，第17页。

㊳ 参见M.勃莱克：“哲学中的语言方法”，载于《语言和哲学》，伊萨卡，1949年，特别见第3—8页。勃莱克把“逆光谱”看作那样一种怀疑论观点的典型，他所建议的语言方法有助于对此加以揭露。我想在这一点上他是对的。的确存在有这样一种观点，按此，我在第四章称作“认识论的行为主义”的全部内容，都可从勃莱克此处提出的那种论证推导出来。

㊴ 关于这种反驳，参见B.斯特罗德的“先验论证”一文，载于《哲学杂志》，1968年第65期，第241—256页。我在“证实主义和先验论证”一文中（载于《努斯》，1971年第5期，第3—14页）曾讨论了这一反驳；并在“先验论证、自我指称和实用主义”（载于《先验论证和科学》，P.比利、R.霍尔斯德曼和L.克吕格尔（编），多尔德莱希特，1979年，第77—103页）一文中讨论了一些有关的反对意见。

㊵ 参见“指称和理解”，载于《意义和道德科学》，第108页。在此文中普特南阐明了他研究“真”的方法与摩尔研究“善”的方法的类似性。

㊶ 戴维森：“论概念图式的观念本身”，第20页。我企图在放弃（常识所看待的）世界和放弃（作为物自体的、我们可能永远无法掌握的）世界之间提出一种对比。参见拙文“完全失去的世界”，载于《哲学杂志》，1972年第69期，第649—666页，特别是第662—663页。

第 三 编

哲　　学

第七章　从认识论到解释学 315

1. 公度性和谈话

在第三章中我曾提出，对知识论的愿望就是对限制的愿望，即找到可资依赖的“基础”的愿望，找到不应游离其外的框架，使人必须接受的对象，不可能被否定的表象等愿望。当我把反对基础探索的新近的这种相反倾向形容为“认识论的行为主义”(在第四章中)时，我并非想暗示，奎因和塞拉斯使我们能够具有一种新的、较好的“行为主义的”认识论。而是说他们向我们指出，当我们放弃了对照和限制的愿望时，事物会是什么样子。然而基础认识论的撤除，往往使人们感到留下了须予填充的真空。在第五章和第六章我批评了种种填充它的企图。因此，在本章中我将谈论解释学时，从一开始我就要申明，我并非提出解释学来作为认识论的一个“继承的主题”，作为一种活动来填充曾由以认识论为中心的哲学填充过的那种文化真空。在我将提供的解释中，“解释学”不是一门学科的名字，也不是达到认识论未能达到的那种结果的方法，更不是一种研究纲领。反之，解释学是这样一种希望的表达，即由认识论的撤除所留下的文化空间将不被填充，也就是说，我们的文化应成为这样

一种状况，在其中不再感觉到对限制和对照的要求。认为存在有一种哲学能显示其“结构”的永恒中性构架，就是认为，与心相对照的对象或限制着人类研究的规则，乃是一切话语共同具有的，或者至
316 少是在某一主题上每一种话语都具有的。这样，认识论是根据这一假设来进行的，即对某一话语的一切参与活动都是可公度的。一般说来，解释学就是为反对这一假设而进行的一种斗争。

我用“可公度的”(commensurable)一词指能被置于一组规则下，这组规则将向我们表明，关于在诸陈述似乎发生冲突的每一点上会解决争端的东西，如何能达到合理的协议。[①] 这些规则告诉我们如何建立一个理想的情境，在其中一切其余的分歧将被看作“非认识性的”或仅只是口头上的，或仅只是一时的，即通过继续前进可能被解决的。重要的是，对于如果要达致一种解决的话应当去做什么的问题，应当有一个协议。同时，说话者可以同意有分歧，即同时满足于彼此的合理性。通行的认识论概念是，要想合理，要想充分合乎人性，要想履行我们所应做的事，我们必须能与其他人达成协议。去建立一门认识论，即去找到与他人共同基础的最大值。关于可建立一种认识论的假定，就是关于存在着这样的共同基础的假定。有时这种共同基础被想象作存于我们之外，例如存于与生成领域对立的存在领域内，存于既引导着研究又为其目标的形式内。有时它又被想象成存于我们之内，如在十七世纪这样的看法中，即通过理解我们自己的心，我们应当能理解发现真理的
317 正确方法。在分析哲学内部，它往往被想象成存于语言中，语言被假定着为一切可能的内容提供普适的图式。指出不存在这种共同的基础，似乎就危及了合理性。对公度性的需要发生怀疑，似乎是

返回人互为战的第一步，因此（例如）对库恩和费耶阿本德的共同反应是，他们在赞同使用力，而非使用说服。

我们在杜威、维特根施坦、奎因、塞拉斯和戴维森思想中所看到的那种整体论的、反基本主义的、实用主义的知识和意义观，几乎同样地冒犯了许多哲学家，因为他们都放弃了对公度性的追求，因而是“相对主义者”。如果我们否认存在着被用作调节知识论断共同根据的基础，作为合理性守护者的哲学家概念似乎就遭到了威胁。更一般地说，如果我们认为不存在认识论这类东西，在（例如）经验心理学或语言哲学中也不可能找到它的替代物，那么人们会以为我们在说不存在合理的协议和歧义这类东西。整体论的理论似乎认可每个人去构造他自己的小整体（他自己的小范型、他自己的小实践、他自己的小语言游戏），然后再钻进去。

我以为，认为认识论或某种适当的接替它的学科为文化所必需的观点，混淆了哲学家会发挥的两种作用。第一种是博学的爱好者、广泛涉猎者和各种话语间的苏格拉底式调解者所起的作用。可以说，封闭的思想家们在其沙龙中被诱使脱离了他们自我封闭的实践。在各学科和话语中的分歧，在谈话过程中被调和或超越。第二种是文化监督者的作用，他知晓人人共同依据的基础。柏拉图的哲学王知道每位其他人实际的所作所为，不论*他们*对此知与
不知，因为他知道他们在其中活动的最终的环境（形式、心、语言）。318
第一种作用适合于解释学，第二种作用适合于认识论。解释学把种种话语之间的关系看作某一可能的谈话中各线索的关系，这种谈话不以统一着诸说话者的约束性模式为前提，但在谈话中彼此达成一致的希望绝不消失，只要谈话持续下去。这并不是一种发

现在先存在的共同基础的希望，而**只是**达成一致的希望，或至少是达成刺激性的、富于成效的不一致的希望。认识论把达成一致的希望看作共同基础存在的征象，这一共同基础也许不为说话者所知，却把他们统一在共同的合理性之中。对解释学来说，成为合理的就是希望摆脱认识论(即摆脱这样一种思想，认为存在着一套特殊词语，谈话的一切组成部分均应表诸于该词语中)，并希望学会对话者的行话，而不是将其转译为自己的语言。对认识论来说，成为合理的，即去发现一组适当的词语，谈话的一切组成部分均应转译为该组词语，如果要达成一致的话。从认识论来看谈话是含蓄性的研究。从解释学来看研究是惯常性的谈话。认识论把参与者看作统一在奥克肖特所谓的一种 universitas(整体)中，即在追求共同目的中由相互的利益统一起来的一个团体。解释学把参与者看作统一在他所谓的一个 societas(社群)中，社群中的个人的道路在生活中结合起来，个人是由礼仪而不是由共同的目标、更不是由某一共同基础联合起来的。②

我使用**认识论**和**解释学**这两个词来代表两种观念的对立，也许显得牵强。我将通过指出整体论和“解释学循环”之间的一些联系来对其加以证明。作为准确再现物的知识观念自然导致这样的
319 看法，即某种再现物、某些表达、某些过程是“基础的”、“特殊的”和“基本的”。我在前几章中详细考察的对这种看法的批评，是由整体论的形式论证支持的：我们将不可能抽离基本成分，除非根据这些成分在其中出现的整个构架的先验知识。因此我们将不能用“准确再现”(成分对成分)的概念来取代成功地完成一种实践的概念。我们对成分的选择将由我们对该实践的理解所支配，而不是

说实践由诸成分的"合理再构造"来"证明有理"。整体论的论证路线认为，我们将永不可能避免"解释学的循环"，这就是，除非我们知道全体事物如何运作，我们就不可能了解一个生疏的文化、实践、理论、语言或其他现象的各部分，而同时我们只有对其各个部分有所了解，才可能理解整体如何运作。这种解释概念表明，获得理解与其说像追随论证，不如说像熟悉某个人的过程。在两种情况下，我们都在关于如何刻画个别陈述或其他事件的猜测和关于整体情境问题的猜测之间来回摆动，直到我们逐渐地对曾是生疏的东西感到心安理得为止。作为一种谈话而非作为建立在基础之上的一个结构的文化概念，与这种解释学的知识观十分符合，因为与生疏者进入谈话情境，正像通过依照模型获得一种新品质或技巧一样，乃是一个 φρόνησις（慎思）的问题，而非一个 ἐπιστήμη（知识）问题。

讨论解释学和认识论之间关系的通常方式是指出，二者应将文化一分为二，认识论关心严肃的和重要的"认识的"部分（在此部分中我们履行我们合理性的义务），解释学关心其他各部分。在这一划分背后的想法是，严格意义上的知识（ἐπιστήμη）必定有一λόγος（逻各斯），而且 λόγος，只能由发现一种公度性方法来给予。320
公度性观念被纳入"真正认知"概念中，于是"只是一种趣味的或意见的问题"这类讨论不须由认识论照料，凡认识论不能使其可被公度的东西，就被蔑称为仅只是"主观的"。

由认识论的行为主义提出的实用主义知识研究，将把可被公度的话语和不可被公度的话语之间的分界线，仅只解释为在"正常"话语和"反常"话语之间的分界线，后一区分将库恩在"正常"科学和“革命”科学间的区分普遍化了。“正常”科学是在有关被认为是对某现象的好的说明和有关什么是应该解决的问题这一共识的背景前去解决问题的实践。“革命的”科学是引入一种新的说明“范式”，因此引入了一套新的问题。正常科学非常近似于认识论者关于合理性究为何意的概念。每个人都同意如何评价每个其他人说的每件事。更一般地说，正常话语是在一组被公认的规约内运行的，这组规约涉及什么是适当的话语组成部分，什么是对一个问题的回答，什么是对该回答的好的证明或对该回答的好的批评。反常话语就是当某人加入该话语，但他对这些规约或一无所知、或加以排除时所发生的东西。'Επιστήμη 是正常话语的结果，可被其他参与者认为是有理性的一切参与者共同视为真的那类陈述。反常话语的产物可以是从胡言乱语到思想革命之间的任何东西，而且不存在可描述它的学科，也不存在致力于不可预测事物或“创造性”问题的学科。但是解释学从某种正常话语观点看是对一种反常话语的研究，它企图阐明在这样一个阶段上所发生的情况，在此
321 阶段上我们对该情况还不太肯定，以致不能对其描述，从而也不能对其进行认识论论述。关于解释学不可避免地把某种规范视为当然的事实，迄今为止使其具有“辉格式的”色彩。但就其非还原地进行工作并希望选择一种新的看待事物的角度而言，它超越了自身的“辉格性”。

于是根据这一观点，认识论与解释学各自领域之间的界限不是一个有关“自然科学”和“人的科学”间的区别的问题，也不是有关事实与价值之间、理论与实践之间、“客观知识”与某种较可疑的知识之间的区别的问题。这个区别纯粹是熟悉性的区别。当我们

充分理解发生的事物并想将其整理以便扩大、加强和传授，或为其“奠定基础”时，我们的工作就是认识论的。当我们不理解发生的事物但足够诚实地承认这一点，而不是对其公然采取“辉格式”态度时，我们的工作就必定是解释学的。这就意味着，只有当我们已经有了共同同意的研究实践（或更一般地说，话语实践）时，我们才能获得认识论的公度性，在“学院派”艺术、“学院派”哲学或“议会”政治中，正像在“正常”科学中一样容易看到这一现象。我们可以获得认识论的公度性，不是因为我们发现了关于“人的知识的性质”的什么东西，而只是因为当一种实践继续得足够长时，使其可能的（以及使关于如何将其划分为诸部分的共识有可能的）规约，相对来说较易被抽取出来。N.古德曼在谈论归纳推理和演绎推理时说过，我们通过发现我们习惯上接受什么推理来发现其规则；[③]一般而言认识论也是如此。在神学、道德或文学批评中，当 322
这些文化领域是“正常的”时，不难获得公度性。在某些时期，决定哪些批评家对一首诗的价值具有“正确的体悟”，正如决定哪些实验家能进行准确观察和精密度量一样容易。在另一些时期（例如在“诸考古层”之间的过渡期，这是福柯在最近欧洲思想史中察觉到的），了解哪些科学家实际上在提出着合理的说明，正像了解哪些画家注定要流芳百世一样困难。

2. 库恩和不可公度性

近年来关于与解释学对立的认识论可能性的辩论，由于T.S.库恩的研究而获得了新的结果。他的《科学革命的结构》一书在某种程度上得益于维特根施坦对标准认识论的批评，但它使这些批评以新的方式与公认的意见发生了关联。自从启蒙时代以来，特别是自从康德以来，自然科学一直被看作知识的一个范型，文化的其他领域必须依照这个范型加以衡量。库恩从科学史中取得的教训表明，自然科学内部的分歧，比启蒙时代所认为的更像是日常谈话（有关一种行为是否该受责备，谋求官职者的资格，一首诗的价值，立法的可取性）。库恩特别追问科学哲学能否为诸科学理论间的选择建立一个规则系统。对于这个问题的怀疑，使他的读者加倍怀疑认识论从科学出发能否通过发现凡可被看作“认识的”或
323 “合理的”人类话语的共同基础，而被推广到文化的其他部分中去。

库恩关于科学中“革命性”变化的例子，如他本人所说，正是解释学总认为是自己特殊任务的那种例子；在这些例子中一个科学家论述事物如此荒谬，以至于很难相信我们正确地理解了他。库恩说他向学生提供了下面的格言：

> 当读一位重要思想家的著作时，先寻找文中显然误谬之处，然后问自己，一位明智的人怎能写出它们来。当你找到一个答案时，……当这些段落可被理解了时，你会发现，一些你先前以为自己已经理解了的更重要的段落现在已改变了意义。④

库恩继续说，这个格言无须告诉历史家，他们“有意无意都是解释学方法的实践家”。但是库恩引用这样一个格言令科学哲学家感到困惑，他们都在认识论传统中工作，势必根据一种中性格式（“观察语言”、“架通法则”等）去思考，这个中性格式会使（例如）亚里士多德和牛顿之间是可公度的。他们认为这样一种格式可用来使解

释学的猜测活动不再必要。库恩断言，在具有不同的成功说明范式，或不具有相同的约束模式，或二者兼有的科学家集团之间，不存在可公度性，[⑤]这种看法似乎使很多这类哲学家认为危及了科学中理论选择的概念。因为"科学哲学"("认识论"即在这个名字 324
下存在，它潜藏在逻辑经验主义者之内)认为自己为理论选择提供了一个规则系统。

库恩主张，除了一种在事实以后的(post factum)和辉格式的规则系统(这一系统将一种认识论建立在科学争论中优胜一边的词汇或假设的基础上)外不可能有规则系统，然而这种看法被库恩本人有"唯心主义"气味的附加物弄模糊了。认为各种理论拥护者可在其中提出自己证据的"中性观察语言"几乎无助于在诸理论间进行选择是一回事，认为不可能有这种语言，因为各拥护者"观察不同的事物"或"生存在不同的世界中"，则是另一回事。库恩不幸偶然论及后者，哲学家们对他的说法大肆攻击。库恩想反对这样一种传统的主张，即"随一个范式而变化的只是科学家对观察物的解释，观察物本身被环境和知觉工具一劳永逸地确定了下来。"[⑥]但是这种论断是乏味的，如果它仅只意味着，观看的结果永远可用双方都可接受的词语来表达的话。("液体看起来色暗"，"指针朝右"，或在紧急时说"现在是红灯!")库恩应满足于指出，获得这类乏味的语言似毫无助于在一个规则系统内的诸理论之间做出选择决定，更无助于在一规则系统下的司法审判中去决定有罪与无罪，理由也是一样。问题在于，中立语言和在决定眼下问题时有用的唯一语言之间的裂隙过大，很难由"意义公设"(meaning postulates)或任何其他传统经验主义援引的虚构事物所沟通。

库恩应该干脆完全抛弃这种认识论构想。但是他却要求“一
325 种传统认识论范式的可行的替代方案”，[⑦]并且说“我们必须学会理解那些至少类似于‘科学家以后（在革命之后）在一不同的世界中工作’之类语句的意义”。他认为我们必须也理解这样的主张，即“当亚里士多德和伽利略望着旋转的石子时，前者看见的是约束落体，后者看见的是一种摆”，同时“摆的产生是由于某种极其类似于导致范式的格式塔转换（gestalt switch）所促成的”。这些说法的不幸结果是使这个摆再次在实在主义和唯心主义之间摆动起来。为了防止传统经验主义的混淆，我们无须阐释所说的格式塔转换，也不须说明这样的事实，人们无须一定依靠中间的推论就可通过关于摆的论述而对感觉刺激做出反应。库恩正确说道：“由笛卡尔创始的、与牛顿动力学同时被发展的一种哲学范式”应予抛弃，但他让他的所谓“哲学范式”概念被康德的如下概念所调整，即对成功的映现的一种实在主义论述的唯一代替物，就是对被映现世界的可塑性的一种唯心主义论述。我们的确必须放弃“材料和解释”概念以及它的如下暗示，即如果我们可达到未被我们的语言选择所沾染过的真实材料，我们将为合理的选择“奠定基础”。但是我们可以通过做认识论的行为主义者、而非通过做唯心主义者来摆脱这个概念。解释学不需要一种新的认识论范式，自由政治思想也不需要一种新的主权范式。反之，解释学正是当我们不再关心认识论以后所获得的东西。

把库恩的偶然的“唯心主义”放在一边，我们可以只集中于库
326 恩所说的不可能获得关于理论选择的规则系统这一看法。这导致他的批评家断言，他容许每位科学家建立自己的范式，然后根据该

范式去定义客观性与合理性。如我前面所说，这种批评通常也是针对任何整体论的、非基本性的知识论的。因此库恩写道：

> 在学习一种范式时，科学家同时获得了理论、方法和标准，它们往往存于一种不可分离的混合体中……
>
> 观察……对于相互竞争的范式之间的选择何以经常提出不能由正常科学标准解决的问题，提供了我们最初明确的说明……。正像相互竞争的标准问题一样，这只能根据完全在正常科学之外的标准来回答，而且正是对外部标准的依赖最明显地使范式辩论革命化了。[8]

而像舍夫勒尔一类批评家往往把他解释为：

> ……对相互竞争性范式的比较评价，非常可能被看作一种出现在第二话语层次的一种从容商讨的过程……，至少在某种程度上它受到适合于二级讨论的共同标准调节。然而刚才引述的一段话指出，共同具有二级标准是不可能的。因为接受一个范式，不只是接受理论和方法，而且也接受流行的准则标准，后者被用作反对其竞争者的范式……。因此范式区别必然向上反映到第二层次的准则区别上。结果，每个范式实际上必然是自行调整的，而且范式辩论必然欠缺客观性：我们似乎又被驱回到非理性的转换概念上去了，这是对科学团体内部的范式变换的最终刻画。[9]

要论证“因此范式区别必然向上层反映”诚然是可能的，但是库恩 327
事实上没有这样去论证。他只是说，向元话语（meta-discourse）的这种反映使解决关于范式转换的争议比解决正常科学内部的争议更为困难。到此为止，像舍夫勒尔这样的批评家不会有异议；如库

恩指出的，甚至“大多数科学哲学家现在会……把传统上追求的那种规则系统看作难以达到的理想”。[⑩]把库恩和他的批评者区分开来的唯一的实在问题是，在科学中范式转换时发生的那种“从容商讨的过程”（库恩在《哥白尼革命》一书中指出，这种过程可延伸一世纪之久），在性质上不同于在（例如）从**古代制度**转换到资产阶级民主，或从奥古斯都时代转换到浪漫主义时代时发生的那种从容商讨的过程。

库恩说，在诸理论间的选择准则（甚至在正常科学内部，此时解释学的问题还未提出）“不是作为决定选择的规则，而是作为影响选择的分值而起作用”（第331页）。他的大多数批评者甚至会同意这种看法，但他们会坚持说，关键的问题是我们是否能找到一系列将影响这种选择的特殊**科学**价值，后者与“外在的考虑”（科学对神学的影响，生命前途对地球的影响等等）对立，他们认为外在的考虑不应容许进入这个“从容商讨的过程”。库恩把准则本身看作为“准确性、一致性、范围、简明性和富于成效”（第322页），这是一个大致的标准清单。而且我们会倾向于说，容许这些准则以外的任何价值来影响我们的选择，都将是“不科学的”。但是在符合这各种准则之间的交替换用，为无穷无尽的合理的辩论提供了可能。如库恩所说：

> 虽然历史家总能找到那些尽可能长久地对一种新理论进
> 328 行不合理的抵制的人们（如普里斯特里），但他将找不到抵制变成了非逻辑的或不科学的那类问题。[⑪]

但是我们能找到一种说法，认为贝拉民大主教（Cardinal Bellarmine）提出来反对哥白尼理论的各种考虑（对天体构造的圣经描述)是“非逻辑的或反科学的吗?”[12] 这或许就是库恩和他的批评者之间的争论界限可被鲜明地划分出来的那一点。十七世纪关于一个“哲学家”应是什么样子的很多看法,以及启蒙时代关于“合理的”应是什么意思的很多看法,都认为伽利略是绝对正确,而教会是绝对错误的。提出在这些问题上有合理的分歧之可能(不只是理性与迷信间你死我活斗争的可能),是会危及“哲学”概念本身的。因为这危及了这样一种看法,找到“一种发现真理的方法”,后者将把伽利略和牛顿力学当作典型学科。[13] 一整套复杂的相互支持的观念(作为区别于科学的、一种方法论学科的哲学,作为提供公度性的认识论,作为只有根据形成公度性的共同基础才能成立的合理性),当关于贝拉民的问题被给予否定的回答时,似乎受到了威胁。

库恩对此问题没有给予明确回答,但他的著作为支持一种否定
回答的论点提供了一个武库。无论如何,本书的论证包含着一种否 329
定的回答。至关重要的考虑是,我们是否知道如何在科学和神学之间划一条分界线,以使得正确理解天体,是一种“科学的”价值,而保持教会和欧洲总的文化结构,则是一种“非科学的”价值。[14] 一种看法认为我们并不以下述看法为中心,即各学科、各主题、文化的各部分之间的分界线本身受到重要的新建议的威胁。这种论点可根据“范围”准则的范围来表述,这个准则是上举诸理论的标准的必要项目之一。贝拉民认为哥白尼理论的范围小于人们所想象的。当他提出也许哥白尼理论对于(例如)航海目的和其他各种实用性的天体计算而言确实是一种巧妙的启示性工具时,就等于承认理论在其适当的限制内是准确的、一致的、简明的,以及甚至是富于成效的。当他说不应把它看作具有比上述这些更广的范围时,他是这样来维护

自己的观点的，即通过表明我们具有极好的、独立的（《圣经》的）证据去相信天体大致是符合托勒密理论的。他的证据引自另一范围，因此他提出的范围限制就是“非科学的”吗？究竟是什么决定着圣经**不**是天体构造方式的极好的证据来源的呢？各种各样的因素，尤其是启蒙时代的决定，它认为基督教大部分内容只是教会权术制度。但是贝拉民的同时代人（他们大多数人认为《圣经》的确是神的
330 语言）对于贝拉民应当说些什么呢？他们所说的意见之一是，信奉《圣经》不可能与信奉用于解释《圣经》的种种外来的（如亚里士多德的和托勒密的）观念分离。（十九世纪自由派神学家后来关于创世说与达尔文进化论所说的也是类似的看法。）关于某人的圣经解释学可以合法地自由化到什么程度的所有这类论点，都是离题的吗？这些论点可以说企图限制《圣经》的范围（因此还有教会的范围），与贝拉民本人企图限制哥白尼的范围在方向上是相反的。于是关于贝拉民（以及必然还有伽利略的维护者们）是否引入了外在的“非科学的”考虑的问题，似乎就是关于是否存在有某种决定一个陈述与另一个陈述关联性的、在先的方式的问题，也就是是否存在有某种“构架”（grid，让我们用一下福柯的词），它可决定着**能够**有什么样的关于天体运动陈述的证据。

显然，我想得出的结论是，在十七世纪后期和十八世纪中出现的这种“构架”，在伽利略受审的十七世纪早期还不存在以供人们依赖。在它被设想出来之前，没有任何可想象的认识论，没有任何关于人类知识性质的研究可能去“发现”它。关于什么应当是“科学”的观念，留在被形成的过程中。如果人们认可伽利略和康德共同具有的价值（也许或者是相互竞争的诸价值的等级表），那么贝拉民当

然就是“非科学的”了。但是当然，几乎我们大家（包括库恩，虽然也许不包括费耶阿本德）都欣然认可它们。我们都是关于重视严格区分科学与宗教、科学与政治、科学与艺术、科学与哲学等等的历时三 331
百年的修辞学的子孙。这种修辞学形成了欧洲的文化。它造成了我们今日的状态。我们很幸运，在认识论内部或在科学史学内部没有任何令人困惑的事物足以使其失效。但是宣称我们忠于这些区分，不等于说存在着接受它们的“客观的”和“合理的”标准。可以说伽利略赢得了那场争论，而且我们大家都立足于关于相关性与不相关性“构架”这个共同的基础上，这是“近代哲学”由于这场胜利的结果而发展起来的。但是有什么可以指出，贝拉民和伽利略的争论“在性质上不同于”克伦斯基和列宁的争论或皇家科学院（大约1910年）和伦敦布鲁姆斯伯里区之间的争论呢？

我可以通过回顾可公度性概念来说明这里讨论的“性质上的不同”是什么意思。可取的区别是这样的，它会容许我们说，贝拉民-伽利略争论的任何通情达理的、不偏不倚的观察者，在考虑了一切有关问题后，会站到伽利略一侧，然而通情达理的人，对于我刚才提到的其他争论，仍然各执异见。但是这当然正好把我们带回到这样的问题，即贝拉民所援引的价值是否真地是“科学的”，他的态度是否被看作“不偏不倚的”，而他的证据是否被看作“相关的”。在我看来在这一点上我们满可以放弃飘浮于当时教育的和制度的型式之外的某些价值（“合理性”、“不偏不倚性”）观念。我们可以只说，伽利略在研究中“创造”了“科学价值”观念，他干得极其出色，而他这样做时是否“合理”的问题是毫无关系的。

正如库恩在对一个较小的、但显然更有关系的问题上所说的，

我们不可能通过“主题”，而只能通过“考察教育和交流的型式”来
332 区分诸科学团体。[15]在正常研究时期去了解什么是与对某主题的诸理论间的选择相关的东西，属于库恩所谓的“约束性模式”（disciplinary matrix）。在相关的研究者团体成为问题的时期，在此时期中，在“学者”、“仅有经验者”和疯人之间（或换一个例子说，在“严肃的政治思想家”和“革命的小册子作家”之间）的界限，变得模糊不清了，此时相关性的问题又为人争相考虑了。我们不可能通过专注于主题和说（例如）“别操心《圣经》上说上帝做过什么，只去观察星体，并看看它们在做什么”这类话去决定相关性。单只观看星体将无助于我们选择我们的天体模型，单只阅读圣经也不行。在1550年，某一组考虑是相关于“合理的”天文观的，但到了1750年相关的是极其不同的一组考虑了。在被认为是相关的事物中的这种变化，在回顾中可被看作是在实际存于世界的东西之间划出适当的区别（“发现”天文学是一个自主的科学研究领域），或者可被看作是文化气候中的一种变化。我们以什么方式去看待它无关宏旨，只要我们了解这种变化不是由“合理的论证”产生的，这里所说的“合理的”一词其意义可做如下理解，（例如）关于社会对奴隶制、抽象艺术、同性恋或受威胁的物种的态度中近来所发生的变化，或许不被认为是“合理的”。

现在把我论述库恩和他的批评者时所采取的路线总结一下：他们之间的争议是：作为对实际存于世界上的东西加以发现的科学，在其论证型式上是否不同于“符合现实”概念对其更不适当的那些话语（例如政治和文学批评）。逻辑经验主义的科学哲学以及笛卡尔以来的整个认识论传统一直想说，达到自然之镜中准确表

象的方法，在某些深刻的方面不同于达到关于“实践的”或“美学 333
的”事物中一致性的方法。库恩使我们有理由说，这种区别并不比在“正常的”话语和“反常的”话语中发生的东西之间的区别更深刻。这种区别直接涉及科学和非科学之间的区别。库恩的著作所引起的强烈愤怒是自然的[16]，因为启蒙时代的理想不只是我们最珍贵的文化遗产，而且由于极权国家日复一日地吞噬人性，它有濒临消失之虞。但是，启蒙时代把科学对神学和政治保持自主独立的理想，与作为自然之镜的科学理论形象混为一谈的事实，并非可成为保持这种混淆的理由。我们几乎完全袭自十八世纪的这种关于相关性与非相关性的构架，将会变得更有吸引力，如果它不再与这一形象联系在一起的话。陈旧的镜喻无助于维持伽利略这份（道德的和科学的）遗产的完整性。

3. 作为符合和一致的客观性

库恩的批评者有助于使这样一个教条永久化，这就是，只有在存在着与现实相符合的地方才有获得合理的一致性的可能，在此“合理的”一词的特殊意义是以科学为典范的。这种混淆又为我们对“客观的”一词的使用所加深，这个词既指“对一种观点的刻画，
这一观点由于作为未被非相关的考虑所歪曲的论证结果而被一致 334
同意”，又指“如其实际所是的那样来再现事物”。这两种意思有大致相同的语义范围，而且对于非哲学的目的而言，把二者混同也不致造成什么麻烦。但是如果我们开始严肃地看待以下一类问题时，这两个概念之间的张力就开始出现了。这些问题如“究竟在什

么意义上，存在于那里的善，由于对道德问题合理论证的结果，而有待于被准确地再现？”或“究竟在什么意义上存在着现实的物理特性，在人们想到去准确再现它们之前，只有通过微分方程或张量才可准确地再现它们？”由于柏拉图，我们有了第一种问题，而由于唯心主义和实用主义，我们有了第二种问题。无论哪个问题都无法回答。我们自然地倾向于对第一个问题回以一个坚定的“无意义”，而对第二个问题回以一个同样坚定的“在最可能的和最直接的意义上”，这种做法也将无助于摆脱这些问题，如果我们仍然觉得需要通过建立认识论和形而上学的理论去**证明**对这些问题的回答的话。

自从康德以来，对这些理论的主要运用是要支持与主客区别有关的直观，这或者是企图指出，在自然科学以外没有任何东西被认为是“客观的”，或者是企图把这个美称应用于道德、政治或诗歌。形而上学作为发现人们可对其保持客观的东西的企图，被迫去询问以下各种发现之间的异同，例如（作为最终解决长期存在的道德困境结果的）对某一新道德律的发现，（由数学家所完成的）对一种新的数或一组新的空间的发现，量子不确定性的发现和对猫在席子上的发现。最新一次的发现（作为“与现实接触”、“作为符合的真理”、和“再现准确性”等概念的一个自然的据点）成为一个标准，在客观性问题上其他的发现都按其加以衡量。因此形而上
335 学家必然要为价值、数和波包等等都与猫相类似的那些方面殚精竭虑。认识论者必定关心那样一些方面，在其中更令人关注的陈述都具有成功的映现所具有的那种客观性。所谓成功的映现即如适当地说出“猫在席子上”。按照来自认识论的行为主义的观点，

不存在去发现是否(例如)有应予符合的道德律的令人关注的途径。例如,“人性所含蕴的道德标准”,对亚里士多德的质形二元的世界比对牛顿的力学世界更为适合一事,并不就是认为存在着或不存在着一种“客观的”道德律的理由。任何其他事实也不可能是。正如实证主义者所说,形而上学的麻烦在于,无人明了在它之内会被看成满意的论证的东西究竟是什么,尽管这种说法也完全适用于实证主义者所实践的“不纯的”语言哲学。(例如奎因关于意向性事物的“非事实性”的命题)按照我所建议的观点,在一个诸领域中的一致意见几乎是完全的这样一个想象的时代中,我们可以把道德、物理、心理学都看成是“客观的”。然后我们可以把文学批评、化学和社会学这些更有争议的领域归入“非认识性的”领域,或者“把它们加以操作主义式的解释”,或者把它们“还原到”某一“客观的”学科内。应用“客观的”和“认识性的”这类敬语,只不过表示了研究者之间一致性的存在或对一致性的期待而已。

尽管会对前面说过的东西有所重复,我认为库恩和其批评者之间的争论,在“主客”区分的讨论范围内仍然值得再加以关注,这只是由于,这种区分的控制力是如此强大而又如此充斥着道德情感。这种道德情感又是下述(完全正当的)看法的结果,即保持启蒙时代的价值是我们最高的希望所在。于是在本章中我将试图再 336
一次切断这些价值与自然之镜形象间的联系纽带。

我们从库恩本人对他的观点打开了“主观性”水闸的断言所做的论述方式开始比较方便。他说道:

> “主观的”一词具有几种既定的用法,在一种用法中它与“客观的”相对,在另一种用法中与“判断的”(judgmental)相

> 对。当我的批评者把我所诉诸的特征描述为主观的时，我认为他们错误地诉诸了第二种意义。当他们抱怨说，我使科学失去了客观性时，他们是把主观的一词的第二种意义与其第一种意义合而为一了。[17]

库恩继续说，在“主观的特征”是非判断性的意义上，它们成了“趣味的问题”，它们是些无人关心去讨论的东西，只不过是对人自身心理状态的报道罢了。但是当然，在此意义上，一首诗或一个人的价值不是一个趣味的问题。于是库恩可以说，一种科学理论的价值在同一意义上是一个关于“判断而非关于趣味”的问题。

对“主观性”责难的这一回答就其本身而言是有用的，但并未达到这一责难背后隐藏的更深的忧虑。这种忧虑是，在趣味问题和能够以某一可预先陈述的规则系统解决的问题之间实际上不存在中间地带。我想，认为无此中间地带的哲学家的推理大致如下：

1. 一切陈述或者描述人的内在状态（他们的镜式本质、可能被蒙遮的镜子），或者描述外在现实（自然）的状态。
2. 我们可以通过观察根据哪类陈述我们知道如何获得普遍的一致的办法，来区别两类陈述。
3. 于是永久性分歧的可能性表示，不论合理的论辩会看起来
337 怎样，确实不存在任何可争辩的东西，因为主体只能是内部状态。

由柏拉图主义者和实证主义者共同采取的这个推理过程，在后者中间产生了这样一种看法，通过“分析”语句我们可以发现它们实际是关于“主观的”事物的，还是关于“客观的”事物的。在这里“分析”意味着去发现在健全理性的人中间是否存在着有关会被认为

是确证他们的真理的东西的普遍一致性。在传统认识论内，这后一种认识极少被看作像它目前被理解的这样，它是这样一种承认：我们唯一可用的“客观性”概念，是“一致性”，而非映现性。例如甚至在艾耶尔使人耳目一新的坦率论述中，他说“我们把合理的信念定义为通过我们现在认为可靠的方法所达到的信念，”[18]“可靠性”概念仍然暗示着我们只能通过与现实相符而成为合理的。他的另一段同样坦率的承认是，世界上一切特殊的表象将仍然容许一个人“在面对看起来对立的证据时维持自己的信心，如果他准备做出必要的特定假设的话”（第 95 页），甚至这也不足以破坏艾耶尔的如下信心，即他在把“经验的”东西与“情绪的”和“分析的”东西分开时，也把“关于世界的真理”和其他事物分开了。这是因为艾耶尔像柏拉图一样为上述推理线索增添了另一个基本主义的前提：

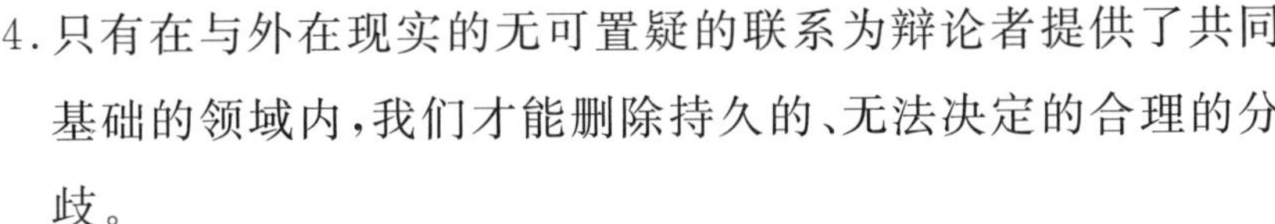

4. 只有在与外在现实的无可置疑的联系为辩论者提供了共同基础的领域内，我们才能删除持久的、无法决定的合理的分歧。

认为在不能发现与应被映现的客体的无可置疑的联系（例如特殊的表象）之处就不可能有一种规则系统的断言，再加上认为在不可能有一种规则系统之处只可能有合理的一致的**表面现象**的断言，338
导致了这样的结论：欠缺相关的特殊表象一事表明，我们只有“一个趣味的问题”。库恩正确地说，这与通常的“趣味”概念相去甚远，但正常作为应当与一致性毫无关系的某种东西这类同样不通常的真理概念一样，它在哲学中有着漫长的历史。[19]这个历史应当被理解，如果人们要明了为什么像库恩所做的这样平凡的历史学暗示，应当扰乱训练有素的哲学心灵的较深无意识层次的话。

也许对待责难库恩"主观主义"的最佳方式是，在"主观的"一词的不同意义间加以区别，这个区别不同于他本人在我所引述的一段话中所做的区别。我们可以区分"主观性"的两种意义，它们将大致与前面区分的"客观性"的两种意义中的每一种相对立。第一种意义的"客观性"是理论的一种性质，经过充分讨论以后，它被合理的讨论者的共识所选中。反之，一种"主观的"考虑曾被、将被或应被合理的讨论者所摈弃，这种考虑被看作是或应被看作是与理论的主题无关联的。我们说某人把"主观的"考虑带入欠缺客观
339 性的讨论中，大致就是说他所引入的考虑被其他人视为文不对题。如果他强行提出这些外在的考虑，他就是在把正常的研究转变为反常的话语，就是说他或者是"古里古怪"(如果他文不对题)，或者是革命者(如果他取得进展)。在此意义上的主观的考虑就是不熟悉的考虑。于是判断主观性像判断相关性一样是冒险的事。

另一方面，在"主观的"一词的更为传统的意义上，"主观的"与"符合外界存在物"相对立，因此意味着某种像是"只是内部存在物之产物"的东西(在心中，或在心灵的"含混"部分，它不包含特殊表象，因此并不准确地反映外界存在物)。在此意义上，"主观的"与"情绪的"或"幻想的"有联系，因为我们的心和我们的想象是具有个人特质的，而我们的理智至多是自身同一的外界对象的同一性的镜子。在这个问题上我们与"趣味的问题"发生了联系，因为在某时刻上我们情绪的状态(我们对某艺术作品的未经考虑的即时反应是一个例子)，确实是不可辩驳的。我们对在我们内部发生的东西具有特殊的认识通道。这样，柏拉图以来的传统把"规则系统对非规则系统"的区别与"理性对激情"的区别混合了起来。"客

观”与“主观”的种种含混性说明了这种混淆展开的方式。如果不是由于传统上这些区别的联系性,强调科学家分歧和文学批评家分歧之间类似性的研究史家,就不会被人们解释作,由于提升了我们的情感而威胁了我们的心智。

然而库恩本人有时对传统做了过多的让步,特别当他暗示说,存在着关于科学活动最近为何如此出色这样一个严肃的和未解决的问题。因此他说道:

> 甚至连那些追随我到这一程度的人也想知道,我所描述 340
> 的那种以价值为基础的活动如何能像一门科学那样发展,不断产生出预测和控制的强大的新技术。不幸我对这个问题也根本没有答案,但这只等于用另外一种方式说,我不认为解决了归纳法的问题。如果科学借助某种共同的和有约束力的选择规则系统取得了进步,我同样也茫然不知如何说明其成功。裂隙是我尖锐感觉到的,但其存在并未使我的立场与传统区别开来。[20]

如我在上一章论述普特南的“形而上学实在主义”时指出的,这个空隙不应被尖锐地感到。我们不应当对我们无能表演一种没有任何人知道如何表演的技艺感到遗憾。关于我们面对着填充这一空隙的挑战的观念,是体现柏拉图的想象之所(作为与一致性脱离的真理)的又一结果,而容许在自身与无条件的理想之间的裂隙使人觉得,他还不理解他的存在的条件。

按照我所主张的观点,“如果科学仅只是……,为什么它产生了供预测和控制用的强而有力的新技术?”这个问题,很像下面这

341 个问题,“如果 1750 年以来西方道德意识中的变化仅只是……,为什么它能对人类自由做出如此多贡献?”我们可以用“信奉以下的有约束性的规则系统”或以“一系列库恩式制度化了的约束性模式”来填充第一个空白。我们可以用“把世俗思想应用于道德问题”,或用“资产阶级的罪恶意识”,或用“那些控制力的杠杆的人的情绪构成中的变化”,以及或者用许多其他短语,来填充第二个空白。在任何情况下都没有人知道什么可以被看成是好的回答。我们将永远能以回顾的方式、“辉格派方式”和“实在主义的方式”,把所希望的成就(对自然的预测和控制,对被压迫者的解放)看作对存在物(电子、星云、道德律、人权)获得更清晰的看法的结果。但是这些绝不是哲学家需要的那种说明。用普特南的话来说,它们是“内在的说明”,这种说明满足了我们对我们和世界的相互作用提出一个首尾一致的因果描述系列的需要,但不是通过指出它如何逼近真理以满足我们强调我们的映现作用的先验需要。按库恩的意思,“解决归纳法的问题”将类似于“解决事实和价值的问题”;这两个问题只是作为某种未予清晰表达的不满足感的名称而存在。它们是不可能在“正常哲学”内部被表述的那种问题。所发生的一切只是,某种技术性的巧妙发明偶尔被贴上对这一问题“解决”的标签,以便模模糊糊地希望建立起与过去或与永恒的接触。

我们所需要的不是对“归纳问题”的解决,而是要有能力以这样的方式来思考科学,即认科学为一种“以价值为基础的活动”,而不必为此大惊小怪。一切妨碍我们这样做的东西是这样一些根深蒂固的看法,即“价值”是“内部的”,而“事实”是“外部的”,以及我们如何能以价值开始而生产了炸弹,和我们

如何能从私人性内部事件开始而避免遇到事物，这二者都是同样神秘难解的。这样我们就又转到了“唯心主义”这个吓人的 342
东西，并认为，寻求一种规则系统是与“实在主义的”科学方法联系在一起的，而松散地转入历史学家的纯解释学的方法，则是投降于唯心主义。不管何时人们提出在理论与实践、事实与价值、方法与谈话之间的区别应该弱化，使世界“顺从人类意志”的企图就受到怀疑。这就再次产生了这样的实证主义主张，我们应当或者在“非认识性的”东西和“认识性的”东西之间做出明确区别，或者把前者“归结为”后者。因为第三种可能性（将后者归结为前者）似乎由于使自然像是历史或文学而将自然“精神化了”，历史和文学是由人们**创造**、而非由人们**发现**的东西。库恩向他的一些批评者建议的，似乎就是这第三种选择。

然而这种打算重新把库恩看作趋向“唯心主义”的企图，是重申像前面（4）一类主张为真的一种混乱的方式，这就是我们应当把科学家看作“与外在世界接触”，因而可通过政治家与诗人所不具备的手段来达成合理的一致。这种混乱在于提出了库恩通过把科学家的方法“归结”为政治家的方法，而把神经细胞的“被发现的”世界，“归结为”社会关系的“被创造的”世界。在此我们又一次看到了这种看法，凡不能被配有适当算法（规则系统）程序的机器所发现的东西，即不能“客观地”存在，因此在某种意义上它必定是某种“人的创造物”。在下一节中我将试图把我关于客观性的论述与本书前几部分中的论题结合起来，希望指出认识论和解释学之间的区别不应被看成是类似于“在那儿”的东西与我们“制作”的东西之间的区别。

343 ## 4. 精神和自然

应当承认，认为存在着适合“软性”学科（精神科学）的一系列特殊方法的看法与唯心主义有着特殊的历史联系。正如阿贝尔指出的，在分析哲学和作为哲学方略的“解释学”之间目前存在的对立似乎是自然的，因为

> 应被看作**精神科学**基础的十九世纪唯心主义中关于精神和关于主体的形而上学（虽然前者肯定更着重物质性研究），以及西方哲学中一切其他概念，都被后期的维特根施坦看作一种语言的“疾病”。㉑

认为经验自我可交与自然科学、而构成着现象世界和（或许）起着道德行为者作用的先验自我不可交与自然科学的看法，与任何其他东西一样，都使精神-自然的区分具有意义。因此这一形而上学的区别隐伏在精神科学-自然科学关系的每一项讨论的背景中。这幅图景又进一步被如下模糊的看法弄得复杂化了，这就是那些喜欢谈论“解释学”的人是在建议以一种新方法（一种不无可疑的“软性”方法）来代替另一种方法（例如“科学方法”或“哲学分析”）。在本节中我希望指出，作为关于至今不可公度的话语的话语的解释学与下述三件事均无特殊联系：(a)笛卡尔二元论的“心”的一侧；(b)康德在自发性的构成的和结构化的机能和接受性的被动
344 机能之间所做区分的“构成性”一侧；(c)去发现语句真值的一种方法，它与在哲学以外学科所追求的正常方法处于竞争关系。（然而

我认为，我所应用的这种有限制的和纯化的“解释学”含义，仍然与伽达默尔、阿贝尔和哈贝马斯一些作家对这个词的使用**有**联系。在下一章中我试图说明这种联系。）

“堕入唯心主义”的恐惧折磨着那些受库恩的诱惑而打算拒绝标准的科学哲学（以及更一般地说，认识论）概念的人，这种恐惧又为这样的想法所加强，即如果关于物理世界真理的科学研究被施以解释学的考察，这种研究将被看成是精神的活动（**去创造**的机能），而不被看成是映现机能的应用，后者乃是去**发现**自然已经创造了的东西。隐伏在关于库恩的讨论背景中的这种潜在的浪漫与古典的对立，由于库恩不幸使用下列表述（在前面第二章中曾加以反对）而致成疑问，他用了浪漫主义的“被给予了一个新世界”这样的短语，以代替古典式的“使用对世界的一种新的描述”这样的短语。按照我所建议的观点，在这两个短语之间、在“创造”譬喻和“发现”譬喻之间的选择上，并无什么深刻的含义。因此它们类似于我在上一节谈过的“客观的”和“非客观的”、或“认识性的”和“非认识性的”之间的对立。然而坚持古典式的概念，认为对物理学“最好描述已存在的东西”，矛盾性会少一些。这并非出于深刻的认识论的或形而上学的考虑，而只是因为当我们以辉格派的方式谈论有关我们祖先逐渐爬上我们所站立的（可能错误的）山顶的故事时，我们需要在整个故事中维持某些不变的东西。被目前物理理论想象出的自然力和物质的细小成分，对于这一作用而言是好的选择。物理学是“发现”的典范，只因为很难（至少在西方）在一种不变的道德律或赋诗法的背景前讲述变化中的物理世界的故 345
事，但却很容易讲述相反一类的故事。认为精神理论不可还原为

自然却依附于自然这种硬心肠的“自然主义的”意义，只不过是认为物理学为我们提供了一个良好背景，在它之前我们可以讲述历史变化的故事。情况并非如我们对实在性质具有某种深刻的见识，它告诉我们除原子和虚空外万物都是“依规约”(或“依精神”，或“依被创造”)而存在的。德谟克利特的看法是，关于事物细小成分的故事，为关于由这些细小成分构成的事物间变化的故事，构成了一个良好背景。接受这种世界故事的样式(由卢克莱修、牛顿和玻尔等人逐步实现的)可能决定了西方的方向，但它不是一种可以获得或要求认识论的或形而上学的保证的选择。

我的最终看法是，库恩派的人应当抵制那样一种诱惑，即通过谈论“不同的世界”来挫败辉格主义者。放弃了这种语言，他们就不至于向认识论传统做任何让步了。说研究科学史像研究其他历史一样必须遵循解释学，以及否认(如我而非库恩所要做的那样)存在着可使当前科学实践*合法化*的所谓“合理的重新构造”这类额外之物，仍然并不等于说由自然科学家发现的原子、波包等等是人类精神的创造。根据从某人所处时代的正常科学中获得的东西以编造有关种族历史的最可能的故事，并不是说，物理学在政治学或诗歌是非客观的意义上是“客观的”，除非他也借助在前一节中提及的种种柏拉图式的教条。因为在创造和发现之间的界限，与不可公度性与可公度性之间的界限毫无共同之处。或者换句话说，人被说成是精神的而不只是自然的存在者这个意义(这个意义是A.麦金太尔、C.泰勒和M.格雷恩这些反还原论者都给予注意
346 的)，并非是认为人是创造世界的存在物这个意义。像萨特那样说，人创造了自身，因此他区别于原子和墨水瓶，是完全与摈弃任

何关于他的自我创造的某个部分"构成着"原子和墨水瓶这类说法并容不悖的。但是在以下三种关于人的概念之间的混淆需要再详细加以考察，这就是作为自我创造者的浪漫主义概念，作为构成着现象世界的康德概念，和包含着一种特殊的非物质的组成部分的笛卡尔概念。这一系列混淆表现于有关下列问题的广泛讨论中，如"精神性质"，"人的不可还原性"，行动与运动间的区别，以及精神科学和自然科学的区别。由于最后一种区别多半与解释学方法和其他方法间的区别范围相当，为了阐明我所提出的解释学概念对其加以考虑是特别重要的。

我将通过讨论下面的看法开始揭露这个三重性的混淆，这种看法认为解释学特别适用于精神或"人的科学"，而某种其他的方法（"客观化的"和"实证的"科学的方法）则适合于"自然"。如果我们像我所做的那样在认识论和解释学之间划出界限（作为在关于正常话语与关于反常话语之间的对立），那么似乎很明显的是，二者并不彼此对抗，反而相互补益。对于异国文化的解释学研究者来说，最有价值的莫过于发现一种在该文化内形成的认识论了。对于确定该文化所有者是否说出了任何有用的真理（按照我们自己时代和地区中正常话语的标准，难道还有别的标准吗？）来说，最有价值的事情莫过于对如何转译它们、又不致使它们显得莫名其妙而去进行解释学的发现了。因此我猜想，关于相互竞争的方法的概念来自这样的看法，世界被划分为两大部分，一部分可在我们 347
自己的文化的正常话语（用前戴维森的语言说——"概念图式"）中被清晰描述，另一部分则否。这种看法特别指出，人们总是因某种缘故倾向于如此黏糊和滑溜（萨特说"黏性"），以至于逃脱了"客观

的”说明。但是再说一遍，如果人们像我希望的这样去划分解释学和认识论之间的界限，就不会去要求人应当比物更难于被理解。情况仅只是，解释学只在不可公度的话语中才为人需要，以及，人需要话语，而物则不需要。形成区别的东西不是话语对沉默，而是不可公度的话语对可公度的话语。正如物理学家正确指出的，一旦我们能想出如何转译所说的内容，就没有理由认为，对它何以被说出所做的说明，在性质上应不同于（或在应用的方法上不同于）对运动和消化的说明。并不存在形而上学的理由去说明为什么人类应当能够说不可公度的事物，也没有任何保证说他们将继续这样做。他们在过去这么做了只是由于人类的好运（从解释学的观点看）或坏运（从认识论的观点看）。

关于“社会科学的哲学”的传统的争吵一般来说是以如下方式进行的。一方说，“说明”（explanation）（大致说可归为预测法则之下）以“理解”（understanding）为前提，但不可能取而代之。另一方则说，理解不过是进行说明的能力，他们的对于所说的“理解”，仅只是摸索某些说明假设的最初阶段而已。双方都很正确。阿贝尔正确地指出

> “理解”的（即**精神科学**的）拥护者总是从背后攻击说明理论的（如客观的社会科学的或行为科学的）支持者，反之亦然。
> 348 “客观的科学家”指出，“理解”的结果只有前科学的、主观启示性的正确性，因此它们至少应当以客观的分析方法来检验和补充。另一方面，理解的拥护者坚持说，在社会科学内获得任何材料（以及因此获得对假设的任何客观的检验），都以对意义的……“实际理解”为前提。㉒

那些怀疑解释学的人想说，某些生存物会说话这一事实，并不提供理由去认为他们逃脱了由预测性强而有力的法则组成的那张统一的巨网，因为这些法则可预测他们将说的，以及他们将吃的东西。那些维护解释学的人说，关于他们将说的东西的问题有两个部分——他们造成了什么声音或文字（也许通过神经生理学，它们会成为足以为人们所预测）和这些声音文字**意味着**什么，后者与前者完全不同。在这一点上，对“统一科学”维护者的自然反应是说，这**并非**不同，因为存在着把任何有意义的言语转译为某一单一语言——统一科学本身的语言——的程序。假定存在有一种包含着人人可说的任何事情的单一语言（如卡尔纳普企图在《构造》一书中组成这样一种语言那样），关于该语言中哪些语句是由有关的语言使用者在研究中提出的问题，并不比他将在晚餐时吃什么的问题更“特殊”。向统一科学的语言转译是困难的，但是进行转译的企图并不涉及与说明饮食习惯的企图不同的什么方法。

在对此进行回答时，解释学的维护者应当只说，按照纯事实而非按照形而上学的需要，不存在“统一科学的语言”这类东西。我们不**具有**一种将被用作表述一切有效说明假设的永久中性模式的 349
语言，而且我们对于如何获得这样一种语言竟无丝毫想象的余地。（这与这样的说法是相容的，即我们**的确**有一种中性的、尽管无用的观察语言。）因此认识论（作为通过把一切话语转译成一组编好的词语来使它们可被公度的企图）不大可能成为一种有用的方略。理由不在于，“统一科学”只为一个形而上学领域、而不为另一个形而上学领域所用，而在于，认为我们具有这样一种语言的辉格式假设堵塞了研究之路。我们可能永远需要改变我们用以进行说明的

语言。我们可能这样做，特别是因为我们发现了怎样转译由我们说明的主体所说的语言。但这或许只是某人具有较好观念这种永久可能性的一个特例。理解主体所说的语言，把握他们对何以这样做所给予的说明，可能有帮助，也可能无帮助。对于那些特别愚笨的或精神失常的人，我们正确地把他们的说明甩在一边。我们用以解释他们的意图和行为的词语，他们并不接受，甚至并不理解。有一种熟知的说法完全正确，一位说话者关于自己的描述在判定他在进行什么行为时往往需要被加以考虑。但是那种描述可以完全被撇在一边。与此联系在一起的特殊性是道德的而非认识论的。他的描述和我们的描述之间的区别意味着（例如）他不必受到我们的法则的考验。这并不意味着我们不可能用我们的科学去说明他。

认为我们如果坚持把一种异国文化辉格式地解释为具有着“过多的”我们自己的信念和欲望，就不可能理解该文化，这种看法只是库恩下列观点的一种概括说法，即我们如果坚持对过去的科学家做同样的事，就不可能理解他们。这种看法本身又可概括为这样的论断，我们不应假定迄今为止所使用的词汇将对任何出现
350 的其他事情有效。问题不在于，精神内在地抵制被人们预测，而只在于，没有理由认为（而几乎有理由不认为）我们自己的精神现已掌握了最好的词汇以表述那些将用以说明和预测一切其他精神（甚或其他身体）的假设。这一观点是由C.泰勒提出的，他这样表述自己的问题：

> ……我们或许会对这样一种解释学科学的前景感到如此惊慌不安，以至于想返回到证实模型去。我们为什么不能把

> 我们对意义的理解当成发现逻辑的一个部分，就像逻辑经验主义者对于我们不可加以形式化的观点所建议的那样，并仍然把我们的科学建立在我们预测活动的精确性上？[23]

并通过列举为什么“这种精确预测根本不可能”的三项理由，来对这个问题进行回答。他说：

> 对于准确预测不可能性的第三个、也是最重要的理由是，人是自我规定的动物。他的自我规定改变了，人是什么也随之而变了，于是对其理解所根据的语词也必定不同了。但是人类历史中概念的变化能够、并往往实际上产生了不可公度的概念网，这就是说在这张网内，语词不能相对于一个共同的表达层次来规定。（第 49 页）

认为干扰对生疏文化中居民行为进行预测的东西就是他们语言的不可公度性的观点，在我看来是完全正确的，但我认为当他继续说出下面一段话时就进而使其自己的观点模糊不清了：

> 自然科学中预测的成功是与如下事实联系在一起的，系统的过去与未来的一切状态都可以用同一组概念描述为（例 351
> 如）同一些变元的值。所以太阳系的一切未来状态像过去的状态一样均可用牛顿力学的语言来刻画……。只要过去与未来被纳入同一概念网，人们就可把未来状态理解作过去状态的某种函数，从而可进行预测。
>
> 这种概念的统一性在有关人的科学中就不灵了，因为概念的更新反过来改变了人的现实。（第 49 页）

在这里泰勒恢复了人的这样一种概念，他由于发现了更好的（或至少新颖的）描述、预测和说明本身的方式，而从内部改变了自已。作为自在存在的非人的存在物，并不从内部改变自己，而只是被人们用更好的词汇加以描述、预测和说明。这种表述方式把我们引回到那种认为宇宙是由两类事物组成的、坏的旧形而上学概念，即人类通过重新描述自身来改变自身这种观念，正如他们通过改变自己的饮食构成、性伴侣或居住地来改变自己这种观念一样，都没有什么形而上学的激发力或神秘性。二者的意思相同，即新的和更有趣的语句对他们都适用。泰勒继续说，“人们如果要正确理解未来将必须借以刻画未来的那些词语，是我们目前完全不具有的”（第 50 页），而且他认为这种情况只适用于人类。但是就我们所知，很可能人类的创造力枯竭了，在未来从我们的概念网中缓缓挣脱出来的将是非人的世界。有可能，一切未来的人类社会将（或许由于无所不在的技术官僚极权主义）成为一个个平凡的变体。但是现代科学（它似乎已经对说明针灸、蝴蝶迁徙等等感到无
352 能为力）可能很快就会像亚里士多德的形质二元论一样捉襟见肘了。泰勒所描述的界限不在人与非人之间，而在研究领域的两个部分之间，在一个部分里，我们对于手边是否有合适的词汇感到毫无把握，而在另一个部分里，则对此感到颇有把握。这的确暂时大致符合精神科学领域和自然科学领域之间的区别。但是这种符合可能仅只是巧合。从足够长远的观点看，人或许证明比索福克勒斯想象的更少 δεινός（顽固性），而自然界的力量或许比现代物理学家所想象的更多 δεινός。

为理解这一点，记住下面这一事实是有益的，世上有许多情境，在其中我们十分成功，以至于忽略了人类的自为。例如对于特别枯燥无味和墨守成规的人就是如此，他们的每桩行为和言语都

如此可加以预测，以至于我们毫无犹豫地将他们“客观化”了。反之，当我们遇到某种从我们刚刚使用过的概念网中挣脱出来的非人的东西时，十分自然地是开始谈论某种未知语言。试想象(例如)迁徙中的蝴蝶具有一种语言，它们用这种语言描述牛顿力学中尚无适用名称的世界特征。或者，如果我们不扯得过远，我们至少自然地滋生这样的看法，自然这本大书还未被破译，它既未包含“引力”也未包含“惯性运动”。把非人的世界或其某一部分拟人化是一大引诱，直到我们省悟到我们并未“说同一种语言”，这与我们遇到异国文化中的土著或其言谈对我们来说高不可攀的天才时的情况类似。大自然是如此循规蹈矩、为人熟悉和能予操纵，以至于我们不知不觉地信赖了我们自己的语言。精神是如此之不为人熟悉和不可操纵，以至于我们开始不解我们的“语言”是否“适合”它了。我们的疑惑，除去其镜喻之外，只是关于某人或某物是否不能用这样的词语来对待世界，对于这类词语我们的语言未含有现成的相当词语。还可更简单地说，这种疑惑正是关于我们是否不需要改变我们的词汇，而不只是改变我们的陈述。 353

在本章开始时我曾说过，大致而言，解释学是关于我们对不熟悉事物所做研究的描述，认识论是关于我们对熟悉事物所做研究的描述。如果承认我刚刚对“精神”和“自然”所加予的有些牵强的解释，那么我就可以同意传统的观点说，解释学描述我们对精神的研究，而认识论描述我们对自然的研究。但我认为最好完全抛弃这种精神-自然二分法。我已说过，这种区分把三种不同的东西混为一谈，这就是：(a)在我们目前说明和预测事物的方式中适用的东西和不适用的东西间的区别；(b)在统一着某一时期被认为是人所特有的种种特征（在第一章第三节中曾加以列举）的东西和世界其余部分之间的区别；(c)在自发性机能（先验构成活动）和接受性机能之间的区别（在第三章第三节中我曾予以批评）。（这种混淆是由于把我们的先验感觉接受机能与构成“经验自我”的感觉显相领域合并所致，这种合并是康德本人不可能去避免的。）把作为浪漫主义自我超越创造性的精神（永远易于用与我们目前的语言不可公度的方式去开始谈话）与作为与人的镜式本质等同的精神（具有其不受物理说明约束的全部形而上学自由），以及与作为现象实在“构成者”的精神混为一谈的结果，导致了十九世纪德国唯心主义形而上学。这是一系列颇富成效的同化，但其不那么可喜的结果是导致了这样的看法：哲学具有十分不同于科学的、独立的
354 专门范围。这种同化有助于维持作为一门以认识论为中心的学科的哲学概念的生命力。只要作为先验构成者（在康德的意义上）的精神概念为笛卡尔二元论和浪漫主义者的要求所加强，被称作“认识论”或“先验哲学”这一主导学科的概念（既不可归结为自然科学，如心理生理学，又不可归结为精神科学，如知识社会学）就可毋庸置疑地存在下去。另一不幸的遗产是，对非机械性转译的（以及更一般地说，对想象的概念形成的）需要，与“构成性先验自我的不可还原性”的混淆。这一混淆使唯心主义-实在主义争论在其早应结束以后继续存在着，因为解释学的朋友们认为（如本节开始时所引阿贝尔的话说明的），唯心主义这类东西是他们活动的宪章，而其敌人则假定，任何公然实行解释学的人必定是“反自然主义的”，而且必定欠缺对物理世界纯外在性的正当理解。

于是，为了总结我关于“**精神科学**不可还原性”的看法，让我提

出下述论题：

物理主义或许是正确地说，有一天我们将能够参照人体内部的微观结构去"在原则上"预测人体的每一次运动（包括他的喉头和写字的手的运动）。

这种成功对人类自由的威胁是极小的，因为"在原则上"这个条件考虑到了这样的或然性，即最初条件（微观结构的在先状态）的决定将太难完成了，除了作为一种偶尔发生的教学活动以外。严刑拷打和洗脑无论如何已占据着可恣意干涉人类自由的有利地位；科学的继续进步不可能再改善它们的地位。

在自然与精神的传统区别背后以及在浪漫主义背后的直觉 355
是，我们可以预测什么样的声响将从某人口中发出而无须明了它们的意义。因此即使我们能预测公元四千年时科学研究者集体所发出的声音，我们将仍然不能加入他们的谈话。这种直觉是完全正确的。[24]

我们能预测声音而无须知晓其意义的事实，正是这样的事实，产生声音的必要而充分的微观结构条件，将极少类似于用于描述该微观结构的语言中的语句和由该声音表达的语句之间实质的相同。这不是因为任何事物在原则上都是不可预测的，更非因为自然与精神之间的本体论区分，而只是因为在适于对付神经细胞的语言和适于对付人的语言间的区别。

我们可以知道如何回答一种不同语言游戏中的某一语义不明的话语，而无须知道或关心在我们习常的语言游戏中什么语句实
质上等同于该话语。[25]通过发现从不同语言游戏中引出的语句之 356
间的实质性等同去产生可公度性，只是对待我们同类的各种方法

之一。当它不起作用以后，我们就诉诸任何会起作用的东西，例如去获得一种新语言游戏的要义以及可能忘记我们旧的语言游戏。当非人的自然显示出很难以传统科学的词汇加以预测时，我们也将使用这同一种方法。

解释学不是"另一种认知方式"——作为与(预测性)"说明"对立的"理解"。最好把它看成是另一种对付世界的方式。如果我们只是将"认知"概念给予预测性科学，并不再考虑"替代性的认知方法"，它就会倾向于哲学的阐明。如果不是由于有康德的传统和柏拉图的传统的话，知识一词本来似乎不值得人们去为之斗争，前者指，做一名哲学家就是去获得一种"知识理论"，后者指，不以命题真理知识为基础的行为是"非理性的"。

第七章注解

① 请注意"可公度的"一词的意义不同于"赋予诸词以同一意义"。这个意思(在讨论库恩时往往会使用的一种意思)在我看来没什么用，因为"意义相同"这个概念过于脆弱。说争议诸方"以不同方式使用语词"在我看来是一种无启发性的描述下列事实的方式，即他们不可能就会解决争端的东西找到达成协议的方法。参见第六章，第三节对这一问题的讨论。

② 参见"论近代欧洲国家的特征"，载于 M. 奥克肖特著《论人类行为》，牛津，1975 年。

③ 古德曼对逻辑的实用主义态度，清楚地总结在再一次令人想到"解释学循环"的一段论述中："这看起来显然是循环性的……。但这个循环是一个良性循环……。一个规则被修正了，如果它产生了一个我们不想接受的推论；一个推论被拒绝了，如果它违反了我们不想去修正的一个规则。"(《事实、虚构和预测》，麻州剑桥，1955 年，第 67 页)

④ 库恩：《基本张力》，芝加哥，1977 年，第 xii 页。

⑤　参见"关于范式的第二种思想"(同上书)一文中库恩在两种"主要的""范式"意思间所做的区别,这两种意思在《科学革命的结构》中被混为一谈,现在才加以区分,这就是作为取得的结果的"范式"和作为"约束性模式"的范式。

⑥　库恩:《科学革命的结构》第二版,芝加哥,1970 年,第 120 页。

⑦　本段中这一部分和其他部分的库恩的引文选自同书,第 120—121 页。

⑧　库恩:《科学革命的结构》,第一版,芝加哥,1961 年,第 108—109 页。

⑨　I. 舍夫勒尔:《科学和主观性》,印第安纳波利斯,1967 年,第 84 页。

⑩　库恩:《基本张力》,第 326 页。

⑪　库恩:《科学革命的结构》,第二版,第 159 页。

⑫　贝拉民对各种哥白尼理论的精细反驳所起的历史作用,德·桑提拉那在《伽利略的罪行》(芝加哥,1955 年)一书中予以论述了。M. 波拉尼在《个人的知识》(芝加哥,1958 年)一书中讨论了贝拉民立场的意义。

⑬　"近代哲学"奠基者们在双重意义上把力学看作典型科学。一方面,"发现真理的方法"必须是牛顿所遵循的那种方法,或至少是会与牛顿的结果相符的方法。另一方面,对洛克一类作家来说,牛顿力学是"内部空间"力学的模型(莱伊德和赖尔都讽刺过的"准力学的"心理活动)。

⑭　同样性质的另外一个例子是由反对传统的文化领域分界的马克思主义批评家提出的关于"客观性"的问题。例如参见 H. 马尔库塞:《单面的人》,波士顿,1964 年,第 6—7 章。我们可以更具体地问,是否有在获有理智承继性的"科学"价值和阻止种族主义的"政治"价值之间进行区分的明确方法。我认为马尔库塞正确地说,启蒙时代大多数(资产阶级)思想工具对于完成这种区分来说都是必要的。然而与马尔库塞不同,我希望即使在抛弃掉这些工具中的一种——以认识论为中心的"基本的"哲学之后,我们仍可保留这

种区分。

⑮　库恩:《基本张力》,第 xvi 页。

⑯　然而这种狂怒主要出现在职业哲学家中间。库恩对于科学如何运作的描述并不令科学家吃惊,而科学家的合理性却是哲学家热衷于去保护的。但是哲学家们把对镜喻的职业性的依附与对这些隐喻在启蒙时代所起的主要作用的理解结合了起来,从而为近代科学形成了制度性的基础。他们正确地看到,库恩对这一传统的批评是深刻的,从而那种保护了近代科学兴起的意识形态处于危殆之中。他们错误地认为,制度仍然需要意识形态。

⑰　库恩:《基本张力》,第 336 页。

⑱　A.艾耶尔:《语言、真理和逻辑》,纽约,1970 年,第 100 页。

⑲　康德使这一关于现实的真理观深深嵌入德国哲学之中(而且进而嵌入作为一种职业化学科的哲学之内,这一学科把德国大学作为自己的楷模)。他是通过区分单纯复制现象和理智上直观本体来完成这个任务的。他还把认识性判断和审美性判断之间的区别以及审美性判断与单纯趣味之间的区别嵌入欧洲文化之中。然而对于目前争论的目的而言,主要是他在"美感判断"和"趣味"之间所做的区别,前者可以对或错,后者则不能消除。库恩的批评者可以更慎重地(但按他们自己的见识,也咄咄逼人地)批评他把科学中的理论选择当成了一个美感判断、而非认识判断的问题。

⑳　库恩:《基本张力》,第 332—333 页。我将指出,在该书中还有其他一些段落,库恩在那些段落里过多地承认了认识论传统。在第 xxiii 页的一段中他表示希望对"指称决定和转译"的哲学理解将有助于澄清这个问题。在第 14 页的一段中他提出,科学哲学具有与科学史家的解释学活动十分不同的使命:"哲学的任务在于合理的重新构造,而且它只须保持对于作为正确知识的科学来说重要的那些主题成分。"这一段在我看来完全保留下来了这样的神话,即存在着供哲学家描述的所谓"正确知识的性质"的东西,这种活动极其不同于对所谓在组成当时文化的种种约制性模式内的证明所做的描

述。

㉑　K.—O.阿贝尔:《语言的分析哲学和精神科学》,多尔得莱希特,1967年,第35页。同时参见第53页。

㉒　同上书,第30页。

㉓　C.泰勒:“解释和人的科学”,载于《形而上学评论》,1971年第25期,第48页。

㉔　这是在奎因关于精神科学不包含“事实”这一论断中被隐蔽的真理核心。R.高斯在对奎因的一篇讨论中对此表示得很清楚:“甚至当我们掌握一种自然理论,它能使我们永久预测某人的语言意向,我们也不会因此而明了他的意思是什么。”(“奎因和本体论的不确定性”,载于德文《哲学新杂志》,1973年第8期,第44页注)

㉕　一切语言(由于第六章中提到的戴维森的理由)都可互相转译一事,并不意味着这种等同性可以被找到(哪怕“在原则上”)。这只是意味着我们不可能阐明这样的断言,即存在着一种对于我们的方法的不只是暂时的障碍,这就是所谓“不同的概念图式”的东西,使我们未能了解怎样与另一位语言使用者谈话。它也未曾消除认为伟大诗歌不可翻译这一虚假的浪漫主义看法的背后所隐藏着的直观。它们当然是可翻译的;问题在于,翻译作品本身并不是伟大的诗歌。

357

第八章　无镜的哲学

1. 解释学和教化

我们目前对于哲学家应当是什么形象的观念，与康德使一切
知识论断成为彼此可公度的企图联系得如此密切，以至于难以想
象，不含认识论的哲学会是什么样子。更一般地说，很难想象任何
376 一种活动如果与知识毫无关系，如果在某种意义上不是一种知识
论，一种获得知识的方法，或至少是有关在何处可找到某种最重要知识的暗示的话，能有资格承当“哲学”的美名。这一困难来自柏拉图主义者、康德主义者和实证主义者共同具有的一个概念：人具有一个本质，即他必须去发现各种本质。把我们的主要任务看成是在我们自身的镜式本质中准确地映现周围世界的观念，是德谟克里特和笛卡尔共同具有的如下观念的补充，这就是：宇宙是由极简单的、可明晰认知的事物构成的，而对于其本质的知识，则提供了可使一切话语的公度性得以成立的主要语汇。

在弃置以认识论为中心的哲学之前，先须弃置有关人类的这幅经典图画。作为当代哲学中一个有争议的词的“解释学”，是达成这一目的之企图的名称。依此目的使用这个词，主要来源于伽达默尔的《真理和方法》这本书。伽达默尔在该书中阐明，解释学不是一种“获得真理的方法”，这个真理适用于古典的人的图画：“解释学现象基本上不是一个方法的问题”。[①]反之，伽达默尔问，358
我们可以从我们不得不从事解释学这一事实中得出什么结论来，即从作为有关认识论传统企图将其撇在一边的人的事实的“解释学现象”中，得出什么结论来。他说道：“本书所发展的解释学不是……一种人文科学的方法论，而是理解除了其方法论的自我意识之外、人文科学究竟是什么的一种企图，它并探讨将人文科学与我们世界经验整体联系在一起的东西。”[②]他的书是对人的一种再描述，企图将古典的人的图画置入一幅更大的画面中去，从而将标准的哲学问题“置于一定距离之外”，而非对其提供一套解答。

就我目前的目的而言，伽达默尔一书的重要性在于，他设法使哲学的“精神”概念中的三个潮流之一（浪漫主义的、作为自我创造者的人观）与另外两个与它缠结在一起的潮流区分了开来。伽达默尔（像海德格尔一样，他的某些研究即得力于海氏）既未向笛卡尔的二元论让步，也未向“先验构成”（在可赋予一种唯心主义解释的任何意义上）概念让步。[③]因此他有助于使我在前章中企图提出的“自然主义”观点（即“精神科学的不可还原性”不是一个形而上学二元论的问题）与我们的“存在主义直观”相调和，后者是说，重新对自己进行描述，是我们所能做的最重要之事。为此他以 Bil- 359
dung（教育，自我形成）概念，取代了作为思想目标的“知识”概念。认为当我们读得更多、谈得更多和写得更多时，我们就成为不同的人，我们就“改造”了我们自己，这正相当于以戏剧化的方式说，由于这类活动而适用于我们的语句，比当我们喝得更多和赚得更多

时适用于我们的语句，往往对我们说来更重要。使我们能说出关于我们自己的新的、有趣的东西的事件，比改变了我们的形态或生活水准的事件（以较少具有“精神性”的方式“改造”我们），在这种非形而上学的意义上，对我们（至少对我们这些住在世界上一个稳定和繁荣地区的、相对有闲的知识分子）来说更“基本”。伽达默尔发展了他的**效果历史意识**（那种对改变着我们的过去的意识）概念以形容一种态度，它与其说关心世界上的存在物或关心历史上发生的事件，不如说关心为了我们自己的目的，我们能从自然和历史中攫取什么。按照这种态度，正确获得（关于原子和虚空，或关于欧洲史）事实，仅只是发现一种新的、更有趣的表达我们自己、从而去应付世界的方式的准备。按照与认识论的或技术的观点相对立的教育的观点看，谈论事物的方式，比据有真理更重要。④

360 由于“教育”一词听起来有些太浅薄，而 Bildung 一词有些过于外国味，我将用“教化”（Edification）一词来代表发现新的、较好的、更有趣的、更富成效的说话方式的这种构想。去教化（我们自己或他人）的企图，可能就是在我们自己的文化和某种异国文化或历史时期之间，或在我们自己的学科和其他似乎在以不可公度的词汇来追求不可公度的目的的学科之间建立联系的解释学活动。但它也可能是思索这些新目的、新词语或新学科的“诗的”活动，并继以（譬如说）与解释学相反的活动：用我们新发明的不熟悉的词语，去重新解释我们熟悉的环境的企图。无论在哪种情况下，这种活动都是（尽管两个词在字源学上有关系）教化的，而不是建设的，至少是说，如果“建设的”一词指在正常话语中发生的那种完成科研规划时的协作的话。因为教化性的话语**应当**是反常的，它借助异常力量使我们脱离旧我，帮助我们成为新人。

对伽达默尔来说，在教化的愿望和真理的愿望之间的对立，并不表现须加解除或缓解的一种张力。如果存在着一种冲突，它是在柏拉图-亚里士多德的观点和另一种观点之间的冲突，前者认为受教化的**唯一**方式是认识什么在那里存在着（去准确地反映事实，通过认识诸本质来实现我们的本质），后者认为真理的探求只是我们可能依其受教化的诸多方式之一。伽达默尔赞扬海德格尔提出了这样一种观点，把对客观知识的探求（首先由希腊人发展，奉数学为楷模）看作是人类诸种探求规划之一。[5]然而在这一点上萨特的态度尤为生动，他把获得对世界的、因而也就是对自己的客观知 361
识的企图，看作是避免选择自己个人规划的责任的企图。[6]对萨特来说，这种说法并不等于认为，对自然、历史或其他什么对象的客观知识注定不能成功，或甚至注定导致自欺。它只是说，就我们以为通过认识在某些正常话语内何种描述适用我们就可认识自己而言，上述态度提供了一种自欺式的诱惑。对海德格尔、萨特和伽达默尔来说，客观探求是完全可能的，往往是实际的。对它提出的唯一反对是，它在描述我们自己的诸多方式中只提出了某一些方式，而后者有可能阻碍教化的过程。

现在让我们总结一下这种“存在主义的”客观性观点：客观性应被看成即是符合于我们所发现的有关我们的（陈述的及行为的）证明规范。只是当超出这一点来看待时，就是说当被看成达到某种东西的一种方式，它是另一种东西中通行的证明实践的“基础”时，这种符合才成为可疑的并具有自欺性。这样一种“基础”被看成是无待证明的，因为它可如此明晰地被认知，以致可被看成是某

种“哲学根基”。它的自欺性不只是由于将最终的证明建立在不可证明物之上这种一般的荒谬性，而且是由于这样一种更具体的荒
362 谬性，即认为目前科学、道德等等中使用的词汇与实在具有某种特殊的联系，这使它不只是一系列进一步的描述。同意自然主义所说的重新描述不是“本质的变化”的看法，还须接着完全放弃“本质”概念。[7]但是大多数自然主义的标准哲学方略是找到某种途径来指出我们自己的文化的确掌握了人的本质，因而使一切新的和不可公度的词汇仅只成了“非认识性的”装饰。[8]“存在主义”观点的有用性是，由于宣称我们无本质，它容许我们把我们在自然科学某一（或全体）学科中发现的对我们自己的描述，看作是与由诗人、小说家、深层心理学家、雕塑家、人类学家和神秘主义者提出的替代性的描述价值相当的。前者并不由于下面的事实而成为特殊的表象，即在科学中比在艺术中（暂时）有更多的共识。它们均属于可供我们支配的自我描述储存库。

这一看法还可作为这样一种常识的引申提出，即如果你仅仅知道当代正常自然科学的结果，你就不能被看作是有教养的（gebildet）。伽达默尔在《真理与方法》一书开头讨论了人文主义传统在赋予 Bildung 概念以意义时所起的作用，而 Bildung 被看作某种“在自身之外无目标”的东西。[9]为赋予这一概念以意义，我们需要对描述的词汇具有相对于时代、传统和历史事件的性质有所理解。这正是教育在人文主义传统中所做的事，也是自然科学成果
363 的训练所不能做的事。假定承认这种相对性概念，我们就不能认真看待“本质”的概念，也不能认真看待人的任务是准确再现本质这种概念。自然科学本身使我们相信，我们既知道我们是什么，又

知道我们能是什么,不只是知道如何预测和控制我们的行为,而且知道这种行为的局限(尤其是我们有意义的言语的局限)。伽达默尔摆脱(穆勒和卡尔纳普共同有的)对精神科学客观性的要求的企图,即防止教育由于正常研究的结果而被归结为训令的企图。更广泛地说,它是防止反常研究仅因其反常性而被怀疑的那种企图。

把客观性、合理性和正常研究都置入有关我们须受教育和教化这一更广阔图景中去的“存在主义”企图,往往为打算将了解事实与获得价值区分开来的“实证主义”企图所反对。从实证主义的观点看,伽达默尔对效果历史意识的说明,似乎可能只不过是恢复了一种常识看法,这就是即使我们知道了关于我们本身的一切客观上真实的描述,我们可能仍然不知道我们该做什么。按照这一观点,《真理和方法》(以及本书第六章、第七章)只是对下述事实的过分夸张的戏剧性表述,这就是完全符合正常研究提出的一切证明要求,仍然使我们得以自由地从这样被证明的论断中抽取我们自己理解的寓意。但从伽达默尔、海德格尔和萨特的观点看,事实与价值二分法的麻烦是,它的发明恰恰是为了弄混这一事实:除了由正常研究的结果所提供的描述外,还存在着替代性的可能描述。[10]这种二分法指出,一旦“一切事实均齐备”,剩下的就只是“非认识性的”接受这一种态度了,这是一种不能合理地加以讨论的选择。它掩盖了这样
的事实,使用一套真语句在描述我们自己,已经是在选择对待我们 364
自己的态度了,而使用另一套真语句就是采取一种相反的态度。只是当我们假定存在有一种摆脱价值的词汇,它使这些“事实的”语句系列可公度了,实证主义在事实与价值、信仰与态度之间的二分法似乎才有可能成立。但是认为这样一套词汇呼之欲出的哲学幻想,

从教育观点看是灾难性的。它迫使我们自以为我们可把自己劈裂为真语句的认知者和生活、行为或艺术品的选择者。这些人为的分裂，使我们不可能准确理解教化观念。或者更准确些说，它们诱使我们以为教化与正常话语中使用的合理能力毫不相干。

于是伽达默尔摆脱基本作为本质认知者的人这幅古典图画的努力，也是摆脱事实与价值二分法、从而使我们把“发现事实”看作教化的诸多规划之一的努力。这就是何以伽达默尔如此不惜笔墨地摧毁康德在认知、道德和美学判断之间所做区分的理由。[11]就我所能理解的而言，我们没有办法辩论是保持康德的“构架”，还是将其抛弃。对于那些把科学和教化分别看作“合乎理性的”和“非理性的”人，和那些把客观性探求看作在效果历史意识中应予考虑的诸种可能性之一的人而言，并不存在可为双方提供共同的公度性基础的“正常”科学话语。如果不存在这类共同基础，我们所能做

365 的就只是指出从我们自己的观点看，另一方是什么样子。就是说，我们所能做的仅是对这种对立加以解释学的处理，即设法指出他们所说的那些奇特的、矛盾的或令人不快的东西，如何与他们想说的其他的东西结合在一起，以及他们所说的东西，用我们自己替代性的语言表述时，会是什么样子。富有论辩意义的这种解释学，是为海德格尔和德里达所共同遵奉的，他们都企图使传统解构。

2. 系统哲学和教化哲学

从解释学的观点看，真理的获得降低了其重要性，它被看成是教育的一个组成部分，这种看法只是当我们采取另一种观点时才

能成立。教育必须自文化适应始。于是追求客观性和对客观性存于其中的社会实践的自觉认识，是成为**有教养的**必不可少的第一步。我们应当首先把自己看作**自在**(en-soi)(如由在判断我们同伴时客观上真确的那样一类陈述所描述的)，然后才在某一时刻把自己看成**自为**(pour-soi)。同样，不发现我们的文化提供的大量世界描述(如通过学习自然科学的成果)，我们也不可能是受过教育的。也许稍后我们可以不那么重视“与现实接触”了，但只有在经历了与我们周围发生的话语的规范有了隐含的、之后是明显的和自觉的符合这些阶段之后，我们才能这么做。

我提出这样一种老生常谈的观点——教育(甚至是革命者或预言家的教育)须要以文化适应和符合为起始——只是为了对“存在主义”的如下论断提供一审慎的补充，即正常的参与正常的话语，只是一种规划，一种在世的方式。这一警告相当于说，反常的和“存在的”话语，永远依托于正常的话语上，解释学的可能性永远 366
依托于认识论的可能性(甚或依托于现实)之上，以及教化永远使用着由当前文化提供的材料。企图重新开始反常的话语而又不能认出我们自己的反常性，从最直接和极端的意义上说，都是愚蠢的。坚持在认识论行之有效的领域去从事解释学(使我们自己不能根据其自身动机去看待正常话语，而只能从我们自己反常话语的内部去看待它)并非愚蠢，但却表现了欠缺教育。采取萨特、海德格尔和伽达默尔共同具有的对待客观性和合理性的“存在主义”态度，只有当我们自觉地脱离某一充分了解的规范后而这样做时，才有意义。“存在主义”是一种**内在地反动的**思想运动，它只有在与传统的对比中才有意义。现在我想把这两类哲学家之间的这种

对立概括一下，一类人的研究基本上是建设性的，另一类人的研究基本上是反动性的。我将因此在两类哲学之间展示一种对立，一方以认识论为中心，而另一方以怀疑认识论主张为出发点。这就是“系统的”哲学和“教化的”哲学间的对立。

在每一种充分反思性的文化中有这样一些人，他们挑选出一个领域、一套实践，并将其看作典型的人类活动。然后他们企图指出，文化的其他部分如何能从这一典范中获得益处。在西方哲学传统主流中，这一典范是**认知性的**，即具有被证明的真信念，或更准确些说，具有如此富于内在说服性的信念，以至于使证明不再必要。在此主流中的一个接一个的哲学革命，由那些受到新认知技能激发的哲学家们产生了出来，这就是亚里士多德的发现，伽利略

367 的力学，十九世纪自觉的历史学的发展，达尔文生物学，数理逻辑。托马斯利用亚里士多德来调和教父哲学，笛卡尔和霍布斯对经院主义的批评，认为阅读牛顿自然导致暴君垮台的启蒙时代观念，斯宾塞的进化论，卡尔纳普通过逻辑来克服形而上学的努力，都是这样一些打算以最新认识的成就为模式去改造文化其他部分的企图。一位“主流派”的西方哲学家的有代表性的说法是：既然某一种研究路线取得了如此令人惊异的成就，就让我们根据它的模式来改造一切研究，乃至文化的一切部分吧。这样一来，就使得客观性和合理性在那样一些领域里得势了，而这些领域以前却曾由于习惯、迷信和欠缺对人们准确再现自然的能力获得正确的认识论理解，而模糊一团。

在近代哲学史的外围地带，我们可看到这样一些人物，他们没有形成一个“传统”，只是由于都不相信人的本质应是一本质的认

知者这一观念而彼此相似。歌德、克尔凯郭尔、桑塔雅那、詹姆士、杜威、后期维特根施坦、后期海德格尔，就是这种类型的人物。人们常常责备他们为相对主义或犬儒主义。他们常常怀疑进步，尤其是怀疑最新的论断，如说某某学科最终掌握人类知识的性质到如此清晰的地步，现在理性将伸遍人类活动的其他部分了。这些作者不断提出，即使当我们证明了关于我们想知道的每样东西的真实信念，我们也只不过是符合了当时的规范而已。他们始终保持着历史主义的意识，认为一个世纪的“迷信”，就是前一世纪的理性胜利；并保持着相对主义的意识，认为借取自最新科学成就的最新词汇，可能并不表达本质的特有表象，而只是可用于描述世界的潜在上无穷的词汇之一。

我将把主流哲学家称作“系统的”哲学家，而把外围的哲学家称作“教化的”哲学家。这些外围的、重实效的哲学家，首先怀疑的 368
是**系统的哲学**，怀疑普遍公度性的整个构想。[12] 在我们时代，杜威、维特根施坦和海德格尔都是伟大的、教化型的外围思想家。这三位人物使人们极难把他们的思想看作表达了传统哲学问题观，或看作其本身为一种协作的和进步的学科的哲学提出了建设性方案。[13] 他们都取笑关于人的古典图画，这幅图画包含着系统的哲学，即用最终的词汇追求普遍公度性的那种努力。他们锲而不舍地强调这样一种整体论观点，字词是从其他字词而非借助自身的再现性来取得意义的，由此必然得出，词汇是从使用它的人而非从其对现实的透明性关系取得自己的特殊优越性的。[14]

在系统的和教化的哲学家之间的区别，与正常哲学家和革命 369
哲学家之间的区别并不等同。后一区别使胡塞尔、罗素、后期维特根施坦和后期海德格尔都立于分界线的同一侧（“革命的”）。就我的目的来说，重要的是在两类革命的哲学家之间的区别。一方面有革命的哲学家（他们创立了新学派，正常的、职业化的哲学可在其中被加以实践），他们把自己的新词汇与老词汇的不可公度性看作一时的不便，其原因在于前人的缺欠，一旦他们自己的词汇被制度化后就可克服。另一方面有那类生怕他们的词汇将被制度化，或者他们的著作可能被看作可与传统相公度的伟大哲学家。胡塞尔和罗素（像笛卡尔和康德一样）属于前者。后期维特根施坦和后期海德格尔（像克尔凯郭尔和尼采一样）属于后者。[15]伟大的系统哲学家是建设性的，并提供着论证。伟大的教化哲学家是反动性的，并提供着讽语、谐语与警句。他们知道，一旦他们对其施以反作用的时代成为过去，他们的著作就失去了意义。他们是**特意要留在外围的**。伟大的系统哲学家像伟大的科学家一样，是为千秋万代而营建。伟大的教化哲学家，是为他们自身的时代而摧毁。
370 系统哲学家想将他们的主题安置在可靠的科学大道上。教化哲学家想为诗人可能产生的惊异感敞开地盘，这种惊异感就是：光天化日之下存在有某种新东西，它**不**是已然存在物的准确再现，人们（至少暂时）既不能说明它，也很难描述它。

然而一个教化哲学家的概念本身就是一个悖谬。因为柏拉图是相对于诗人来定义哲学家的。哲学家可提供理由，为其观点辩护，为自身辩解。如此好争辩的系统哲学家在谈到尼采和海德格尔时说，不论他们可能是什么，但不会是**哲学家**。正常的哲学家当然也使用“不真是一位哲学家”的策略来反对革命哲学家。实用主义者曾用它来反对逻辑实证主义者，实证主义者用它来反对“日常语言哲学家”，每当安逸的职业化活动受到威胁时，人们就会使用这种策略。但是它只是作为一种修辞学策略被使用着，它所表明的不过是，一种不可公度的话语正在被提出。另一方面，当它被用来反对教化哲学家时，这一谴责却具有实在的刺痛力。对一位教化哲学家而言，问题是，他作为哲学家，提供论证原是本分，而他却想只提供另一套词语，**并不**说这些词语是本质的（例如“哲学”本身本质的）新发现的准确表象。他在（譬如说）违反的不只是正常哲学的（他时代的学院派哲学的）各种规则，而且是一种元规则（metarule）：元规则是，人们可以提出改变各规则，只因注意到旧的规则不适用于主题了，它们不适合现实了，它们阻碍着一些永久性问题的解决。教化哲学家与革命的系统哲学家不同，他们在这个元层次上是反常的。他们拒绝把自己装扮成发现了任何客观的真理（比如关于什么是哲学这样的问题）。他们表现出来的所作所为不同于，甚或更加重要于对事物状况提出准确的表象。他们说，371

之所以更为重要乃由于，“准确表象”概念本身不是思考哲学工作的恰当方式。但他们继续说道，这不是因为“寻求……（如“现实的最一般特征”或“人性”）的准确表象”是哲学的一个**不**准确的表象。

虽然不那么自以为是的革命者能够对他们的前辈对其有过观点的许多事物具有观点，教化哲学家却必须摧毁具有一个观点这个概念本身，而又避免对有观点一事具有一个观点。[16]这是一个笨拙的，但并非不可能的立场。维特根施坦和海德格尔运用得就相当漂亮。他们成功地运用这一立场的理由之一是，他们不认为，当我们说什么时，我们必定在表达关于某一主题的观点。我们可以只是**说着什么**，即参与一次谈话，而非致力于一项研究。也许谈说事物并不总是谈说事物的状况。也许说**它**这件事本身不是说事物如何。他们两人都指出，我们把人看作在说着事物，不论事物是好是坏，并不把他们看作外化着现实的内在表象。但是这只是他们进入的楔子，因为之后我们应当不再把自己看作在**看着**这个楔子，也不开始把自己看作在看着别的什么。我们应当把视觉的、尤其是映现的隐喻，完全从我们的言语中排除。[17]为此我们必须把言语不只理解作并未外化内部表象，而且理解作根本不是表象。我们
372 应当抛弃符合语句以及符合思想的观念，并把语句看作与其他语句、而非与世界相联系。我们应当把“与事物状况符合”这个短语，看作赋予成功的正常话语的无意识赞词，而非看作是有待研究和渴望的一种通贯话语其他部分的关系。企图把这个赞词扩展到**反**常话语的成就，就像是用留给法官一大笔小费的方式去恭维他的明智判决一样：这显示出欠缺策略。把维特根施坦和海德格尔看作对事物状况具有观点，当然不会是搞错了事情真相，只是趣味不高而已。这种作法把他们置于一个他们不想进入的地位上，而且在这个地位上使他们显得滑稽可笑。

但是也许他们**应该**显得滑稽可笑。那么我们怎么知道何时去采取一种策略性的态度，又何时去坚持持有一种观点的道德义务呢？这很像是问，我们如何知道何时某人拒绝采取我们的（例如社会组织的、性习惯的，或会话礼仪的）准则是道德上不可容忍的，而何时它又是我们必须（至少暂时地）尊重的呢？我们并非参照一般性原则去了解这些事情。例如我们并非预先知道，当一个句子说出了或一个行为完成了时，我们是否应中断一次谈话或一种个人关系，因为一切都取决于渐渐导致它成立的东西。把教化哲学家

看作谈话伙伴，是把他们看作对共同关心的主题持有观点的一种替代性选择。把智慧看成某种东西，对它的爱与对论证的爱不是一回事，智慧的成就也不在于为再现本质找到正确词汇，这种看法就是把它看作为参与谈话所必需的实际智慧。把教化哲学看作对智慧的爱的一种方式，就是把它看作防止让谈话蜕化为研究、蜕化为一种观点交换的企图。教化哲学家永远也不能使哲学终结，但他们能有助于防止哲学走上牢靠的科学大道。

3. 教化、相对主义和客观真理 373

关于教化哲学以进行谈话而非以发现真理为目的的这种看法，现在我想通过根据这一看法对将真理从属于教化的熟知的“相对主义”指责所做的回答，来将这一看法扩大。我将主张，在谈话和研究之间的区别，类似于萨特在把人本身看成自为和看成自在之间所做的区别，并且因而主张，教化哲学家的文化作用是帮助我们避免自欺，这种自欺的产生，是由于相信我们通过认知一系列客观的事实而能认识我们自己。在下一节中我将试图提出相反的论点。我将在该节中说，全心全意的行为主义、自然主义和物理主义（这些是我在前几章中所推荐的）有助于我们避免这样的自欺，即自以为我们禀赋一种深层的、隐蔽的、有形而上学意义的天性，它使我们“不可还原地”区别于墨水瓶或原子。

对传统认识论有怀疑的哲学家往往被看成是对这样的看法提出疑问，这就是互不相容、相互竞争的诸理论中至多只有一个能够是真确的。然而很难看到会有人真地对此有疑问。例如当人们说，一致论的或实用论的“真理论”，考虑到了许多互不相容的理论都会满足真理条件的可能性时，一致论者或实用主义者往往回答道，这只表明了我们并无在这些备选的“真理”理论中做出选择的根据。他们说，由此引出的教训不是他们提出了不适当的“真理”分析，而是并不存在一些词语（例如“真的理论”，“正确的待做的事”），这些词语从直观上和语法上看都是独特的，但不可能为它们提出会找到独一无二所指者的一套必要而充分的条件。他们说，这一事实不应令人惊诧。没有任何人认为存在有必要而充分的条
374 件，这一条件将选出（例如）“当她处于十分尴尬的情境时最佳行动选择为何”的独一无二所指者，虽然可以提出或许成立的条件，它将缩短互不相容、相互竞争的备选项清单。对于“她在该严重的道德困境中应做什么”、“人的美好生活”或“世界究竟是由什么构成的？”这些语句的所指者而言，这有什么不同呢？

为了理解隐伏在为真理、实在或善拟定条件的每种企图中的相对主义，无意提供独一无二的个别化条件，我们必须采纳我前面（在第六章第六节中）讨论过的“柏拉图的”先验词语的概念。我们应当把这些词语（真理、实在、善）的真正所指者，看作是与在我们中间有效的证明实践不具有任何联系。由柏拉图这类具体哲学例示所造成的两难困境是，一方面哲学家应设法找到挑选这些独一无二所指者的准则，而另一方面，关于这些准则他所有的唯一提示可能是由当前实践（例如由当时最出色的道德和科学思想）提供的。因此哲学家们谴责自己在从事一种西西弗斯式的任务，因为对某一先验词语的论述刚一完成，它就被贴上了“自然主义谬误”的标签，即在本质与偶然事件间的一种混淆。[18]我想我们可从如下

事实中获得关于这种自毁式执恋原因的提示，即甚至那些把发现“应做的一件正确的事”之条件的直观不可能性看作拒绝“客观价值”理由的哲学家们，也不愿把为一真正的世界理论发现个别化条件的不可能性，看作是否定“客观物理实在”的理由。然而他们应当如此，因为在形式上这两个概念是等价的。赞成和反对采取一种道德真理“符合”论的理由，与赞成和反对采取一种物理世界真 375
理符合论的理由是相同的。我想，当我们发现对可恶的遭遇加以宽恕的通常借口是，我们是受迫于物质现实而非受迫于价值时，就会让步了。[19]但是什么东西使被迫状态必须与客观性、准确再现或符合有关呢？我想什么也不，除非我们把与现实的**接触**（一种因果的、非意向性的、无关于描述的关系）与**处理**现实（描述、说明、预测和修改它，这些都是我们在描述项下所做之事）混为一谈。物理现实是皮尔士的“第二性”（secondness）（无中介的压力）这个意思，与我们描述、应付物质现实的一切方法之一是“唯一正确的方法”这个意思，毫无共同之处。在这里中介调解的欠缺与中介调解的准确性相混淆了。描述的欠缺与某种描述具有的特殊优越性相混淆了。只是由于这样一种混淆，对物质事物的一种真正描述提供个别化条件的无能为力，才与对事物惰性的感觉迟钝混淆在一起了。

萨特帮助我们说明了何以这类混淆如此频繁发生，以及何以它的结果伴有如此强烈的道德热情。在萨特看来，“一种正确的描述和说明现实的方式”应当包含在我们对“真理”意义的“直观”之中这种看法，正是具有一种描述和说明的方式这种看法，这种方式是以石头砸到我们脚上这种粗暴的方式**强加予**我们的。或者换一种视觉的比喻，会使话语和描述成为多余之物的乃是这样的看法，这就是现实向我们的显露，并非以如同黑暗中观镜的方式，而是以某种不可想象的直接性来显露的。如果我们把知识从某种论述性的东西、由观念或字词的不断调整所达到的东西，转变为这样一种
376 东西：它像被外力强迫一样不可避免，或被一种使我们沉默无言的景象所穿透，那么我们就将不再有责任在各种相互竞争的观念和语词、理论和词汇之间进行选择了。这种抛弃责任的企图，被萨特描述为使自己变为物的企图，即变为**自在**。从认识论者的观点看，这种无条理的观念采取这样一种形式，即把真理的获得当成一个**必然**的问题，不论是先验论者的“逻辑的”必然，还是革命的“自然化的”认识论者的“物理的”必然。按照萨特的观点，发现这种必然性的冲动，亦即摆脱去建立另一种替代理论或词汇的自由的冲动。因此指出这种冲动的无条理性的教化哲学家，被当成了一位欠缺道德诚挚的“相对主义者”，因为他的确未曾加入这种人类共同的希望：选择的负担将一去不返。正如把德性看成亚里士多德式的自我发展的道德哲学家，被看成欠缺对同伴的关心一样，作为纯行为主义者的认识论者，被当成是不参与人类对客观真理普遍渴望的人。

萨特帮助我们明了了视觉譬喻何以永远倾向于超越自己，从而增加了我们对确立了西方哲学问题的这种视觉譬喻的理解。一个无遮蔽的自然之镜的概念就是这样一面镜子的概念，它与被映照物将不可分离，因此也就不再是一面镜子了。认为人的心，相当于这样一面无遮蔽的镜子，而且他对此**了然**于胸，这样一种观念，诚如萨特所说，就是神的形象。这样一种存在者并**不**面对一种异

己物，后者使他必须选择一种对它的态度或对它的描述。他总是没有选择行为或描述的需要或能力。如果我们考虑到这一情境的有利一面，他就可被称作“上帝”，而如果我们考虑其不利的一面，他就被称作一架“机器”。按照这一观点，寻找公度性而非只寻找 377
谈话（通过发现将一切可能的描述归于一种描述的方式，去寻找使继续再描述不必要的一种方式），就是逃避人性的企图。放弃那种认为哲学必须指出一切可能的话语自然地会聚为一种共识（这正是正常研究所做的）的想法，或许就是放弃那种不仅仅是人的愿望了。因此这或许就是放弃柏拉图的真理、实在、善等概念，这些实体可能不曾被当前的实践和信念哪怕是模糊地映现过，并返回到“相对主义”，它假定我们唯一有用的“真”、“实在”和“善”等概念，都是从我们的实践和信念中外推而生的。

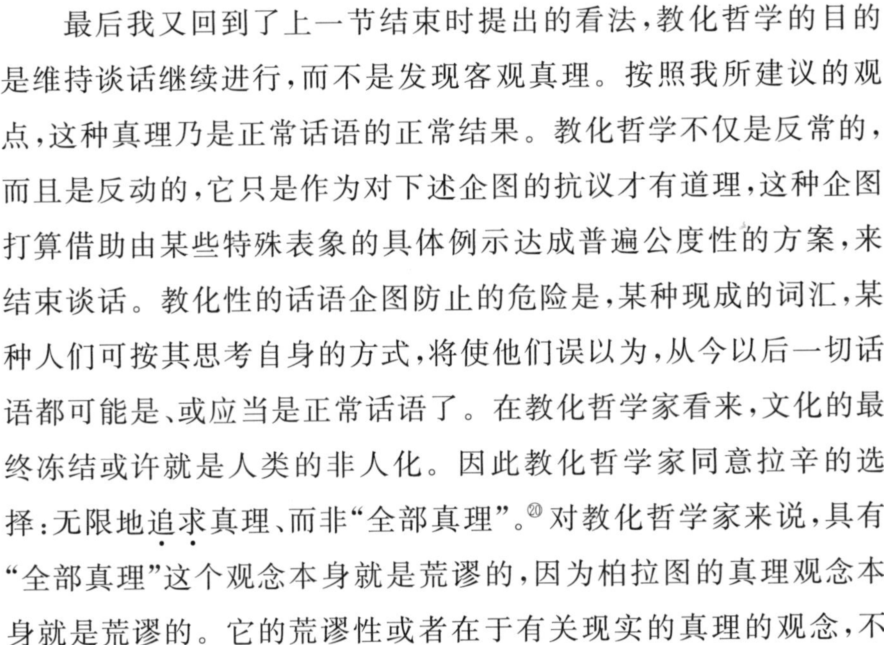

最后我又回到了上一节结束时提出的看法，教化哲学的目的是维持谈话继续进行，而不是发现客观真理。按照我所建议的观点，这种真理乃是正常话语的正常结果。教化哲学不仅是反常的，而且是反动的，它只是作为对下述企图的抗议才有道理，这种企图打算借助由某些特殊表象的具体例示达成普遍公度性的方案，来结束谈话。教化性的话语企图防止的危险是，某种现成的词汇，某种人们可按其思考自身的方式，将使他们误以为，从今以后一切话语都可能是、或应当是正常话语了。在教化哲学家看来，文化的最终冻结或许就是人类的非人化。因此教化哲学家同意拉辛的选择：无限地追求真理、而非“全部真理”。[20]对教化哲学家来说，具有“全部真理”这个观念本身就是荒谬的，因为柏拉图的真理观念本身就是荒谬的。它的荒谬性或者在于有关现实的真理的观念，不 378

是有关在一定描述下的现实的真理观念，或者在于，有关在某特殊描述下的真理观念使一切其他描述没有必要了，因它是与其中每一种描述可公度的。

把保持谈话继续下去看作哲学的充分的目的，把智慧看作是维持谈话的能力，就是把人类看作新描述的产生者，而不是希望能去准确描述的人。把哲学的目的看作是真理（即关于为一切人类研究和活动提供最终公度性的词语的真理），就是把人看作客体而非主体，看作现存的*自在*，而非看作既是*自在*又是自为，看作既是被描述的客体、又是描述着的主体。认为哲学家将使我们能把描述着的主体本身看作一种被描述的客体，就是认为一切可能的描述，都可借助一种单一的描述词汇——哲学本身的词汇，被公度化。因为只有当我们有这样一种普遍性描述的观念，我们才能把在某一描述下的人类等同于人的“本质”。只有借助这样一种观念，人*具有*一个本质的观念才可理解，不论该本质被看作对本质的认知与否。于是，即使说人既是主体又是客体，既是自为又是自在，我们也未曾把握我们的本质。我们说“我们的本质是没有本质”，也并未逃脱柏拉图主义，如果我们这样一来就打算把这一观点看作去发现关于人类其他真理的建设性的和系统性努力的基础的话。

这就是何以“存在主义”（以及更一般而言，教化哲学）*只能*是反动性的，为什么一当它企图沿新的方向去从事不只限于是推进谈话的活动时，它就陷入了自欺。这类新方向或许会产生新的正常话语、新的科学、新的哲学研究规划，从而也就是新的客观真理。
379 但它们不是教化哲学的目的，而只是偶然的副产品。目的永远只

有一个，即去履行杜威所谓的“击破惯习外壳”这一社会功能，防止人自欺地以为他了解自己或其他什么东西，除了通过某些可供选替的描述之外。

4. 教化和自然主义

我在第七章曾主张，一种好的想法或许是，摆脱掉被当成是人与其他事物之间区分或两类人之间区分的精神与自然的区分，这种区分对应于解释学和认识论之间的区分。现在我想再谈谈这个问题以便强调这样一种观点，我一直讨论的这个“存在主义的”学说，是与我在前几章中赞成的那种行为主义和唯物主义相容的。想要既是系统性的又是教化性的那些哲学家们，往往把它们看作互不相容，并因而提出，我们对自己作为**自为**、作为能反思者、作为可选替的诸词汇选择者的观念，如何本身有可能变为哲学的主题。

不少晚近的哲学（在“现象学”或“解释学”的荫庇下）都玩弄着这个不幸的观念。例如哈贝马斯和阿贝尔都提出了我们可按其创造一种新先验观点的途径，以使我们能完成什么类似于康德企图去做的事，而又不堕入科学主义或历史主义。同时那些把马克思、弗洛伊德，或把他们两人，看作应被纳入“主流哲学”的大多数哲学家，都企图发展准认识论的体系，这些体系都以马克思和弗洛伊德两人突出强调的现象为中心，即行为的改变，缘自自我描述的改变。这些哲学家把传统认识论看成致力于使人类“客观化”，而且 380
他们渴望有一种接替认识论的学科，它将为“反思”做出传统为“客观化知识”所做之事。

我一直强调，我们不应企图获得一种接替认识论的学科，而宁可企图使自己摆脱认为哲学应当以发现永恒研究构架为中心这样的看法。我们特别应当使自己摆脱这样的看法，即哲学可说明科学留下的未予说明的东西。按我的观点，发展一种“普适语用学”或“先验解释学”的企图，是极其可疑的。因为这似乎是允诺萨特告诫我们不应去具有的东西，即一种把自由视作自然的方式(或者不那么令人费解地说，一种如此来看待我们创造和选择词汇的方式，即以与我们在这些词汇之一的内部看待自己时的同一“正常”态度去看待)。这类企图开始于通过正常话语来看待对客观知识的追求，其方式正如我建议应当如此去看待的那样，即当作教化的一种成分。但之后他们往往趋向更抱负不凡的主张。哈贝马斯下面一段话即为其例：

> ……知识在实践生活的普遍境域中所有的作用，只能在某种重新表述的先验哲学的构架内被成功地分析。顺便指出，这并不暗含着一种对绝对真理要求的经验主义批判。只要认识的兴趣可通过对自然科学和文化科学内研究逻辑的反思而被认定和分析，它们就可合法地要求一种“先验的”性质。一旦它们根据自然史的成果被分析，即似乎是根据文化人类学被分析，它们就具有了“经验的”性质。[21]

381 反之，我想主张，试图发现“分析”“知识在实践生活的普遍境域中所有的作用”的纲领式的一般方法，是毫无意义的，而且文化人类学(在其包括思想史这样广泛的意义上)就是我们所需的一切。

哈贝马斯和受同一动机驱使的其他作者，把关于经验研究即已足够的建议，看作是体现了一种“客观主义的妄想”。他们倾向于把杜威的实用主义和塞拉斯与费耶阿本德的"科学实在论"，都看成是一种不适当的认识论的产物。按我的观点，杜威、塞拉斯和费耶阿本德的伟大功绩在于，他们指出了通向一条非认识论哲学之路，并部分地做出了示范，从而它也是一条放弃了对"先验性"怀抱任何希望的道路。哈贝马斯说，理论要"使自身具有先验性基础"，就等于理论要

> 熟悉不可避免的主观条件领域，后者既使理论得以成立，又为其设定限制，因为这种先验的确证总倾向于自行批评一种过分自信的自我理解。[22]

这种过分自信尤其在于以为

> 可能存在有在哲学实在论所假定的意义上的对实在的忠实性。真理符合论倾向于举事实作为世界中的实体例子。正是这样去思考可能经验的条件的认识论的意图和内在逻辑，揭示了这样一种观点的客观主义妄想。每一种先验哲学都宣称通过分析可能经验对象的范畴结构去识别经验客观性的条 382
> 件。[23]

但是杜威、维特根施坦、塞拉斯、库恩和本书所述的其他一些主人公对于揭露"在哲学实在论所假定的意义上的对实在的忠实性"，都有他们自己的方式，而且他们都不认为必须通过"分析可能经验对象的范畴结构"来办到这一点。

认为我们只通过采取类似于康德先验立场的观点，就可规避过分自信的哲学实在论和实证主义还原论，在我看来是哈贝马斯一类方案中（也是以某种"前于"科学提供的观念的方式去描述人类的"生活世界现象学"这一胡塞尔看法中）的基本错误。为完成

这类值得称赞的目的所需要的东西，不是康德在先验立场和经验立场之间所做的“认识论”二分法，而是他在作为经验自我的人和作为道德行为者的人之间所做的“存在主义”二分法。[24]正常的科学话语可以永远按两种不同方式来考察，即作为对客观真理的成功追求，或作为我们介入的诸种话语之一、诸种规划之一。前一种观点赞同正常科学的正常实践。道德选择或教化的问题不在这里出现，因为它们已经为默默的和“自信的”致力于对有关问题的客观真理探求所事先具有了。后一观点是我们据以询问如下一类问
383 题的观点，如“意义何在？”、“从我们对我们和大自然的其他部分如何活动的知识中可引出什么寓意呢？”，或“既然我们认识了我们自己行为的规律，我们应该怎样自处呢？”。

系统式哲学的主要错误始终在于这样一种看法，这类问题应该以某种新的（“形而上学的”或“先验的”）描述性或说明性话语（论述“人”、“精神”或“语言”等等）来回答。这种以发现新的客观真理来回答关于证明的问题的企图，这种以某一特殊领域中的描述来回答道德行为者的证明要求的企图，是哲学家特有的一种“自我欺瞒”（bad faith），他用伪认知作为取代道德选择的特有方式。康德的伟大在于识破了这一企图的“形而上学”形式，并摧毁了传统的理性概念，以为道德信仰让出地盘。康德为我们提供了看待科学真理的如下一种可能，即科学真理永远也不能对我们要求的一个论点、一个证明、一种认为我们关于应做什么的道德决定是基于对世界性质的**知识**的主张，提供一个解答。不幸，康德根据对“不可避免的主观条件”的发现来提出其对科学的诊断，这种主观条件则是经由对科学研究的反思来揭示的。同样不幸的是，他认

为对于道德两难困境确实存在有一种判定方法（尽管不是以知识为基础的，因为我们对绝对命令的把握不是一种认知）。[25] 于是他创造了新形式的哲学自我欺瞒，即以发现人的真自我的“先验”企图，来取代其他人发现世界的“形而上学”企图。通过默而不宣地将道德行为者等同于构成性的先验自我，他敞开了将自由还原为 384
自然、选择还原为知识、自为还原为自在的、日益增加其复杂性的后康德企图。这是一条我一直在设法堵塞的路，我的办法是根据在熟悉事物和不熟悉事物、在正常事物和反常事物之间的历史性、暂时性区别，去重新安排在自然与精神、“客观化科学”和反思、认识论和解释学之间非历史的、永久性的区别。因为对待这些区别的这种方式，使我们不把它们看作在划分着两个研究领域，而是看作在研究和某种非研究事物之间的区别，而后者毋宁说是一种刚开始的提问，从中可能（或不可能）出现研究（新的正常话语）。

我们可以换一个方式表述这个主张，这也许能有助于说明它与自然主义的联系。我想说，实证主义者绝对正确地认为必须根绝形而上学，当“形而上学”意味着企图提供有关科学不能认识的东西的知识时。因为这就是发现这样一种话语的企图，这种话语兼有正常性和反常性二者的优点，也就是把客观真理的主体间可靠性，与一种不能证明、但也无限制的道德主张的教化特性，结合了起来。使哲学置入可靠的科学大道的迫切要求，也就是把这样两部分内容结合在一起的迫切要求，一种是把道德选择看作圈点出关于某种特殊对象（上帝理念）的客观真理这一柏拉图构想，另一种是关于在正常科学中发现的对象的主体间的和民主的一致认识。[26] 完全非教化性的、完全无关于是否相信神这类道德选择的哲

学，就会不被看作是**哲学**，而只被看作某种特殊的科学。于是一旦
385 置哲学于科学的康庄大道的计划成功，它就把哲学干脆转变为一种令人烦厌的学院式专业。系统式哲学的存在方式是，永远跨立于在描述和证明、认知和选择、正确把握事实和喻示如何生活二者之间的裂隙之上。

一旦明了了这一点，我们就可以更清楚地看到认识论何以作为系统哲学的本质而出现。因为认识论企图把正常话语内的证明模式看作**不只是**这样一个模式。它企图把这些模式看成挂钩在某种要求道德承诺的东西之上，这就是实在、真理、客观性、理性。反之，作为一名认识论中的行为主义者，就是从两个角度来观看我们时代的正常科学话语，既将其看作由于种种历史理由而采取的模式，又看作客观真理的成就，在这里所谓“客观真理”，恰恰只是我们当前有关如何说明发生的事物的最佳观念之谓。从认识论的行为主义角度看，哈贝马斯有关科学研究是由“不可避免的主观条件”所形成和限制的主张中唯一真确之处是，这种研究是通过采取了证明的实践才得以成立，而且这种实践具有可能的替代物。但是这些“主观条件”，在任何意义上都不是可由“对研究逻辑的反思”发现的“不可避免的”东西。它们只是有关某一社会、职业或其他集团认为可作为某种陈述良好理由的东西的事实。这类约束性模式为“文化人类学”的通常的经验的及解释学的方法所研究。从有关集团的角度看，这些主观条件乃是常识性的实践律令（例如种族禁忌、穆勒的方法论）和关于该问题的当前标准理论的结合。从思想史家或人类学家的观点看，它们是关于人类某集团的信念、欲望和实践的经验事实。二者是互不相容的观点，意思是，我们不可

能同时站在两个观点上。但是没有理由和必要来把二者含括在某种更高的综合之中。该集团可能自己从一种观点变为另一种观点 386 (因此通过“反思”过程将他们过去的自我“客观化”,并使新语句适用于他们当前的自我)。但是这并非是要求重新理解人类知识的某种神秘过程。明白不过的事实是,人们可对他们所做之事提出怀疑,之后以与他们先前运用的方式不可公度的方式开始谈话。

这也适用于最令人惊奇和不安的新话语。当马克思、弗洛伊德和萨特这类教化型哲学家对我们证明自己行为和陈述的通常型式提出新的解释时,以及当这些说明被接受和吸收进我们生活之中时,我们就获得了有关思想的变化着的词汇和行为这一现象的突出事例。但如我在第七章所说,这种现象不要求对理论建设或理论确认做出任何新的理解。认为我们通过内在化了一种新的自我描述(使用“资产阶级知识分子”、“自毁的”、“自欺的”一类词)而改变了我们自己,这是充分确实的。但这并不比下列这些事实更令人惊奇,如人类通过植物学理论所创造的杂交法改变了植物学品种,或人类通过发明了炸弹和牛痘疫苗而改变了自己的生活等等。思考这类变化的可能性,就像阅读科幻小说一样无助于我们克服对“哲学实在论”的自信。但是这类思考并不需要以对思想性质的先验论述来加以补充。所需要的只是教化式的援引事实或反常话语的可能性,破坏我们对得自正常话语的知识的依赖。可予以反驳的这种自信,只是正常话语通过似乎为某问题的讨论提供了典范性词汇来阻碍谈话长流的那种倾向,而且尤其是正常的、以 387 认识论为中心的哲学的这样一种倾向,它通过把自己推举为适用于一切可能的合理话语的最终公度性词汇来阻塞道路。前一种狭

隘的正常话语倾向的自信，被教化型哲学家推翻了，后者对普遍公度性和系统哲学这一观念本身都加以怀疑。

我不惜一再重复地想再坚持说，正常话语和不正常话语之间的区别并不与以下各类区别相符，如主题上的区别（如自然对历史，事实对价值），方法上的区别（如客观化与反思），机能上的区别（如理性对想象），或任何其他系统哲学所使用的区别，以便使世界的意义体现在有关世界的某种先前未注意到的部分或特征的客观真理上。**任何事物**都可反常地被谈论，正如任何事物都可成为教化的和任何事物都可被系统化一样。我讨论了自然科学和其他学科之间的关系，只是因为自笛卡尔和霍布斯时代以来，有关科学话语是正常话语、而一切其他话语都须以其为模式的假设，成了哲学研究的标准动机。然而一旦我们撇开了这个假设，我们也能摆脱种种我所抱怨的反自然主义。我们可以特别坚持以下各种看法：

每一种语言、思想、理论、诗歌、作曲和哲学，将证明完全可以用纯自然主义的词语来预测。对个人内部微观过程的某种原子加虚空式的论述，将使人能够对将被表达的每种声音和文字加以预测。幽灵是不存在的。

任何人在决定和创生他自己的行为、思想、理论、诗歌等等之
388 前，都不可能对它们进行预测。（这不是关于人类奇特天性的有趣说法，而是它打算“决定”和“创生”的东西的平平常常的结果）因此不存在这样的希望或危险，对作为**自在**的某人自我的认知，将使他不再作为**自为**而存在。

使得这些预测得以完成的全部法则，再加上对一切人的（用原子加虚空式语言所做的）全部描述，还不就是有关人类的全部“客

观真理”，也不是关于他们的全部真实预测。或许仍然还会有许多其他不同的这类客观真理（某些用于预测，某些则不），正像有很多不可公度的词汇一样，运用这些词汇可进行关于人类的正常研究（例如，所有那些我们因其而获有信念和愿望、德行和美的词汇）。

不可公度性蕴涵着不可还原性，但不蕴涵着不相容性，于是，未能将种种这类词汇“还原”为“基层的”原子加虚空式科学的词汇，并不使人怀疑它们的认识性地位或它们对象的形而上学性质。（这既适用于诗歌的审美价值，又适用于人的信念，既适用于德性又适用于意志。）

所有这些客观真理的总合（虽然这是不可能的）将仍然不一定是教化性的。它可能是关于不含意义、不含道德的某一世界的图画。它是否似乎将一种道德指示给某一个人，这取决于该个人。在他看来世界似乎是这样或似乎不是这样，这一情况或真或假。但是世界“真地”有或没有一种意义或一种道德，这一情况不会是客观上或真或假。他关于世界的知识是否使他具有对世界做什么或在世界中做什么的意识，其本身是可以预测的，但他的知识是否使他**应当**如此，则是不可预测的。

对科学、“唯科学论”、“自然主义”、自我客观化，以及对被太多的知识变为物而不再成为人等等的恐惧，就是对一切话语将成为正常话语的恐惧。这也就是如下这样的恐惧，即对我们提出的每个问题都将有客观地真或假的回答，于是人类价值将在于认识真 389
理，而人类德性将仅是被证明了的真信念。这种情况令人惊恐，因为它消除了世上还有新事物的可能，消除了诗意的而非仅只是思考的人类生活的可能。

不过反常话语遭遇的危险并不来自科学或自然主义哲学，而是来自食物匮乏和秘密警察。如果有闲暇和图书馆，柏拉图所开始的谈话，将不致以自我客观化告终，这不是因为世界和人类的万事万物逃避了成为科学研究对象的可能，而只是因为自由的和悠闲的谈话，如自然规律那样确实无疑地产生了反常话语。

5. 在人类谈话中的哲学

我以对奥克肖特著名篇名的提示来结束本书，[27]因为我认为它抓住了哲学应按其进行讨论的基调。我关于认识论和其可能的后继学科所做的许多论述，都是企图从塞拉斯的下述理论中推出一些必然结论：

> 在刻画像*认知*这样一个事件或状态时，我们并非在对该事件或状态做出一种经验性描述；我们将其置于理性的逻辑空间内，以便证明或能去证明人们所说的东西。[28]

如果我们不把认知看作应由科学家或哲学家加以描述的本质，而是看作一种按通常标准去相信的权利，那么我们就安然通向把*谈话*看作最终境域之途了，知识应当在这一境域中被理解。我们的
390 重点从人与其研究对象的关系，转变到可互相替换的诸证明标准之间的关系，并由这里转变到构成思想史的那些标准中的实际变化。这就使我们懂得了塞拉斯本人对他的发明了自然之镜、从而造成了近代哲学的神秘英雄琼斯所做的描述了：

> 读者难道未认出琼斯是正处在一个旅程中途的人类本身吗？这个漫长的旅程从洞穴中的呼噜声直到客厅、实验室和

> 书房内精巧而多方面的话语，直到亨利与威廉两詹姆士兄弟、爱因斯坦和哲学家们的语言，他们在努力挣脱话语以达到超话语的 ἀρχή（始基）时，提供了一切方面中最难以理解的方面。（第 196 页）

在本书中我为作为欧洲文化史一个片段的、以认识论为中心的哲学史，撰述了一篇绪论。这一哲学可上溯至希腊并旁及各种非哲学学科，后者在这一时期或那一时期曾打算取代认识论，从而即取代哲学。因此这个片段不能简单地等同于教科书上列举的从笛卡尔到罗素和胡塞尔一系列大哲学家这个意义上的“近代哲学”。但是在这个大哲学家系列中，追求知识基础的努力是最明显的。因此我消解自然之镜这个形象的大部分努力，都集中于这些哲学家身上。我企图指出，他们突入一种超话语的 ἀρχή 的冲动，是以把证明的社会实践看作不止于是这类实践的冲动为根据的。然而我主要集中考察了现代分析哲学中这类冲动的各种表现。因此结果只不过是一章绪论而已。一种适当的历史论述将要求我并不具备的那种学问和技巧。但我希望这个绪论足以使人把当代哲学问题看作一种谈话的某一阶段上的事件，这个谈话本来对这些 391
问题一无所知，可能也不会再知道它们。

我们可以继续柏拉图所开始的谈话而无须讨论柏拉图想讨论的问题一事，说明了对待哲学的两种态度之间的区别，一种是把哲学当作谈话中的一种声音，另一种是把哲学当作一个学科，一个 Fach（德文“专业”、“学科”。——中译者），一个专业研究领域。柏拉图所开始的谈话已为比柏拉图可能梦想到的更多的声音所扩大，因此就是被他一无所知的问题所扩大。一个“学科”（天文学，物理学，古典哲学，家具设计）可能经历变革，但它从它目前的状态中取得了自我形象，而且它的历史必然“辉格式地”被写成是对其逐渐成熟过程的一种论述。这是最通常的撰写哲学史的方式，而且我不能自以为我在概述这种须被撰写的历史时，已经完全避免了这种辉格态度。但我希望我已指明，我们可以把哲学家们当前关心的，以及他们辉格式地把哲学看作一直（也许不自知）在关心的那些问题，理解作历史事件的偶然结果，理解作谈话所选取的各
392 种方向转换。[29]谈话经历漫长时间开始了这种转换，但它可以转换到另一方向而不致使人类因此失去其理性或失去与“实在问题”的接触。

哲学学科的、或某个天才哲学家的谈话兴趣在改变着，并将继续以由于偶然事件而无法预测的方式改变。这些偶然事件将涉及从物理学现象到政治学现象等各个方面。学科间的界限将趋于模糊和改观，新的学科将产生，正如伽利略在十七世纪创造“纯科学问题”的成功努力所例示的那样。目前所使用的“哲学意义”和“纯哲学问题”等概念，只是在大约康德的时代才被理解。我们对认识论或某种后继学科位于哲学中心（以及道德哲学、美学和社会哲学等等均由其导出）的后康德主义概念，反映了这样的事实，专业哲学家的自我形象，依赖于他们对哲学之镜形象的专业性关切。如果不承认康德关于哲学家能够决定与文化中其他部分的主张有关的合法裁决问题这个假设，专业哲学家的这个自我形象也就瓦解了。该假设依存于这样一种认识，即存在有理解知识本质之事，这就是塞拉斯所说的，从事我们不可能从事之事。

抛弃了哲学家对认知的认识比任何其他人都更清楚的概念，

也就是抛弃了这样一种看法，即哲学家的声音永远居高临下地要求谈话的其他参加者洗耳恭听。同时也相当于抛弃了这样的看法，即存在有所谓“哲学方法”、“哲学技术”或“哲学观点”的东西， 393
它们使专业哲学家们能够凭靠专业地位而具有对（例如）精神分析学的体面地位、某些可疑法则的合法性、道德困境的解决、史学或文学批评诸学派的“正当性”等等问题的有趣观点。哲学家们往往对这类问题确实具有有趣的观点，而且他们作为哲学家的专业训练往往是他们具有这些观点的必要条件。但这不等于说哲学家们具有关于知识（或其他任何东西）的某种特殊知识，从中他们可推演有关的必然结论。他们对我刚提到的种种问题能够经常随便议论，是由于他们熟悉有关这类问题的论证的历史背景，而且最重要的是由于这样的事实，对这类问题的论证充满着其他谈话参加者在阅读中遇到的哲学陈词滥调，但专业哲学家熟知正反两方面的情况。

于是新康德式的作为一种专业的哲学形象，就与作为映现性的“心”或“语言”的形象有了联系。因此人们似乎会以为，认识论的行为主义和随之而来的对镜喻的否定引出了这样的认识：不可能或不应当有这种专业。但实际并非如此。专业可以比产生它的范式存留更久。无论如何，对饱读已往伟大哲学家典籍的教师的需求，足以确保哲学系的存在，只要大学存在的话。广泛丧失对镜喻信心的实际结果，将仅只是使某一历史时期内由这一譬喻创生的各种问题被圈围起来。我不知道我们是否真地已面临着一个时代的结束。我想这取决于杜威、维特根施坦和海德格尔是否为人所喜爱。也许镜喻的、“主流的”系统哲学，将由于某位天才的革命

者的努力而重获新生。也许或者是，康德提出的哲学形象会重步
394 中世纪僧侣的后尘。果真如此的话，甚至哲学家本人也将不再认真看待这样的看法了：哲学为文化的其他部分提供了“基础”或“证明”，或对有关其他学科的正当领域的合法问题进行了裁决。

不论发生什么情况，均无哲学“日暮途穷”之虞。宗教未因启蒙精神而告终，绘画也并未终止于印象主义。即使从柏拉图到尼采的这一时期，以海德格尔建议的方式被圈围和“间距化”，即使二十世纪哲学似乎证明是一个迂回曲折的过渡阶段(如十六世纪哲学现在在我们看来成为过渡阶段那样)，在过渡阶段的另一边仍将有被称作“哲学”的东西。因为即使表象的问题对于我们的后代，正像形质二元的问题对于我们一样显得陈腐过时，人们将仍然会阅读柏拉图、亚里士多德、笛卡尔、康德、黑格尔、维特根施坦和海德格尔。无人可知这些人在我们后代人的谈话中将起什么作用。也无人可知系统哲学和教化哲学间的区分是否将继续下去。或许哲学将成为纯教化性的，以致某人对自己作为哲学家的自我认定，将只根据他所读过和讨论过的书籍，而非根据他想去解决的问题来完成。或许人们将看到一种新形式的系统哲学，它与认识论全然无关，却使正常的哲学研究得以成立。这些猜测都是姑妄言之的，而且我所说的一切并不能使一种猜测比另一种猜测更有可能发生。我想强调的唯一一点是，哲学家的道德关切应当在于继续推进西方的谈话，而非在于坚持在该谈话中为近代哲学的传统问题留一席之地。

第八章注解

① 伽达默尔：《真理和方法》，纽约，1975年，第 xi 页。甚至我们可以合

乎情理地把伽达默尔这本书称作反方法观念本身的一个宣言，后者被看成是一种达致公度性的企图。注意到这本书与费耶阿本德的《反对方法》一书之间的类似性，是富于教益的。我对伽达默尔的研究受益于A.麦金太尔；参见他的"解释的语境"，载于《波士顿大学学刊》，1976年第24期，第41—46页。

② 伽达默尔：《真理和方法》，第xiii页。

③ 参见上书第15页。"但是我们可以承认，自我形成（Bildung）是精神的一种因素，它与黑格尔的绝对精神哲学没有联系，正如意识历史性的观点与黑格尔的世界历史哲学没有联系一样。"

④ 这里提出的对立，类似于涉及"古典"教育和"科学"教育之间传统争论的那种对立，伽达默尔在该书开头论"人文主义传统的意义"一节中对此论及。更一般地看，它可被看作诗歌（它不可能从古典型教育中省略）与哲学（当它把自己看成超科学时，就想成为科学型教育的基础）。叶芝曾问精灵（他相信是精灵通过他妻子的显灵术赐予他以一种想象力的）为什么到此来，精灵回答说"为了带给你诗的隐喻"。另一方面，一位哲学家或许期待获得关于另一世界究竟是什么的某种确凿事实，但叶芝并不失望。

⑤ 参见《真理和方法》第214页以下题为"克服认识论问题……"这一节，并与海德格尔的《存在与时间》第32节相比较，该书由J.麦克里与E.罗宾逊译为英文，1962年纽约版。

⑥ 参见萨特：《存在与虚无》，H.巴尔奈译，纽约，1956年，第二部分，第三章第五节，以及该书的"结语"。

⑦ 如果萨特把他的话贯彻到底就幸运多了，他说人是这样一种存在物，其本质是由于说该本质也适用于一切其他存在物而没有了本质。除非做这一补充，否则萨特将似乎是以另一些词语坚持好的形而上学的精神与自然之间的旧二分法，而不只阐明人永远自由地选择（其中包括对他本人的）新的描述。

⑧ 在我看来，杜威是不具有这种还原论态度而往往被归为"自然主义

者”的一位作者，尽管他不断谈论“科学方法”。杜威的独特成就在于，仍然足够黑格尔化，因此不把自然科学看作对于获得事物本质方面具有优先地位，同时又足够自然主义化，因此根据达尔文理论来考虑人类。

⑨　伽达默尔：《真理和方法》，第 12 页。

⑩　参见海德格尔在《存在与时间》中对“价值”的讨论（第 133 页），以及萨特的《存在与虚无》的第二部分、第一章第四节。试比较伽达默尔对韦伯的论述（《真理与方法》，第 461 页以下）。

⑪　参见伽达默尔反对康德第三批判中“美学现象主观化”的论辩（《真理与方法》，第 87 页），并比较海德格尔在“论人道主义的信札”中有关亚里士多德区分物理学、逻辑学和伦理学的论述（海德格尔：《基本著作集》，克莱尔编，纽约，1976 年，第 232 页）。

⑫　思考一下 A. 弗朗斯（France）的“伊壁鸠鲁的花园”中的一段话，德里达曾在“白色的神话”（载于《哲学的边缘》，巴黎，1972 年，第 250 页）一开始引述过它：

> ……当形而上学家们拼凑成一种新语言时，他们就像那样一些磨刀匠一样，在磨石上磨着硬币和金属，而不是刀剪。他们磨去了凸出部分、题词、肖像，而且当人们在硬币上不能再看见维多利亚、维尔海姆或法兰西共和国时，他们就解释道：这些钱币现在和英国、德国或法国没有任何特殊联系了，因为我们使它们脱离了时空；现在它们不再值（例如）五法郎，而是有了无法估计的价值，而且它们在其中作为交换媒介的领域，已无限地扩大了。

⑬　参见阿贝尔对维特根施坦和海德格尔的比较，他称他们两人“对作为一门理论学科的西方形而上学提出了怀疑”（《哲学的转换》，法兰克福，1973 年，第 1 卷，第 228 页）。我并未对杜威、维特根施坦和海德格尔提出解释，以支持我对他们做出的论述，但我在以下几篇文章中曾试图这样做：一篇关于维特根施坦的文章，题为“保持哲学的纯化”（载于《耶鲁评论》，1976 年

春季号,第336—356页);“克服传统:海德格尔和杜威”(载于《形而上学评论》,1976年第30期,第280—305页);“杜威的形而上学”(载于《杜威哲学新研究》,S.M.卡恩(编),汉诺威,1977年)。

⑭ 海德格尔关于语言的这个观点,德里达在《声音与现象》(由D.艾里森译成英文,耶万斯顿,1973年)一书中详细地、极富启发性地予以论述过。参见N.加富尔在他为这个英译本写的导言中对德里达和海德格尔所做的比较。

⑮ 这位梦想出全部西方哲学观念的人(柏拉图)的永恒魅力在于,我们仍然不知道他是哪类哲学家。即使把《第七书》当成伪作弃置不论,在千百年的评述之后仍然无人确知诸对话录中哪些段落是玩笑话,这使柏拉图之谜历久而弥新。

⑯ 海德格尔的“世界观的时代”(M.格雷恩译出于《界限》,1976年第Ⅱ期)是我见过的对这一困难的最好的讨论。

⑰ 德里达的近期著作是思考如何避免这类隐喻。正像海德格尔在“在与一位日本人和一位提问人之间关于语言的对话”(载于《通往语言之路》,普夫林根,1959年)中那样,德里达偶尔也摆弄东方语言的象形文字优越性的观念。

⑱ 关于这个问题,参见W.弗兰克纳的“自然主义谬误”,载于《心》,1939年第68期。

⑲ 他们以还原论的方式说,似乎是为价值所迫的意思,其实只是物质现实的伪装(例如由父母调节机制编序的神经分布或腺体分泌)。

⑳ 克尔凯郭尔使这一选择成为他本人选择“主观性”、而非选择“系统”的原型。参见《结束的非科学后记》,D.斯万森和W.劳雷译,普林斯顿,1941年,第97页。

㉑ J.哈贝马斯,《知识和利益》(法兰克福,1973年)二版后记,载于该书第410页;由C.林哈特在《社会科学哲学》1973年第3期内译出(第181

页)，题为"《知识和人类利益》的后记"。关于对哈贝马斯此处采取的论证路线所做的一个批评(它与我的批评类似)，参见M.泰乌尼森的《社会与历史！批判理论的批判》，柏林，1969年，第20页以下。(我对泰乌尼森此书的参考得助于R.高斯)

㉒ 哈贝马斯："后记"，第411页；英译本第182页。

㉓ 同上书，第408—409页；英译本，第180页。

㉔ W.塞拉斯极其有效地利用了康德后一种二分法，坚持说人的特性，是一个"是我们中间的一位"、或进入"我们都将……"这种形式的实践性绝对命令范围内的问题，而不是应以经验手段分离的某种有机体的一个特征。我在本书中，特别在第四章第四节，曾多次援引这一主张。关于塞拉斯本人对它的用法，参见《科学和形而上学》，伦敦和纽约，1968年，第七章，以及"科学的伦理学"一文，载于他的《哲学展望》一书，斯波林费尔德，1967年。

㉕ 参见康德在《纯粹理性批判》第A824—B852以下对知识和必然信仰之间的二分法，尤其是他把Unternehmung(事业，行动)用作后者的同义语。第一批判书中的这一节，在我看来正是给在Bxxx页上关于否定理性以为信仰留出地盘的那著名段落以最充分的解释的一节。然而在许多其他问题上，康德前后不一地把实践理性说成是有助于扩大我们的知识。

㉖ 实证主义者本身迅速地向这种冲动屈服。甚至当坚持说道德问题是非认识性的时，他们也以为赋予他们对传统哲学的道义批判以准科学的性质，因此使他们自己招致有关他们"情绪地"使用"非认识性的"一词的自关涉式的批评。

㉗ 参见M.奥克肖特："在人类谈话中诗的声音"，载于《唯理主义和政治》，纽约，1975年。

㉘ W.塞拉斯：《科学、知觉和实在》，伦敦和纽约，1963年，第169页。

㉙ 两位晚近作者(米歇尔·福柯和哈罗德·布鲁姆)以历史根源的纯事实性意义作为他们研究的中心。参见布鲁姆的《错误解释的地图》，纽约，

1975年，第33页："一切连续性都有在其根源上的绝对任意性，与在其目的上的绝对必然性之间的矛盾。我们从我们大家都以矛盾修辞法称我们的爱为生活一事中，如此鲜明地体验到了这一点，以至于在爱的文学表现中无须对此加以指明。"福柯说，他观察思想史的方式，"使有可能把偶然、不连续性和物质性等概念导入思想根源本身。"（"论语言"，载于《知识溯源学》，纽约，1972年，第231页）。最困难不过的是理解哲学史中的纯偶然性，只因为自黑格尔以来哲学的史学一直是"进步的"或（按海德格尔颠倒了黑格尔关于进步的论述的意义上）"倒退的"，而绝非不含必然性之意。如果我们有朝一日可以把对永恒的、中性的、非历史的、公度性的词汇的愿望本身理解作一种历史现象的话，也许我们就可以比迄今为止更少辩证地、更少感情作用地来撰写哲学史了。

中 译 本 附 录

答六位批评者*

提要:麦金太尔和罗森伯格教授比我更倾向于相信,“哲学”是一种自然的、有独特性格的研究,其历史自希腊时代以来绵延不绝。他们对我的著作的批评反映了这种分歧。蒙特费欧尔先生阐明了在我使用“教化哲学”和“大陆哲学”这类词语时的种种含混之处。他的批评提出了反对《哲学和自然之镜》一书结尾部分的有益论点。贝奈特和特恩布尔教授正确地说,我对当前盎格鲁-撒克逊分析哲学状况的论述过于简单化了,但我希望这些简单化之处不致损及我的论证的本义。柯勒尔博士十分有益地探讨了我的元哲学观与我对某些头等重要问题的论述之间的联系。

我觉得麦金太尔教授对三个可能世界的描述(一个是,在其中“哲学”一词不再被使用;另一个是,在其中它继续作为一切学术研究总合的名字;以及实际世界,在其中它是与一切其他学科相对的一个学科的名字),十分有助于我设法回答他对我的立场的反对意见。他和我都会同意,第二世界是不可能成立的,因为存在着使科研官僚制度化的需要。于是问题就变成,实际世界和在其中不再有称作“哲学”的特殊学科的世界这两个可能的世界间,哪一个更可取一些。我赞成后一个。他似乎赞成前一个。

麦金太尔说,后一个世界的缺点会包含这样的事实,“在众多的不同学科论域中,实质上相同的哲学问题会被分别地提出”(麦

* 原载《分析与批评》,1982 年第 1、2 期,1983 年第 1 期。

金太尔，1982，第 104 页）。这似乎是个小小的效率方面的缺点，并大体可为这样的事实抵消，即一个学科中的人会（像现在这样）去读本学科以外的书籍。麦金太尔提出的第二个缺点是，“没有一个学科会为这样一些问题负任何特别的责任，这些问题发生于这样的场合，（例如）当关于充满着由伦理学和法律社会学一类学科所研究的道德和法律实践的人类责任信念，与关于充满着大量心理学、生物化学和神经生理学知识的人类行为因果决定关系的信念相接触时。”（第 104 页）

作为一名好的休谟式共容主义者，我会认为（如果哲学不介入进来向有关的每个人保证，在这个领域里存在着深刻的和困难的问题的话），这种接触会迅速导致人们理解，不论是什么责任，它并不以不可预测性为前提。按我的看法，康德对自由意志问题戏剧化的做法，是企图使所谓“哲学”学科安置于牢靠的科学大道上的一个不幸的结果。更一般地说，作为一门特殊学科的哲学的存在，在我看来是在并不十分发痒之处造成了大量抓痕。这是我偏爱两个可能世界中第一个的唯一理由。

对于是否存在着发生于学科交界处的重复出现的问题，我和麦金太尔有不同的看法。还用现成的例子说明，我们的分歧有关于共容主义是否像休谟认为的那样明显，因此也有关于对“他出于本人自由意志而移动其手”的“正确分析”的重要性问题。按我的观点，这个问题以及很多应当为休谟的讥讽和莱伊德的常识所处理的问题，不幸都重新出现在德国，从而获得了新生。但麦金太尔会说，我所谓的“消除一个伪问题”，实际上只是引进了对一个真实的和反复出现的问题的某种可争议的解决。于是他可以说，这实际上也就是，我们用一个称作“哲学”的特殊学科来考察这些有争议的重复出现的解决。他可援引亚里士多德的论证，你不得不搞哲学，因为一个哲学的消除者也被认为是一个哲学家。麦金太尔对我提出了批评，把我的立场称作在自指示方面不一致，他说道，我必须自认为是在提出关于“哲学和历史内运作标准……的性质”的“一种哲学理论”，这种理论我“在实在主义者理解该谓词的意义上认为是真的”(第 109 页)。因为麦金太尔认为，“除掉‘客观的’或‘合理的’标准”的人，却自称在写“真正的历史”，而且撰写这种历史的实践须要“含蓄地或明显地参照客观性与合理性的标准”(第 109 页)。

按我的理解，像麦金太尔和我自己这些人，都在以麦金太尔称作“戏剧性叙事”的形式来撰写修正主义的历史，而未曾诉诸“客观性和合理性的标准”，正像小说家未曾诉诸“好的小说写法标准”或牛顿未曾诉诸“科学研究标准”一样。典型的情况是，一种新历史、新理论或一种新小说，是以让读者惊叹“正为我们所需”而取得成功的。也许后来会有人出来建立某些最近成就所符合的“标准”，而这只是一种特定的教学法的事。如果存在着这类“客观性和合理性标准”的事情，它决定着什么被看作是有关客观性和合理性的有效论证，那么它们或许也会永远免于变化，因为它们的批评者或者会通过援引它们而被指责为犯了自指示的前后不一致，或者会由于不援引而被指责为不合理性。因此我认为不存在这类标准。只存在由有知识的读者组成的诸社群，他们都有被说服的可能。

那些希望说服这些社群去相信他们的历史和理论的有效性的人，真的须要相信他们的历史或理论“在实在主义者理解该谓词的同一意义上是真的”(第 109 页)吗？我认为所谈的这个意义是与

"有预期的观众的有根据的判断所可能接受的"相对立的，也与"迄今为止出现的最好观念"相对立的。我认为，对"真"的这种注释是充分的，而实在主义者的注释（符合实在）是一种并无助益的多余物。麦金太尔说，如果我拒绝援引实在主义者的注释，那么他就"不明白（罗蒂）在主张什么"了。我认为我所主张的东西正如我认为麦金太尔为他的《在德性之后》一书所主张的东西一样：如果你以这种方式重述欧洲思想史上种种事件的历史，那么你就对什么值得争辩与什么不值得争辩的问题获得了一种新的和有用的理解。如果有人问麦金太尔或我，"好的，但你们的历史真地是真的吗？"我将认为我们两人都会这样回答，这个问题或者是一大批较小的和更可处理的问题（如"这些历史有错误的引述吗？它们包含着有明显的反例与之相对的概括吗？"），或者不得要领。他和我都相信，先存在的是思想史，对于这些假想问题的真实性的看法，如"自由意志与决定论的对立"，是后来出现的。我们的不同处在于，我们所讲述的故事不同。

对这种区别的进一步说明是，我们对"实在主义与工具主义对立"（第108页）这个争议的对立态度。麦金太尔的故事是关于实在主义者和工具主义者这两大类人的，他们各以不同的意义使用"真"这个词。他认为这两类人之间的冲突反复出现在自然科学内部，例如出现在关于如何解释伽利略的观察结果这个十七世纪问题之内。他认为伽利略和贝拉民是在争论应该说"地球真地运动"，还是仅仅该说"说地球运动对某些目的来说很有用"，并认真看待这个争论，因为前一观点导致圣经错了的结论。这确实是他们以为他们在争论之事，但既然我费心阐释"真地运动"，我必须把他们看作真地在辩论这样的问题:“我们能够如何去安排社会的和教育的惯习,以使得圣经和天文学彼此互不妨碍?”这样一个合理的问题只是由于问什么“真地”发生(更不必说去问,在此语境中,“真地”意味着什么)而变得含混不明了。在麦金太尔把我取消的问题当作是出现于其他学科内的“纯哲学”问题之处,我却把科学的和政治的问题看作是由于使用了哲学术语而变得糊涂不清了。

人们怎样去决定以什么方式看待事物呢?我认为,只有通过撰写更加广泛和更加详细的思想史,并将“哲学史”置于其内的方式,正如麦金太尔在他文章结尾一段中所建议的那样。我的预感是,这样一种大规模的思想史将会获得更大的成功,如果它能屈尊地对待自由与决定论的对立、实在主义与工具主义的对立,就像它对待阿里乌斯教派与东正教派的冲突时的态度一样的话,即把这三个论题都看作讨论真正争端的无用方式。麦金太尔的预感正相反。每一位写思想史的人,都有他在写作时加以检验着的预感。人们毕竟不可能只从表面看待每一个讨论的问题,而仍然希望提供一种可理解的和戏剧性的叙述。因此我与麦金太尔的区别是与这样一个问题有关的,最好的故事是通过把相对永久的“哲学问题”当作绳线使用,在上面挂上种种叙述的情节来讲述的,还是(例如按福柯和布鲁门伯格的方式)把(例如在古代、中世纪和近代诸时期之间的)不连续性看成如此之大,以至于阻止人们把早先的知识分子和现代哲学家说成是在关心着“相同的问题”。

和麦金太尔不同,我认为,当思想史更漫不经心地处理哲学和其他学科间的区别时,它就是最成功的。我想比麦金太尔本人更认真地看待他的这种论述:“哲学正是在任何领域里的

理智上自觉的研究。”然而我对理智与经验这一区别所持的奎因式的怀疑，导致我把这个定义大致改变为：“哲学正是研究者社团内的这样一种争论，它导致了与其他这类社团之间的摩擦或亲近。”我把麦金太尔说的“理智自觉性”看作是对这样一种事实的认识：某人关于他自己的关切想说的东西，可能与其他人关于他们特有的关切所说的东西相违。因此当麦金太尔把如下的看法归诸于我时，我不免吃惊了：“哲学曾经是一门真正单一性的学科，不同于一切其他的研究形式，而它在其近代史的某个时期中失去了这种统一性和独特性。”我想我是在说，当哲学不再意指着像麦金太尔的“理智上自觉的研究”一类东西，而且变成某种不同的、统一的和独特的东西时，它就失去了其意义。我并不是说，当哲学具有为某一统一的学科提供“其本身独特的、统一的主题”的某些“哲学特有的问题”时，它就处于良好状态。我是想说，一旦一种在制度与惯例上独特的学科（按我的观点看是不幸地）被建立起来，它就进而企图通过制定“哲学特有的问题”来使本身合法化。在我看来这就在新建立的制度习惯的内部导致了高度的信心，但同时也导致了在该制度习惯与文化其他领域之间逐渐增加的脱节。

在麦金太尔和罗森伯格的批评之间有相当大的重叠部分。他们两人比我更多地注意问题的连续性，而且两人比我更不情愿把哲学看作继续着先锋派文学以及科学与政治话语中更有争议的部分这两方面的活动。例如罗森伯格提出了十位当代哲学家（从罗尔斯到德里达）和十六位历史人物（从阿奎那到穆勒）的名单，并说他们都关心着下述问题：

> “物理现实与社会现实、善与恶、对错和正义等等的性质；所面对的世界的可理解性；人在世界中的地位；他们作为认知者和行动者的能力；他们的权利与责任；死亡与时间；意识和自意识；经验和思想。”（罗森伯格，1982年，第116页）

我与这份清单有联系的问题是，对这些问题的关切同样也是波德莱尔、A.哈弥尔顿、达尔文、披里克里、惠特曼、帕拉塞尔苏斯、布莱希特、原始种族的巫医、太阳神教的司祭等等的特征。这份名单对于界定罗森伯格称作“在任何名符其实的反思性文化内部的一种特有的（着重号为我所加）理智使命，一种关于纲领性的自我理解和自我评估的必要规划”的东西，毫无用处。这个使命是通才知识分子的使命，而不是哲学家的使命，后者被理解作一门特殊学科内的成员。对一种使命的这种描述，无助于阐明罗森伯格在“谈话”（有“意义”之事）和“闲谈”（无意义之事）之间、在“闲谈我们的失误和过分”（这是他对我的文章的描述）和“回到正题”（这是罗森伯格在对我写的东西暗笑和不耐烦之后将做的事）之间所做的区别。（第127页注）为了知道人们何时在追求着正经的目的，何时没这么做，除了我上面引述的一份问题清单外，也许还需要一种对什么被认为是研究这些问题的哲学特有的、有意义的和正经的方法的描述。

为了符合这一要求，光是说哲学的方略永远是“辩证的”，例如与“观察的”、“实验的”或“诗意的”对比而言，这是不够的（第118页），说哲学家发展了“一种理性的观念”，这种观念对

于我们合乎情理的肯定具有合法的认定，并且可在面对理性的批评时能够保持一贯，这也是不够的。很少有运用言语而非运用枪炮的人不提出这样的观念。如果人们像罗森伯格那样想把德里达、海德格尔、罗尔斯、塞尔都置于“哲学家”的名号下，那么就将必须把“理性的”一词解释得如此广泛，以至于可以认为波德莱尔、布莱希特、哈弥尔顿将也在提出“理性的观念”，并实行着一种“辩证的”方法。罗森伯格的无所不包的论点以这样一种可能性为前提，即对欧洲文化发展的一种历史的叙述，为他所需要的那种“辩证的”和“观察的”、或“辩证的”和“诗意的”之间的分裂提供说明。我不认为有任何方法来维护他带来的这副由各种区别组成的护甲，除了通过写出这样一种记叙，即有关“一门首尾一贯的学科、具有自己独一无二的和别具特色的理智使命的学科”的故事，在其中“哲学的历史问题空间”并不显示“任何重要的不连续性”。

我怀疑这样一种记叙会使人信服，但是我当然也不能证明对其否定的论断。我所能做的只是指出，对过去那种写出记叙的企图所日益增长的不满，这种不满藏于麦金太尔、福柯、海德格尔、布鲁门伯格的那些修正主义的历史背后。那些企图写这类修正主义的记叙的人们的共同看法是，人们不很清楚“返回正题”究竟相当于什么意思，而且也不像以前认为的那么清楚的是，哪些话语有意义，哪些仅只是“闲谈”。罗森伯格的写法使人觉得，他可以根据感觉去区分人们在谈话，还是在闲谈，这非常像是前维特根施坦的作者在论述心理学时指出，人们可表明内省意味着什么，以及像前存在主义的道德哲学家那样指出，人们可以根据同一手段辨别要做的正确事情。但是一些漫不经心地关心他列举的问题的作者，如德里达和海德格尔，企图指出，只有冒着巨大困难和借助于充分关注历史，人们才有机会认识他的话语是否有意义，或者人们是否只是闲谈般地穿过日行常规，这是由人们在其中成长的习俗制度所设定的。

我认为，罗森伯格关于自然科学本性的发挥是企图说明，在那些显然是一种谈话、显然有一种意义的东西，与“教化哲学的显然无意义性”之间存在着区别。罗森伯格提出，如果我对科学的意义有更好的理解，我就不至于如此依附于教化观了。我对他对自然科学的论述感到的困难，正像我对他论述哲学的“特有使命”所感到的困难一样。他所说的自然科学的谈话有一个“不可摆脱的”“第三者”，即世界，在我看来这对文化的每一领域都适用。在伽利略的观察结果“封闭了某些路”的同一意义上，艾略特对雪莱的理解和塞缪尔·亚当对邮票法的理解也封闭了某些路。可在一命题中被表述的和被某人相信的任何东西都关闭了某些路，其意思是，那些最终相信该命题的人的信念网，将必须被调整以便能对其加以考虑。但是为了说明自然科学，以使它能恰当地区别于政治和诗学，关于科学观察的作用问题，我们就必须比罗森伯格企图说的要更多。我们就必须克服对逻辑经验主义的一种标准的反对意见，即对逻辑经验主义企图指出观察活动在文化的这一领域中起着一种特殊作用的反对意见。也许可以对其加以克服，但将无助于赞成罗森伯格的这种说法：“‘科学革命’并非‘任意的’社会文化力量的后果，而且……‘不可公度的理论’，尽管它们之间有‘不可公度性’，并不能免除理性的比较和评价。”（第 124 页）或许很难找

到一个人，他会肯定罗森伯格在此否定的东西，或者他会反对罗森伯格的下述主张："一种'科学革命'，尽管它具有彻底的和整体论的性格，仍然能够说明某种东西……"（第124页）无论如何，政治的和文学的革命也是如此。库恩主义者怀疑在物理学和政治学中区分不同的可说明性方式，并未怀疑在两个领域中存在着可说明性的事实。

罗森伯格在把我的"博学的业余爱好者"活动称作"教化活动"的一例时，是把我所说的"解释学"和我所说的"教化哲学"混为一谈了。然而这是一种通常的混淆，我和他都难辞其咎。在《哲学和自然之镜》第三部分中，我提出了三种区别，即"系统哲学"和"教化哲学"之间的区别，"认识论"和"解释学"之间的区别，以及"正常话语"和"反常话语"之间的区别。我还讨论过第四种区别，即"分析哲学"和"大陆哲学"之间的区别。这四种区别被该书的评论者们混淆在一起了，而且我显然未曾做足够的说明以使它们彼此区分开来。我明白自己写下了这脆弱的最后一章，当我发现拙著的读者们得出结论说，我在呼吁哲学家走出去进行教化。天哪！我曾设法产生一种印象，我既把教化推荐为"哲学的新使命"，又通过亲身做一点教化工作来树立一个良好榜样。这真是误人匪浅。我曾打算暗示，在一个世纪中教化型哲学家的数目大体与独创性伟大诗人或革命性科学理论一样多，也许有一两名，如果那是一个幸运的世纪的话。这是一个我并未梦想为我本人谋求的地位，我也不想把教化哲学向青年人推荐为一种职业目标。我也不应如此接近于把"大陆哲学"和"教化哲学"等同化，而仅只应当说，对后者的宽容态度，在欧洲大陆的哲学教授中更为明显。然而该书的最后一

章组织得如此之糟，阿兰·蒙特费欧里十分正确地问道，我的书难道不是这样一个例子吗，即“写得好像是一个人表达了对某一共同关切的主题的观点，而之后又拒绝承认批评地对待该观点本身的适当性”（蒙特费欧里，1983年）。

蒙特费欧里是在谈到我的一段论述时提出这个问题的，在该段论述中我讨论了像尼采（我的“教化型哲学家”的原型）一类作家，对属于他们所批评的那个传统的哲学家提出的诘难。我在那里说，这些作家被误解成具有关于事物状况的看法。本来应当最好说，他们被误解成具有关于某些个别事物（由他们要拒绝的传统所讨论的那些事物）状况的看法。这些作者想要说：“别打算把我推进关于自由意志和决定论相对立或实在主义与工具主义相对立的某种十七世纪的标准立场；我打算以身作则教你一种说话方式，它将使你能够对那些问题不持有任何观点。”更具传统性的哲学家往往回答：“你们关于许多其他问题的立场，似乎显然以对这些问题的一种熟悉立场为前提，例如在自由意志问题上的相容主义和科学哲学中的工具主义。因此你们最好还是准备好在面对这些立场的标准反对意见时保卫你们自己吧。”

人们永远可以沿着下面的路线对教化式哲学家提出挑战：“你怎能证明Q是一个坏的问题，除了通过证明它以P为前提，而P是错的以外？如果你想说，Q′这个往往以P作为其回答的问题，也是一个坏的问题，那么你不应当证明Q′以之为前提的P′是假的吗？在某一点上你将必须停止追索而去证明某个命题的错误，这个命题表明着你讥讽地称作‘对某一熟悉的哲学问题的标准立场’”。对此教化型哲学家可能倾向于答复说:“是的,因为Q包含着词‘a’,而且我想抛弃这个词,我否定Q的前提,这个前提说‘a’是在此语境中适当的和有用的词,这会怎样呢?这至少不是关于一个熟悉问题的标准立场。”但是现在他的批评者反驳说,拒绝使用一个词和指出为什么应当抛弃它的理由,这是两回事。后一件事涉及表明为什么刚刚借助该词处理的现象,以其他方式来处理会更好。

这种交锋可以再绕上另外几个辩证的弯道,但毫无出路的结构是一目了然的。教化型哲学家想改变主题,但他只有通过在新旧主题间架通桥梁才能“理性化地”办到这一点。坚持传统的人认为,目前的哲学论证词汇提供了足够的潜能,使关于什么问题应加以讨论的理性的元哲学论证得以成立。他想,目前讨论中的语言和关于提供该语言字词的语境“用法定义”的一般谈论,对理性的论证并未施加任何限制。因此当迫切要求改变词汇时未能运用那些(而且只是那些)潜能,就会是“预言式的”、“文学的”或非“理性的”什么别的东西。反之,教化型哲学家认为,同意只利用那些潜能,已经是放弃逃脱令人窒息的时代理智气氛的希望了。

在此我们能够认出与出现在麦金太尔的“客观的和理性的标准”方面的问题具有相同的人为性的问题。如果有这类标准,或者如果有一种词汇,其运用构成了合理性,那么这些标准就会是不能被批评的。或许没有办法“合乎理性地”去置换某些新标准或某套新词汇。我称它是人为性的问题,因为我认为,它是每时每刻地,日复一日地被那些逐渐厌烦旧的老生常谈、开始把他们以前“隐喻地”理解的东西换以“直意地”理解(或者反过来)的人加以解决着,而且他们不知不觉地停止讨论Q时，不是因为他们怀疑其前提P，而只是因为他们发现了要去讨论的更好的对象。在说话方式方面，从异教徒向基督徒，从基督徒向启蒙时代，以及从启蒙时代向浪漫主义和历史主义的变化，不可能被分析为“合理的”，如果这意味着，公元前四世纪雅典城邦的说话人，“在原则上”能为赞成或反对进行这些变化提出论证的话。但是没有人会说，西方心灵的这一系列变化是“非理性的”，在“理性的论证”和“非理性的论证”之间的对立，对于描述思想史中发生的事情来说，是过于粗糙了。

我认为，蒙特费欧里会同意这个总的思想路线。我肯定同意他的这种看法：“由一个人的实际的或潜在的伙伴接受可识认性条件，就是他自己有意义地参与谈话的条件”（第91页）。一个人不可能过多使用新词语而仍然被看成是在进行对话。我的目的所需要的一切就是蒙特费欧里所惠予的一个论点，即“对准则的偶尔嘲笑（这些嘲笑按定义似乎正是依存于这些准则的）不可能完全摧毁这些准则”。（第91页注）你可以在论证、笑话和记叙之间轮流替换，却仍然在继续着相同的谈话。现在在我看来，在我和蒙特费欧里有分歧的几点上，他大体上是对的。我不应当把“反常话语”、“解释学”、“广泛的历史故事”和“大陆哲学”，像我已做的那样混为一谈。我所造成的混淆，远非我曾想提出的任何论点所可辩解的。现在让我设法把这四件事更明确地加以区分一下。

我用“反常话语”指那样一种话语，对于一定的听众来说，它听起来很奇怪，而且与听众所习惯听到的东西相去如此之远，以至于对他们来说寻求其定义和转译是没有意义的。这是一个学会专门术语，积极投入活动，被同化于一种新生活形式的问题。这种事情也发生在巴勒斯坦的基督徒开始打算使罗马人皈依，伽利略打算说服帕多瓦的天文学家，渥尔渥兹和柯勒律治尝试他们的新诗形式，以及当尼采企图促使欧洲精神克服自身之时。反常话语（它存在着，而非当作古怪的和无聊的东西被取消）乃是黑格尔称作世界性历史个人的赠予，这类人的英名将载入文化发展史册。但是正如人们不可能通过学习而成为另一个伽利略或另一个耶稣一样，人们也不可能通过学习而成为一名教化哲学家。这个称号指以后诸世代的人可能承认的一种成就，而不指人们可为之献身的一种活动。

我用“解释学”指一种人们可以去研究，并可以对其追求的活动，这是一种相对来说常规性的活动。这种活动的一个重要部分是讲述“无所不及的历史故事”，这是一种麦金太尔所专常的那种戏剧性的记叙，在美国哲学生活中仍然还很少见，尽管美国在重新关注哲学史，对此特恩布尔曾予以准确的描述。但是正如大陆哲学不应与教化哲学等同一样，它也不应与解释学等同。它不应与任何个别的东西等同。在分析哲学与大陆哲学的区别和我举出的其他几种区别之间的唯一联系是，法国和德国的哲学教授，此时，一般而言，比他们的英美同行对我所说的“教化的”哲学和无所不及的历史记叙有着更深的兴趣。[①]

《哲学和自然之镜》一书打算成为一种解释学的活动，部分上是根据新书来重新解释旧书，部分上又是根据旧书来解释新书。它包括关于一种无所不及的历史故事的一些样例和对这种故事的简要介绍。它并不想去进行教化，但提出一些新的方式，来把现代哲学讨论中的一些显赫的名字与一些世界性的历史个人的名字联系起来。于是不幸的是，在德文的“当前美国哲学现状”一文中我曾反对过在大陆哲学和分析哲学中架设桥梁的企图。蒙特费欧里十分正确地说，这种架设桥梁的工作是既自然又必要的。然而我想他恐怕是错误地说，我“提供了大量公开的告诫，说我的书和文章的话语，一般而言，与标准相比是相当反常的”。我不认为我的书和文章使用了反常的话语，虽然我当然引用过，偶尔（很遗憾）还企图模仿过这类话语的样例。我想我的书和文章大概在说些这样的话：“试把十七世纪中或当前美国哲学系中发生的东西看作一种如实进行的叙事的片段，而不看作由（例如）温德尔班、莱辛巴赫或罗森伯格所提供的叙事中的片段，后一类叙事忽略了我想提醒注意的不连续性。”我把对历史的这种再描述看作是现代哲学“正常”话语的一个部分。

关于架设桥梁的不幸措辞，是打算使我自己脱离罗森伯格那种观点的一次笨拙尝试，他曾将这一观点表示为，大陆哲学家的著作包含着“积极的洞识……，它们可在原则上用那样一种逻辑语义的说明性语言加以改述”，这种语言是分析哲学家“作为一种方法论手段加以采用以避免语言表现中的圈套和陷阱的”（罗森伯格，1982 年）。罗森伯格持有这样的看法，分析哲学家是特别善于“使其有意义”，这是通过考虑表面的和引人误解的语言现象与语言的深层结构（“逻辑形式”）之间的区别而完成的一项功绩。我把这种“在语言的现象和实在之间的区别”看作后期维特根施坦使我们能够抛弃的东西的一部分。关于分析哲学我最坚信的一种元哲学观点是，罗森伯格所说的“一种更相宜的说明性语言”、“逻辑语义的”等等，并不比海德格尔的语言更清楚，如果“清楚”意指“使人看到真正存在的东西”。如果“清楚”仅指“引起人们对某一社会在传统上注意的那种东西的注意”，那么“逻辑语义的”语言当然相宜于某些社会，正如海德格尔语言更相宜于其他社会一样。但明晰性就像类似性、熟悉性一样是相对的。在哲学中人们使用的语言，将是人们认为最适合去使某一批特殊听众信服的语言。哲学听众是由他们以前读过的书籍所教育成的，这些书籍产生了关于什么问题或什么人是重要的一种观点。如果想劝说一批听众放弃关于什么问题是重要的信念，而不只是去改变他们关于对熟悉的问题给予什么回答的意见，那么就必须劝说他们相信他们读了错的（或不尽正确的）书籍。罗森伯格像很多分析哲学家一样认为，“逻辑语义的语言”的重要性，不在于更容易用它来讨论某些问题，而在于它多少是内在地更为清晰。按照我和麦金太尔共同相信的历史主义观点，不存在内在清晰性这种东西，而只存在对某一时期听众的熟悉性。这意味着，哲学改革始于修正主义的史学，而不始于揭示逻辑形式。

罗森伯格在提出大陆思想可以用分析性语言加以改述时所考虑的那种架桥工作，在“大陆”一侧的意见中也有对应物，大陆哲学家认为分析哲学家的“技巧和方法”最好被用于处理德法国家中那些比英美国家中讨论的“贫乏”问题更为重要的问题。我认为，关于分析哲学家使用的技巧和方法不只是对适用于某些问题的讨论的词汇的熟悉性的看法，是与认为他们专用的语言具有内在明晰性的看法犯了同样的错误。哲学的设问并不独立于哲学的史学而变化或改进。因此我认为，企图用分析派术语改述大陆哲学观点或对大陆哲学的深刻问题施用分析技巧的那种架桥活动，将不会达到目的。我们应当停止企图孤立看待什么对分析哲学特别有益或什么对大陆哲学特别有益的问题，而只是去鼓励每个人都去读其他人的书。于是我们可能进行了那种无自我意识的架桥活动，它逐渐而同时地改变了过去时代的语言、技巧、设问方式和哲学家的意识。这就是蒙特费欧里所提倡的那种架桥工作，而且他这样去努力是完全正确的。

另一方面，如果实际上谁也不去读别人的书，如果我们始终分为两个文化传统（于是"哲学"对海峡两岸来说干脆不再有共同的所指），正如我在"当前美国哲学现状"一文中说的，这并不是可悲的事。这并不比目前在哲学系和宗教系之间的分离或哲学和心理学的分离更可悲。对一种更为复杂的谈话的愿望，并不怎么受大学内制度的重新安排的阻碍或促进。由于我想写的那种历史（与罗森伯格和麦金太尔想去写的历史对立）的本质，"哲学"并不是一种自然存在物的名称。于是它是否被用于指两种不同的专业领域，从而变成干脆是含混的而不只是模糊的，这并不重要。

我在结束对蒙特费欧里文章的评述时，将匆匆地、并不无尴尬地谈一下另一个不幸的（因为是完全错了的）措词，对此他曾提醒读者注意。这就是那样一种意见，分析派与大陆派的区别相符于论证技巧与获得远见的能力之间的区别（第 93 页）。这种说法正犯了我在前一段中批评过的那种错误。蒙特费欧里十分正确地说，"在分析哲学和大陆哲学之间的区别，'不能'以任何严肃的方式与个人才具、性向或趣味联系起来"（第 95 页）。

虽然罗森伯格认为我由于哲学的错误而误解了分析哲学的精神（未领会自然科学的特殊性质和"语言方面的现象与实在的区

别”)，贝奈特和特恩布尔却提出我是在社会学方面失败的。按他们的看法，我过于强调了当代美国哲学舞台的表面特征，而忽略了更为重要的特征。贝奈特说，我忽略了“在探求这样一些分析哲学特有的情况时，对其彻底性、一致性和完整性的承诺(对追随正常的论证路线的承诺)，在这些情况中人们对一种问题的看法可能给他们对另外一种问题的看法带来麻烦”。(贝奈特，1982 年，第 98 页)他提出，是这种承诺而不是论证的明晰性，才是这类哲学家们用“哲学能力”所指的东西。当然，贝奈特所描述的道德品性，非常不同于我所描述的那种思想天才。但我没有看到这种德性在分析哲学家中间比在古典语言学家、电机工程师或海德格尔主义者中间更为普遍。所谈的这种德性相当于说不屈服于这样的诱惑(当人的智力复杂性增加后就更会发生的)，即以特定的增加内容来弥缝一直在说的话，利用知识和研究的整体性特征来使自己免于必须放弃先前所说过的话。关于知识分子的社会学问题，我不认为英语世界中的哲学在成为“分析的”以后，对于禀具这种德性的情况也改变了。分析哲学家，托马斯主义者，过程哲学家和唯心主义者们，各自都运用专门的语言来挽救某一立场，其办法是通过进行区别，否定批评的前提或提出种种能使命题在与其他命题的竞争中获得安全的其他的辩证手法。关于何时运用这些手法为公平、何时又为欺骗的问题，并无章法可依，无论在分析哲学内还是在任何其他的我所提及的思潮中都是如此。存在的只有思潮的团体性道德意义。贝奈特认为，分析运动的道德韵味显著地为高，而我却认为它的表现平平。

人们或许会采取贝奈特观点的一个理由是，在这一哲学运动中对其他哲学家的立场有着更尖锐苛刻的批评。这是由于原子主义风格与整体主义风格之间的区别所致。虽然对一种修正主义的历史(如黑格尔的或麦金太尔的历史)或对某一主题的系统地用新词语重新描述(如怀特海的或海德格尔的新词语重新描述)的唯一适当的答复,是一种同样长久的替代的历史或系统,分析运动鼓励产生旨在维护单一命题的文章,因此鼓励针对被批评的作者的**确切词语**(而非针对他的“观点”、“看法”或什么这类模糊的东西)的大量尖锐的短论文章。然而这种区别并不足以显示一种较高的道德格调。在估量理智谦逊的普遍性时,既应注意对批评的反应,又应注意对批评的出现方式的反应。我惊奇地发现(贝奈特则否)如此多的不厌其详的批评与如此少的哲学观点的改变(例如与极少的条件限制和特定的区分相对立)是同时出现的。分析哲学中的大多数发展(虽然纯非全部发展)类似于其他哲学和其他人文学科中的发展:人们最初发现了一种新玩意,然后以精心构想的保护性的条件限制为其辩护,力竭而止。

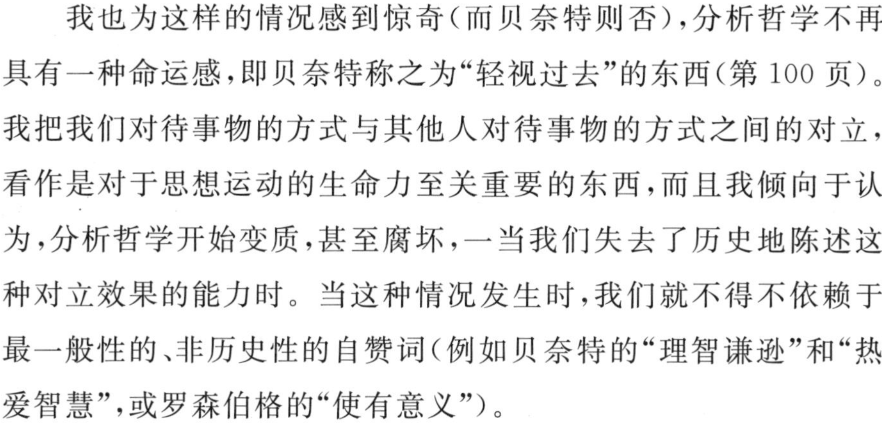

我也为这样的情况感到惊奇(而贝奈特则否),分析哲学不再具有一种命运感,即贝奈特称之为“轻视过去”的东西(第 100 页)。我把我们对待事物的方式与其他人对待事物的方式之间的对立,看作是对于思想运动的生命力至关重要的东西,而且我倾向于认为,分析哲学开始变质,甚至腐坏,一当我们失去了历史地陈述这种对立效果的能力时。当这种情况发生时,我们就不得不依赖于最一般性的、非历史性的自赞词(例如贝奈特的“理智谦逊”和“热爱智慧”,或罗森伯格的“使有意义”)。

贝奈特认为,荒谬不过的是提出“一旦我们被迫终止轻视过去，我们就不得不终止回顾过去”（第100页），但我却不如此肯定。在我看来，我们分析哲学家今日采取的回顾方式，比我们以前习惯于采取的回顾方式提供的有趣观点要少得多，以前我们曾以超越了我们曾以其为立足点的那些历史巨人而自豪。在麦金太尔准确地称作分析哲学的“至福千年的”希望仍然存在的时代，有一种对待过去的积极论辩的关系。这种关系已为在我看来是不那么有趣的关系所取代，这就是贝奈特称作的“在一些以往伟大哲学家的陪伴下和帮助下从事哲学”（第100页）。不管用伴侣关系替代弑祖关系利弊如何，我想这是一种比贝奈特的文章建议的态度更少一般性的态度。我不认为在分析哲学家中“与以前世纪的伟大哲学篇章的活生生接触”十分频繁，尽管贝奈特本人树立了良好的范例。如特恩布尔说的，的确，在英美哲学系中，哲学史的研究最近比头几十年间增加了。但它仍然是一种处在边缘地位的活动。再者，虽然这类研究往往开头甚好（如伏拉斯托斯和欧文的希腊哲学研究和斯特劳森和贝奈特的康德研究），在我看来，复兴哲学史研究的这些各种各样的努力已失去了势头，正因为伏拉斯托斯（Vlastos）或贝奈特的读者们，一般都未运用范围广泛的历史叙事以作为进行这类研究的一种框架。贝奈特和罗森伯格与麦金太尔共同采取的“问题连续性”假设，只有在被看作一种极可争议的假定、而非一种无可置疑的起点时，才会导致有生气的和有趣的研究。在由海德格尔、福柯和布鲁门伯格（Blumenberg）提出的那种修正主义的哲学史学和英美哲学史家之间实际上不存在对话交流这一事实，表明这个假设的提出是过于轻率了。

贝奈特相信，“分析哲学的荣耀之一是，它平添了这笔伟大的

额外财富”，即“与以往诸世纪的伟大哲学篇章的活生生的接触”（第100页）。这显示，贝奈特以为，像T.H.格林，柏格森，和杜威一类人未曾有过这种接触，或没有过这么多的接触。这种看法只是在这种情况下才会有可能，即把贝奈特看作同意罗森伯格的看法，认为分析哲学为读解这些篇章发现了解释学的钥匙，这在以前是不可获得的，或许这就是我前面谈过的“语言方面现象与实在的区别”意识，关于语言不是“表达思想的透明介质”的理解等。我不肯定贝奈特在多大程度上会赞成罗森伯格对这个问题的原教旨式的说明。但是如果他要为分析哲学索请这份殊荣，对这样一种特殊哲学发现的这样一种说明，就是必不可少的了。

我想，贝奈特正确地指责了我援引智者派和圣贤派之间的区别。如他所说，这是“过于粗简地把握当前实践中的分析哲学现实了”（第100页）。一种比较更适当一点的区别也许是那样一种区别，它反映了贝奈特和我自己关于当前分析运动的社会学看法上的分歧。在贝奈特认为由于发现了一种新的真理而使智慧之爱获得新生的问题上，我却看到了打算延续一种已为理智的诚实挫败的颓废传统的自欺欺人的努力。我的描述是与这样一种运动有关的，它已被夺去至福千年的希望，但同时仍竭尽气力企图说“我们正在做与亚里士多德、笛卡尔和康德做过的同样事情”，以及“由于得助于某些有益的洞见，我们能做得比他们更好”。我所说的“逻辑分析概念的慢性自杀”，在我看来已使我们没有可能说出那些洞见是什么。由于欠缺这种能力，在我看来，我们已日益变得狭隘不堪，有守无攻和自我陶醉了。麦金太尔十分正确地说，我的文章是“一种对至福千年或安慰的研究”。我对今日分析运动的理解是，他们是这样一个研究者团体，开始感到他们与一个更大的思想世界和人类过去的隔绝所造成的影响，所以他们极需某种安慰。贝奈特把这一运动理解作这样一个团体，他们在自己以更好的新方式从事哲学的能力中，发现了使人振奋、自我更新的道德目的的意义。看起来我们在谈论着两批不同的人。这倒是人们常见的现象，具有不同哲学素养的社会学观察者们在描述同一个社群。他们往往会选不同的个人作为范例。

特恩布尔和我也提供了不同的社会学报道。特恩布尔把我们的分歧看作是在趋尚时髦的环境中的居民和一个更宽松、更富于反思的哲学氛围中的居民之间的区别，在前一种环境里追求时潮才是重要之务，在后一环境里人们更容易看见一幅宽广的巨图。这样区分肯定有一些道理，但我想把这种区别看作是在回答不同的问题。特恩布尔回答的问题是“今日美国哲学如何?”而我回答的问题是“美国哲学中是否有任何东西可证明德国哲学家的希望，他们正为自己的传统感到沮丧，并对大西洋此岸充满憧憬吗?”

特恩布尔正确地指出，大多数美国哲学家并不以为自己正在哲学的“火热”的“中心”领域内某处“相互竞争的诸研究纲领间的混乱地带”中奋力挣扎，而这幅图景是我在文章中予以描述的。这种趋附时潮的现象肯定是相对局部性的。[②]它也是一种与世代趋尚有关的现象。刚刚获得博士学位的青年哲学家们，往往会比他们自己在这个行业里干了十年之后更重视“什么是新的?”问题。其后，在教过多门与历史材料有关的课程后，他们开始感到比离开研究院时更像是爱智者等已往伟哲的同道人了。另一方面，正是“什么是新的?”这个问题(按“从何处行动?”的意义理解)是德国哲学系学生到达美国海岸时挂在嘴边的话，他们希望将在三十年代被流放在外的这个运动的某些东西带回去。

麦金太尔声称，我对分析哲学的描述过多侧重于逻辑经验主义和“逻辑分析”一类概念了。特恩布尔也对此附和，他提醒我注意在美国诸大学哲学系中有许多研究不属于语言哲学或形而上学。我的辩解是，如果我们打算继续使用“分析哲学”这个词，就不可能让它只意味着摩尔、罗素、维特根施坦、拉姆塞、波普尔、刘易斯、舍弗尔、赖尔和奥斯丁等人之间（空洞的）“最小公分母”。（麦金太尔还引述了一些名字来坚持主张，许多分析哲学家“只是在次要方面、或根本未曾”受逻辑经验主义者的影响，这一断言在我看来是大大言过其实了。）我们必须让这个词有一种如果不是至福千年的意义，也至少是充分意识形态的意义，以便说明它何以曾经被用作一种舆论呼声，以及它何以甚至在现在还被用作青年欧洲哲学家心目中的希望灯塔。于是当特恩布尔在其文章末尾概述了标志着美国哲学（它与两个海岸的“少数才智之士”对立）“深层结构”中大量研究的五个特征（特恩布尔，1982 年，第 236 页脚注），我倾向于同意存在有这些特征。但我要反对说，列举这些特征无助于我们把当代美国哲学看作“分析哲学”的范例。

我想特恩布尔正确地说道，很多美国的分析哲学家和非分析哲学家，大多数德国的哲学家，都会同意拒绝关于直观会使我们“瞥见实在”的观念，而且会满足于说，直观“显示了必须加以考虑的我们语言的一些特征”（第 235 页）。对这一断言会有一些例外，特别是在那样一些哲学家中间，他们在克里普克的“新指称论”庇护下参加了摔开整体论，朝向一种新亚里士多德主义的活动。但除掉这些例外不谈，像这一类的共同意见似乎的确是二十世纪后期世界范围的哲学标志。那些未被罗素和卡尔纳普劝说相信哲学问题的“逻辑的”和“语言的”特性的人，被海德格尔、伽达默尔和德里达劝服相信语言无处不在。于是我同意特恩布尔的说法，美国哲学暗中“比一般认为的更接近大陆哲学的发展。”[3]但在我看来，只有通过（如法国人所说）不把这种一致性“主题化”（thematizing），才能保持某种具有一贯性的自我形象。

也许特恩布尔和我都能同意，分析哲学和非分析哲学之间的区别不再那么重要了。然而贝奈特和罗森伯格不会对这个结论满意，大多数自认为是“分析哲学家”的美国哲学家，也不会对此满意。在我看来，当前美国分析哲学家正试图从两方面获利。他们中间很多人想抛开分析哲学早先至福千年时代的消除污点的修辞学，并亲切地乐意接受当代德法哲学。同时他们又谨谢天恩，庆幸自己生在“分析”的光环下。同时，正转向分析哲学方向的这一代德法哲学家们，希望找到一种思想运动，如果它不是至福千年式的，至少是朝向某一特定方向的。我预料他们将要失望。尽管有着普遍的一致性，海峡两岸的哲学活动在我看来正处在过渡期间，而非处于某种顶峰。无论是朝向欧洲大陆的美国人还是隔着海峡相望的欧洲人，都不大可能发现可载浮他们长风万里的新浪潮。他们将只会发现往昔扔出的石子所留下的余波涟漪而已。

柯勒尔的文章所包含的对我的文章的批评，如果有，也是为数甚少的，他却指出了我的元哲学问题观与我对某些初阶（first-order）问题看法之间的联系。我极其感谢他细心而同情地研究了我的著作，尤其感谢他的论文的结尾几页，它强调指出我企图弄模糊

各学科间的界限，特别是在“文学”、“科学”和“哲学”之间，而且当然是在自然科学和精神科学之间。按我的看法，过于强调后一对区别是分析哲学家和大陆哲学家二者共同有的缺点。正如麦金太尔在谈到莱辛巴赫时所说，分析哲学和大陆哲学描述的不是自然科学，而是“由逻辑经验主义所解释的自然科学”。杜威认为人体生理学、道德哲学、社会学和社会风俗小说，都是供不同目的之用的工具，而不是“方法”上或“不可还原的特殊主题”中的区别，这种看法在我看来乃是《哲学和自然之镜》一书的主旨。关于“可还原性”和“不可还原性”的不幸概念，实际上支配着我国（包括大陆哲学和分析哲学二者的）一切哲学思想派别。这些概念类似于神学家使用的“与圣经相容的”和“不与圣经相容的”概念。如果我们真要终止把我们偏爱的那种科学家看作一种司祭代替者，并终止把自然或人看作神的代替者，那我们就必须不再操心某种说话方式究竟是“可还原的”，还是“必然的”。我们将把我们使用的种种词汇和围绕着这些词汇凝聚起来的种种制度（例如实验室科学，司法制度）看作为了去做某人想做或曾经想做的事情的工具。

对于柯勒尔论述所有这些问题的方式，我唯一的挑剔是有关他在倒数第二句中使用的 Entscheidung（决定）一词。他是这样说的：“人的语言的不可放弃性（如果它真是不可放弃的话），似乎是一种仅只为了从道德上评价人的本质的决定方式的表达。”（柯勒尔，1983 年，第 111 页）我同意，不可放弃性的问题可归结为我们想做什么的问题，但我认为，提出这类问题可由与“研究”、“论证”或“发现”对立的“决定”来解决，是招致误解的。这种对立似乎只有当它保持了类似于在作为一种准视觉机能的理智和作为一种去选择而非去看的机能二者之间的笛卡尔式的对立时，才有可能成立。这种二元性与“硬性”和“软性”科学之间、文学和科学之间和“硬性”和“软性”哲学之间的种种二元论异曲同工，而在我看来克服这类二元论是极其重要的。我称作“认识论的行为主义”的立场，想要把奎因关于信念和欲望的网络描绘为无缝隙的，意思是，关于任何事情的信念的任何变化都可能使我们有理由去改变其他方面的某个信念或欲望。按此描述，不存在“决定论”或“意志论”，因为不存在越出了构成人本身的这面网的东西，后者可俯视这面网，并决定选择网的这一部分而非其他部分。这里既无一种选择机能也无一种心理视象机能的可能性。于是我想说，像“我们应当只把人类行为看作有道德意义的吗?”或者“我们能根据神经生理学来描述人，而仍保持着某些神经细胞系统的道德尊严的意义吗?”这类问题的适当性，只有当有人为我们提供了详细考虑以有利于改变我们的方式或我们的描述时，只有当讲述了漫长的故事之后，只有当问题变成了威廉·詹姆士所说的“现实选择”时，才成为可能。我想这就是传统实用主义如下主张的实质，即只有“哲学”问题与“实践”发生联系以后，我们才能去思考它们。按此观点，实用主义或认识论的行为主义就成了决定论的对立面。

与决定论课题有关的另一个领域是语义学，在此柯勒尔引述了达美特在“实在主义的”和“非实在主义的”意义论之间所做的区别。对此我是怀疑的。达美特运用这一区别的方式给人留下的印象是，对某一话语领域(如道德判断、关于其他人的心的陈述或关于过去、关于元哲学的陈述)来说，两种意义论之间的选择是目的不明确的，是一种哲学趣味的问题。但我不能肯定是否真有人做了这种选择。达美特喜爱的哲学偏好模型(在直觉主义的和柏拉图主义的元数学之间的选择),在我看来是企图通过使哲学以根本无“实际”意义的研究领域为模型,以使元哲学获得一种人为的纯净化。元数学中直觉主义的问题,是经院哲学家过去常被指责在进行论辩的那类问题的最近似的现代翻版,这个问题在文化的任何其他领域中均无衍生的结果。达美特企图把它看作在较小规模上成为很多传统的“哲学大问题”的想法,在我看来是引出了如下看法所特有的那种虚假的精确性,即一种新的、真的哲学空间地图已被发现,因此使我们能看到“真正的选择”是什么(而且十分典型的是,以这样一种极其抽象的方式提出它们来,从而指出,只有一种“决定”行为或一种明达的“趣味”,才使我们能解决它们)。

达美特的区别与我想讨论的问题的无关联性已为柯勒尔的论述所指出,他说“一位反实在主义者当然认为,一切可真的语句本来就是或真或伪,第三条路对他是不适用的。”(第103页)就我所能理解的而言,戴维森、杜威和我都无理由怀疑“排中律”原则。这个原则对于达美特论述反实在主义是至关重要的,但对于一大批他想置于“反实在主义”名下的哲学家来说均不适宜。对戴维森而言,这个问题是,在描述了表现在某种语言说话者行为中的推论性联系以后,关于真理是否还有任何更多的话可说。他认为没有了,尤其是“语言学家是否描述了语言句子的真实条件,或准确说,可断定性条件?”这个问题是无意义的。说这不是一个有用的问题,就是说“真”不是那种将被说明、定义、分析,或常常与“可断定的”这种有力的对立物相对比的词。我认为在这一点上戴维森是正确的,而且我很遗憾,在《哲学和自然之镜》中,我把戴维森的这个论点弄得不清楚了，因为我企图把它与杜威的“真理即有保证的可断言性”论断或皮尔士的“真理是在研究末尾注定要采取的意见”这个论断联系起来。[④]这两种主张都企图为一个不需定义的词下定义，我们寻求定义，只因为有这样一个坏问题：“真理为可断定性增加了什么？”这个问题就像“道德正确性为在环境内做最佳选择增加了什么？”的问题一样坏。

这两个问题的麻烦在于，它们暗示着，一个人在考虑信仰什么和做什么时会犯错误的事实，意味着存在着某种主宰的因素，某种称作“真理”或“正确性”的东西，它在性质上异于他在考虑中所关注的那种具体细节。戴维森和杜威都共同反驳这种主张，而达美特则企图在两种语义学间提出有趣的区别以加强这种主张。于是当柯勒尔说，也许戴维森和我偏好真值条件语义学，因为我们想因此而“能对付实在主义的锋芒”（第105页），我的回答是，我们都不承认这种假定的区别。毋宁说这是一个“削平实在主义锋芒”的问题。按我对他的理解，戴维森想要消除实在主义和反实在主义间的争论（如我肯定要这样做的）。只有达美特才想继续保持这一争论，以有利于他本人对哲学史的论述，即他本人对这些重要争论从何而来的论述和什么问题是真正的和重要的论述。

正如我在开头讨论麦金太尔时所说，在我看来，决定哪些争论是有意义的，哪些争论是故弄玄虚的东西，正在于人们对哲学史的叙述方式（隐含的或明显的精神史，人们根据它去理解当代的各种讨论）。[⑤]于是我想再次指出，我和我的批评者的分歧或许最好通过比较和对照我们各自关于哲学史提出的故事来彻底讨论。像“分析哲学家是否发现了一个新的解释学论题？”（如贝奈特和罗森伯格提出的)、"分析哲学是一种独特和急进的运动,还是只是对二十世纪脱离'瞥见实在'、而趋向于'审视什么是我们语言和我们生活形式中所固有的东西'的一种不幸的、至福千年的描述方式?"(如特恩布尔和蒙特费欧里提出的)这类问题,都最好是通过撰写历史叙事来讨论。因此我不认为我已经或可能在这里回答了我的批评者。我所能做的只是指出,他们所展开的这些问题的充分讨论,必然会是多么漫长和复杂。极其感谢他们关注我的著作,并给我提供了更充分思考自己观点的机会。*

注 解

① 作为我考虑的这种情况的一个例子,请参考哈贝马斯最近在法兰西学院的几次讲演中对现代主义和后现代主义的论述。通过重述开端于黑格尔并历经尼采、韦伯、海德格尔直到福柯的这段历史,来直接达到现代哲学舞台的观念,或许是大多数盎格鲁-撒克逊哲学家们未曾想到过的。我在即将出版的《国际实践》杂志上的"哈贝马斯和莱奥塔德(Lyotard)论后现代性"一文中,讨论了哈贝马斯的叙述。

② 在"美国哲学协会"西部(即中西部)分会去年的会议上曾散发了一枚徽章,上面印有"消除海岸地区的傲慢!"字样。一些同情的加利福尼亚人欣赏这枚徽章,但又被冷淡地告知,徽章上指的是两个海岸。

③ 的确,这是我在《实用主义的后果》一书导言第18—21页上做了详细论述的一个观点。

④ 我企图使戴维森与皮尔士分开,并为戴维森提出一种辩护以反对达

---

* 在撰写这篇论文时,我通过"行为科学高级研究中心"得到了"全国科学基金会"第BNS820—6304号的资助。

美特，详见“实用主义、戴维森和真理”，载于即将出版（1985 年）的戴维森纪念文集中，E. 勒波尔编，明尼苏达大学出版社。

⑤ 我在“哲学的史学：四种样式”（将载于《历史中的哲学》，R. 罗蒂、J. B. 施尼温德、Q. 斯金纳尔编，剑桥大学出版社，1984 年）一文中曾为作为规范形成的精神史的重要性做了论证。

参考书目

贝奈特，J.（1982），“智慧和分析哲学”，载于《分析与批评》第 4 期，第 98—110 页。

柯勒尔，W. R.（1983），“主体间因素。论罗蒂的认识论行为主义”，载于《分析与批评》第 5 期，第 97—113 页。

麦金太尔，A.（1982），“哲学和它的历史”，载于《分析和批评》第 4 期，第 102—113 页。

蒙特费欧里，A.（1983），“理查德 · 罗蒂，两个哲学家还是一个哲学家？”，载于《分析与批评》第 5 期，第 83—96 页。

罗蒂，R.（1982），《实用主义的后果》，明尼苏达。

罗森伯格，J. F.（1982），“哲学的自我形象”，载于《分析与批评》第 4 期，第 114—128 页。

特恩布尔，R. G.（1982），“罗蒂和美国哲学舞台”，载于《分析与批评》第 4 期，第 223—238 页。

解构和回避——论德里达*

1. 文学和哲学的区别

乔纳森·卡勒尔最近指出，我们不应把解构(deconstruction)活动看作是“企图消除一切区别，既不留下文学也不留下哲学，而只剩下一种普遍的、未分化的本文世界。”他解释道：

> 文学和哲学之间的区别，对于解构的介入能力是至关重要的，例如对于指出下面一点是极其重要的，即对某一哲学作品的最真实的哲学读解(这种读解对该作品话语的概念和基础提出疑问)，就是把该作品当作文学，当作一种虚构的修辞学构造物，其成分和秩序是由种种本文的强制要求所决定的。反之，对文学作品的最有力的和适宜的读解，或许是把作品看成各种哲学姿态，从作品对待支持着它们的各种哲学对立的方式中抽取出含意来。①

我想这段话指出，我们必须区别“解构”的两种含义。在一种意义上这个词指雅克·德里达的哲学构想。按此意义理解，打破哲学

---

* 本文初稿是为 1983 年夏西北大学文学批评与理论学院一次讲演所写，当时我正应邀在“行为科学高等研究中心”从事客座研究。该篇讲演题为“一旦我们解构了形而上学，我们是否也必须解构文学？”十分感谢乔治·哈特曼和其他人对该讲演的评论，这促使我写下了以现在这篇带有更审慎标题的第二稿。

本文发表于《批评研究》，1984 年 9 月第 11 期。

和文学间的区别，对解构活动来说是至关重要的。德里达在哲学中的首创性是沿着由尼采和海德格尔奠定的路线继续前进的。然而他却拒绝了海德格尔在“思想家”和“诗人”、在少数思想家和多数低劣的作家之间所做的区别。于是德里达拒绝了尼采所轻视的和海德格尔加以挽救的那种哲学专业精神。这的确使德里达趋向于“普遍的、未分化的本文世界”了。在他的研究中，哲学与文学的区别至多是一架我们一旦爬上以后可以弃置不顾的梯子的一部分。

然而按第二种意义理解，“解构”这个词指一种读解本文的方法。不论是这种方法还是任何其他的方法，都不应归诸于德里达，因为他和海德格尔一样都轻视方法这个概念本身。② 但方法是存在的，我引用的卡勒尔那段话描述了它的一些主要特征。卡勒尔十分正确地说道，在第二种意义上的解构，需要在哲学和文学之间做一明确区别。因为最终被称作“解构论的”那种读解，需要两种不同的正常人：一种是有英武气概的专业哲学家，当人们说他是屈从于一种本文的要求时，他感到受了冒犯；另一种是朴素无华的文学生产者，当她听到她的作品是由哲学对立所支持时，大感惊异和失望。哲学家认为自己在说着一种简练、纯粹、清楚的语言。女诗人谦逊地希望她的直截了当的朴素诗篇会使人愉悦。当解构论者揭示出每人都在利用着对方想出的复杂语言时，两人都惊恐莫明，语无伦次，濒临崩溃了。他们的呜咽混合为无休无止的大吼大叫。解构论者的介入，再一次产生了长期拖延的犹豫不决。

这样一种提出问题的方式多少有些过于陈旧，不免令人可疑。长期以来我们就不乏那些认为自己的天职在于提供娱乐的作家们，而要确定一位真正的形而上学道学家的位置则也比一向所认

为的远为困难。[③]寻求哲学的英武气概还不大像寻求文学的素朴无华那样没有希望。你还仍然能够发现哲学教授们严肃地告诉你，他们在追求真理，即个只是一种历史或共同认识，而是实实在在的、准确的世界状态的再现。他们中间的一些人将甚至自称以明晰、准确、清楚的方式写作，并为自己的男性坦直，为拒绝“文学的手法”而自豪。

这种可爱的老派道学家们或许可以提供唯一的借口，使我和卡勒尔都得以留在我们的行业里。由于卡勒尔，我仍然认为我们大家（包括德里达主义者和实用主义者）都应该通过自觉地模糊文学与哲学的界限和促进一种无缝隙的、未分化的“一般本文”观念，来设法使自己离开我们的行当。下面我将坚持主张这样几点：

（1）我们需要的唯一一种哲学与文学的区别，是根据熟悉物与非熟悉物之间的（暂时的和相对的）对立，而非根据再现物和非再现物之间或直意表现和隐喻表现之间的更深的和更引人注意的对立来划出的。

（2）关于语言是区分的游戏以及获得知识的有用工具的事实，并不使我们有理由认为像分延（differance）和踪迹（trace）这些词可对（或为）哲学做出海德格尔未能以自己神秘性词语（存在、事情等）完成的事情。

（3）当德里达说哲学在其本身的“隐喻学”上有一“盲点”（MP.第 228 页）时，他只是在一种熟悉的黑格尔的意义上才是正确的，即每一个哲学时代都指出了其前几代人词汇中固有的某些不自觉前提，从而扩大了有关的隐喻（并为下一代人准备了工作)。

(4)海德格尔和德里达共同具有的有关“本体神学的”传统贯穿了科学、文学和政治(这一传统成为我们文化的中心)的主张,乃是夸大学院派专业性重要地位的一种自欺的企图。

(5)德里达的重要性,尽管他本人偶尔暗示和他的一些崇拜者强调,并不包括向我们指出如何把哲学现象看成文学现象,或把文学现象看成哲学现象。我们已经足够清楚地了解如何做这两件事了。[④]反之,德里达的重要性在于追求某种学术专业性(或同样地,某种文学传统),即重新读解由尼采开端而由海德格尔继续下去的西方哲学本文。

(6)海德格尔和德里达共同具有的关于如何“克服”或逃避本体神学传统这个深奥的大问题,是人为虚构的,它应当以许多实用性的小问题来取代,这些小问题有关于传统的哪些部分可能对某个当前目的有用。

2. 哲学的封闭性

我以G.哈特曼提出的文学定义开始。他问道:

难道文学语言不是我们给予这样一种语言表示法的名称吗,其参照构架在于,字词作为字词(甚至作为声音)而非同时作为可吸收的意义而存在?[⑤]

在(我们未注意其为字词的)字词所传达的“可吸收的意义”和“作为字词而存在的字词”二者之间的对立,在我看来是很恰当的提法。但是我将不对比这两类语言表示法，也不对比一种字词在其中被认为是作为字词而出现的参照构架和一种在其中字词不被这样看待的参照构架，而是去对比两种会话情境。一种情境是当人们对所欲物有相当一致的看法，并谈论着如何最好地获得它时所遇到的情境。在这样一种情境中没有必要说任何极其不熟悉的事情，因为论证一般是关于陈述的真理性，而不是关于词汇的有用性的。另一种相反的情境则是，在其中一切都同时相互竞争，讨论的动机和词语是论证的中心主题。

这种划分对立面的方式，可使我们把某种“文学的”或“诗的”时刻看作周期性地出现于很多不同的文化领域中，如科学、哲学、绘画和政治，以及抒情诗和戏剧。在这个时刻中事物进展得不顺利，新的一代不满意，年轻人把按某一既定样式完成的东西当作如此墨守成规，或当作如此沉重地承受着库恩所说的“反常事例”，以至于一种新的开端势在必行了。[⑥]在这样一个时期中，人们开始用旧词表示新的意思，偶尔抛出一些新的词语，从而铸造出一种新的风格，它先是吸引人们注意到自己，然后才付诸使用。在这个最初阶段，字词作为字词，色彩作为硬结的颜料，和弦作为不谐和音而独立存在。半成型的物质性成为先锋派艺术的标志。站住脚跟的术语和风格（如那些表现出持久力，成为可吸收的意义的载体，并提供了借以恢复正常性运作之工具的那些术语和风格）不再独立存在。它不再受到注意，直到不满的下一代出现，并通过使该术语或风格令人不快地以与最新的样式形成对比的方式使其“成为问题”时为止。[⑦]

如果哲学永远如德里达准确地说的那样是它有时梦想成为的

那种东西，这种“文学的”时刻就会是不必要的了，不仅在哲学内部，而且在其他领域均如此。因此在文学的梦想和哲学的梦想之间存在着一种表面上的对立。德里达把“这种哲学深处的梦想”做了如下描述：

> 如果人们可以把他们的隐喻游戏还原为一个语族或一个隐喻群，即还原为一个“中心的”、“基本的”、“主要的”隐喻，或许就不再有真的隐喻，而只有通过一个真的隐喻而被确立的真正隐喻的合法性。（MP.第268页）

在这段话中“隐喻”可不致改变论说效力地换为“语言”、“词汇”或“描述”。说哲学家梦想着只有一种真隐喻，就是说他们梦想去根除的不只是直接意义和隐喻意义的区别，而且还有错误语言和真理语言、显相语言和实在语言之间的区别，这也就是根除他们对手的语言和自己的语言间的区别。他们想指出，实际只存在着一种语言，而且一切其他(伪)语言都欠缺某种成为“有意义的”、“可理解的”、“完全的”或“适当的”所必需的性质。对于由这种梦想所定义的哲学来说，至关重要的是以这样一种形式的陈述为目标：“任何语言的表达都是不可理解的，除非……”。(例如除非它可被转译为统一科学的语言，在关键处切分现实，隐含有其逻辑形式，符合可证实性准则，或者是亚当为人兽等等命名的那种语言。)

这似乎可能就是“哲学深处梦想”的窄式定义，但它突出了一个古老的希望：即对这样一种语言的希望，它不可能再接受注释，不需要再被解释，不可能被以后世代抛在后面和加以讥笑。它是对这样一种词汇的希望，这种词汇内在地和自明地是最后的，它不只是我们迄今为止遇到的最广泛、最富成效的词汇。[8]这样一种词汇将必定适宜于为全部历史和全部现代文化“设定其地位”。因为如若不然，就永远会有使词汇本身沦入附庸地位的危险，或者为古代的智慧，或者为某一自命不凡的与其竞争的现代学科(如精神分析学，经济史，微观生物学，控制论)所屈服。抽离出语言深处的单一的中心隐喻，形成被确立的正确隐喻的合法性，就会使一切这类学科的各种词汇各得其所。于是就会揭示它们只是一些伪语言，它们与真正说话方式的关系正如幼儿的咿呀学语与成人言语的关系相似。

对这样一种语言的任何设想都必须面对一个熟悉的问题，这个问题像最原始的独断道学家巴门尼德教主一样古老：当你在真理方法与意见方法、在一种正确的词汇和许多伪词汇之间形成令人不快的对立时，你必须说明二者之间的关系。你必须有一种关于错误根源和性质、关于从错误达至真理的理论。你必须根据好的语言来理解一种坏的语言，而又不容许坏的语言成为好的语言的一个固有部分或与其“可相互转译”。

为使这一两难问题更为具体，让我们考虑一些例子。最明显的一个例子是巴门尼德和斯宾诺莎共同禀具的形而上学一元论。一元论在说明多元性的现象时总要遇到困难。归根到底现象如多元性一样不真实。但像斯宾诺莎这样的一元论者想要找到描述诸有限形式对一个无限本体之间关系的某种方法，这种方法远不只是巴门尼德对非有不存在这一顽固的、惹人生厌的主张。斯宾诺莎想说，他知道一切有限形式，并能够以正确理解它们的词汇描述其状态。但很难明白人们怎能正确理解非实在。再者，正确领悟某物，准确再现它，似乎是两个事物之间的一种关系。而一元论的全部要义在于:只有一个事物。

由形而上学一元论和正统先验哲学家的错误观、有限观和暂时观所创造的这种困难,也可在亚里士多德使用的“质料”一词中看到。对亚里士多德而言,形式是可理解性的原则,正如对斯宾诺莎来说,关于无限本体的明晰观念是可据以澄清有限万有的混乱观念的手段一样。但是我们应当怎样来理解不具形式的、作为质料的质料呢?其令人困惑的程度,正如对斯宾诺莎来说我们怎能理解未被阐明的、作为混乱的混乱一样。尤为糟糕的是,我们以为了解的大多数关于形式的事实,似乎正在于形式与质料之间可厌的对立,正如我们对无限所了解的大多数情况似乎正在于它与有限的可厌的对立一样。于是“质料”或“有限”变得越不可理解,我们对自己对“形式”和“无限”的把握就越不自信。一旦人们明了,我们关于这样一种对立的较高的、占优势的一方所知道的大多数情况,是一个有关于较低的、被看低的一方的对比效果问题,我们就开始怀疑究竟我们是否能比巴门尼德做得更好。神秘主义,否定法或维特根施坦的庄严的沉默不语,似乎就是唯一的选择了。

关于这种问题的另一个习知的例子,是康德的现象与本体的对比。他需要作为物自体的本体来阐明他所说的时空世界是现象的、仅只是显现的看法。他说,不可能有无显现者的显相。但我们并不了解非时空物的显现(或因此而做什么别的)究为何意。于是康德需要一种使不可想象物概念化的方法,正如亚里士多德需要一种无形式物的形式和斯宾诺莎需要一种不确定物的确定观念一样。

另一个同样习见的例子是,逻辑实证主义区别“认识上有意义”和“认识上无意义”的企图。这一企图不是简单地（如维特根施坦在《逻辑哲学论》中所做的那样）来自巴门尼德在言语和沉默之间的区别，而是由于表达了一个将（例如）科学与形而上学划分界线的原则。这个企图为实证主义者引出了两个问题。首先，“无意义”一词似乎不妥当，因为人们在决定一个形而上学者的话语无意义之前，必须对他的意思有相当了解。其次，而且更严重的是，可证实性原则本身似乎是不可证实的。要包含一切其他词汇的那种词汇，并不符合它自己对有关一个合用词汇的规定。于是在陈述成为一个命题的条件的命题中，企图赋予无意义概念以意义，就以本身不具有意义、本身不成为一个命题而告终；正如企图赋予显然不可理解物以可理解性，导致使一个企图本身不可理解一样。

我所概述的种种困境的共同点是什么呢？这个问题近似于说，人们不可能说，只有 X 是可理解的，如果说明一个 X 是什么的唯一方式就是假定听众知道一个非 X 是什么。但是这个表述是不令人满意的，因为可理解性概念在被应用于**事物**时是含糊的（例如，一个本体，一个无限的实体）。人们知道一个可理解的**语句**和一个不可理解的**语句**之间的区别，但很难说明当我们说（例如）桌子和椅子是可理解的，但上帝是不可理解的（或者反过来说）时是什么意思。实证主义的语言，所谓形式的言语方式，是更令人满意的，因为它把可理解性看作是语言表达的、而非事物的一种性质。因此它把形而上学转变为语言哲学，使其与德里达对哲学深处的梦想的描述一致。

我们可以运用这种语言说，我所提到的从巴门尼德到 A. 艾耶尔等一切哲学家共同具有的问题是，他们不断倾向于说“使一种表达可理解的条件是……”，尽管实际情况是这个命题本身并不符合它所列举的条件。因此亚里士多德不应当说任何语词都是不可理解的，除非潜在的理智可与其所指者同一，因为那将使“质料”一词成为不可理解的了。亚里士多德需要利用这个词来说明就中潜在的理智是什么。康德不应说，任何语词都是无意义的，除非它表示一种作为感觉直观与概念综合物的心理内容，因为那将使“本体”一词成为不可理解的了。实证主义者不应当说，任何语句除了在某些条件下都是无意义的，即除非该话语符合那些条件。

我缕述这些例子以便具体说明德里达的哲学深处之梦的概念。由梦想找到一种真正隐喻来规定的哲学，必须朝向这样一种形式的陈述，“任何语言表达都是不可理解的，除非……”。再者，这个语句必须是一种*封闭的*词汇的一部分，意思是该语句可无矛盾地应用于自身。一种哲学词汇不仅必须是*完整的*——即：任何在其他词汇内在直接意义上或隐喻意义上是可说的东西，都可在它之内以直接意义说出，而且它还必须以它谈论其他任何事物时同样的“被确立的合法性”，来谈论*它自己*。

3. 文学的敞开性

在了解了关于这个哲学梦想的更详细的论述之后，现在我可以再来谈德里达，并指出，他的重要主题是关于封闭（closure）的不可能性。他喜欢表明，不论何时，当一位哲学家苦心完成了巴门尼德式完满的圆形的一个新模型时，永远将会有某种东西伸出或溢出。永远存在有补充、边缘、空间，在其中书写着哲学本文，这个空间构成了哲学可理解性和可能性的条件。[⑨]“在哲学本文之外不存在空白的、未被触及的、空虚的边缘，而存在有另一个本文，一个不具有当前参照中心的力的区分的织体。”德里达想要使我们意识到这种本文，因而让我们“去思考这样一种写作，它不具有现存、欠缺、历史、原因、始原、目的，这种写作绝对地颠覆一切辩证法、一切神学、一切目的论、一切本体论”。(MP.第 xxiii 页，第 67 页)

只有当我们获得这样一种写作，我们也许才能够做德里达希望对哲学所做之事，即“(以最忠实、内在的方式)思考哲学概念的结构化的系谱学，但同时(根据某种哲学不能规定或不能命名的外部的东西)决定这种历史能够去掩饰或禁止的东西。”[⑩]

这样一种写作或许就是不再与哲学对立的文学，含有和包括哲学的文学，被立为一种无限的、未分化的本文织体之王的文学。德里达说：“文学艺术史与形而上学史联系在一起”(Pos.第 11 页)，或许有如依变量与自变量之间的那种联系。他认为，形而上学史，本体神学传统，束缚了文化的一切其他部分，甚至连科学也在内。[⑪]于是在他视为我们文化的“全面转化”的东西的另一边存在的东西，将是这样一种写作，它以自觉的无终结性、自觉的敞开性、自觉的欠缺哲学封闭性为标志(参见 Pos.第 20 页)。

德里达也许想以这种新的方式来写作，但他陷于一种两难困境之中。他可以或者像被解放的奴隶忘记他的主人那样去忘记哲学，通过他自己漫不经心的本能活动来显示他的忘却，或者他可以坚持他对主人的权利，坚持哲学本文辩证地依赖于其边缘世界。当他执著于前一端因而忘记了哲学时，他的写作就失去了焦点和中心。如果确实有一位作家，其课题是哲学，他就是德里达。他的中心主题正是哲学梦想在其高潮时化为噩梦的方式:正当事事都已解决时,当每一种非哲学家本人说话的说话方式被揭示为可理解时,当圆圈完满地被完成时,当阿里斯托芬的两部分结合起来、相互渗透和狂喜地融合时,极其糟糕的事发生了。自我指示的矛盾出现了;被压制的不可理解性作为可理解性的条件返回了。德里达处理这种悲喜剧真是得心应手。但是这另一端却有一个缺点:去回忆哲学,去不断讲述哲学的故事,就接近于去做哲学家的工作了,即去提出对"表述一种独一无二的、完整的、封闭的词汇的企图将必然……"这一表达式的某种概括。

德里达这样做时显然冒着某种危险,因为他制作了一套新的元语言的行话,其中充满了像踪迹和分延(differance)这类词*,并用这些词去说海德格尔味道的话题,像"只有根据分延和其'历史',我们才能自以为知道'我们'是谁和在何处"(MP.第7页)。只是由于德里达企图为"书写先于言语"或"本文使自身解构"一类命题提供论证(他的追随者都倾向于把所有这些口号看作是"哲学研究的结果"和看作是为一种读解方法提供了基础),他才透露了自己的构想。德里达学说中最糟的部分,正是他在那里开始模仿他讨厌的东西和开始自认为提供"严格分析"的部分。只有当人们在其中陈述前提的某套词汇为说者或听者共同具有时,论证才有效。像尼采、海德格尔和德里达这类独创性的和重要的哲学家们在形成着新的说话方式,而非为老的说话方式做出惊人的哲学发现。结果,他们多半不长于论证。⑫

* 可参见《结构主义》,1980年,商务印书馆,第162页上的注释。——中译者

我所概述的这个两难困境的一端是，不说任何与哲学有关的事，而是反过来指出，一旦文学摆脱了哲学，文学的面貌如何？两难困境的另一端是通过发现对哲学家活动的一般批评在他们自己的游戏中胜过他们，这些活动类似于巴门尼德对意见状况的批评，斯宾诺莎对混乱观念的批评，康德对寻求元条件件者的批评，或艾耶尔对认识性的无意义的批评，这个两难困境可总结为：任何一种无始源（archai）和无目的（telos）的新写作将也没有 hypokeimenon（根基），没有一个主题。于是它更加不会告诉我们关于哲学的任何东西。或者，如果它告诉了我们关于哲学的什么东西，它就有了 archai（始源），即新的元哲学术语，我们根据它去描述和诊断哲学本文。它也将有一个目的，把该本文缩约和使其间距化。于是握住第二端将产生另一种哲学封闭性，即自认为占有优越地位的另一个元词汇系统，而握住第一端将赐予我们开放性，但却是比我们有实际想要的更多的开放性。一种文学如果与一切均无联系，没主题也没有题材，没有有效的寓意，欠缺一种辩证的语境，那它只不过是胡言乱语而已。你不可能有无形象的基础，无书页的页边。

4. 德里达和海德格尔

德里达是充分意识到这个两难困境的。理解他怎样面对它的最好方式，就是注视他努力使自己与海德格尔区分开来。德里达认为海德格尔是这样一类人的最好例子，他企图而未能成功地去做德里达自己想去做的事，这就是非哲学式地写哲学，从外边达到哲学，做一名后哲学的（postphilosophical）思想家。海德格尔终于判定,“对形而上学的尊重甚至在克服形而上学的意图中也很普遍。因此我们的任务是终止一切克服活动,并让形而上学自生自灭。”[13]但是海德格尔永远未能接受自己的忠告。因为他只有一个主题:克服形而上学的需要。一旦这个主题变成似乎是自欺性的了,他就只得沉默不语。海德格尔如此为从哲学梦想中苏醒的需要所萦绕,他的工作变成了一种单调重复的坚持主张,人人,甚至尼采,都在做着这个梦。

我想,德里达会同意对海德格尔进行批评的这个方向,但想再向前推进一步。在他看来,海德格尔的一些魔幻般的字词,如存在、成就和Alētheia(真实)等,就是使梦境的迷醉的顶峰化为苏醒状态,通过退向字词的纯声音以获得哲学封闭性满足的企图,这类字词不是因使用而被赋予意义,而是恰恰因为欠缺使用而具有力量。因此德里达引用海德格尔的话说,“‘为了给存在的基本性质命名……,语言也许必须找到一个单一的字,独一无二的字’”。[14]德里达加入说:“将不会有独一无二的名字,即使有存在的名字。而且我们应该不含怀旧病地思考它。”他继续补充道,我们应当这样做,而无须“怀旧病的反面,即我称作海德格尔的希望的东西”。(MP.第27页)

在这段话和其他段落中,德里达认为自己是立足于海德格尔,却望得更远:

> 我所企图做的事,如无海德格尔问题的提出,就不可能发生……,如无对海德格尔所说的存在与存在者之间的区别的注意,就不可能发生,这个存在的-本体论的区别在某种意义上仍然还未被哲学思考过。但尽管有对海德格尔思想的借

助，或准确些说，正由于他的思想，我才企图在海德格尔的本文中确定……那些属于形而上学的、或属于他称作本体神学的东西的线索（Pos.第 9—10 页）。

德里达认为，海德格尔从未超越他与胡塞尔共同具有的一串隐喻，这些隐喻提出和支持这样的看法，我们都具有深藏于内部的“存在的真理”，我们都需要被提醒注意已忘却之物，为那些“最基本的”字词所提醒，这些字词为了思想而从形而上学中被拯救出来。[15]关于存在着某种所谓“存在的真理”的东西的观念，在德里达看来就是在传统的对一种整体的、独一无二的和封闭的词汇的探求和海德格尔本人对魔幻般的、独一无二的字词的探求之间的隐蔽联系。[16]

德里达在海德格尔的著作中察觉出“一整套关于邻近性、简单直接的现存的隐喻学，这套隐喻学使存在的邻近性与接邻、遮蔽、宅舍、服务、守卫、声音和聆听的价值联系起来”。（MP.第 130 页）海德格尔也许放弃了通常的柏拉图的视觉的隐喻，以选择关于呼唤和聆听的听觉的隐喻，但德里达认为，这种转变并未避开使本体神学传统与其无能的激进批评者捆在一起的那种可相互说明的概念间的循环。他说，“在海德格尔著作中对说出的语言的估价是经常的和大量的”（MP.第 132 页注 36）。因此德里达有时企图根据在与看和听共同有关的隐喻和围绕着写建立起来的隐喻之间的区别，来描述他本人的工作。[17]

德里达对海德格尔的论述提出了下面这样一幅图景：早期的海德格尔发现了柏拉图和黑格尔之间的注定的类似性（尽管有黑格尔的历史主义）；后期的海德格尔发现了在他们两人、尼采和早期自己之间的注定的类似性。德里达看到了他们四人和后期海德格尔之间注定的类似性。于是我们看到了，黑格尔、尼采、海德格尔、德里达和对德里达的实用主义评论者如我本人，都在竞争历史上第一个真正彻底的反柏拉图主义者的地位。这种永远要成为更加反柏拉图主义者的多少有些可笑的企图，导致了这样一种疑惑，正像许多上发条的洋娃娃一样，本世纪的哲学家们仍然在进行着黑格尔在《精神现象学》中还在最后进行着的同样沉闷的辩证法转换，这种转换，克尔凯郭尔喜欢称之为"卑下的诡计"。唯一的区别也许是，现在人人都企图越来越远地离开绝对知识和哲学的封闭性，而不是越来越靠近它们。

尽管有这种区别，德里达也充分了解这样一种危险，我们可能（如福柯形容的那样）注定会发现黑格尔正耐心地守候在我们行进的任何一段旅程的终点（即使我们向回走）。但他认为他有办法快步上路。他区别了海德格尔对待传统的方法和另外一种企图，他把前者描述为"紧靠着建筑物使用屋内所有的工具和砖石"，后者则是"通过使自己断然置身屋外并通过肯定一种绝对的断裂和区别，以非连续的和硬冲的方式改变地盘"（MP.第135页）。

他认为没有一种方法可单独奏效。我前面论述的德里达面临的两难困境可能有助于我们了解为什么不能。对第二种选择而言，你不可能以极其相同的始源、目的等等来避免继续一种老的谈话。对第一种选择而言，你不可能对哲学有任何谈论，因为你已失去了你的主题。你不可能自认为在谈论哲学传统，如果你使用的字词中没有一个与该传统使用的字词处于任何推论性关系之中。你或者解释传统所说的东西，因此继续沿书页进行，你或者不这么做，从而跨出了页边，既忽略了哲学，也为哲学所忽略。

德里达建议不要逡巡于这个两难困境的两端之间，而宁可把这两端结合为一个无限拉长的双螺旋线。他说："一种新的写作必定把这两种解构的动机编织起来。这就等于说，人们应当同时说几种语言和制出几种本文。"（MP.第135页）为什么这会有用处，还远远不够清楚。关于德里达为什么认为这会有用处，我可能有的最好的猜测是，他想要援引语句间的推论性联系和字词间非推论性联系之间的区别，前一种联系赋予这些语句中使用的字词以意义，后一种联系不依赖于字词在语句中的使用。[18]他似乎像海德格尔一样认为，如果我们只注意前者，我们将被束缚于我们当前的、本体神学的生活形式中。于是他可以推论说，我们必须脱离按维特根施坦-索绪尔方式被设想为推论性的区别的游戏的意义，以达到类似于海德格尔所说的"力"的东西，力即一种非推论性区别的游戏的、声音的游戏的结果；或者与从语音层到书写层的转换相符，即手写体和书写体的书写特征的游戏。

这两种区分游戏之间的区别，即你所需要的两种能力之间的区别，一种是为一种语言写一种语法和一套词汇表，另一种是在该语言中开玩笑，在其中建立隐喻，或在其中以一种特异的、独创的风格、而不只是清楚地进行写作。由善论辩的英武的形而上学家所追求的这种明晰与清楚，可以看成是暗示着唯有推论性的联系才算重要的方式，因为只有这类联系才与论证相关。按照这种看法，只是由于人们用字词构造命题、因而构造论据，字词才有了重要性。反之，在哈特曼的"参照构架内……，字词作为字词（甚至作为声音）而存在"，因此，即使它们永远也不在直陈句中被使用，字词也是重要的。

然而在推论性联系和非推论性联系之间的区别，正像一个词和一个命题之间的区别或隐喻性与直意性的区别一样模糊。在两类隐喻间存在着一种连续性，一种隐喻如此枯燥以至于也可归入字典中作为“直接的”意义的替代词，另一种隐喻如此花哨，以致仅能当作是不可理解的私人的笑话。但是德里达需要利用所有这些区别。他必须一直使它们看起来区分得足够鲜明，以至于如果忽略了这些区别就会使人惊诧了。如果他的这种同时说几种语言、同时产生几种本文的策略要想看起来有效，他将必须断言，这是他的前人们未曾做过的事。他将必须主张，他们的实践以及他们的理论避免了隐喻，仅只依赖于推论性联系的知识，并断言他在做某种独创性工作，把这些联系与非推论性联想编织在一起。他将必须认为，尽管海德格尔和传统中每个其他的人只是重新安排了语句间的推论性联系，因此简单地在同一地盘上重建了同一座建筑物，他却成功地通过首次依赖于非推论性联想改变了地盘。或者至少说，他将必须说，他是第一位充分自觉地完成了这一工作的人。

5. 同时读解几种本文

在解释了德里达如何认为他可做海德格尔未能做之事，他如何希望走到传统之外，而不是像海德格尔那样陷入传统之中，我想对他的企图提出两点批评。首先，说构成本体神学传统规范的本文序列，都束缚于自希腊时代以来始终未变的一种隐喻学内，这是不对的。这种本文序列，正像构成天文论述史、史诗、政治论说的那些本文序列一样，都以在“革命的”、“文学的”、“诗的”时期和正常的、平凡的、建设性的间隔期之间的经常性轮替为特征。同时说几种语言和写几种本文，正是一切重要的、革命性的、独创性的思想家所做之事。革命的物理学家，政治家和哲学家永远选择字词，将它们铸成新的形式。因此他们使愤怒的保守的对手有理由责备他们为熟悉的语言表达引入了奇怪的新意义，无意义的双关语，不再按规则起作用，使用修辞法而非逻辑，使用比喻而非使用论证。海德格尔重述的“存在史上的”诸阶段，正如海德格尔所说，是以这样一些人为特征的，他们（有时嘲讽地，有时自欺地）自称在老调重弹，而暗中却在旧的字词上加上了新的意义。在这方面，试想亚里士多德使用的 ousia（实体），笛卡尔的 res（事物），休谟的“印象”，维特根施坦的“游戏”，爱因斯坦的“同时性”和玻尔的“原子”。

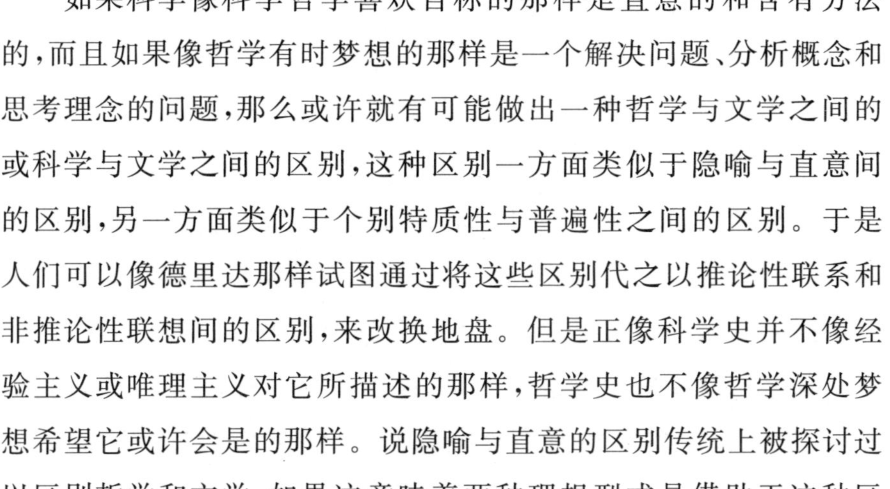

如果科学像科学哲学喜欢自称的那样是直意的和含有方法的，而且如果像哲学有时梦想的那样是一个解决问题、分析概念和思考理念的问题，那么或许就有可能做出一种哲学与文学之间的或科学与文学之间的区别，这种区别一方面类似于隐喻与直意间的区别，另一方面类似于个别特质性与普遍性之间的区别。于是人们可以像德里达那样试图通过将这些区别代之以推论性联系和非推论性联想间的区别，来改换地盘。但是正像科学史并不像经验主义或唯理主义对它所描述的那样，哲学史也不像哲学深处梦想希望它或许会是的那样。说隐喻与直意的区别传统上被探讨过以区别哲学和文学，如果这意味着两种理想型式是借助于这种区别被建立起来的话，这是一回事。而说由通常图书分类标准划分为“文学”和“哲学”的这些文化领域与这些理想型式有多少关系，则是另一回事。

重要的、革命的物理学和形而上学永远是“文学的”，其意思是，它面对着引入新术语和排挤当前流行的语言游戏。如果它并不永远是“激烈的”和“粗暴的”，这因为它有时是有礼的和会话性的，而非因为它被陷入一种顽固的隐喻学中。德里达在重建大厦和改换地盘之间、在推论性联系和非推论性联想之间所做的区别，并未明晰到足以为其目的服务。一旦人们离开了梦想和理想型式，转到了可溯源至风格样式史的叙事领域，所有这些区别都模糊不清了。

如果在实际上并未产生这些叙事，我就不能证明这一点，但让我暂且提出一个或许有助于支持我的主张的论据。试考虑这样一个抽象的问题，人们如何能“逃”离一套词汇或一套假设，如何避免“陷入”一种语言或文化。假定在某社会中关于“可理解的语言表达的条件”或“容许在其中说话的唯一语汇”等问题存在着普遍的一致看法。然后假设，该社会中某个人想说，我们犯了一个错误，即实际上那些条件、标准或词汇都是错的。这种革命性的建议或许不难对付。因为或许它是用旧的词汇提出，以服从旧的条件或标准，或者不被提出。如果被提出，那么它就是在自指示面上前后不一致了。如果未被提出，它就是不可理解的或非理性的，或二者兼而有之。德里达的说法好像是，这种清楚的标准的两难问题是实际存在的，似乎存在有一种被称作“哲学隐喻学”或“形而上学史”的可怕的、压迫性的力量，使生活不仅对于像他本人这样好用双关语的人，而且对于社会全体都成为不可能的。但事情并非如此之糟，除了曾经导致过宗教裁判，晚近又产生过克格勃这些特殊情况。相比之下，物理学、形而上学和政治的话语远为温和。不仅不存在关于可理解性条件或合理性标准的普遍一致看法，而且甚至没有人企图妄加主张存在有这种一致看法，除了作为一种偶尔发生的、无甚成效的修辞手段以外。高级文化的话语，特别在过去二百年里，比人们从阅读海德格尔或德里达书籍中可能推想到的，远远更富流动性、闲谈性和游戏性。

总结一下我对德里达的第一个批评，我认为他有效地提出了两种梦想，两种理想型式，并使它们充分地彼此作用。但是这个理想的和似梦的世界，连带着它在本文内与页边外、在内者和在外者、同一地盘和新地盘之间的对立，与当前思想生活的样式无大关系。这把我引向我的第二个批评：如果人们想把德里达建立的这个人为的两难点的两端勉强扭结在一起，或许只能借助于同时读几个本文，以与同时写几个本文相对照。当然人们可以声称，相当时期以来已经是这样做了。的确可具体说明这种哲学梦想，它最终导致"一切可理解的语言表达必须……"或"一切合理的话语必须……"一类陈述的那种写作样式，只构成了哲学史的很小一部分。那种独特的样式近几个世纪中被人们以日益增长的讥讽和疏远态度来阅读。因为它是被这样一些人所阅读的，他们不只读其它哲学写作的样式，而且也读许多列在"文学"项下的种种其他写作样式。关于巴门尼德、斯宾诺莎、康德、黑格尔和艾耶尔的典型当代读者，将也是关于赫拉克里特、休谟、克尔凯郭尔、奥斯丁、弗洛伊德、鲍尔热斯(Borges,J.L.)、乔埃斯、纳博柯夫和瓦拉斯·斯蒂文斯(Stevens)，因此还有让·惹奈(Genet)的读者。德里达在

《丧钟》一书中当然是在同时说几种语言，同时写几种本文，产生着一种既无始源又无目的的写作。但他是在极其出色和详详细细地做着他的大多数读者在自己的心中偶尔地和笨拙地做着的事。把这类东西写在纸上并非轻而易举之事，但我们发现《丧钟》的内容不是一块新地盘。它是对我们已在其上营宿多时的一片土地的逼真描述。

我可以更一般地来表述这第二种批评，指出大多数当代知识分子都生存在一个自觉地不具有始源、目的、神学、目的论或本体论的文化中。因此并不清楚，我们需要一种“新写作”以便去思考“有结构的哲学概念系谱学……能够去掩饰或禁止的”是什么。德里达对自己所作所为的很多论述，如我已说过的，依赖于这样的观念，即文学、科学和政治被“形而上学史”禁止去做种种事情。这种看法重复了海德格尔的这一论断，寻找一种完整的、独一无二的和封闭的语言的写作样式历史，在现代西方整个人类可能性范围内居于中心地位。这一论断似乎是非常靠不住的。

它似乎具有的唯一证明是，西方仍然赞成关于科学性、“严格性”或“客观性”需要的很多论述。但是除了少数哲学教授（像塞尔）乐于坚持“纯实事”和另一些教授（如我本人）乐于揭露这种事实性概念外，没有人把这些词与对一种整体的、独一无二的、封闭的词汇的梦想联系起来。塞尔和我的努力现在可能已无关于当代高级文化了，正如职业的清教徒和职业的无神论者关于公立学校早祷问题的互讼不休无关于美国政治一样。现在像“科学的”或“客观的”这些词已陈旧到这样的地步，大多数人安于使它们只意味着“我们处理周围事物的方式”。某些亚文化领域中使用“急进的"或"颠覆的"等词时意思也是一样。这两套词语都是关于社会认可的习惯性表达,由它们在使用时的社会学环境,而不是由它们与一种整体化构想的联系,来赋予特性和意义。

6. 关于无终结性的写作

前面我说过,德里达有时说明通过援引非推论性联想来逃避传统的铁笼是什么意思,有时他又通过论辩性写作来这样做。我的批评迄今为止集中于他对为什么他要采取前一种做法的说明,现在我想简要地转到他的第二种策略,并展开我前面提出的一个论点,即德里达不可能不使自己变成一名形而上学家而去进行论辩,也就是不可能不成为首要的最深词汇称号的另一位要求者而去论辩。

在下面几段引文中危险浮现出来了,因为德里达在说明为什么海德格尔的字"存在"不适于疏远传统,并提出像分延和踪迹一些词却可办到:

> 因为存在从来没有一个"意义",从来未被这样思考或这样说,除了通过将自身伪装在存在者内以外,而分延在某种很奇怪的方式上却比这个本体论的区分或比存在的真理"更古远"。当时机成熟时,它可被称作踪迹的游戏。一种踪迹的游戏不再属于存在的领域,但它的游戏转变着和封闭着存在的意义……。这个无底的棋盘没有支持也没有深度,存在就是在这个棋盘上介入了游戏(MP.第 22 页)。

这些话从一种相当老式辩证法的、黑格尔的角度看是富有激发力的。它指出，我们最终设法向熟悉的视野之外注视，向熟悉的表层之下注视，向假想的根源背后去注视，因此最终设法封闭了最后的圆圈，克服了最后的辩证张力等等。因此它们引起了下面这种异议：

> 德里达的语法主要方面是以海德格尔的形而上学为"模型"的，它企图通过以踪迹的先前性来取代"逻格斯的先前性"的方式来使那种形而上学解构；它使自己成为以作为"根基"、"基础"或"根源"的踪迹为基础的一种本体神学(Pos. 第 52 页)。

对这种反对意见德里达愤怒地答复说：

> 人怎能根据他解构的东西去模塑自身呢？你能如此简单地谈到海德格尔的形而上学吗？但首先是(因为这头两件偶然现象本身不是荒谬的，即使它们在这里是这样)，难道我没有不厌其烦地重复说(而且我敢说是证明)，踪迹既不是一种根基也不是一种根源，而且它无论如何都不可能提供一种明显的或伪装的本体神学，……这种混淆……在于人们针对我的本文所做的批评，是他们忘记了先在我的本文中发现又取自我的本文的(Pos. 第 52 页)。

这个答复是极其令人不解的。去问人们怎能避免根据自己解构之物来模塑自己，或许更符合德里达风格。对于像哲学隐喻学这样广泛和无所不在的一门隐喻学来说，情况似乎不大可能是：人们将设法谈论前人，却不使用与前人使用的词语可相互说明的词语。尤其令人不解的是，德里达如何能说已经证明了"踪迹既不是一种根基……又不是一种根源"，或者，他怎能在分延与存在的真理之间说谁比谁“更古老”呢。那些想避开关于现前(presence)的形而上学的人不应谈论证明。那些企图放弃传统隐喻学的人不应操心谁比谁更古老的问题。

在这个问题上让我们看一下德里达的这样一个论断,“分延的运动……是标志着我们语言的一切对立概念的共同根源,这就是(只举几个例子来看)可感的与可理解的,直观与意指,自然与文化等等。”(Pos.第 9 页)请注意,在这里“共同根源”既不指“……的原因”,也不指“……的最初形式”。因为分延的运动正像踪迹一样,既不能是基础,也不能是起源。它也不应意味着“……的共同特点”。如果它的意思是这样的话,那么分延将会是一个极其普通的词,它与构成哲学隐喻学的种种对立项之间的关系,类似于“鸟”这个词与鹰、鸵鸟和麻雀之间的关系了。但德里达一再告诉我们,分延“既非一个词也非一个概念”。

然而这是不真实的。德里达初次使用这个字母组合时,它当然不是一个词,而只是一种误拼(将 diefférence 中的第二个 e 代以 a。——中译者)。但到了他第三次和第四次使用它时,它已变成了一个词。一个声音符号或一个书写符号变成一个词时所需的东西仅只是一种语言游戏中的一个位置而已。到了现在它当然已成了大家熟知的词。任何文学理论家要是混淆了分延和区分就会糊里糊涂了,正像十五世纪一个神学研究者混淆了 homoousion(基督与上帝同体的学说)与 homoiousion(基督与上帝极似而不同体的学说)时的情形一样。至于概念性,我们这些维特根施坦派的唯名论者认为,有一个概念就是能使用一个词。任何有一种用法的词都自动地意指着一个概念。它不得不如此。德里达告诉我们这样的话是无用的，他说，因为区分“不能上升为一个主要的词或一个主要的概念，因为它堵塞了与神学的每一种关系，它就卷入到使其避免了其他‘概念’、其他‘字词’、其他‘本文的结构’之链索的活动中”(Pos. 第 40 页)。对于我们维特根施坦主义者而言，每一个词都这样被卷入了，而且这种卷入并非是免遭提升的保证。德里达不可能既采取关于一切字词意义的语言游戏观，又试图使少数特选的神秘字词不被神学式的使用。

如果我们要从闪开黑格尔、克服海德格尔、避向边缘之外等等做法中发现某种意义，最好不只是重复奥斯丁和奎因对洛克和康狄拉克的“观念的观念”所做的批评。[19]再者，如果德里达想有“一种关于解构的一般方略”，他就应当拟制出这样一种方略，它不只是“既避免简单地将形而上学的二元对立中立化，又简单地留在对立的封闭领域中，从而肯定了它”。这样一种双重避免，只能通过指出对立存在着、但不必过于认真地加以看待的态度来实现。这是长期以来我们文化的大部分内容一直在从事的活动。我们的文化不只是由一种以双关语和隐喻组成的水花四射的喷泉推向上方；它不断地意识到自己停留在不比这样一个喷泉更坚实的地方。[20]如果德里达在说，我们应该不像海德格尔那样认真对待哲学传统中的呆滞隐喻，我们就可以公平地答复说，他自己的早期写作比后期海德格尔本人更为认真地对待了这些隐喻。

7. 结　　论

在总结本文时我想指出，如果摆脱了认为存在着在我们文化中居于中心地位、又向外散发着不好影响的所谓“哲学”或“形而上学”的观念，就可更好地使用德里达的双关语和他的神秘字词。这并不是说，他的双关语不显得古怪，或他的语词不强而有力，而只是说，围绕着它们的急切语调颇不相宜。如果我们认为，弗洛伊德所说的（由哥白尼、达尔文和他自己所产生的）各种离中心式的论述仍然使我们留守在同一块地盘上，在这里一切坏的旧二元对立原则具有支配地位，我们就只有采取这种海德格尔式的语调。但是这样一种观点形成了一个有关对立的怪物，它幸而早已“被拉平为不可理解性了，后者反过来起着一种伪问题的来源的作用。”[21]海德格尔错误地认为这是一种不幸。他认为“最基本的语词”需要恢复力量。我同意德里达说的，在这里海德格尔耽于一种无意义的怀旧病。我们需要创造我们自己的基本语词，而不是去修饰希腊的语词。但我不同意他的这样的设想，即对于被拉平的残存的旧词来说，不应只是取笑重新建立它们的企图，以及使它们产生的伪问题看似真实的企图。在德里达较早的、更富论证性的研究中，他的成效取决于使这些语词看起来既真实又迫切。

我们不须将他的更欠慎重的追随者的信念和实践归于他本人，却可以说，他的早期著作中含有的哲学为文化之中心的观念，鼓励了文学批评家相信，德里达发现了解开任何一篇本文神秘性的钥匙。这种信念趋于极端时，竟导致批评家把每一本文当成是

“关于”同一些古老的哲学对立项：时与空，可感的与可理解的，主体与客体，存在与生成，同一与差别等等。正当我们实用的维特根施坦派治疗家们庆幸自己使学术界去除了有关这些对立项是“深层的”观念时，正当我们认为我们已把这套词汇完满地拉平了和通俗化了时，我们发现一切珍贵的标准的老“哲学问题”，被显示为我们心爱的诗歌和小说中的隐蔽程序了。这造成了一种尴尬的社会情境：我们这些企图消除标准问题的治疗派哲学家们现在发现，我们的老职业对手（如塞尔）与我们新的跨学科的朋友（如卡勒尔）却取得了一致。他们两人都认为标准的区别项是至关重要的。前者想重建这些区别，后者想消解这些区别，但谁也不安于轻松地看待它们，使它们“非主题化”（de-thematize），把它们只看作一些特殊的比喻。对解构者正如对实在主义者一样，重要的是认为形而上学（即那样一种文学样式，它企图创造独一无二的、完整的、封闭的词汇）是至关重要的。谁也不能承认它像史诗一样是一种写作样式，它经历非凡并发挥了重要的历史作用，但它目前大体只残存于自讽诗的形式之中。

只有当我们把这种样式当作不只是一种吸引人的、人为的历史产物时，哲学的封闭性和文学的敞开性之间的对立才显得重要。我坚持主张，在封锁语言的古典企图和逃脱任何拟议的封闭性的浪漫主义主张之间的这后一种对立，是形成不止于是“哲学”与“文学”间日常图书分类式和系谱式对立的唯一基础。于是回到我开始的那一点去，我认为我们最好把哲学只看作古典与浪漫之间的对立在其中表现十分突出的另一种文学样式。我们不应把“哲学”用作这种无所不在的对立中的古典一极的名称。我们应当把古典与浪漫、科学与文学、秩序与自由等对立都看作是象征着遍布于每一学科和每一文化领域中的一种内在的韵律。

我提议回到《精神现象学》和《浮士德》第二部中的反讽的折中主义去，这可能显得有些背时。但是如果我们是如此强烈的浪漫派，以至完全轻视古典派（古典时期的思想史就像是一个永恒轮回的故事），那么这个建议才显得背时。我们将永不会停止在古典时期和浪漫时期之间摇摇摆摆，浪漫时期是这样一个时代，在其中似乎（用罗宾逊·杰弗斯的话说）“岁月的长河绕着今年的岩石旋转”。希望有一个我们将从其逃避这种摇摆的立足点，有如希望那种独一无二的、完整的、封闭的词汇，这是海德格尔和德里达正确告知我们将不会获得的。

按此观点，不存在一些被称作“解构的形而上学”的迫切任务，这个任务在我们能够对文化的其他部分施以作用之前应当先予履行。不管他本人怎么说，海德格尔对哲学史的所作所为不是使其解构，而是进一步将其圈围和隔离，因此而使我们能回避（circumvent）它。同样不管德里达怎么说，他所做的事是向我们指示了如何以尼采式的轻松自然对待海德格尔，如何把他对形而上学传统的处理看作一种出色独创的叙事，而非看作一种划时代的转换。这种理解德里达的方式并未使我们有理由认为，像某些北美德里达主义者建议的那样，他向我们指示了如何对所谓“文学”做海德格尔对所谓“哲学”做过的事。通过圈围一种特殊的文学模式（哲学）将其回避开是一回事，指出该样式是一切其他样式的构架或基础则是另一回事。无论在海德格尔还是在德里达的著作中都未对后一种论断提供任何可信性，这个论断却是两人大部分著作中未予置疑的前提。但是这个论断对于盎格鲁·撒克逊的德里达主义者把哲学对立项当作任何任意选择的文学本文的隐含主题的做法都是至关重要的。发现一种封闭的和完整的词汇的企图，产生了很多重要的大二元对立项，它们是诗人、散文家和小说家进而用作比喻手段的东西。但是我们可以完美地使用一个比喻手段，而无须认真看待它是这样一种词汇的一部分的主张。我们不须把它看作在解构自己，看作在自渎自毁，以便逃脱它的有害的整体化的影响。因果性、独创性、可理解性、文学性等等这类概念并无危险性和自毁性，正如落日和黑山雀并无危险性和自毁性一样。在很久以前的某一国度里，它们曾被认为是具有神秘的力量，而这并非它们自身之过。

注　解

① J.卡勒尔：《论解构：结构主义以后的文学理论和批评》，伊萨卡，1982年，第149—150页。

② 例如参见海德格尔："世界图画的时代"，《"技术问题"和其他论文集》，W.罗维特译，纽约，1977年，第118页，文中讨论作为一种"程序"的方法，而程序又要求"一种固定的地平面"。海德格尔把这一要求当作"技术的本质"。

③ 例如德里达过于性急地举出奥斯丁为例，说他接受了传统的意义观，即认为意义"在一种齐一性的成分内部被传递，在整个成分内意义的统一性和完整性没有受到实质的影响"。（《哲学的边缘》，A.贝斯译，芝加哥，1982年，第311页；所有其他以MP为缩写标志的该书引文出处，均放入正文的括号内。）德里达说，这种观念在整个哲学史上都为人所主张。当他谈到奥斯丁时，轻率地把奥斯丁自豪于已经避免了的各种传统动机和态度都归之

于他。J.塞尔在这一点上对德里达的批评，在我看来（多亏卡勒尔和C.诺雷思）大体是正确的（参见“重申区别：答德里达”，载于《雕像》，1977年第1期，第198—208页）。我并未在德里达回答塞尔的文章（参见“Limited Inc abc...”，载于《雕像》，1977年第2期，第162—254页）中看到德里达就塞尔责备他误解了奥斯丁而提出挑战，虽然德里达的确对奥斯丁和塞尔两人所共同具有的种种形而上学假定提出了有效的批评（参见下面注⑲）。在我看来S.费施正确地把《如何用语言做事》理解作说了（关于语言，如果不是关于哲学）很多德里达本人想说的话。（参见费施：“作者的赠予：论奥斯丁和德里达”，载于《批评研究》，1982年夏第8期，第693—721页，特别是结尾几页。）

④ 由德里达来使我们能够进行我前面引述过的段落中卡勒尔所描述的那种误解，一个理由似乎可能是，过去几十年来在盎格鲁·撒克逊国家里文学研究者倾向于躲避哲学，反之亦然。问题不在于我们欠缺一种方法，而只在于实际上没有人同时阅读文学和哲学两类文献，于是实际上没有人能够以卡勒尔建议的那种方式使这两类本文交互作用。整个来说，新批评派和F.R.里维思的影响是反哲学性的。在M.H.阿勃拉姆斯的《镜与灯》一类书出版以前，英国文学研究者往往不大会去读黑格尔的著作。同一时期，分析哲学的研究者被鼓励使他们的文学阅读与他们的哲学工作完全分开，并避免读康德和弗雷格两个时代之间的德国哲学。人们普遍认为，阅读黑格尔使大脑腐坏。（阅读尼采和海德格尔被认为甚至会导致更坏的效果，因为这样做会导致极不相宜的结果，使人变成大声吼叫的法西斯野兽。）

⑤ G.H.哈特曼：《援救本文：文学、德里达、哲学》，巴尔的摩，1981年，第xxi页。

⑥ 参见T.S.库恩：《科学革命的结构》，第二版扩大版，芝加哥，1970年。书中论述了当反常现象积累到一定程度而达到“危机”状态时，科学家似乎开始趋向哲学了。

⑦ 表示我所提出的这个论点的另一种方式是说，哲学问题并非“在那

儿”有待去发现，而是被创造出来的。当人们想出了以前未被设想过的替代物，从而对以前无理由加以怀疑的某一常识性信仰提出质疑时，才出现哲学问题。按照我认为杜威和德里达共同具有的形而上学观点，把德里达或别的什么人看作是“认出了”关于传统一直忽略了的本文或书写网络性质的问题，这是错误的。他所做的只是想出了各种说话方式，这使得旧的说话方式成为可以被选替的，因此多多少少是可疑的了。

⑧ 我在《实用主义的后果》一书（1972—1980 年论文集，明尼阿波利斯，1982 年），第 130—137 页中曾讨论了这种愿望。

⑨ 德里达喜欢引用普罗提诺的“踪迹是无形式者的形式”这句话（MP. 第 66 页注 41，并参见第 157 页，第 172 页注 16）。如果把这句话看作德里达本人使用踪迹（trace）一词的意义的规定，那么踪迹可看作意味着“那种哲学家需要而不可能具有的东西”。但我不能肯定是否应当这样来理解。

⑩ 德里达：《立场》，贝斯译，芝加哥，1981 年，第 6 页；对这部著作的引证，将用文中置入括号内的 Pos. 来表示。

⑪ 参见 Pos. 第 35 页，在此德里达谈到了“使科学摆脱形而上学束缚，这种束缚自科学开始以来一直限制着其定义和发展”。

⑫ 卡勒尔在上面引述的书中企图保持德里达的某些论点（而且是尼采最糟的论点之一），但塞尔对此加以攻击（参见“颠倒了的字词”，载于《纽约书评》，1983 年 10 月第 27 期，第 74—79 页）。我想塞尔正确地说道，德里达的许多论点（还不提尼采的论点）都是极糟的。他尖锐地指出，很多论点依赖于这样的假设：“除非一种区别可以成为精确的和严密的，否则就根本不是一种区别”。但我认为塞尔把这种辩证的情境大大简单化了，从而误解了和低估了卡勒尔的书和德里达的设想。他说德里达与胡塞尔都接受这样的假设，即除非提供了哲学的“知识基础”，否则就会“有某种东西被失去，受到威胁和破坏，或被怀疑”。（第 78 页）但德里达对寻求知识基础并无兴趣，除了作为一种被当作普遍科学的哲学观的局部例子，这种哲学可通过在极其明确的词汇

中描述其他文化活动来为它们“定论”。这种词汇可通过造成一种内在的精确和严格来牢牢把握住世界(这与简单地能够解决在偶然的历史关头提出的诸个别问题相对立)。

塞尔对“明晰、严格、严密、理论的含括力以及尤其是理智的内容”的胡塞尔式的颂扬,正是以这种哲学概念为前提的;他以这些颂词来刻画目前“语言哲学的黄金时代”,这个时代由于“乔姆斯基和奎因、奥斯丁、塔斯基、格赖思、达美特、戴维森、普特南、克里普克、斯特劳森、蒙塔古和十几位其他第一流作者的”研究工作而大放光彩。当塞尔说这种研究工作是“在全面优越于解构哲学在其上写作的水平的一个水平上被写作”时,他正是企图达到当下熟知的标准问题及在局部约束性模式内盛行的那种风格的极顶,对此德里达和尼采正是要加以嘲笑的(第 78 页)。他正在采取的那种假设正是德里达在讨论奥斯丁时(见前面注③)所采取的,这就是,一个在不熟悉的传统中工作的作者必定企图(和未能)去做他更熟悉的作者们在做的那种事。认为存在着可以用普遍的和非历史的标准来衡量的所谓“理智的内容”,使塞尔与柏拉图和胡塞尔联系在一起,而使他与德里达分离开来。塞尔讨论德里达时的弱点在于,他把德里达看作在从事着业余式的语言哲学,而非看作在询问着有关这种哲学价值的元哲学问题。

⑬ 海德格尔:《论时间和存在》,J. 斯坦姆保译,纽约,1972 年,第 24 页。

⑭ 参见海德格尔:《早期希腊思想》,D. 克莱尔和 F. 卡普吉译,纽约,1975 年,第 52 页。

⑮ 海德格尔:《存在与时间》,英译本,纽约,1962 年,第 262 页:“哲学的最终任务是保存定在(Dasein)在其中表现自身的最基本字词的力,并使通常的理解免于将它们等同于反过来作为伪问题根源的那种不可理解性。”

⑯ 然而德里达承认,胡塞尔错误地把《存在与时间》解释“为一种从先验现象学向一种人类学方向的偏离”,而且海德格尔在其后期著作中含蓄地放弃了他先前的准现象学主张,即认为自己在阐释一种人类普遍的“对存在

的日常模糊的理解。”(MP.第118页,第124页)

⑰ 我认为这是他个人的一种畅想。正如在“Limited Inc abc...”一文中十分明显的那样,“写作优先性”所得出的一切乃是这样一种主张,一切话语的某些普遍的特征,在写作中比在言语中看得更清楚。现在我认为,我在几年前所写的一篇关于德里达的论文中,对言语与写作之间的区别看得过于认真了。(参见“作为一种写作的哲学:论德里达”,载于《实用主义的后果》。)

⑱ 让我用一个例子设法说明一下这个区别。你将不可能正确使用“角”这个词和理解该词的意义,除非你能也使用许多其他的词,如“线”、“方”、“圆”等等。尤其是,你关于“角”意义的知识大体在于你从“它在一个角上”这一前提迅速跃向“它在几条线相交处”、“它在一个角落上”这类结论的能力。你也必须能够从“它是一个圆”跃向“它没有角”。然而你也许被看作是把握了用法和意义,即使你的耳朵过于背,以至于注意不到“角”、“英国”、“角”、“英国国教”等等的非推论性联系。你可以用英语和拉丁语做出迅速推论而仍然不能领会一个笑话,当教皇在《1066 and all that》这本历史幽默名著中对英国学童的谈话(“Non Angli,sed angeli”)被译作“不是安琪儿而是英国圣公会教徒”。

⑲ 德里达理解奥斯丁的障碍之一是,他不理解在五十年代由于G.赖尔之故这个观念如何彻底地从牛津被根除。盎格鲁·撒克逊人理解德里达的障碍之一是这样一个假定,他可能做的一切就是过迟地发现奥斯丁和奎因已经知道的东西。

⑳ 关于对科学进步的这种态度的一个例子,参见M.黑斯:《科学哲学中的革命与建设》(布鲁明顿,1980年)。黑斯提出的重要的一点是,按“会聚性”所做的进步分析可适用于除“不存在诸概念的会聚可按其成立的明显意义”以外的命题。(第X页)用另一套理论概念来取代一套理论概念,这些概念本身都不可能根据一种主导的观察语言来定义,对于达到更大的预测成效是重要的,但没有办法把这种替换看作“更接近事物实际状况”,除非这只意

味着“获得了更大的预测力”。如果这就是它的全部意义，人们就不可能根据更好地与现实相符的概念来说明科学的成功。在该书第四章“隐喻的说明作用”中黑斯提出，我们把科学理论看作隐喻，并总结说，“合理性正在于使我们的语言不断地适应于我们的在连续扩展中的世界，而且隐喻是完成这一目的的主要手段之一”(第 123 页)。我主张，黑斯的观点可沿杜威的路线扩展到如此程度，以使得在科学和文化的其他部门之间不存在认识论区别。参见我的“答德雷福斯和泰勒”(以及随后的讨论)，载于《形而上学评论》，1980 年 9 月第 24 期，第 39—56 页。

㉑ 海德格尔:《存在与时间》，第 262 页(在注⑮中也引用过)。

协同性还是客观性？*

善于思索的人类一直企图按照两种主要方式使生活与更广阔的领域联系起来，以便使其具有意义。第一种方式是描述他们对某一社会做出贡献的历史。这个社会可以是他们生活于其中的历史上真实的社会，可以是异时异地的其他真实的社会，也可以是纯粹想象的社会，这个社会或许包含着从历史中或小说中挑选出来的数十位男女人物。第二种方式是在他们和非人的现实的直接关系中来描绘自己的生存。我们说这种关系是直接的，意思是它并非由这样一种现实和人类部族、民族或想象的团体之间的关系中产生的。我想说，前一种描绘方式说明了人类追求协同性的愿望，后一种描绘方式则说明了人类追求客观性的愿望。当某人寻求协同性时，他并不关心某一社会的实践与在该社会之外的事物之间的关系。当他寻求客观性时，他使自己脱离了周围实际的人，不把自己看作某个其他实在的，或想象的团体中的一员，而是使自己和不与任何个别人有关涉的事物联系起来。

以追求真理概念为中心的西方文化传统（从希腊哲学家一直延续到启蒙时代），是企图由协同性转向客观性以使人类生存具有意义的最明显的例子。因其本身之故，不因它会对某个人或某个

---

* 本文系作者于1983年11月在日本名古屋南山大学的讲演全文，译自《南山美国研究评论》（英文版），1984年第6卷。在本文中“协同性”（Solidarity）指某社会团体中人们在兴趣、目标、准则等方面的一致性。“客观性”（Objectivity）指真理有独立于或外在于社会和人类的客观存在性。——中译者

实在的或想象的社会有好处而应予追求的真理观，是这一传统的中心主题。也许由于希腊人逐渐认识到人类社会千差万别，他们才受到启发萌生了这一理想。担心坐井观天，担心囿于自己碰巧生于其中的团体的界域局限，以及从异邦人角度观看本团体的需要等等因素，都有助于产生欧里庇得斯和苏格拉底所特有的那种怀疑与讥讽的腔调。希罗多德极其认真地看待蛮邦人，详细地描绘他们的习俗，这种意愿也许是柏拉图下述主张的必要前兆，他认为，超越怀疑论的途径就是去设想一个共同的人类目标，这个目标是由人性而不是由希腊文化提出的。苏格拉底的离异性和柏拉图的希望的结合，产生了这样一种知识分子的观念，即他不是通过所属社会的公论，而是以一种更直接的方式与事物的性质打交道的。

柏拉图借助知识和意见、表象和实在之间的区别，发展了这样一种知识分子的观念。这两种区别共同导致这样一种看法，合理的探索应当使非知识分子几乎无从接近的、并可能怀疑其存在的一个领域显现出来。在启蒙时代，这一认识体现在当时人们把牛顿式的自然科学家当作知识分子的楷模。在十八世纪的大多数思想家看来，了解自然科学所提供的自然图景现在显然应该导致建立社会的、政治的和经济的机构，这些机构应当与自然界符合一致。从此以后，自由主义的社会思想就以社会改良为中心了，后者的出现是由于有关人类究为何物的客观知识，不是有关希腊人、法国人或中国人究为何物的知识，而是有关人类本身的知识。我们是这一客观主义传统的子孙，这个传统的中心假设是，我们必须尽可能长久地跨出我们的社会局限，以便根据某种超越它的东西来考察它，这也就是说，这个超越物是我们社会与每一个其他的实在的和可能的人类社会所共同具有的。这个传统梦想着这样一种最终将达到的社会，它将超越自然与社会的区别；这个社会将展现一种不受地域限制的共同性，因为它表现出一种非历史的人性。现代思想生活的修辞学中很大一部分都把下述信念视作当然：对人进行科学研究的目标就是去理解"基础结构"、"文化中的不变因素"或"生物决定论模式"。

那些希望使协同性以客观性为根据的人（我们称其为实在论者），不得不把真理解释为与实在相符。于是他们必须建立一种形而上学，这种形而上学将考虑信念与客体之间的特殊关系，而客体将会使真信念与假信念区别开来。他们还必须主张说，存在着证明信念真伪的方法，这些方法是自然存在的，而不只是局部适用的。这样他们就必须建立一门将考虑这样一种证明方法的认识论，这种证明方法不只是社会性的，而且是自然的，是从人性本身中产生的，而且是由自然的这一部分与自然的其余部分之间的联系形成的。按他们的观点，各种方法都被看成是由某一文化提供的合理证明法，它们实际上也许是也许不是合理的。为了成为真正合理的，证明方法必须达至真理，达至与实在的符合，达至事物的内在性质。

与此相反，那些希望把客观性归结为协同性的人（我们称他们作"实用主义者"），既不需要形而上学，也不需要认识论。用詹姆士的话说，他们把真理看作那种适合我们去相信的东西。因此他们并不需要去论述被称作"符合"的信念与客体之间的关系，而且也不需要论述那种确保人类能进入该关系的认知能力。他们不把真理和证明之间的裂隙看作应当通过抽离出某种自然的与超文化的合理性来加以沟通（这种合理性可被用来批评某些文化和赞扬另一些文化），而是干脆把这个裂隙看作是存在于实际上好的与可能更好的信念之间的。从实用主义观点看，说我们现在相信是合理的东西可能不是真的，就等于说某人可能提出更好的思想。这就是说，永远存在着改进信念的余地，因为新的证据、新的假设或一整套新的词汇可能出现。[①]对实用主义者来说，渴望客观性并非渴望逃避本身社会的限制，而只不过是渴望得到尽可能充分的主体间的协洽一致，渴望尽可能地扩大“我们”的范围。至于说实用主义者在知识与意见之间做出区别，这不过是在较易于从其中获得上述一致性的论题与较难于从其中获得上述一致性的论题之间的区别。

“相对主义”是实在论者加于实用主义的传统称号。这个称号通常指三种不同的观点。第一种指那种认为任何信念都像任何其他信念一样有效的观点。第二种观点认为，“真”是一个含义不清的词，有多少不同的证明方法就有多少种不同的真理的意义。第三种观点认为，离开了对某一社会（我们的社会）在某一研究领域中使用的熟悉的证明方法的描述，就不可能谈论真理或合理性。实用主义者主张第三种人类中心论。但他并不主张自我否定的第一种观点，也不赞成古怪的第二种观点。他认为自己的观点优于实在论的观点，但并不以为自己的观点符合事物的本性。他认为“真”之一词的流通性（“真”仅只是表示一种称赞）保证了其单义性。按实用主义者的说法，“真”这个词在一切社会中都有相同的意义，正如“这儿”、“那儿”、“好”、“坏”、“你”、“我”这些具有同样语义流通性的词在所有文化中都有相同的意义一样。但是，意义相同当然是与指称的不同、与规定该词的方法的不同是相容的。于是他觉得可以随意把“真”这个词当作一般的赞词来用，尤其是用它来称赞他自己的观点。

然而我们并不清楚为什么要说“相对主义”是适合实用主义的确主张的第三种人类中心论观点。因为实用主义者并非主张一种肯定性理论，断言某种东西是相对于另一种东西的。反之，他主张的是纯粹否定性的观点，认为我们应该抛弃知识与意见的传统区别，这种区别被解释为作为与实在符合的真理和作为对正当信念的赞词的真理之间的区别。实在论者称这种否定的主张为“相对主义”，其理由是他不能相信任何人会当真地否认真理具有一种内在的性质。于是当实用主义者说，根本不存在什么真理，除了我们每一人将把那些我们认为适于相信的信念赞为真的情况以外，实在论者倾向于把它解释作有关真理性质的更为肯定的理论：它是这样一种理论，按照这个理论真理只不过是某一个人或某团体的当时意见。这样一种理论当然会是自相矛盾的。但是实用主义者并不具有一种真理论，更没有一种相对主义的真理论。作为协同性的拥护者，他对人类合作研究的价值的论述，只具有一种伦理的基础，而不具有认识论的或形而上学的基础。

关于真理或合理性是否具有一种内在性质的问题，或者关于我们是否应当具有一种有关真理或合理性问题的肯定性理论的问题，也就是我们的自我描述是否应当建立于对人性的关系上或某一特殊人类集体上的问题，即我们是应当追求客观性还是追求协同性的问题。很难看出人们可以通过深入研究知识的、人的或自然的性质而在客观性与协同性二者之间进行抉择。的确，认为这个问题可以这样解决的提议,是站在实在论者的立场来用未经证明的假定去进行讨论的,因为它预先假定了知识、人和自然具有与所讨论的问题相关的真正本质。反之,对于实用主义者来说,“知识”正如“真理”一样,只是对我们的信念的一个赞词,我们认为这个信念已被充分加以证明,以至于此刻不再需要进一步的证明。按其观点,对知识性质的研究仅只是对各种各样的人如何试图根据所信之物达成一致所进行的社会的与历史的论述。

我在这里称作“实用主义”的观点,几乎,但非完全等同于H.普特南在其近著《理性、真理和历史》中所说的,“内在论的哲学概念”。[②]普特南把这一概念描绘为放弃了对待事物的“神目观”(God's eye)的企图,即与我一直称为“渴望客观性”的那种非人间因素(the non-human)接触的企图。不幸,他一方面维护我赞成的反实在论的观点,一方面却又反驳许多持有这一观点的其他人,如库恩、费耶阿本德、福柯和我自己。我们都被称作“相对主义者”。普特南提出“内在论”作为实在论与相对主义之间的一条幸运的中间道路。他谈到了“今日畅销的相对主义学说的泛滥”,[③]而且特别谈到了“法国哲学家”主张的“某种文化相对论与‘结构主义’”的奇特混合物。[④]但当他对这些学说进行批评时,普特南能够攻击的不过是所谓的“不可公度性”:就是说“在其他文化中使用的词语不可能与我们具有的任何词语或表达方式在意义或指称方面相同”[⑤]。他明智地同意多纳德·戴维森所说的这一论点是自相矛盾的。然而对这个论点的批评至多是不利于费耶阿本德某些早期著作中的一些轻率论断。一旦排除了这个论点,就很难看到普特南本人与他所批评的大多数人之间有何区别了。

普特南接受戴维森的这个观点，他说道："某一解释图式的完整证明……在于它使其他人的行为按照我们的理解来看至少是最低限度地合乎情理的。"[⑥] 由此我们似乎自然可以进一步说，我们不能越出我们的理解范围，我们不可能站在只由自然的理性之光照亮的中立基础上。但是普特南从这个结论后退了。因为他把我们不能越出自己理解能力的论断，解释成我们的思想幅度受到他所说的"制度化的规范"限制的论断，制度化的规范就是可据以解决一切论争（包括哲学论争）的公共准则。他正确地说，并不存在这类准则，并断言，主张有这类准则的说法正如"不可公度性"一样是自相矛盾的。我认为他完全正确地说，那种认为哲学是这类对明确准则的应用之学的主张，是与哲学观念本身相矛盾的。[⑦] 人们可以这样来解释普特南的观点，说"哲学"正是在文化不再能按照明确的规则表述自身时所能从事的活动，哲学已变成足够悠闲高雅，它依赖着无法表述清楚的专门技术，把实践学换为体系学，把与外国人的对话换为对他们的征服。

但是在说我们不能使每个问题都诉诸由我们的社会加以制度化的明确准则时，并未切中普特南称作"相对主义者"的那些人所提出的论点。这些人是实用主义者的一个理由正在于，他们与普特南一样不相信实证主义所说的合理性即运用准则之意。例如，库恩、M.黑思（Hesse）、维特根施坦、M.波拉尼（Polanyi）和 M.奥克肖特（Oakeshott）等人都不相信上述看法。只有当某人的确把合理性想成这个意思时，他才会幻想"真"这个概念在不同社会中意思不同。因为只有这种人才可能想象有某种可以挑选出来的东西，我们可以使"真"与其相对。只有当你附和逻辑实证主义的观点说，我们大家都禀赋着所谓“语言规则”之物，它辖制着我们的一言一语时，你才会说人们不可能摆脱自己的文化。

普特南在该书最富独创性、最有说服力的部分中说，“合理性是由局部的文化准则所规定的”这一看法，“只是实证主义的奇特的类似物”。他说，它是“一种由人类学引起的唯科学论，正如实证主义是由精确科学引起的唯科学论”。普特南所说的“唯科学主义”是指那种把合理性看成应用准则的观念。[8]假如我们抛弃这个观念，采取普特南本人信奉的奎因的图式，把研究看作对诸信念网络的不断再编织，而不是看作把准则应用于个例，那么“局部的文化规范”观将失去其令人烦厌的地域褊狭主义含义。因为现在当我们说我们应当根据自己的智能工作，应当是“种族中心论”(ethnocentric)的时候，其意义仅仅是说，其他文化所提出的信念必须经由设法将其与我们已有的信念编织在一起的办法来加以检验。正是由于这种为普特南和他批评为“相对主义者”的人所共同接受的整体论知识观，各种不同文化才不致被理解成各种不同的几何学类型。各种不同的几何学是互不相容的，因为它们都有公理结构和相互矛盾的公理。它们是被设计成互不相容的。各种文化并未经此设计，而且不具有公理结构。我们说它们有“制度化的规范”时，仅只是像福柯那样说，知识与权力从不可分，人们如果不在某时某地坚持某种信念，很可能就要受罪。但是信念的这类制度性的支持物采取着官僚和警察的形式，而不是“语言规则”和“合理性准则”的形式。笛卡尔的谬误却表现为另外一种看法，他把不过是共同具有的习惯当成公理，把归纳这些习惯的陈述看作是纪录制约这些习惯的决定因素。奎因和戴维森两人批评把概念与经验

加以区分的理论，其部分意义在于，区分不同的文化与区分单一文化内各成员持有的不同理论，在性质上并无什么不同。塔斯马尼亚土著人和英国殖民者相互交流有困难，但这种困难与格莱斯顿和狄士雷利之间进行交流的困难只是程度上不同而已。这些事例中出现的困难只是说明为什么其他人与我们意见不同时的困难，只是在重新编制我们的信念以使分歧现象与我们持有的其他信念相协洽时出现的困难。奎因在解决分析真理与综合真理之间的实证主义的区别时的论证，与人类学家在“文化之间”的现象与“文化之内”的现象之间所做的论证也是类似的。

不过，根据这种整体论的文化规范论，我们并不需要一种贯通各文化的、普遍的合理性，普特南就是引用这种合理性观念来反对他所谓的“相对主义者”的。普特南在该书临结尾时说，一旦我们抛弃了一种“神目观”就会理解：“我们只能希望产生一种对合理性的更合理的理解，或对道德性的一种较好的理解，如果我们从我们传统的内部来进行的话。我们乐于从事真正的人的对话……。”[⑨]对此我完全同意，我想库恩、海思和大多数其他所谓的“相对主义者”，甚至还有福柯，也会同意。但是普特南接着又提出了另一个问题：“这种对话有没有一个理想的终点呢？是否存在着有关合理性的一个真的理解呢，是否存在着一种理想的道德性呢，即使我们迄今所有的一切只是对它们的各种理解？”我不明白这个问题的要点。普特南提出，一种否定的回答（即“只存在着对话”这种看法）不过是另一种形式的自相矛盾的相对主义。但是再说一遍，我不明白，说某种东西不存在何以能被解释为说某种东西相对于另一种东西存在。普特南在该书最后一句话中说：“我们在谈到我们的不同理解，就是对合理性的不同理解时，就等于提出了一个限制概念，一个关于理想真理的限制概念。”但是这种提法究竟目的何在呢？难道不是说，在上帝看来人类正朝着正确方向迈进吗？当然，普特南的“内在论”会禁止他说出这类意思。说我们以为我们在朝正确方向迈进，就等于附和库恩说，我们能根据事后的认识把过去的故事讲成一个在进步中发展的故事。说我们还有漫长道路要走，说我们目前的观点不应当永世不变，对于需要提出限制概念来进行支持来说，是过于平庸无力了。因此很难理解，在“只存在着对话”和“还存在着对话向其汇聚的东西”这两种说法之间的区别，又究竟能产生什么区别呢？

我想指出，普特南在这里无路可走之时又溜回他在其他论著中正确批评过的唯科学主义去了。因为，唯科学主义被定义作那种把合理性看作应用准则的观点，其根源正是一种对客观性的愿望，普特南把这种愿望称作“人类的繁荣”，它具有超历史的性质。我想，费耶阿本德正确地指出，除非我们抛弃掉把研究以及把一般人类活动都看作收敛的而非繁衍的，看作日益统一而非日益分散的这类隐喻，我们就永远不会摆脱那种曾经导致我们提出神的存在来的动机，提出限制概念的假定，似乎只是告诉我们非存在性的神（如果确实有的话）会对我们满意的一种方式。如果我们能够只为追求协同性的愿望所推动，彻底抛弃对客观性的愿望，那么我们就会把人类进步看作能使人类完成较有趣的工作并成为较有趣的人，而不看作是朝向某一地点的迈进，这个地点多少是事先为人类设定的。我们的自我形象就会是去创作而不是去发现的形象，这是曾经被浪漫主义用来称赞诗人的形象，而非被希腊人用来称赞

数学家的形象。在我看来，费耶阿本德正确地企图为我们发展这样一种自我形象，但是他的构想似乎被他本人和他的批评者错评为“相对主义”了。[10]

按费耶阿本德指出的这一方向前进的人们往往被看作是启蒙精神的天敌，被看作是附和了这样一种论调，即西方民主的传统的自我描绘业已破产，它们已被证明是“不适当”的或“自欺的”。本能地拒绝马克思派、萨特派、奥克肖特派、伽达默尔派和福柯派等把客观性转换为协同性的企图，其部分原因是担心我们传统的自由主义习惯和希望将会在完成这种转换后不复存在了。例如，在哈贝马斯把伽达默尔的立场说成是相对主义和潜在压制性的批评中，在怀疑海德格尔对实在论的批评无论如何与他信奉的纳粹主义有联系的看法中，在认为马克思企图把价值解释为阶级利益通常只是列宁主义式接管的托词这类预感中，在把奥克肖特对政治唯理主义的怀疑论仅看作对现状的辩护的暗示中，我们都可察觉到这种预感。

我想，用这类道德与政治词语而不用认识论或元哲学的词语来提出问题，可以更清楚地指明危机所在。因为，现在问题并不在于如何去定义“真理”、“合理性”、“知识”或“哲学”这些词，而在于我们的社会应当具有什么样的自我形象。“必须避免相对主义”这个仪式般的咒符，正如必须保持当代欧洲生活习惯这类说法一样是无所不包的。二者都是由启蒙精神所滋营并由后者根据理性的口号加以辩护的习惯，理性被看作是超文化的人类与实在相符合的能力，被看作是一种机能。拥有和运用这种机能可由人类遵从明确的准则一事加以证明。于是有关相对主义的真正的问题是，这类思想、社会和政治生活中同样的习惯，能否为一种被看作是无准则的应付活动的合理性概念，为一种实用主义的真理观证明为正当。

我的回答是，实用主义者如要证明这些习惯的正当性就不可能不陷入循环论证，但对实在论者来说情况也是一样。实用主义者赞成容忍、自由探讨和追求通畅的交流，只能采取在包括这类习惯的社会和不包括这类习惯的社会中进行比较的方式，结果导致这样的看法：没有哪位经验过两类社会的人会偏爱后者。这可以由丘吉尔为民主的辩护加以说明，他把民主看作是一切可以想象出的政府中最坏的形式，但除了那些迄今为止人类已尝试过的政府形式外。这种辩护不是参照某一准则做出的，而是参照种种具体的实际优点做出的。只有当被用来描述自由社会的赞词是由自由社会本身的词汇中引出的时，它才是循环论证的。这类赞词必定包含在某种词汇中，而在原始社会、神权政治社会或极权社会中流行的赞词将不会产生希望的结果。因此实用主义者承认，他并不具有非历史性的观点，根据这种观点可以认可他想去称赞的近代民主的习惯。这个结果正是协同性拥护者所期望的。但是客观性的拥护者们却再次引起一种对由种族中心论和相对主义二者造成的两难困境的担心。我们或者对我们自己的社会特别看重，或者对每一其他社群装出一种不可能的容忍态度。

我一直指出，我们实用主义者应当抓住这个两难困境的一端。我们应当说，在实践中我们必须倚重我们自己的团体，即使我们不可能对采取这一态度进行非循环式的论证。我们必须坚持，世间无物可以免遭批评的事实，并不意味着我们有义务为每一件事进行论证。我们西方自由派知识分子应当承认如下事实，我们必须以现实境况为起点，这就是说，世上存在着许多我们根本不能认真看待的观点。用一个大家熟悉的纽拉特的比喻，我们能够理解革命者的如下建议：远航之船不能由构成旧船的木板来建造，我们应该干脆放弃船。可是我们不能认真看待他的建议。我们不能把它当作行动规则，所以它不是一种真实的选择。当然，对某些人来说，这个选择是真实的，他们是那些永远希望成为一种新人的人，他们希望被改宗皈依而不是被说服。但是我们这些寻求一致性的自由派罗尔斯主义者和苏格拉底的子孙们，这些希望使我们的岁月逐日辩证地相连接的人，却不能这么做。我们的社会（近代世俗的西方自由派知识分子社会）希望能对任何观点的改变给予事后回顾性的论述。可以说，我们希望能向早先的自己证明我们的处事正当。这种偏好不是由人性硬加予我们的，它只不过是我们目前实际的生活方式而已。[11]

这种别无依据的地域主义，这种承认我们只不过是历史的、而非某种非历史的存在者的观念，正是使罗尔斯一类的传统的康德自由派从实用主义退却的原因[12]。与此相对，“相对主义”仅只是一个会使人误解的词。实在论者在指责实用主义者是相对主义者时，再一次把自己的思维习惯加予后者。因为实在论者认为，哲学思想的全部意旨就是使自身与任何特殊社会脱离，并根据一种更普遍的观点去看轻特殊社会的存在。当他听到实用主义驳斥这种追求普遍性的愿望时，简直不能相信，他以为每个人必定从内心深处希望出现这类脱离。于是他就把自己追求的脱离以歪曲的方式加予实用主义者，并把后者看作是好挖苦讥讽的唯美派以及纯粹的“相对主义者”，这个相对主义者似乎拒绝认真地在不同社会之间加以区别。但是由协同性愿望支配的实用主义者，只能被批评为过于认真看待本身的社会了，只能批评他的种族中心论而不是相对主义。成为种族中心论者，就是把人类区分为两大类，我们只须对其中一类人证明自己的信念正当即可。这一类（即我们自己的本族）包括那些持有足够多的共同信念以便进行有益的对话的人。在此意义上每个人在进行实际辩论时都是种族中心论者，不管他在自己的研究中产生了多少有关客观性的实在主义修辞学。[13]

实用主义的看法中使人感觉困扰的不是它的相对主义，而是它取消了我们的思想传统习以为常的两种形而上学安慰。一种安慰认为生物种族团体的成员禀赋某种“权利”，这种看法似乎是没有意义的，除非生物学的类似性使人具有这类共同的机制，它使我们的种族与非人的现实相联系，从而赋予该种族以道德尊严。这种作为在生物学层次上传继下来的权利观念对于西方民主的政治论说如此基本，以至于当我们听到“人性”不是有用的道德观念的任何说法时就会感到困惑。第二种安慰是说我们的社会不可能完全毁灭。以与客观实在符合为根据的共同人性观安慰我们说，即使我们的文明毁灭了，即使我们的政治、思想或艺术的社会的全部记忆都消失了，人类注定会重新获得那曾是我们社会之荣耀的德性、见识和成就。作为一种内在结构的人性观使种族的全体成员向同一点会聚，确认值得夸耀的同样理论、德性和艺术作品，这种人性观向我们保证，即使波斯人获胜，希腊人的科学艺术迟早会在其他地域出现。它向我们保证，即使奥威尔式的恐怖官僚政治统

治一千年，西方民主的成就有一天仍将会为我们遥远的后代所恢复。它向我们保证，“人是永存的”，只要人类专心修炼他们内在的天性，像我们的世界观，我们的德性，我们的艺术这类合理的东西就会再度突然出现。实在论观念的安慰性，不只是宣称在我们的未来存在着一片供人类使用的土地，而且宣称我们已相当了解这片土地的模样。我们大家都被谴责为不可避免的种族中心论者，种族中心论因而既是实在论者令人安慰的观点的一部分，又是实用主义者的令人不得安慰的观点的一部分。

实用主义者放弃了第一种安慰，因为他认为，说某类人有某种权利，不过是说我们应当以某种方式来对待他们，却并非提出以该种方式来对待他们的理由。至于第二种安慰，他怀疑我们是否真的不能根除这样一种愿望，即与我们类似的某种生物将承继地球，正如怀疑我们是否不能根除借助某种令人满意的理想化手段来超克个人死亡的愿望。但他不想把这种愿望转化为一种人性论。他希望把协同性当作我们唯一的安慰，而且无须为它找到形而上学的支持。

我认为，渴望客观性部分上是害怕我们社会消亡的一种隐蔽形式，它正应验了尼采的如下指责：柏拉图以来的哲学传统是企图避免面对意外事变和逃避时间及偶然机会。尼采认为，实在论不只由于它的不能自圆其说的理论论证（我们在普特南和戴维森的理论中所看到的那类论证）而应遭到谴责，同时也因实际的、实践的理由而应予谴责，他说道：“形而上学观念的终止带来的一个重要的缺点是，个人将过分认真地看待自己短暂的一生，并失去建设经久长存的制度的强烈冲动。”[14] 尼采认为，人类性格的考验是那种明知无会聚性而仍生存下去的能力。他希望我们能把真理看作："一套可变动的隐喻、换喻、拟人化词语，简言之，一套人间关系。这套人间关系从诗学和修辞学上被提升、转换和装饰，并在长期使用中俘获了人们，看起来像是必须绝对加以遵行的。"[15]尼采曾希望，人类最终能够并将要以这种方式来看待真理，但他们仍然喜欢自己，并把自己看作是好的人，对他们来说协同性就足够了。

我想，最好把实用主义对支持实在论的客观性观念的种种结构与内容区分法的批评，看成是企图让人们按上述尼采方式去理解真理，把这种批评看成完全是协同性的问题。因此我们才有必要不顾普特南的反对说："只存在着对话"，只存在着我们大家，并应抛弃"超文化的合理性"的任何残余。但是这种态度不应像尼采有时做的那样导致我们摈弃我们的一套可变动的隐喻中的成分，它们体现着苏格拉底对话、基督的友爱和启蒙时代科学的各种观念。尼采把哲学实在论诊断为一种恐惧和怨恨的表现，而他自己又出于怨恨而把沉默、孤独和暴力加以别具一格的理想化。像阿多尔诺、海德格尔和福柯这类尼采之后的思想家，又把尼采对形而上学传统的批评与尼采对资产阶级礼俗、基督友爱以及那种认为科学会使世界更宜生存的十九世纪愿望所给予的批评联系起来。我不认为在这两种批评之间有任何值得注意的联系。我已说过，在我看来实用主义是一种协同性哲学，而不是一种绝望哲学。按此观点，苏格拉底对神的背离、基督教从万能创造者转向在十字架上受难的人，以及培根从作为思考永恒真理的科学观转向作为社会进步工具的科学观，都可看作是对由尼采真理观暗示的社会信念的各种准备。[16]

我们这些协同论的赞成者对客观实在论赞成者的最有力的辩驳是由尼采提出的，他说，巩固我们习惯的那种传统西方形而上学和认识论的方式，根本不再有效了。它不再起作用了。它变成了一种容易揭穿的把戏，正如有关神的假定一样，这就是说，似乎由于幸运的巧合，诸神把我们选作他们的子民。于是当实用主义者说我们用协同感代替“纯”伦理基础时，或更准确地说，我们把我们的协同感看作并无基础，除了由“大家共同具有”这一事实本身形成的共同的希望和信任以外，这种看法是根据实践理由提出的。它不是作为这样一种形而上学主张的推论提出的，这种主张断言，世界上的客体不包含内在地引导行为的特性；它不是作为一种认识论主张的推论提出的，这种主张断言，我们欠缺道德感的机能；此外，它也不是作为一种语义学主张的推论提出的，后者声称真理可归结为对正当性的辩护。它是这样一种建议，即我们如何看待自己以便避免那种令人怨恨的迟暮之感（尼采思想中坏的一面正以此为特征），这一点现已成为大多数高级文化的特征。这种怨恨之情来源于我在讲演开头提到过的那种看法，即启蒙时代对客观性的那种追求现已不再受欢迎了。被过分坚持和过分认真看待的那种科学客观性的修辞学，使我们遇到像B.F.斯金纳和像阿尔都塞这两类人，但他们的幻想都是不得要领的，其原因正在于他们企图对我们的道德和政治生活采取“科学的”态度。对唯科学主义的反动，导致把自然科学当作一种虚假的神加以攻击，可是科学本身并无过错，错误之处正在于人们企图将科学神化，这是实在论哲学特有的企图。这种反动也导致把穆勒、杜威和罗尔斯共同具有的那种自由主义社会思想攻击为仅只是一种意识形态的上层结构，后者被说成是使我们的现实处境模糊不清，并压制了改变处境的努力。可是自由主义民主并无过错，那些试图扩大自由民主范围的哲学家们也无过错。过错只在于企图把他们的努力看作未能达到他们并不曾企图达到的东西：证明我们的生活方式“客观地”优于一切其他可能的生活方式。简言之，启蒙精神的愿望本身也并没有错，正是这一愿望导致西方民主的创立。对我们实用主义者说来，启蒙运动理想的价值正是他们创造的某些制度和实践的价值。在本讲中我一直设法把这些制度和实践本身与客观性拥护者们为其提供的哲学辩护加以区分，并提出了一种替代的辩护。

注　解

① 这种把社会一致意见而非把对非人现实关系作为中心的真理态度，不只是美国实用主义传统所特有的，而且也是波普尔和哈贝马斯所特有的。然而应当注意，这与波普尔坚持以“可证伪性”取代“证实”作为科学哲学主要观念无关。波普尔对这一观念的坚持被大多数美国科学哲学家看作是做作的而加以拒绝。在英国被看作是波普尔特有的大多数科学哲学观点和社会哲学观点，在美国已由于杜威之故为人们熟知，这一情况与美国科学哲学家对波普尔上述观点的拒绝可以共同说明这一事实：波普尔在美国从来不像在英国显得那么重要。哈贝马斯本人对波普尔的批评类似于杜威式整体论者对实证主义的批评。然而哈贝马斯本人忽略他自己的思想和杜威思想之间的类似性，而是专注于他与皮尔士的关系。不过重要的是看到，詹姆士和杜威共同具有的实用主义真理观并不依赖于皮尔士和哈贝马斯的“理想研究目的”观念，也不依赖于“理想上自由的言语社会”。关于我对这类不充分的人类中心概念的批评，参见拙著《实用主义的后果》，明尼波利斯，1982 年，第 XIV 页，“实用主义、戴维森和真理”，载于即将出版的一本纪念戴维森的论

文集，由E.勒波尔（Le Pore）编，明尼波利斯，1984年，以及“哈贝马斯和莱奥塔尔论后现代性”，载于即将出版的《国际实践》，1984年。

② H.普特南：《理性、真理和历史》，剑桥，1981年，第49—50页。此书法译本将由Minuit出版社出版。

③ 同上书，第119页。

④ 同上。

⑤ 同上书，第114页。

⑥ 同上书，第119页。参见戴维森的“论概念图式的概念”，载于《1974年美国哲学协会会志》，这是一篇有关我们必然是人类中心论者的观点的典型论述。

⑦ 参见普特南前书，第113页。

⑧ 同上书，第126页。

⑨ 同上书，第216页。

⑩ 参见（例如）P.费耶阿本德的《自由社会中的科学》，伦敦，1978年，第9页。在此书中费耶阿本德把自己的观点看作是“相对主义（在普罗塔哥拉的古老的和简单的意义上）。”这一认同是来自他的下述主张，“‘客观上’，在反犹太主义和人道主义之间没有多大区别。”我想，费耶阿本德如果说应该干脆把打引号的“客观上”与支持主客区分论的传统哲学的图式—内容区分论抛弃，而不是说我们可以保留这个词并用它来说普罗塔哥拉说过的那些话，就会对他更有利。费耶阿本德真正反对的是真理符合论，而不是关于某些观点为真、某些观点为假的观念。

⑪ 对共同意见的这种追求，与对真实性的那种追求正相对立，后者想要摆脱我们社会的意见。例如参见V.狄斯柯姆柏在《现代法国哲学》（剑桥，1980年，第153页）一书中对德吕兹的论述：“即使哲学基本上是非神秘化的，哲学家们往往不能进行真正的批评；他们维护秩序、权威、制度、‘体面’、一般人相信的每一样东西。”我根据实用主义的和人类中心的观点主张，一切

批评可能或应当去做的就是使“一般人相信的东西”中的因素与其他因素相互竞争。如果像德吕兹那样企图做得超过这一点,就是去幻想而非去谈话了。

⑫ 罗尔斯在《正义理论》中企图通过想象一种由“无知帷布”背后的选择者们设想的社会契约来保持康德“实践理性”的权威性,即把这些选择者的“合理的自利”当作某些社会制度的非历史性正当性的试金石。这一企图导致过去十年中英美社会哲学中一批重要的著作发表,并以M.桑德尔的《自由主义和正义的限度》(剑桥,1982年)的出版告一段落。桑德尔说,罗尔斯的“幕后选择”图画不能自圆其说。同时,罗尔斯本人采取了一种较少坚持非历史正当性的元伦理观。参见他的“道德理论中康德的构造主义”,载于《哲学杂志》,1977年。同时,桑德尔强调说,对道德动机进行“构造主义的”论述之本质,最好被理解作使其行为正当的愿望,而非以“合理的自利”为基础。(参见斯坎龙Scanlon的“契约论和功利论”,载于《功利主义及其超越》,A.西姆和B.威廉姆斯(编),剑桥,1982年)。斯坎龙对罗尔斯的修正与罗尔斯后来的著作方向相同,因为斯坎龙关于“由于他人不可能合理地拒绝的理由而对他人是正当的”观念,与下述观点一致,即对社会哲学重要的东西,是可对特殊历史社会、而非对“一般人类”证明为正当的东西。在我看来,关于罗尔斯的合理选择者很像是二十世纪美国自由派的通常看法,是完全正当的,但这并不指对罗尔斯的批评,我在“后现代主义的资产阶级自由主义”一文(《哲学杂志》,1983年)中维护了这一观点。

⑬ B.威廉姆斯在一篇题为“相对主义的真理”的重要论文(收入他的《道德幸运》,剑桥,1981年)中,根据“真正的对峙”和“概念的对峙”之间的区别提出了类似的观点。后一种对峙非对称地出现在我们和原始种族之间。正如威廉姆斯所说,这类人的信念系统并不为我们提供实在的选择,因为我们不可能想象转向他们的观点而不发生“自欺或妄想狂”。这类人对某些问题的信念与我们的信念极少有一致之处,因此他们不可能与我们意见一致,

并不会在我们心中引起关于我们自身信念正确性的怀疑。威廉姆斯对“真实选择”和“概念的对峙”的用法在我看来极有启发性，但我认为他把这些用法转向于它们并不适用的目的。威廉姆斯想维护伦理相对主义，后者被认为是主张说，当伦理的对峙仅只是概念上的时，“疑问或赞成并不真地发生”。（第142页）在我看来这是威廉姆斯由于企图在相对主义中发现什么真的东西而被迫面对的尴尬结果，这一企图又是他的物理学相对主义的必然产物。（参见他的《笛卡尔：纯粹探究的构想》，伦敦，1977年）。在我看来，相对主义中不存在真理，但在种族中心论中却存在着这类真理：我们不可能向每个人证明我们的（在物理学或伦理学中的）信念正当，而只能向那些其信念与我们的信念在适当程度上一致的人证明我们的信念正当。

⑭ 尼采《全集》（*Schlechta*）第一卷，第463页。

⑮ 同上书，第三卷，第314页。

⑯ 参见汉斯·布鲁门伯格《现代的正当性》（法兰克福，1974年）一书中关于欧洲思想史的一段故事，它与尼采和海德格尔讲述的故事不同，把启蒙时代看作一次肯定的前进。对布鲁门伯格来说，“自我断言”的发展，即培根描述自然和科学研究目的中所特有的那种态度的发展，应当与“自我论证”相区别，后者是笛卡尔把这种研究建立于非历史的合理性标准之上的构想。布鲁门伯格含蓄地说，对启蒙时代的“历史主义的”批评，即始于本身可上溯至中世纪时代的浪漫思想的批评，破坏了“自我论证”（Selbstbegründung），但未破坏“自我断言”（Selbstbehauptung）：“Aus der Not der Selbstbehauptung ist die Souveränitat der Selbstbegründung geworden, die sich dem Risiko der Entdeckungen des Historismus aussetzt, in denen Anfänge auf Abhängigkeiten reduziert werden sollten.”（自我论证的自主存在是由于自我断言的需要而产生的，它冒着发现历史主义的危险，而且从一开始即居于从属地位。——中译者）第一卷“世俗化与自我断言”。

非还原的物理主义*

多纳德·戴维森(Donald Davidson)是美国最杰出的哲学家之一,但是由于他的著作几乎都是以论文形式发表的,因而其成就较难概述。本文将提出研究他的两个最著名命题的一种观点,这两个命题是:在行为理论(theory of action)中有关理由(reason)可以是原因(cause)的论断;和在语言哲学中有关信念和非信念(nonbeliefs)之间不存在被称作“使真”(making true)关系的论断。我想表明,这两个命题都有助于描绘,因而也就是证明,一幅物理主义的(或者,如果你愿意的话,一幅“唯物主义”的或“自然主义”的)世界图景。这两个命题都是发展一种非还原物理主义的努力的一部分。在我看来,这一哲学观点的发展是重要的,因为它体现了近来在“欧洲大陆”哲学中可以看到的那类对西方哲学传统中一些基本成分的批评。于是我想从这样的观点来介绍戴维森的思想,即指出在以詹姆士、杜威为代表的美国哲学传统和以尼采、海德格尔和德里达(J. Derrida)为代表的法国—德国哲学传统之间的联系。

在为这样一种物理主义进行定义之前,我想先用戴维森第一个命题中的例子来说明一下,这个命题宣称:理由可以(按照A.坎尼、C.安斯柯姆伯、C.泰勒 Taylor 等各种反还原论哲学家的思

* 本文是罗蒂为中文《哲学研究》撰写的论文。1985年6月29日罗蒂来中国社会科学院哲学研究所讲演时宣读过。原文将收入《D.亨里希纪念文集》。中译文曾刊于《哲学研究》,1985年第10期。

想)是原因。它也相当于说,某一事件可以既用生理学词语,又用心理学词语加以描述;或者说,可以既用非意向性词语又用意向性词语来描述。例如,当我拉开一扇门时某种东西在我头脑中出现了(比如说一组几百万个神经元带上了某种电荷结构),同时在我心中也发生了某种东西。如果这是一扇房屋大门,我可能获得这样的信念:外面在下雨。如果是一扇食橱门,我可能获得这样的信念:里面没有面包了。不论在哪种情况下我都可能有行为。例如,我会说出某种表示厌恶或生气的话来。这类言语行为牵扯到我的躯体上某部分的运动。

我们希望,生理学有一天会找到从我的大脑中的电荷分布到我喉咙中神经——肌肉交会处的通路,从而使我们能根据大脑的状态来预测肌肉的运动。但是,在所谓"种族心理学",*(folk psychology)中我们已有一种根据我们所获得的信念,并同时参照我们的其他信念和欲望,来预测人的行为的说明。戴维森提出,我们把这两种说明看作对同一过程的两种描述,并把"心的"事件和"物的"事件看作在两种描述下的同一事件。在心与身之间的区别,在理由与原因之间的区别,因而并不比对桌子进行的宏观结构描述和微观结构描述之间的关系更为神秘。

这一看法的要点在于指出,从运动语言向行为语言转译的不可能性,或把大脑状态与被大脑所有者相信是真的那类句子加以区分的不可能性,不应妨碍一种唯物主义的哲学观。这类明显的转译的不可能性,导致对一种尚未被还原论沾染过的物理主义的

* folk psychology,研究原始部族人的心理与行为关系的学科。——译者注

怀疑。在戴维森看来，在一种语言中，不能把其词句通过同义语规则或对等规则与另一种语言中的词句联结起来的事实，并不涉及“不可还原性”的问题，譬如说，从心灵到大脑的不可还原性或从语言行为到运动的不可还原性。所以，它与物理主义的真确性无关。

我将通过概括这一要点来把“物理主义者”定义作这样一种人，他打算说，每一事件都可用微观结构的词语描述，这一描述只涉及基本粒子，并可通过参照其他如此描述的事件加以说明。例如，这个定义可适用于像莫扎特在作曲或欧几里得考虑如何证明一个定理这类事件。因此，当我们说戴维森是反还原论的物理主义者时，就等于说，他把这一断言与下述学说结合了起来：即“还原”是一种仅只存在于语言词项之间的关系，而不是一种存在于本体论范畴之间的关系。为了把 x 的语言还原为 y 的语言，我们就必须证明：(a)如果你能谈论 y 的语言，就无须再谈论 x 的语言；或者(b)，用 x 的语言进行的任一描述，仅只并完全适用于用 y 的语言进行的某一描述所适用的事物。但不论哪一种还原论所表明的“x 的语言不过是 y 的语言”的说法，都不比“y 的语言不过是 x 的语言”的说法有更多的含义。

按照戴维森的看法，人们不可能对此加以证明。一个 x 就是其本身，而不是其他的东西。因为大致说来，某物是一个 x，就是说它被这样一组真语句所意指，这组真语句基本上包含着词“x”。对于大多数值得注意的 x 与 y 的例子来说(例如心与身，桌子与粒子等等)，我们看到很多有关 x 的真语句，在其中“y”不可能被替换成“x”而仍然保持真确。表明“没有 x”的唯一方法或许是表明并不存在这类语句。这就相当于表明，“x”和“y”彼此仅只有风格上的差异。任何值得注意的有关人们假定存在着的本体论还原的哲学例子，都不会是这种情况。

此外，情况也极不可能是这样：我们或者能实现(a)，或者能实现(b)。就是说，我们不大可能证明，某段时间内进行的语言游戏实际上是非必需的。因为，在一段时间内被使用的工具总会继续有用处。一种工具能被抛弃的情形，只有在一种新工具被发明出来并被使用一段时间以后才会发生。例如，在对牛顿语言有了几百年的经验以后，我们大家才会一致认为，不再需要亚里士多德的语言了。在人类有了五百年的世俗文化的语言的经验之后，才发现自己不再关心宗教语言的使用了。在这种情况下，人们之所以不再谈论 x，并非因为某人完成了一项哲学的或科学的发现，譬如去断言：不存在 x，而是因为没人再需要进行这类谈论了。本体论的节约(ontological parsimoney)，如果存在的话，不会是(像实证论者认为的那样)通过纯理论性的"语言分析"达到的，而是在日常实践中达到的。

因此，按照这种非还原论的看法，成为一名物理主义者完全与下述说法相容：即我们或许会永远谈论一些心的存在物，如信念、欲望等等。这类谈论不是隐喻式的，不必要放进括号里，不需要使其更准确或更科学，不需要什么哲学阐述。此外，如果认为谈论心的问题是出于方便考虑，而不应把它看作是"关于世界状况的真理"，这就错了。说我们将永远谈论信念和欲望的问题，就是说，种族心理学或许仍然是预测我们的朋友或相识下一步将要做什么的最好方式。对戴维森来说，这就是"确实有心的存在物"这种说法的全部含义。同样，预测桌子行为的最好方式，或许仍然是把它作为桌子，而不是作为粒子组合或柏拉图原型式的桌子理念的模糊翻版来谈论。

为了阐明这个反还原论观点中包含的矛盾含混之处，我需要进而谈谈戴维森主要学说中的第二点，即世界的事物并不使语句（更不会使信念）真确。这种学说似乎包含了一种明显的矛盾。例如，我们倾向于说，雨或面包是使我在开门时所获信念为真的东西。不在“世界实际存在的方式”与“谈论世界的方便的、但隐喻式的方式”二者之间做出区别，似乎也是自相矛盾的。但是戴维森却情愿接受这两种矛盾，以便摆脱传统的西方哲学图画，他认为这幅图画是受“图式与内容”二元论支配的。

这幅图画表明，我们语言中的某些语句“与现实符合”，而另一些语句的真实性似乎只是按习惯才言之成理的。关于基本粒子的语句是第一类情况的最佳可能例子，它受到还原论的物理主义者的支持。有关伦理的或美学的价值的语句，是第二类情况的最佳可能例子。柏拉图曾主张，意见的对象必定不同于知识的对象，后来的哲学家们追随这一思想路线说，前者不是由于世界的关系而是由于我们的关系才“成为真的”。按照这种还原论的观点，表示评价的语句，如果它们有任何一种真值的话，只是出于方便、趣味、习惯或某种相当于“主观性”的东西才如此的。

戴维森建议，我们应当抛弃在第一类真理和第二类真理之间，在表示“事实”的语句和不表示事实的语句之间的这类区分。我们可以用在供某一目的之用的语句和供其他目的之用的语句之间的区别来取代它。例如，一种语言可能履行的一个目的，是去表示任何时空片断的能力，不管这个片断是大还是小。现代粒子物理学的语言即为此目的服务。没有其他语言会完成这一任务。所有其他的目的,如预测桌子和人将有何行动,赞美上帝,治疗心身疾病,写诙谐诗等等,都将借助于其他词汇系统来实现。但是,在戴维森看来,这些目的彼此都是等价的。与奎因不同,他并不打算根据形而上学理由把物理学的语言称赞为"描绘了现实的真的和最终的结构"。

现在我们可以看到,我在开头谈到的戴维森的两个基本命题是联系在一起的。承认戴维森对"与现实符合论"和"事实论"的看法,就等于是避免了一种导致还原论的冲动,包括那种导致唯物主义还原论的冲动。承认戴维森的有关理由和原因之间的关系论,或更广泛地说,心物关系论,就是赋予物理主义者一切他应需要的东西,就是满足了他的一切合法的要求,就是容许他对自然科学给予后者有权享有的一切赞扬。但它将不容许他满足其形而上学的、还原论的需要。它将不容许他断言,他已最终把握了世界的或人类的"本质"。

* * *

我把戴维森看作是当代分析哲学中整体论派与实用主义派的最高发展。另一方面,整体论与实用主义也是反对柏拉图的和宗教的世界观的长期斗争的最高发展(这一斗争远远超过了"分析"哲学的界域)。下面我试图通过勾勒有关人类自我与世界之间关系的三个模型来指出戴维森的重要性。我认为,这三个模型总结了(当然是相当粗糙地)西方形而上学的历史。

我提出的有关自我与世界之间关系的第一个模型是比较简单的。这个模型想表示柏拉图主义和基督教之间的"最小公分母"。

图中的两个相交圆分别表示假自我和表象世界。两个圆的相交部分构成了“躯体”，这是我们与兽类共同具有的。这两个大圆中的每一个都包含了两个小圆，它们分别表示真自我与真实在。柏拉图主义与基督教的基本观念是，只要我们能除去外边的圆圈，里边的两个圆圈就会是同源性的，甚至是完全相同的。

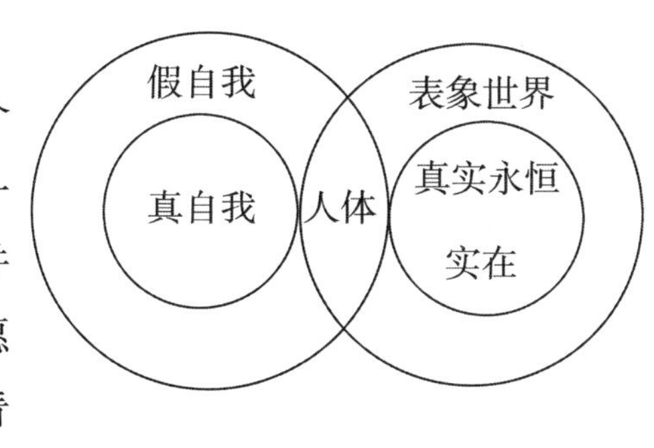

图 1

于是这个模型表示了一种简单的和并不复杂的愿望，即通过“看穿”虚幻的帷幕，或通过使自己脱离由原罪造成的“污垢”，来使自己同比自己更大和更好的东西结合起来。其结果导致上升到柏拉图分层世界的最高层，或基督教的至福直观，或人与较大、较好的存在者的同化，而人在不自觉中始终就是这个同化的对象。根据这一模型，人类研究偶然的经验现象至多只是为了建筑一个阶梯，它可使人最终上升并离开经验现象。我们希望，这架梯子最终能被抛弃掉。

一旦承认（正如西方在十七世纪和十八世纪承认过的那样）“真的实在”有如德谟克里特所设想的那样，而不是像柏拉图所设想的那样，这就是说，科学是研究“原子和虚空”的，那么，柏拉图主义和基督教共同具有的道德的和宗教的冲动，就必须在真实自我中寻找其对象。这样，上帝就成了“在内的”，其意义是，逃脱时间的和偶然的世界的企图，将由下面模型的某一个变型来表示。

按照这个模型，世界（它现在包含着人体）被看作“原子和虚

空”，却不包含任何道德的或宗教的含义。另一方面，自我变得更复杂和更有趣，正如世界变得更简单和更无趣一样。图中的自我包含着三个层次：最外层包括经验的、偶然的信念和欲望；中层包括必然的、先验的信念和欲望，它“结构着”或“构成着”外层；以及一个无法用语言表达的内核，大致来说它与柏拉图和基督教模型中看到的真实自我相同。最里面这一层也相当于费希特的本体论，叔本华的意志，狄尔泰的体验，柏格森的直观、良心之声、不朽的暗示等等哲学领域。这个无法表达的内核——内自我——是一种“具有”信念和欲望的东西，后者组成着中层自我和外层自我。它不相当于由信念和欲望构成的体系，而且它的性质不可能通过参照信念和欲望来把握。

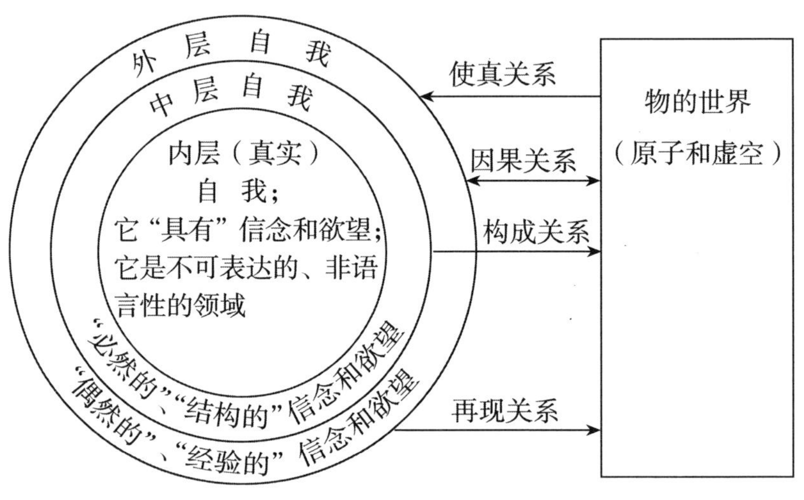

图 2

我将把图 2 称作“后康德的”模型，以便指出在过去两个世纪中，大多数西方哲学家都把这个模型的某一变型视为当然正确。在世界被自然科学接管以后，只有自我成了哲学的保留地。因此

这一时期中大多数哲学的目的是说明自我的三个部分之间的关系，以及每一自我与物质现实的关系。

在图2中，“因果关系”线把外层自我和世界加以双向联结，但其他几条关系线只是单向的。“使真关系”线从世界达到外层自我，而“再现关系”线从外层自我达到世界。“构成关系”线从中层自我（即必然真确和先验结构的领域）达到世界。从这个“后康德的”第二模型转换到“非还原物理主义”的第三模型，是通过涂掉“因果关系”线以外的所有其他关系线来完成的。这个涂抹的过程可被看成是具有以下的步骤：

(a)我们涂掉“再现”关系线，是按照皮尔士的路线完成的，即把信念解释为一种行动规则，而不是一幅由心理内容组成的图画。这就是，我们把信念看成是对付现实的工具，即看作一种如何行动以应付某些偶然事件的决定，而不是把信念看成某种现实的表象。按此观点，我们无须关心下面这类问题：“物理学是符合实际的世界结构呢，还是仅只是符合对我们显现的世界结构呢？”因为，我们不再把物理学看作与任何东西相符合。这样，像太阳是否真的在太空当中这样的问题，就与托勒密或哥白尼是否给过我们与世界斗争的更好的工具这个问题一样了。

(b)我们先涂掉外层自我和中层自我之间的分界，然后再涂掉“构成”关系线。是奎因率先涂掉外层自我与中层自我之间的分界线的，这就是说，他使必然真理与偶然真理之间的区别不再泾渭分明了。其办法是对某人的言语采取一种“外在论的”而非“内在论的”研究法。于是，不是要求这个人在他想象不出如何可以放弃的（所谓“先验的”）信念与欲望和其他存在物之间加以区分，而是干脆放弃内省法。这就是说，我们问观察这个人的言语行为的人，他是否能区分“偶然的”经验常谈（如奎因举的例子：“存在着一些黑狗”）的语言表达与“必然真理”（如“2 加 2 等于 4”）的语言表达。在这一假定下，我们就不得不接受奎因对这个问题的回答：通过行为观察所获得的一切，是某人在放弃信念时表示出的顽固性的度量。当有关种类上的区别弱化为有关程度上的区别这一过程被内在化以后，内省法所能做的一切就是去估计“中心性”的程度，每一信念在某人整个信念体系中都具有这一性质。内省论者不再能找出一种所谓“相反信念的不可想象性”的性质，而只能找到一种叫作“想象如何使相反信念与人的其他信念相一致的困难性”。这就是说，在产生构成作用的“结构”和被构成的“经验真理”之间就不再有区别了；同时在先验“范畴”与纯“经验概念”之间也不再有区别了。戴维森把这一观点概括为如下的论断：我们应当放弃图式与内容之间的区别。

(c)正像皮尔士涂掉了“再现”关系线，奎因涂掉了“构成”关系线一样，戴维森涂掉了“使真”关系线。这就等于说，如果我们有了在世界和自我之间存在的因果关系（就像在开门动作和同时获得某种信念之间的那种关系）以及内在于自我的信念与欲望网络之间的那种证明关系（“是……的理由”），我们就不再需要任何其他关系去说明自我如何与世界打交道了，反之也是一样。我们可以通过对信念与欲望体系的连续再编织过程的描述，充分讲清（在一切领域中，在逻辑、伦理学以及物理学中）人类探索的进步历程。我们之所以需要这个再编制过程，是为了获得新的信念和欲望，例如，由在此世界中开门一类日常事件（而且，如我下面要讲到的，由于发明了"成功的"隐喻)在人心中引起的那类信念和欲望。我们不需要再问这样的问题(这个问题在密歇尔·达美特(Michael Dummett)在"实在论"与"反实在论"之间加以对比的讨论中占有中心的地位),即是否在世界上存在着会使代数真理、道德真理或美学判断为真的那类事物。因为,虽然存在着获得信念的原因和保持或改变信念的理由,却并不存在有关信念的真理的原因。

在这样连续地涂掉图 2 中诸关系线之后,我们只剩下了非还原的物理主义的模式,它可用图 3 表示如下。

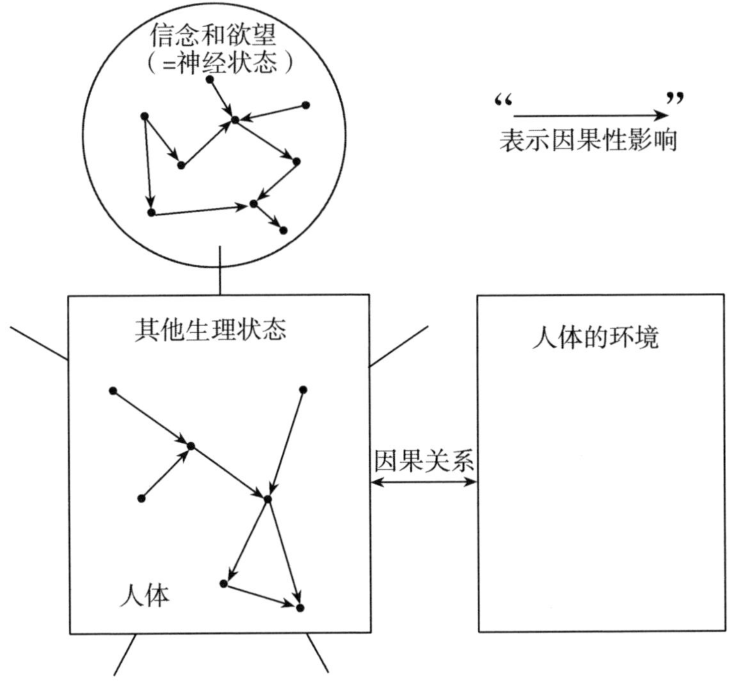

图 3

按此模型，自我和世界之间的区别就被个别人（可用心的词语与物的词语描述）和宇宙的其余部分之间的区别所取代。个别人为躯体的轮廓线所限定，于是说明出现在该界线内的事件与一切其他事件之间的关系的任务，就是一个去假定或观察在这些轮廓线内的诸实体的问题：这些实体是人的行为的内在原因。这些原因既包括微观结构的又包括宏观结构的存在物，既包括心的又包括物的存在物：其中包括荷尔蒙、正电子、神经突触、信念、欲望、情绪、疾病、多重性格等。

我这样绘制出来的第三个模型可能表明遗漏了某些东西，即如何从内部看待事物。的确，这是对唯物主义的典型反驳之一：漏掉了"意识"，即如何从个人内部来看待事物。我认为，对此的回答是，"内部观"揭示了某些人类行为的内在原因，但非全部原因，而且它是用"心的"描述方式去揭示的。这就是说，在大多数情况下，被个别人看作"他自己"的东西正是他的信念和欲望，而不是器官、细胞和构成其身体的粒子等。那些信念和欲望在另一种描述中当然是生理状态（虽然为了保持非还原论特有的本体论中立性，我们应该补充说，那些"神经的"描述是用"物的"描述表示的心理状态）。

按此观点，人类能了解他们自己的某些心理状态的事实，并不比他们经过训练后能报道他们血液中存在肾上腺素、报道自己的体温、或报道在危机情况下缺血一事更为神秘。进行报道的能力不是"出现于意识中"的问题，而只是教会使用字词的问题。教人们如何使用"我相信 P"这类句子的方式，与教人们使用"我发烧"这类句子的方式一样。因此我们没有特殊的理由使"心的状态"与

“物的状态”截然分开，因此而与一种叫作“意识”的实体发生形而上学式的内在关系。如果采取这个观点，就可一下子消除掉大多数康德以后的哲学问题。

尽管我们放弃了“意识”概念，却仍可毫无妨碍地继续谈论叫作“自我”的那种与意识不同的实体，这个实体是由人的诸心理状态组成的：他的信念、欲望，情绪等。重要的是，把这些事物的组合看作是自我，而不看作是自我有的某种东西。这种看法是这样一种西方传统中存在的诱惑的残余，即按视觉去思维的模式以及假定存在着一种“内在目光”，它细察着各种内部状态。一种非还原论的物理主义模型是用一幅不断在反复编织中的信念与欲望网结的图画（某些旧的项目被委弃，某些新的项目又被添上），取代了这个传统的隐喻。这个网结不是一个被不同于网结本身的作者（像一名老织工似地）所编织的。而是说，网结反复编织着自身，以便对例如在开门时获得的新信念这类刺激进行反应。

这幅图画很难与我们的日常言语协调一致，在日常话语中，“我”和我的信念与欲望不同，而且“我”在信念与欲望等等之间进行挑选、选择等等。但如贝克莱所说，我们应当用文语思维，却应继续用俗语说话。重要的是，避免把日常语言看作是会使人们以为毕竟存在着某人的“真自我”和“内在核心”这类东西，它仍然被看作是与人的信念和欲望的变化无关的东西。实际上，既无自我的中心，也无大脑的中心。正如神经突触彼此不断相互作用，不断编组不同的电荷结构一样，我们的信念和欲望也存于连续的相互作用中，在句子之间反复重新分配其真值。正如大脑并非某种“具有”这些突触的东西，而只是这些突触的聚集物一样，自我也不是某种“具有”信念和欲望的东西，它不过是这些信念和欲望的网络。

*　　　*　　　*

我希望这一简短而欠完整的概述至少能表明这种哲学观的特色，在我看来，戴维森的研究为这一哲学观做了最后的润色。在前面我企图指出，近来的美国哲学（那些发源于皮尔士、詹姆士和杜威，后来又为奎因、塞拉斯、普特南和戴维森所继续发展的哲学）产生了一种既是（杜威意义上的）“自然主义的”又是非还原论的人类观。在本文结尾我将再补充谈一下，这种物理主义如何能够吸收每一种被值得保留的“先验论的”哲学传统看作是“精神领域”的东西。

一般人认为，承认想象的文学的（以及更广泛地说，艺术、神话和宗教等一切“高级”事物的）文化作用，是与自然主义哲学不相容的。但是，之所以如此是因为，自然主义迄今为止都被等同于还原主义，等同于找到一种足以陈述一切应被陈述的真理的单一语言的企图。这种企图和那种把“确实真理”等同于“科学真理”，而把文学当作仅只提供“隐喻真理”的企图是互有联系的，所谓隐喻的真理其实根本不曾被看作是真理。自柏拉图以来的通常理解是，在种种词汇系统中我们使用最多的一种词汇反映着现实，而其他词汇至多只是“启示性的”或“暗示性的”。

按照戴维森的语言观，隐喻是在编织我们的信念和欲望的过程中的基本工具；没有这个工具就不会有科学革命或文化的突进，而只有改变语句真值的过程，这些语句是在永远不变的词汇中表述的。戴维森对隐喻的处理与 M. 黑思（Hesse）把科学理论描述为“对被说明者的领域进行隐喻的再描述”是一致的。在科学中，在道德与政治中，以及在艺术中，我们有时会觉得不能不说出一个初看起来是假的、却似乎是有阐明力的和有成效的语句。这类语句在其刚被使用时“仅只是隐喻”。但有些隐喻是“成功的”，其意义是，我们发现它们如此不可抗拒，以至于企图使它们成为信念，成为“确实真理”的备选者。

为此我们通过由新的、令人惊异的、隐喻式的语句所提供的词语，去重新描述某一部分现实。例如，当基督徒开始说，“爱是唯一的法则”时，或者当哥白尼开始说，“地球绕太阳转动”时，这些语句看来必然仅只是“说话的方式”(ways of speaking)而已。同样，“历史是阶级斗争的历史”或“物质能变为能量”这类语句在初次被说出时似乎也是不真实的。这些语句可能会被头脑简单的分析哲学家判断为“概念混乱”和虚假，因为“法则”、“太阳”、“历史”、“物质”这些词的意义是含混的。但当基督徒、哥白尼主义者、马克思主义者或物理学家等根据这些语句完成了对现实的某些部分的重新描述后，我们就开始把这些句子当成非常可能是真的假设了。之后，这些句子的每一个，至少对某一研究者团体来说，都作为显然是真的句子被接受了。

隐喻的产生和被“文学化”的现象，是西方传统认为必须运用“物质”与“精神”的对立来加以说明的。这个传统把艺术创造和道德或宗教的“灵感”看作是不能用在说明“纯物理现实”的行为时所使用的词语来说明的。于是我们也会看到支配着康德以后西方哲学中的那种“自由”与“机械论”之间的对立。但在戴维森看来，“创造性”与“灵感”仅只是对人类有机体能力的说明，即那种提出不适用于旧的语言游戏并用于修改旧语言游戏和创造新语言游戏的能力。这种能力在文化和日常生活的每一领域中都经常在运用着。在日常生活中它表现为机智，在艺术和科学中，当我们回过头来看时，它表现为天才。但实际上，在所有这些情况下，一个(个人的或集体的)信念与欲望的网络被编织起来以适应一种“内部的”而不是一种“外部的”刺激——这种刺激是一种对字词的新的用法，它与一个日常语句被赋予的新的真值相对立。

正如雅克·德里达(J. Derrida)这类哲学家所指出的，西方哲学传统把隐喻一向当作一个危险的敌人。这一传统建立于“确实的真理”与“纯隐喻”二者之间的对立上，前者被看成是“与现实符合”的，后者则被看成一种诱人的、有迷惑力的、危险的诱惑物——一种“逃离现实”的诱惑。在确实的真理与隐喻之间的这种对立，以康德以后的哲学中特有的那种科学与艺术之间的对立为背景。在传统上，科学与责任、道德、社会品德、人类共同利益等现象相联系，艺术则与私人性、个人特质、自私的享乐、极端个人主义和不负责任相联系。德里达和戴维森帮助我们摆脱了这一人为的对立。

如果西方要想挣脱这种可上溯至由柏拉图描述过的“哲学与诗歌之争”的对立，那么在一种重要的意义上，西方的文化就不会再是西方特有的了。它就有可能克服由西方的科学与技术成就产生的那种唯科学主义的诱惑。我想，戴维森的非还原的物理主义既能使我们怀有我们所需要的那种对科学的充分尊重，又能使我们对艺术怀有足够的尊重，其程度将超过西方哲学传统一向所容许的范围。

参考资料注释

戴维森的论文现已编成两本书:《行为和事件文集》(牛津,克拉伦敦出版社,1980 年)和《真理和解释的研究》(同上,1984 年)。关于在某一描述中理由即原因的论述载于第一部书的各篇中。关于没有事物可使语句真的论述由第二本书中若干篇文章提出,并在一篇题为《真理和知识的一致论》的论文中得到清楚的阐明,这篇文章提出于 1981 年斯图加特的黑格尔大会上,并收入《多纳德·戴维森的哲学:研究真理和解释的一种观点》(E.勒波尔编,牛津,巴西尔·布拉克维尔出版社,1986 年)。有关后一问题与美国实用主义的詹姆士——杜威传统的联系,参见 R.罗蒂:《实用主义、戴维森和真理》,载《多纳德·戴维森的哲学》。戴维森的最重要的论文之一是他与西方传统的“图式与内容的二元论”的论争,参见《论一个概念图式的观念》,载《真理与解释的研究》。关于戴维森的隐喻研究,参见他的《隐喻意味着什么》,载于同书。关于隐喻在科学理论中地位的、与戴维森观点一致的研究,参见 M.黑思:《科学哲学中的革命和建设》(印第安纳大学出版社,1980 年)。

关于德里达论隐喻问题的著作,特别参见他的文章《白色神话学》,载于他的文集《哲学的边缘》(巴黎,子夜出版社,1967 年)。关于德里达和戴维森的比较研究(因此也就是在美国实用主义传统的成果和从尼采到海德格尔的“大陆”哲学之间的比较)可参见 S.惠勒尔(Wheeler)的论文《法国的解释的不确定性:戴维森与德里达》,载《多纳德·戴维森的哲学》,并参见他在《一元论》未来一期中将刊出的论文:《解构的扩展》。

关于西方哲学特有的“视觉性隐喻”和中国哲学欠缺这类隐喻的问题,参见 J.F.比也特(Billeter)的《西方思想和中国思想:目光与行动》,载于《区分与等级价值》(J.P.格列依 Galey 编巴黎,高等社会科学院出版社,1984)。关于自我与世界之间关系的“观看式的”论述以及视觉性隐喻在西方的支配地位,海德格尔和杜威都有详细评述。我在拙著《哲学和自然之镜》(普林斯顿大学出版社,1979 年)中曾探索了这种视觉支配性的某些意义。

译者说明 在本文中作者企图根据戴维森的两个基本命题(行为理论中的理由与原因的关系论和语言哲学中事物与真理的关系论)说明当前西方哲学中一个突出的自然主义倾向:反对传统的“真理与隐喻”及“内容与图式”的二元论。作者认为这一倾向反映了美国实用主义与分析哲学的最新发展,并指出它与当代德、法哲学中类似的倾向是一致的。文章根据戴维森理论描述了西方哲学史上三种思想类型,强调了作者赞成的第三种类型——非还原的物理主义的重要性。在上述分析的基础上作者提出一种兼顾真理与隐喻、哲学与文学、自然与精神的新人文观。文章并指出,戴维森的理论表明任何一个事件既可用生理的(物的)语言描述,又可用心理的(心的)语言描述;而物理学的语言与伦理学的语言也有同等的效力,它们只是人类在应付环境时根据不同需要所采取的不同论述方式,彼此并无本体论意义上的区别。作者既反对传统柏拉图主义的“表象与实在论”和基督教的“假我与真我论”,又批评了康德以来西方哲学中几种有关自我与世界关系的理论,并认为在个人与宇宙之间只有因果关系才是重要的。因此他主张取消“意识”概念和各种内省观,并把这类传统哲学观看作是西方特有的视觉优先思维习惯的产物。通篇表现出一种所谓认识论的行为主义和解释学的实用主义立场。

索　　引

（本索引页码均指英文版页码，请按中文版页边的号码检索；索引指出的页码中之n.，系“注”之意）